GW01605594

# LA DYNASTIE ROTHSCHILD

## Du même auteur

La Rive gauche
Du Front populaire à la guerre froide
*Seuil, 1981 et « Points Essais », 1984*

Pétain
*Seuil, 1984*

Albert Camus
*Seuil, « Points Biographie », 1985*

L'Épuration, 1943-1953
*Fayard, 1986 et Livre de poche, 1994*

Gustave Flaubert
*Fayard, 1989 et Hachette-pluriel, 1990*

Colette
*Fayard, 1990 et Folio-Gallimard, 1992*

La Chute de Paris : 14 juin 1940
*Belfond, 1992*

*HERBERT LOTTMAN*

# LA DYNASTIE ROTHSCHILD

TRADUIT DE L'AMÉRICAIN
PAR MARIANNE VÉRON

*ÉDITIONS DU SEUIL*
*27, rue Jacob, Paris VIe*

Ce livre est édité par Patrick Rotman.

ISBN 2-02-020521-1

# 1
# Une fin et un début

Le débat législatif, malgré l'extrême sensibilité des principes mis en cause, notamment le droit sacré à la propriété — et un nombre sans précédent d'amendements (près de mille) —, se termina avec la force d'un coup de marteau : rapide, irrévocable. Avec l'élection du premier président socialiste, en mai 1981, suivie par la victoire de la gauche à l'Assemblée, la nouvelle majorité de la France baignait dans l'euphorie et, dans cette atmosphère, le bon sens financier céda aisément le pas à la colère vertueuse. Pour bien des hommes politiques de bonne foi, cela semblait pure justice que de nationaliser la fortune, et pourquoi pas celle des Rothschild ? Peu importait que la majorité parlementaire oblitérât ainsi un siècle et demi d'histoire française ; l'essentiel était de traquer et d'anéantir la mythologie même. L'expression « riche comme un Rothschild » ne remontait-elle pas à Stendhal[1] ? « Tu me prends pour Rothschild ? » répondaient traditionnellement les parents exaspérés aux enfants exigeants[2].

Pourtant, le verdict parlementaire stupéfia la famille de banquiers. Elle avait connu l'ignominie sous bien des formes : la spoliation et les humiliations infligées par le régime de Vichy, sans parler des explosions anticapitalistes sporadiques et les vitupérations et violences antisémites de la gauche comme de la droite depuis un siècle. Cela ne signifiait pas seulement qu'on leur prenait leur travail héréditaire, observa Guy de Rothschild, directeur et principal propriétaire de la banque familiale, il lui semblait plutôt qu'on les jetait à la porte de chez eux, tellement la Banque Rothschild, domiciliée rue Laffitte, faisait partie de leur vie[3].

La première réaction du baron Guy fut la colère ; cela vaut mieux, songea-t-il, que de céder à la dépression. Le 26 octobre 1981, après un débat qui dura treize jours et occupa trente-trois séances, le Parlement vota la nationalisation du groupe Rothschild et d'une quarantaine d'autres banques et groupes financiers, ainsi que de cinq compagnies industrielles. Les députés communistes auraient souhaité voir davantage de sociétés « monter à la guillotine », mais ils se joignirent tout de même à leurs alliés du Parti socialiste pour le vote final[4].

Dans les jours qui suivirent, Guy de Rothschild publia en première page du *Monde* un adieu fracassant : « Une famille dont le nom est associé à une institution bancaire éminemment capitaliste ne pouvait que voir rétrécir le champ de ses activités au fur et à mesure des étapes de socialisation qu'a connues la société française au cours de notre XX^e^ siècle. » Il poursuivait en énumérant les déprédations auxquelles avaient été soumis les Rothschild au fil du temps : la nationalisation par le Front populaire des chemins de fer (fief traditionnel des Rothschild), puis de la Banque de France (dont le père de Guy était un régent influent).

Il savait, disait-il, qu'au fil des ans sa famille était devenue « le symbole proverbial de la richesse », une richesse qu'elle n'avait pas cachée (« on croirait qu'ils sont les seuls capitalistes en France »). Ailleurs, observait-il, en particulier aux États-Unis et en Angleterre, la fortune et l'expérience étaient encouragées. Même en France, les services rendus par sa famille à ses concitoyens, les hôpitaux, les écoles, les logements à loyer modéré, les donations de chefs-d'œuvre aux musées nationaux, les subventions aux arts et aux sciences, étaient appréciés. « Mais qu'importe, les milieux politiques, impressionnés par la jalousie de l'argent, l'envie caractéristique de notre pays, ne manient les Rothschild qu'avec des pincettes. » Lui-même avait découvert que son nom constituait un handicap, lorsque, après s'être engagé dans la France libre, par exemple, il n'avait pu obtenir un poste qui lui aurait permis de poursuivre une carrière au service de sa patrie. Auparavant, c'était le régime de Vichy qui avait dépouillé son père et ses oncles de leur nationalité française et qui avait, bien entendu, confisqué leur banque. « Juif sous Pétain, paria sous Mitterrand, pour moi cela suffit. Rebâtir sur les décombres deux fois dans une vie, c'est trop[5]. »

Il le pensait très certainement lorsqu'il l'écrivit. De même qu'il pensait ce qu'il déclara à un journaliste du *Spiegel* : « Les Rothschild sont fatigués de travailler en France, où les gouvernements détruisent leurs biens tous les quarante ans. » Il fut satisfait de constater que la presse et les médias — en Europe et même aux États-Unis — relevaient pour le magnifier l'impact de ses paroles ; cela signifiait que le nom de Rothschild comptait encore. Une banque faisant travailler 2 000 personnes, servant 70 000 clients, un groupe industriel et commercial qui, avec ses succursales à travers le monde, fournissait encore 30 000 emplois supplémentaires, ne pouvait être englouti par le pouvoir politique sans laisser quelques traces de sang sur le sol[6].

Le gouvernement aurait pu faire ce qu'il estimait indispensable, sans nécessairement exclure les Rothschild, déclara-t-il lors d'une interview. Visiblement, ce n'était pas ce qui avait été prévu. Guy de Rothschild avait lui-même voté socialiste après la guerre — une réaction naturelle aux années d'occupation et à Vichy. Mais les banques, étant stimulées par une atmosphère de compétition propre au secteur privé, quand elles ne pouvaient plus opérer librement, l'économie y perdait. « N'importe quel ministre ou haut fonctionnaire se sent gêné de traiter favorablement un problème Rothschild, expliquait-il. [...] Pour un homme politique d'extrême gauche, nous sommes la quintessence du mal. Rothschild, c'est l'horreur[7]. »

Le jour où Guy de Rothschild rassemblait ses possessions personnelles pour s'en aller, la cousine de Guy, Nicole Stéphane, considéra qu'une visite rue Laffitte s'imposait. Bien qu'il ne fît guère d'efforts pour dissimuler ses sentiments, elle nota qu'il gardait la tête haute. « Très atteint, pensa-t-elle. Mais aussi très grand seigneur[8]. » Quelques jours plus tard, recevant un correspondant du *Guardian* britannique, le baron Guy lui montra un bureau dépouillé de tout objet personnel. « C'était ma maison, expliqua-t-il, peut-être même davantage que là où j'habite, parce que j'ai parfois changé de domicile. Mais ici, ce fut ma maison pendant cinquante ans. » Il décrivit l'action du gouvernement comme précipitée, « comme s'ils avaient été poursuivis par un ennemi et qu'ils voulaient tout brûler avant que l'ennemi les rattrape, ce qui est totalement absurde ». La famille allait-elle poursuivre ses activités ? « J'ignore s'il pourra survivre ou revivre en France quelque chose d'assez respectable et solide pour s'appeler la " maison des Rothschild " », répondit-il[9].

Peu après, lors de la traditionnelle réception de fin d'année donnée en faveur des employés de la banque, le baron Guy prit conscience du désarroi de ses collaborateurs de longue date, qui « retenaient à peine leurs larmes ». Pour eux, comme pour lui, « c'était la fin d'un monde »[10].

Guy avait un fils, David, qui allait célébrer son trente-neuvième anniversaire au moment du déménagement de la rue Laffitte. Pour David aussi, c'était une douleur que d'être expulsé de la maison familiale. Il éprouvait le sentiment d'avoir grandi dans cet immeuble ; ses amis étaient là, on le séparait d'eux par la force. Avec le recul, il devait considérer que la nationalisation avait représenté davantage un choc psychologique qu'une catastrophe financière, car les Rothschild se voyaient dépossédés de leurs investissements à une époque où le climat des affaires n'était guère prometteur. Par la suite, ils parvinrent même à trouver un aspect positif à cette expérience déchirante. Car elle avait mis un terme à certaines activités dans lesquelles les Rothschild s'étaient engagés au cours des ans et qui causaient souvent plus de difficultés qu'elles ne rapportaient. Grâce à la mainmise de la gauche sur les géants économiques de la France, les Rothschild allaient pouvoir retourner à leur vocation historique, la banque d'affaires, dans l'esprit de leur ancêtre James, le Grand Baron[11]. L'acharnement qu'il avait montré au XIX^e^ siècle était peut-être ce dont avait le plus grand besoin cette fin du XX^e^.

Ils disposaient déjà d'une base sur laquelle construire. A New York, par exemple, la famille française partageait des intérêts avec ses cousins britanniques qui avaient échappé à la nationalisation. Guy allait s'y installer, afin d'essayer de développer ce potentiel[12]. En France, les Rothschild possédaient encore une petite société nommée Paris-Orléans, qui leur avait jusqu'alors servi à contrôler la banque parisienne. Alors que la menace de nationalisation se précisait, David de Rothschild, l'un des trois membres du directoire avec son cousin Nathaniel et Jacques Getten, directeur de longue date de la banque, avait entrepris la transformation de Paris-Orléans en une institution financière. Ce n'était pas vraiment une banque, mais elle pouvait néanmoins exercer certaines fonctions d'investissement d'une banque d'affaires.

Ils avaient six mois devant eux, ou tout au moins le supposaient-ils, après l'élection d'un président socialiste. Tandis que d'autres groupes visés par le gouvernement prenaient des initiatives plus décisives pour placer leurs valeurs hors d'atteinte ou travaillaient dans les coulisses pour se protéger de la nationalisation, les Rothschild étaient résolus à laisser le gouvernement agir, et puis, tout simplement, à repartir de zéro.

Le nom des Rothschild disparut de la façade de l'immeuble ; il allait resurgir sur un nouveau fronton.

# 2
# La guerre contre Napoléon

Les débuts de la fabuleuse famille Rothschild rappellent utilement l'importance capitale qu'il y a à se trouver au bon endroit au bon moment : Meyer Amschel Rothschild s'y trouvait. Ils permettent également d'apprécier la fonction d'un individu tout à la fois élevé à la condition de Juif de cour, humilié et méprisé pour ce qu'il était, admiré et sollicité pour ce qu'il pouvait faire. N'étant pas autorisés à posséder ni exploiter la terre, les Juifs de l'Europe prérévolutionnaire avaient le droit de manipuler l'argent, ils pouvaient le changer ou le prêter, et même faire le commerce des métaux précieux. Quand un prince reconnaissait leur utilité, ils devenaient fournisseurs de la cour et géraient les affaires financières et leur seigneur (et parfois même ses biens). Pratiquement toutes les familles régnantes, dans l'Europe postféodale, avaient leur Juif pour les affaires d'argent. Aussi ne s'étonnera-t-on pas que les Juifs aient été prêts pour l'ère bancaire lorsqu'elle survint (avec une autre minorité souvent méprisée, les protestants).

On ne peut imaginer d'environnement plus déprimant que le ghetto juif en Europe ; il posait les limites de ce qu'un homme d'ambition, même couronné de succès, pouvait tenter pour atténuer sa détresse, et rien que celui-ci pût faire ne lui permettait d'y échapper. La cité libre de Francfort-sur-le-Main, dans l'Europe post-médiévale, était loin de l'être pour les Juifs, obligés d'habiter d'étroites maisons surpeuplées le long d'une ruelle dépourvue d'égouts, où ne pénétrait jamais le soleil, située entre l'antique muraille de la ville et un fossé. Les Juifs y étaient enfermés la nuit et le dimanche, contraints d'arborer des vêtements distinctifs, soumis à des taxes et des péages discriminatoires, aux insultes et, fréquemment, à la violence. Frappés d'interdit quant à l'exercice de certaines activités artisanales ou commerciales, ainsi que sur la possession de la terre, les Juifs étaient également privés de noms : ils se forgeaient un nom de famille d'après l'enseigne de leur échoppe (ainsi *Rothschild,* qui signifie « écusson rouge » en allemand).

Né le 23 février 1744 dans le ghetto, Meyer Amschel grandit dans le magasin de ses parents, privé de terrain de jeux et de jardin. Son père était commerçant en quincaillerie et complétait ses revenus en pratiquant le change. L'histoire et la légende montrent le fils doté d'une prodigieuse habileté dans le maniement des pièces neuves ou rares. Mais point n'est besoin de dire que Meyer Amschel était exceptionnel : car comment expliquer autrement la richesse et l'influence qu'il allait acquérir au cours de sa vie ? Et comment comprendre l'établissement dans les affaires de ses cinq fils, qui allaient changer l'histoire économique du continent[1] ?

Toute sa vie, Meyer Amschel allait vivre au-dessus de son échoppe dans la Judengasse (rue des Juifs) humide et sombre, comme un prisonnier ou un esclave. Les conditions de vie de sa famille, restée à Francfort, ne s'améliorèrent qu'imperceptiblement au fil des ans, tandis que ses fils, à Londres et dans diverses autres capitales européennes, étaient traités en égaux par leurs pairs financiers. Son histoire a été racontée d'innombrables fois : il fut collaborateur de son père et changeur d'argent à dix ans, orphelin à douze et tint lieu de père à ses frères et sœurs plus jeunes. Il en apprit suffisamment sur les pièces anciennes pour devenir conseiller et fournisseur de nombreux collectionneurs titrés. Et bien qu'un archiviste des Rothschild nous rappelle que l'on ne sait pas vraiment comment la compétence du jeune Meyer Amschel gagna la confiance de la cour de Hesse, toujours est-il qu'à l'âge de vingt-cinq ans il était nommé fournisseur de cette même cour. Il procurait également pièces rares et objets précieux à quiconque avait les moyens de les collectionner[2].

Les princes de Hesse étaient eux-mêmes de redoutables « fournisseurs » de main-d'œuvre : leurs sujets en bonne santé recevaient une formation militaire pour être loués à l'étranger comme mercenaires. On raconte à ce propos une anecdote malveillante sur Frédéric II, père de Guillaume IX. Par contrat, le prince recevait une prime chaque fois qu'un membre de ses forces mercenaires mourait au service d'un employeur étranger : plus il en mourait, plus il s'enrichissait. « Vos hommes ont la vie dure, se plaignit Frédéric à l'un de ses généraux, n'oubliez pas que mon trésor est à sec[3]. » Vraie ou non, l'anecdote est révélatrice d'un climat ; les princes de cette province s'enrichissaient en vendant des hommes contre des espèces sonnantes et trébuchantes. Quand Guillaume IX hérita de la charge de son père à Kassel, c'était un souverain extraordinairement prospère, plus riche que bien des princes dotés de territoires plus vastes. Ces électeurs (ainsi nommés parce qu'ils participaient à l'élection de l'empereur) entreprenants faisaient appel à des financiers audacieux, comme Carl Frédéric Budéras, qui entra dans l'histoire uniquement pour avoir reconnu les talents et l'utilité de Meyer Amschel, changeur et marchand de pièces anciennes dans le ghetto.

Il était bien utile d'avoir un Rothschild, éloigné de la communauté bancaire, pour de discrets transferts de fonds ou de rapides conversions en monnaies étrangères. La fortune de Meyer Amschel était en route[4].

Sa famille également. En août 1770, à l'âge de vingt-six ans, Meyer Amschel épousa Gutele Schnapper, fille d'un commerçant du ghetto, âgée de dix-sept ans. Leur premier enfant survivant fut une fille, suivie — en 1773, 1774 et 1777 — par des fils : Amschel — le premier de la famille à porter le nom patronymique de Rothschild[5] —, Salomon, Nathan. Alors et pour longtemps encore, seuls les fils étaient pris en considération. Deux filles naquirent ensuite, puis Carl (1788), encore deux filles, et enfin, le 15 mai 1792, Jacob Meyer. Le dernier enfant de Meyer Amschel et Gutele allait devenir mondialement connu sous le nom de James, fondateur de la branche française des Rothschild, héros de ce récit.

Désormais, les Rothschild, devenus prospères, habitaient une maison plus spacieuse. Cependant, l'adresse — Judengasse — n'avait pas changé, non plus que leurs conditions de vie, car les Rothschild ne pouvaient échapper à leur identité juive. En leur temps, le revenu disponible de la maisonnée était comparable à celui d'une autre famille de Francfort, les Goethe, mais ceux-ci habitaient un hôtel particulier. Il n'existe pas un seul portrait de Meyer Amschel, fondateur du clan Rothschild, pas plus en jeune homme d'affaires qu'en sage vieillard, bien qu'il ait sans doute été le personnage le plus riche, et assurément le plus célèbre, issu du ghetto de Francfort (les portraits apparaissent à la génération suivante). Mais un témoin du XXe siècle, le comte Corti, a pu visiter et décrire la maison, quelque temps avant la Seconde Guerre mondiale. Ce n'est plus possible aujourd'hui car les bombes alliées ont détruit la vieille ville de Francfort, avec son ghetto[6].

En janvier 1800, alors que les fils de Meyer Amschel étaient adultes et associés à part entière — père et fils occupaient à présent des charges officielles au service de leur prince —, les Rothschild effectuèrent un nouveau pas de géant. Grâce à leurs rapports privilégiés avec le prince de Hesse, lui-même hôte de l'Empire autrichien, grâce surtout à leurs relations avec les banquiers de Thurn et Taxis, notables de cet empire, ils devinrent agents de la cour de Vienne. Leur activité la plus rémunératrice demeurait le change, autant que possible par des lettres plutôt que par transport de sacs remplis de pièces entre l'Angleterre et le continent. Ils se chargeaient également d'une part croissante des investissements de leur prince, souvent sous forme de prêts à d'autres États. Parfois, les Rothschild devaient dissimuler le rôle du prince dans la transaction, grâce à leur position d'intermédiaires. Leur réputation ainsi que leurs commandes se développaient[7]. Leurs voyages se multipliaient et allaient être suivis par l'établissement de branches à l'étranger.

A l'aube de leur carrière internationale, des contemporains attentifs pouvaient déjà discerner les signes de ce qu'on devait par la suite reconnaître comme le style des Rothschild : loyauté absolue entre les membres de la famille, discrétion dans le traitement des affaires d'autrui et, dans la manipulation des messages et de l'argent, une célébrité et une efficacité tout à fait extraordinaires pour l'époque. Par-dessus tout — et sans parler de leur incroyable succès pour faire passer marchandises et argent à travers les frontières de nations en guerre —, ce qui les caractérisait était un sens aigu de l'honneur et le refus d'aller au plus facile ou de duper leurs clients, qualités qui allaient stupéfier et séduire ces clients, parmi lesquels des rois.

La France révolutionnaire déclara la guerre à l'Autriche en 1792. Guillaume de Hesse était du côté de l'Autriche et Napoléon n'allait pas l'oublier. Pendant toutes ces années et en dépit d'une neutralité professée, Guillaume pratiqua des échanges intensifs avec l'Angleterre et consentit des prêts importants aux Anglais, en particulier à la famille royale. En agents discrets, les Rothschild n'en souffrirent pas. En 1795, comme le découvrit Corti, Rothschild était soumis au taux d'imposition le plus élevé de Francfort. A la fin du siècle, cette ville était devenue un relais entre l'Angleterre et le reste du continent, à tel point qu'il parut logique, en 1798, d'envoyer l'un des fils Rothschild, Nathan, âgé de vingt et un ans, pour représenter la famille à Londres. La firme britannique était née[8].

Nathan emporta avec lui une partie de la fortune familiale. Pendant les guerres napoléonniennes, il permit ainsi d'entretenir un lien vital dans le transfert de fonds et de marchandises, dont la plus grande partie devait franchir des blocus.

Napoléon fut vaincu sur le champ de bataille financier, devait affirmer un biographe marxiste des Rothschild. Malgré toute sa puissance, sa machine de guerre ne parvint jamais à détruire les liens économiques qui unissaient le Royaume-Uni au continent[9]. Le jeune Jacob qui deviendra James, reçut précisément son baptême du feu sur ce champ de bataille.

Jacob commença à traiter avec les clients à l'âge de treize ans, à l'époque de sa *bar mitzvah,* cérémonie obligatoire pour un garçon dans cette famille toujours très respectueuse de la religion. Il accompagnait son père en voyages d'affaires, surtout pour faire la tournée des gens qui avaient emprunté de l'argent au prince électeur. Même dans ce cas précis, sortir du ghetto requérait une permission spéciale. Nous connaissons ces détails sur l'existence de Jacob dès ce jeune âge grâce aux lettres qu'envoyait le père à Nathan, à Londres, lettres pieusement conservées dans les archives de la banque de cette ville et intelligemment mises à profit par le biographe de Jacob[10]. A l'époque et plus tard, il s'est raconté tant de légendes sur l'ascension des Rothschild pendant le règne de Napoléon que nous devons être redevables aux documents qui ont été préservés et rendus publics : correspondance de l'époque, dépêches diplomatiques et même rapports de police.

Le comte Corti trace le portrait d'un prince Guillaume de Hesse fort opportuniste, hésitant à prendre parti pendant la guerre, en 1806, entre la Prusse et la France et attendant de voir de quel camp il pourrait tirer le meilleur profit. Cela ne lui réussit guère ; Napoléon prit la décision pour lui, en occupant ses territoires et en menaçant ses richesses. Le chef de la maison des Rothschild trouva le moyen de servir Guillaume en exil, tout en entretenant de bonnes relations avec les nouveaux maîtres de Francfort, qui, de leur côté, semblaient offrir un avenir plus prometteur à la population du ghetto[11]. En 1808, Meyer Amschel Rothschild porte-parole, ambassadeur sans titre du ghetto, obtint pour une somme forfaitaire représentant vingt années d'impôts de la communauté, l'égalité des droits pour les résidents du ghetto. Le gouvernement de Francfort mis en place par Napoléon avait besoin de liquidités, Meyer Amschel et ses pairs le savaient.

Les temps changeaient en effet. Les fils Rothschild étaient différents de leur père, respectant moins la tradition juive dans leur habillement, dans l'application des prescriptions cachères et même en ce qui concernait les interdits du *shabbat* (ils écrivaient des lettres le jour de repos obligatoire, en prenant bien garde de n'être pas vus de lui)[12].

Tout protégés qu'ils étaient par l'homme de Napoléon à Francfort, le prince-archevêque Carl von Dalberg, qui était à la fois un sympathisant secret du prince Guillaume et un ami (du moins pas un ennemi) des Juifs, les Rothschild l'échappèrent belle à plusieurs reprises. En mai 1809, la police vint fouiller leur maison, cherchant des preuves de leur collusion avec le prince Guillaume absent ; Jacob et son frère Salomon furent maintenus dans leur boutique pendant que se déroulait la fouille. On ne trouva pas grand-chose ; les membres de la famille, dit le rapport de police, s'étaient montrés « extrêmement fins, très prudents[13] ». Le jour vint même où le prince Guillaume pria le vieux Rothschild de lui envoyer l'un de ses fils pour travailler avec lui à Prague, où il vivait provisoirement en exil. Meyer Amschel ne put cependant pas accéder à sa requête, Nathan étant établi à Londres, Carl voyageant constamment pour le prince électeur, précisément, et maintenant Jacob passant tout son temps entre Londres et Paris. Le prince électeur fut informé que « les entreprises de la famille étaient si étendues que cela n'était pas possible[14] ». En 1810, l'association de Meyer Amschel et ses fils — à l'exception de Nathan, resté à Londres (capitale ennemie) — prit la forme officielle d'une société enregistrée sous le nom M. A. Rothschild et Fils. Le capital de 800 000 florins était divisé entre le père, Meyer Amschel (24 parts), Amschel et Salomon (12 parts chacun), Carl et Jacob (1 part chacun). Il était bien spécifié que Jacob se voyait attribuer cette part en dépit de son jeune âge — il avait dix-huit ans —, « en raison de la manière scrupuleuse dont il s'est acquitté des affaires qui lui furent confiées ». Un chercheur qui a pu étudier le document observa que les Rothschild n'y étaient pas définis comme marchands, mais qu'il était question de prêts, de lettres de change, d'hypothèques et de diverses autres transactions financières. On releva également que la division du capital en cinquante parts était destinée à faciliter la répartition entre les cinq fils quand viendrait le moment du partage — Nathan inclus, cette fois.

Aucune part ne fut allouée aux filles, à leurs maris ou à leurs descendants, ni à l'époque ni plus tard. Les fils, eux, ne pouvaient en aucun cas quitter la firme en emportant leur part. Le ciment qui allait construire la compagnie puis la maintenir était désormais coulé [15].

Nous pouvons supposer que le fils établi à Gravelines, près de Dunkerque, était Jacob puisque c'était lui qui allait par la suite s'installer à Paris. Le fondateur de la dynastie française des Rothschild n'avait pas encore atteint l'âge de dix-huit ans. En mars 1810, il arriva dans la capitale française avec un passeport en bonne et due forme signé par le grand-duc Dalberg à Francfort, trouva à se loger rue Napoléon, puis se présenta officiellement aux autorités. Il entreprit alors de renforcer la chaîne permettant la circulation tripartite de l'or britannique et des traites continentales entre l'Angleterre, la France et le reste de l'Europe, pour le bénéfice du prince Guillaume, de ses agents et alliés et des autres clients de la famille. Les Rothschild assumaient les risques, se faufilant à travers le blocus continental de Napoléon dans des voitures munies de compartiments secrets pour l'or et les papiers bancaires, cependant que Jacob (seul ou avec l'aide de ses frères aînés) était parvenu à convaincre Nicolas Mollien, ministre du Trésor de Napoléon, que la libre circulation de l'or de Londres affaiblissait l'ennemi historique de la France [16].

Nathan et Jacob étaient désormais les plus privilégiés des Rothschild : ils respiraient un air plus libre. La liberté politique de l'Angleterre ouvrait la plupart des portes (sauf celles du Parlement) à un Juif sujet de Sa Majesté. Quant aux institutions juives françaises, elles étaient rigoureusement centralisées sous Napoléon, lequel s'efforçait de ralentir l'élan original donné à l'émancipation juive en 1791 par la Révolution. Cependant, et malgré un retour aux contraintes médiévales dans les dernières années de l'Empire napoléonien, les Juifs français jouissaient d'une extraordinaire liberté pour leur temps, délivrés de la plupart des entraves et des interdits que subissaient leurs parents de Francfort ou de Vienne [17].

Jacob était en France — à Gravelines, Dunkerque ou Paris — quand son père mourut, le 12 septembre 1812. Seuls les fils Amschel et Carl se trouvaient à Francfort, ce qui permit au comte Corti de mettre un terme à la légende selon laquelle Meyer Amschel aurait partagé le monde entre ses descendants [18]. Nathan, ce banquier moderne déjà établi dans l'ombre de la Banque d'Angleterre, devenait le chef officieux du clan. Désormais, les Rothschild pouvaient donner leur pleine mesure dans leur rôle de banquiers des rois et maîtres du réseau le plus efficace d'Europe pour la circulation de l'argent et des documents, principalement au service de l'Angleterre à l'époque. Non sans discrétion parfois car, pour une France toujours en guerre, l'ubiquité des Rothschild ne pouvait être qu'inquiétante [19].

C'est à l'occasion de son installation à Paris que Jacob devint James, adoptant l'habillement et les manières de la capitale, mais sans jamais perdre le fort accent allemand qu'imiteraient ses admirateurs aussi bien que ses détracteurs. Il se mit à apprendre la danse et l'équitation. Se rendant à une réception élégante, il assurait à son frère aîné et associé de Londres qu'il y allait exclusivement dans l'intention de rencontrer des gens susceptibles de leur être utiles. Il eut bientôt une maison respectable, avec un portier, un commis, des domestiques et un cocher — pour des sommes qui le choquaient autant qu'elles auraient choqué (il le savait) ses frères [20]. La défaite de Napoléon, la première, facilita les affaires des Rothschild en France et, en 1814, James put enregistrer sa banque au tribunal de commerce de Paris. La même année, l'argent anglais destiné à la restauration du roi Louis XVIII sur le trône de France, au retour de son exil en Angleterre, était confié à Nathan, à Londres, puis à James, à Paris, premier contact direct de ce dernier avec une tête couronnée. A l'âge de vingt-deux ans, James maniait des millions de francs par an. En 1815 ses bénéfices déclarés dépassèrent le million — l'équivalent de 22 millions de francs actuels [21]. Sa banque de la rue Le Peletier, tout comme celle de Nathan à Londres, pouvait mener ses opérations indépendamment de toute référence aux autres membres de la famille (tandis que les branches de Vienne et de Naples, fondées par les frères de James, Salomon et Carl, demeuraient attachées à l'établissement originel de Francfort). Cependant, les frères partageaient entre eux leur prospérité, James possédait un huitième des parts de l'institution londonienne, trois seizièmes de celles de Francfort et autant de celles de Paris [22].

Plus rien, pas même le retour de Napoléon de son exil forcé à l'île d'Elbe, en mars 1815, ne pouvait désormais troubler la croissance de leurs banques. Une légende, une de plus dans l'histoire des Rothschild, veut que Nathan ait suivi la bataille de Waterloo du haut d'une colline — ou bien ait été informé de la défaite finale de Napoléon grâce à un pigeon voyageur —, ce qui lui aurait permis de réaliser des opérations extrêmement fructueuses à la Bourse de Londres. En vérité, le service toujours efficace des messageries organisées par Nathan, reliant Londres aux points clés du continent par bateaux et diligences, lui permit effectivement d'être informé très rapidement mais, en bon sujet du roi, il avertit aussitôt le gouvernement anglais. Les Rothschild s'enrichirent donc davantage encore, mais ils ne furent pas les bénéficiaires exclusifs de la victoire[23].

## 3

# Le roi des Juifs

La finance moderne, avec ses énormes mouvements de capitaux et ses risques vertigineux, a commencé d'exister avant même les industries qu'elle contribua à développer. Les premiers gros clients des banques furent des nations et non des hommes d'affaires individuels, des chefs d'État, des ministres des Finances cherchant de l'argent frais pour mener campagne (ou payer les réparations de guerres perdues) ou pour entreprendre des travaux publics en temps de paix. Un historien économiste français, Bertrand Gille, rappelle que ces financiers avaient été des négociants, traitant des marchandises aussi bien que de l'argent et spéculant sur le coton comme sur le fer, par exemple, ou sur les lettres de change. Une nation telle que la France pouvait reconstituer son trésor grâce à des obligations, en proposant des taux d'intérêt avantageux. Une famille telle que les Rothschild, avec ses propres ressources, considérables, pouvait assumer une large part, sinon même la totalité d'un emprunt gouvernemental. Cela signifiait que les rois et les ministres étaient en mesure d'obtenir sur simple demande tout l'argent qu'ils voulaient, en laissant aux Rothschild et à leurs pairs le soin de le trouver et de le rembourser. La haute banque se développa dans le sillage de la Révolution française, sur les talons de Bonaparte, en même temps qu'apparaissaient les monarques commerçants du XIX^e^ siècle, avec leurs cours bourgeoises [1].

Suivons l'ascension de James, ce garçon au comptoir de la boutique de change du ghetto de Francfort, lorsqu'il émerge, presque d'un jour à l'autre, pour devenir un acteur primordial de l'économie de son pays d'adoption. En 1815, il n'était qu'un jeune associé minoritaire dans les entreprises Rothschild en pleine croissance, si nous en jugeons d'après la répartition du capital parmi la descendance mâle. Trois ans plus tard, tandis que leurs actifs s'étaient multipliés par treize (s'élevant à 42 528 000 francs, soit environ 935 millions de francs actuels), James était à égalité avec tous ses frères, à l'exception de Nathan, qui détenait une meilleure participation, non point au bénéfice de l'âge, mais parce qu'il avait été le premier à partir dans le monde pour faire la preuve de ses talents bancaires à l'étranger. James possédait désormais trois seizièmes de sa banque parisienne, de même que tous ses frères, alors que Nathan en détenait quatre seizièmes. Nathan contrôlait la moitié du capital de sa banque de Londres et avait une part légèrement supérieure à celles de ses frères (quatre seizièmes) dans l'actif de la compagnie mère à Francfort.

Sept ans plus tard, en 1825, le capital des frères avait plus que doublé et l'établissement parisien était devenu le plus important de toutes les banques Rothschild, même si Nathan, en tant qu'associé principal, continuait à détenir une part plus importante que celles de ses frères[2].

Grâce au travail de bénédictin de l'historien économiste Bertrand Gille, que les Rothschild engagèrent vers le milieu de ce siècle pour étudier leurs archives, nous pouvons suivre l'extraordinaire réussite du jeune James, qui, dans les premières années de la restauration des Bourbons, s'introduisit dans le petit club de la haute banque qui s'occupait des emprunts du gouvernement français. En 1817, quelques jours avant son vingt-cinquième anniversaire, sa banque fit partie d'un syndicat financier chargé par le gouvernement de liquider les dettes de réparation des guerres napoléoniennes. Précédemment, il avait été chargé du transfert matériel de l'argent dû à l'Autriche par la France[3].

L'Autriche... On ne peut que souligner le rôle stratégique des frères Rothschild dans cet empire. Ils étaient précieux pour le tout-puissant chancelier autrichien, ce fameux prince Klemens von Metternich qui gouverna pratiquement le continent après la réorganisation de l'Europe post-napoléonienne par le congrès de Vienne, en 1815. Témoignage des services rendus dans une époque et un pays qui méprisaient les Juifs, les Rothschild allaient être anoblis. Il est vrai que ce ne fut pas un geste spontané de Metternich, mais plutôt le résultat des talents de Salomon, le frère Rothschild qui, pour servir la cour, passait la majeure partie de son temps à Vienne auprès du prince et de ses conseillers. Mais seul Metternich pouvait imposer une décision élevant des négociants — et qui plus est des négociants juifs — au rang de barons. Ce fut chose faite à la fin de 1816.

Ils devinrent donc barons autrichiens, mais le titre sonnait parfaitement à Paris au XIXe siècle. Salomon proposa d'orner de cinq flèches leur blason, pour représenter les ramifications de la banque à Francfort, Londres, Paris, Vienne et Naples. Mais ils n'en obtinrent que quatre, et seuls quatre d'entre eux eurent droit au titre. En tant que sujet de la couronne d'Angleterre, Nathan était exclu des honneurs, exclusion qui ne le chagrinait guère[4].

A Paris, James, en tout cas, était lancé. Il savait où résidait le pouvoir sous la monarchie de la Restauration et faisait le siège des ministres qui comptaient. Quels qu'aient pu être en ces premières années l'aspect et l'accent de cet enfant de la Judengasse, si étranges qu'aient pu paraître son accoutrement et ses manières, il fonçait. Ses lettres à ses frères, méticuleusement déchiffrées par sa biographe Anka Muhlstein, en témoignent très clairement. A Nathan, par exemple, il évoqua un bal donné par l'un des grands banquiers du jour, Jacques Laffitte, auquel il n'était pas convié. « C'est la jalousie, écrivait-il en allemand en utilisant l'alphabet hébreu, qui constituait le meilleur code des frères. Ils ne veulent pas que nous devenions encore plus grands [...]. Je n'ai pas de maison où recevoir. Une maison sans femme est un bateau sans capitaine. »

Grâce aux relations de son frère Nathan avec les familles royales en exil, il put proposer ses services au duc d'Orléans, qui, devenu Louis-Philippe, roi des Français, allait s'en souvenir. Il parvint à entrer dans le cercle des intimes du duc Élie Decazes avant que celui-ci ne fût nommé président du Conseil, sous Louis XVIII. L'un des premiers gestes de James après l'obtention de sa baronnie et la célébration de son vingt-cinquième anniversaire fut d'inviter à dîner le duc de Wellington, qui se garda bien de refuser. Le nouveau baron pouvait même convier un Metternich à sa table — chose que son frère Amschel n'aurait jamais osé faire en Allemagne, non plus que son frère Salomon dans la propre capitale de Metternich.

On n'aimait pas nécessairement ces nouveaux banquiers juifs en France, mais on les respectait ou, tout au moins, on maintenait avec eux des relations de courtoisie. Anka Muhlstein note qu'à l'époque d'une violente flambée d'antisémitisme dans les provinces allemandes, en 1818, James reçut à sa table, à Paris, des diplomates prussiens et autrichiens. Non qu'il fût indifférent aux dangers qui menaçaient sa famille demeurée à l'est. A l'époque et plus tard, les Rothschild furent toujours disposés à agir par le seul moyen en leur possession, leur puissance financière, pour aider les victimes de l'antisémitisme à l'étranger[5].

Pour l'historien économiste Jean Bouvier, l'année 1818 marqua la suprématie des frères Rothschild sur tous les autres banquiers européens, ce qui est significatif quand il s'agit de la Prusse, de la Russie, de l'Autriche, de l'Espagne, du royaume de Naples et des Deux-Siciles, ainsi que de la France et de l'Angleterre. (James à Paris et Nathan à Londres étaient désormais consuls autrichiens, nommés par l'empereur.) Marxiste, l'historien Jean Bouvier considère que les Rothschild étaient trop étroitement liés à la contre-révolution, fournissant de l'argent aux monarchies absolues et aux princes tyranniques. Ils allaient, pourtant, toujours selon Bouvier, se montrer tout aussi réceptifs quand apparurent des alternatives à l'Europe de la Sainte Alliance, regroupant la Russie, la Prusse et l'Autriche.

Leurs liens permettaient des activités communes, telle l'« intériorisation » des prêts étrangers. Avant l'époque des Rothschild, quiconque investissait dans un autre pays devait percevoir ses intérêts dans le pays d'origine, avec tous les dangers que cela représentait et au taux de change en vigueur sur place. Les Rothschild réduisirent le risque en prenant à leur charge les emprunts étrangers, de sorte qu'un Français pouvait acheter des valeurs russes et percevoir leurs intérêts à Paris[6].

En 1818, James acheta, événement inoubliable, l'hôtel particulier de Fouché, ministre de l'Intérieur sous Napoléon et qui vivait désormais en exil à Prague. C'était une maison située au cœur du quartier financier, près de la banque de Jacques Laffitte, alors en position dominante dans la rue d'Artois, qui, en 1930, prendrait le nom de Laffitte ; une maison somptueuse, avec une vaste cour séparée de la rue par une grille et un jardin à l'arrière, propre à recevoir la noblesse ou les plus riches investisseurs de l'époque. En effet, ce fut l'emplacement parfait d'une banque Rothschild jusqu'à la seconde moitié du xx<sup>e</sup> siècle[7].

Désormais, le baron James de Rothschild allait être au cœur de la vie économique et politique de son pays d'adoption. L'absence de guerre permettait de se concentrer sur les affaires, leçon que les Rothschild n'oublièrent jamais : ils allaient toujours représenter le parti de la paix, sauf quand leur engagement patriotique exigerait qu'ils alimentent la guerre[8]. En sa qualité de représentant officiel de l'empereur d'Autriche, James trouvait toutes les portes ouvertes. Pourtant il est clair que son meilleur atout n'était ni son titre ni son rang, mais les services qu'il pouvait rendre. L'un de ces services était un réseau de communications déjà légendaire, que le président du Conseil français, le comte Joseph de Villèle, préférait même parfois à sa propre valise diplomatique[9]. Les émissaires de l'Autriche à Londres, à Francfort et à Paris constatèrent également que le réseau Rothschild pouvait être plus fiable que le leur. Mais quand cela leur semblait préférable — afin d'éviter d'attirer l'attention —, les Rothschild utilisaient à leur tour la valise diplomatique autrichienne pour leurs propres communications.

En effet, l'apparition d'un courrier Rothschild pouvait provoquer des remous sur les cours. Bertrand Gille, qui a étudié les archives du service de messageries de James, note que pendant les périodes de tension — en particulier à Naples — les courriers Rothschild devaient changer de vêtements et de voiture avant d'entrer dans la ville, afin de ne pas être reconnus. Leur arrivée pouvait laisser présager des mouvements importants à La Bourse. La famille allait évidemment être accusée de manipuler l'information à son avantage et de faire ainsi monter (ou baisser) les cours[10].

Une autre stratégie efficace des Rothschild durant les premières années consistait à se concentrer sur les transactions financières, avec tous les risques que cela impliquait pour des non-experts, en laissant à d'autres le soin d'investir dans des industries spécifiques. En 1823, grâce à des enchères bien menées, James remporta sur ses rivaux établis de longue date l'organisation d'un grand emprunt du gouvernement français[11]. James de Rothschild allait désormais participer à toutes les importantes opérations financières de la France. Le jeune Victor von Metternich décrivit à son père la visite amicale effectuée chez James un matin : « A cette heure-là, son bureau ressemblait à une véritable lanterne magique, car on y voyait entrer et sortir des gens d'apparences et de physionomies diverses [...]. Tandis que nous nous entretenions, nous fûmes souvent interrompus par des agents de change qui annonçaient les cours à leur grand maître[12]. »

Dans la recherche d'une épouse, James se montra aussi circonspect qu'il l'était pour acheter des actions. Son choix se porta sur Bettina, la fille de son propre frère Salomon. James avait maintenant trente-deux ans et elle dix-neuf. Prendre une nièce pour épouse était la meilleure chose qu'un Rothschild pût faire, gardant ainsi dans la famille l'argent et les secrets. Comme le souligne Anka Muhlstein, Nathan allait bientôt marier sa fille au fils de Salomon et l'« intermariage » devint la règle. Des dix-huit unions contractées par les petits-enfants de Meyer Amschel, seize allaient lier des cousins germains. Les banquiers Rothschild prouvaient par leur comportement qu'ils n'avaient nul besoin de s'allier à d'autres familles de financiers pour prospérer[13]. La famille se rassembla au complet pour ce mariage, célébré le 11 juillet 1824 à Francfort, dans la maison du ghetto où vivaient encore Gutele, la veuve de Meyer Amschel, et leur fils aîné, Amschel.

Le marié n'était pas un Apollon ; ses amis eux-mêmes en convenaient. Jules Michelet évoquait son « profil de singe intelligent » ; Heinrich Heine le voyait « distingué et négligent »[14]. « Betty », elle, était une beauté. Instruite et rodée aux voyages, elle s'adapta confortablement à Paris, et Paris l'adopta, sur le plan mondain, mieux encore qu'il n'avait adopté James. Elle paraît tout à fait à l'aise dans le portrait qu'a fait d'elle Ingres pour la maison de la rue Laffitte, dont elle symbolise l'élégance. « Samedi, nous avons dîné d'un somptueux festin chez les Rothschild, écrivait lady Granville (épouse de l'ambassadeur britannique lord Granville Leveson-Gower) à sa sœur, lady Carlisle. Il a épousé sa nièce, une jolie petite Juive, *née coiffée,* une excellente chose à Paris car, à peine sortie de la nursery, elle fait les honneurs de sa maison comme si elle n'avait jamais fait autre chose[15]. » Le jeune baron se distinguait déjà comme homme du monde et mécène ; on le voyait dans les restaurants ou les théâtres à la mode. Aucun des autres frères ne s'adapta aussi bien à son temps et à son environnement (pas même Nathan à Londres, de l'avis de Bertrand Gille)[16].

La raison — au moins partielle, d'après sa biographe — en était l'absence d'une communauté juive étroitement structurée qui eût observé les rituels. Le baron James pouvait rester juif sans s'astreindre à suivre toutes les lois du judaïsme traditionnel[17]. Lorsqu'il s'engageait pour des causes juives, elles concernaient de malheureux coreligionnaires persécutés en Allemagne, en Russie ou à Damas. Mais, quant à lui, il n'allait pas connaître ces problèmes à Paris.

Il avait paru facile, dans l'Europe de Metternich, de gagner de l'argent avec l'argent. Mais une crise allait survenir, dont les premiers signes apparurent en 1825-1826. Le déclin des affaires fut quasi universel, et pourtant les frères — avec leurs établissements bancaires à multiples facettes qui augmentaient les possibilités d'aide mutuelle — semblaient faire face mieux que la plupart de leurs confrères. Rien de surprenant à cela : l'archiviste Gille montre que le capital accumulé par les Rothschild, à la fin des années 1820, dépassait celui de tout autre établissement bancaire, et même largement celui de la Banque de France [18]. Il est vrai que la situation du pays n'aurait guère pu être pire, avec un roi Charles X (couronné en 1824) peu enclin aux compromis, dans un climat social et politique de plus en plus tendu, malgré l'importance de la bourgeoisie.

En dépit de signes inquiétants, James de Rothschild semble avoir accepté l'assurance du roi et de ses ministres que tout irait bien. Les témoignages de l'époque soulignent à quel point James était peu préparé à la débâcle quand elle se produisit. Une série d'ordonnances, à la fin de juillet 1830, décrétèrent la dissolution de la Chambre des députés, jugée trop libérale, et l'organisation de nouvelles élections selon une réglementation qui paralysait l'opposition et la liberté de la presse. Les Bourbon n'allaient pas y survivre.

Des barricades se dressèrent des mains d'insurgés ou d'étudiants issus de la classe ouvrière, rejoints par les gardes nationaux, qui avaient conservé leurs armes et dont le général La Fayette prit aussitôt la tête. La foule en émeute s'empara de l'Hôtel de Ville, de Notre-Dame, puis des palais du Louvre et des Tuileries. Après l'abdication de Charles X, dernier des Bourbon, le duc d'Orléans, qui jouissait d'une forte popularité, accéda au trône sous le nom de Louis-Philippe, roi des Français. Tout cela, comme l'expliquait Salomon de Rothschild au prince Metternich, sans aucun dommage pour les biens publics ou privés [19].

Cependant, la crise avait fait chuter les rentes ; l'Europe était secouée dans sa structure monarchique. Et les Rothschild avaient été surpris dans leur innocente torpeur. En contrepartie, ils pouvaient profiter de l'arrivée au pouvoir d'un ami. « Vous me connaissez suffisamment, rappela le nouveau roi à James lors d'une réception peu après son accession au trône. La France inclinait nettement vers la République [...]. Le principe monarchique a vaincu l'anarchie [...]. La paix de l'Europe est le vœu le plus cher à mon cœur... »

Baume au cœur du baron. Et aussi à celui de Metternich — James fit en sorte que ces paroles lui parviennent [20]. A dater de là, les Rothschild servirent simultanément Louis-Philippe et Metternich, et par conséquent, la paix entre leurs nations, à une époque où de petites crises (telles qu'un dangereux changement dynastique en Belgique) menaçaient de troubler le *statu quo* entre les grandes puissances. « [...] Le monde entier s'arme et cela m'effraie, écrivit James à Salomon dans une lettre dont il savait que son frère la montrerait à " l'Oncle ", leur nom de code pour Metternich. Si l'Oncle veut la paix et s'il en convainc notre gouvernement, la paix subsistera... » Avec la paix, il redevenait possible de gagner de l'argent[21].

Corti pense que ce fut grâce à James et à son sang-froid que survécurent les affaires largement dispersées de la famille, permettant aux Rothschild de s'élever à un niveau de prospérité encore supérieur[22].

Plus rien ne pouvait arrêter l'ascension du baron James. Il dînait à la table du roi et les fils du roi venaient parfois honorer la sienne, rue Laffitte. On a baptisé ces années le « règne du boursicotage et de la spéculation » ; l'un des historiens des Rothschild suggère que James y tenait une place d'honneur[23]. Un examen plus attentif montre que l'ascension des Rothschild fut plus lente et plus sûre. « Prenant toutes les précautions utiles, se refusant à tous les risques, explique l'archiviste Gille, la maison Rothschild élargissait son activité aux dimensions du monde entier. » Grâce à la multitude de ses rentiers, la capitale financière de l'Europe était la France[24]. Et, là, James était devenu, selon l'expression d'un de ses clients, Honoré de Balzac, le « prince de l'argent[25] ». Apparemment sans le moindre humour, le philosophe social Charles Fourier qualifiait le chef de la lignée française des Rothschild de « roi de Judée ». Il pensait que la famille pourrait reconstruire un royaume israélite à Jérusalem, leur permettant d'émanciper les chrétiens aussi bien que les Juifs, car Jérusalem se trouvait alors sous la botte des Turcs ottomans. Dans l'imagination fleurie de Fourier, un frère de James aurait gouverné le Liban[26].

Quelle que fût leur image dans les fantasmes populaires, les frères n'étaient guère interchangeables. Salomon, à Vienne, avait commencé à s'engager dans l'industrie lourde et allait bientôt devenir le maître des puissantes fonderies de Vitkovice, dans la province tchèque de l'Autriche. Il fut également le premier frère à investir dans la construction ferroviaire, longtemps avant que James ne fût prêt à le suivre[27]. Dans les années 1830, les Rothschild se trouvèrent momentanément dans des camps opposés, lors d'un *casus belli* dû à la succession au trône d'Espagne, où la France et l'Angleterre se déclarèrent pour la fille du roi et l'Autriche pour son frère absolutiste[28]. Mais la plupart du temps les frères agissaient en bloc et, ce faisant, pouvaient ébranler un pape, un roi ou un empereur.

Les détails importent moins que la méthode. Il existait un style

Rothschild identifiable. Si un ou plusieurs frères endossaient un emprunt d'État, ils servaient par leur bonne réputation de garants moraux à l'égard des investisseurs, même quand ils n'étaient pas seuls gestionnaires de l'emprunt mais simplement à la tête d'un syndicat de banquiers. Leur atout dans la profession était la connaissance infaillible du comportement de l'argent, et donc du maniement des taux de change et d'intérêts. Plus l'emprunt qu'on leur confiait était important et mieux c'était. Même s'ils prenaient grand soin de ne point y engager leur propre argent, il suffisait qu'ils engagent leur nom. Leur meilleur atout était le réseau des banques Rothschild, qui permettait de convertir les rentes d'un pays dans toutes les principales devises importantes et garantissait aux rentiers qu'ils seraient payés chez eux[29].

Assez rapidement, les frères entendirent vanter un nouveau marché en plein développement : les États-Unis. Il paraissait logique de prêter de l'argent à l'industrie américaine naissante. Ils trouvèrent l'homme qu'il leur fallait en la personne d'August Belmont, un Juif de Hesse qui avait débuté comme apprenti à la banque Rothschild de Francfort. A l'âge de vingt-trois ans, il se trouvait à New York, en route vers La Havane pour le compte des Rothschild, lorsqu'une crise financière et la faillite du courtier des Rothschild à Wall Street le convainquirent de ne pas aller plus loin. Ainsi commença l'ascension de la dynastie Belmont, profondément engagée dans la vie américaine — August Belmont lui-même allait devenir le président du Parti démocrate et un familier de la Maison-Blanche. Si les Rothschild avaient souhaité se tailler une place de premier plan aux États-Unis, ils auraient pu fonder une banque familiale à New York, sous la direction (par exemple) d'un des fils. La presse européenne et américaine répercuta souvent des rumeurs en ce sens. Mais les Rothschild préféraient s'en remettre à Belmont, qui fut très longtemps leur agent, à la satisfaction de tous[30].

James croyait ne connaître qu'une chose et rien d'autre : l'argent, et comment le faire croître. Quand un homme d'affaires voulait acheter ou fonder une entreprise industrielle, il pouvait lui emprunter; mais Rothschild s'efforçait de rester en dehors de l'affaire elle-même.

Les temps changeaient. Les gouvernements n'empruntaient plus autant qu'autrefois par l'entremise des banques, tandis que de nouveaux développements dans l'industrie, les transports et les communications requéraient des investissements d'une ampleur que les Rothschild comprenaient. Bertrand Gille décrit un James réticent, peu désireux de quitter son guichet de banque pour jouer le rôle d'investisseur, mais entraîné dans ce rôle par la logique de l'époque. Sa biographe Anka Muhlstein montre comment James fut gagné par l'enthousiasme d'un de ses jeunes employés, un Juif sépharade de Bordeaux, Émile Pereire, lui-même inspiré par les doctrines de l'économiste idéaliste Saint-Simon, dont les disciples prescrivaient la construction de chemins de fer comme première étape d'une révolution industrielle. James accomplit cette première étape et le développement industriel suivit, en effet[31].

En 1835 — l'année où Fourier qualifiait James de « roi de Judée » — , la France avait un retard considérable sur l'Angleterre dans le développement des transports ferroviaires; les lignes existantes servaient au transport du charbon. Mais les rêveurs commencèrent à rêver. Certains ont supputé, Bertrand Gille parmi d'autres, que les frères Pereire — le courtier Émile et le journaliste saint-simonien Isaac — furent à l'origine du premier projet concret d'une ligne destinée aux passagers. Elle devait relier Paris à la ville toute proche de Saint-Germain-en-Laye. Certainement encouragé par ses frères Nathan et Salomon, tous deux déjà engagés dans la construction ferroviaire de leurs pays respectifs, James devint l'un des investisseurs de cette voie ferrée, Émile Pereire étant à la tête du projet. Le service de la ligne fut ouvert en août 1836 et ce fut un succès. Un an plus tard, les Rothschild emportaient le marché pour une seconde voie ferrée reliant Paris à Versailles par la rive droite de la Seine et figuraient cette fois à la tête de la liste des investisseurs.

James était mordu. Le nord-est de la France représentait la base industrielle du pays, la source de son énergie. Certains investisseurs hésitaient cependant, craignant que des lignes rivales ne mettent leurs investissements en danger et inquiets du coût sans précédent d'un tel projet. Les chemins de fer semblaient requérir un acte de foi. Et puis la France avait commencé à sentir les effets d'une nouvelle récession à la fin des années 1830. L'heure était à la réévaluation des projets visionnaires, à un examen plus minutieux des plans des ingénieurs. « Dans ce moment, confia James à ses partenaires, je ne suis pas chaud pour les chemins de fer[32]. »

# 4
# Le Grand Baron

Jamais le baron James de Rothschild ne se départit de son accent, si comique à l'oreille des Français. On retrouve un peu de cette intonation fortement gutturale dans les récits de Balzac, souvent transposés avec une pointe de sympathie (car Balzac devait généralement de l'argent à son modèle). Jamais non plus le baron ne prit la peine d'acquérir la nationalité française. Mais il prit celle d'engager un compositeur de cour en la personne de Gioacchino Rossini, qui, après avoir écrit dans son Italie natale trois douzaines d'opéras, parmi lesquels *Le Barbier de Séville*, s'était établi à Paris en 1824, à l'âge de trente-deux ans (comme James). C'est là qu'il composa sa dernière œuvre lyrique, *Guillaume Tell*, ainsi que de nombreuses musiques de circonstance, souvent sur commande des Rothschild. En 1836, Rossini accompagna James au mariage du fils de Nathan, Lionel, avec la fille de Carl, Charlotte. Bien que Lionel vécût à Londres et Carl à Naples, la cérémonie se déroula cette fois encore dans le berceau de la famille, à Francfort[1]. Après le musicien Rossini, premier artiste de la cour des Rothschild, doit-on considérer Ingres comme leur peintre attitré, son portrait de l'épouse de James étant de fait une œuvre officielle ?

Les Rothschild avaient assurément un poète attitré, Heinrich Heine, cet Allemand très parisien qui allait régulièrement présenter les visages public et privé de James aux lecteurs des gazettes allemandes et qui composa une ode (au moins une) à Bettina, qui était de ces « anges sans ailes » :

> Gracieux avec leurs mains blanches,
> Gracieux avec leur beau regard,
> Ils protègent l'homme, écartant
> De lui l'infortune.

Bettina, ou Betty comme on l'appelait, apparaissait comme la victime rêvée des quémandeurs de tout poil[2]. Sa petite-nièce Constance Battersea jugeait inestimable pour James « l'appui mondain qu'elle lui donnait dans la position influente qu'il devait à son génie financier ». Ce fut Betty qui inspira la contribution de la famille au développement des écoles juives, des hôpitaux, des services sociaux. Elle savait écrire en hébreu et en yiddish et observait les traditions (plus que son mari). Il disait, en partant travailler le samedi : « Ma bonne épouse ne voudrait certes pas sortir aujourd'hui, mais je dois faire telle et telle chose[3]. » Cependant, lorsque la fille de Nathan, Hannah, se maria hors de la foi juive en 1839, avec le frère du comte de Southampton, Henry Fitzroy, le baron entra dans une vive colère : « Ce mariage me rend absolument malade », écrivit-il à Nathaniel, frère de Hannah. Il souhaitait qu'elle fût déshéritée. « Pour ma part, je suis déterminé à ce que ni ma femme ni mes enfants ne revoient jamais Hannah[4]... »

James avait acquis, au coin de la place de la Concorde et de la rue Saint-Florentin, à une distance raisonnable de la banque de la rue Laffitte, un imposant hôtel particulier datant du XVIIIe siècle et qui avait appartenu au prince de Talleyrand. Ce fut désormais l'adresse des Rothschild, jusqu'à ce que la Seconde Guerre mondiale amène les nazis à Paris.

Ce qu'entreprenait James était toujours sans commune mesure : il fallait que son club, l'Union, fût le meilleur (ses fonctions de consul d'Autriche le lui permettaient), que son médecin fût un pionnier de la chirurgie (Guillaume Dupuytren). Jusqu'à ses œuvres de charité, qui devaient être d'envergure : il employait trois personnes uniquement pour traiter les sollicitations de secours. Bien entendu, il lui fallait être connaisseur en cuisine et en vins, appréciant chaque gorgée de ce Château-Lafite dont il n'allait pouvoir acheter les vignobles qu'à la fin de sa vie[5]. Il commença à rassembler l'une des plus grandes collections d'art d'Europe (une lettre citée par sa biographe le montre vendant un Rembrandt en 1840[6]. « Hier, écrivait Balzac à sa lointaine Anna Hanska, j'ai rencontré Rostchild [*sic*], c'est-à-dire tout l'esprit et tout l'argent des Juifs. » Balzac était vexé parce que le baron James ne semblait pas avoir remarqué que son nouveau roman paraissait quotidiennement en feuilleton dans l'un des plus grands journaux parisiens[7]. D'une puérilité notoire pour tout ce qui touchait à l'argent, le romancier pensait que le seul fait de connaître un Rothschild pouvait assurer sa fortune. « Depuis trois semaines, confie-t-il à Anna, j'espère que Rostchild [*sic*] m'aidera à arranger mes affaires, je le lui ai demandé ; mais bah ! s'il faut le lui demander deux fois, j'aime mieux la misère et le travail[8]. »

Tout cela en un temps d'inexorable expansion. Dominant visiblement la scène française, James devint le plus important des Rothschild à la mort de Nathan, en 1836[9]. « Sais-tu qui est vice-roi et même roi en France ? C'est Rothschild. » Voilà ce qu'écrivait la comtesse von Nesselrode à son mari Carl, ministre des Affaires étrangères du tsar Nicolas Ier, en lui rapportant la conversation d'un dîner chez James. Elle avait entendu le baron dire des ministres français : « Je les connais tous ; je les vois quotidiennement et, dès que je m'aperçois que la marche qu'ils suivent est contraire aux intérêts du gouvernement, je me rends chez le Roi, que je vois quand je veux, et je lui fais part de mes observations. Comme il sait que j'ai beaucoup à perdre et que je ne désire que la tranquillité, il a toute confiance en moi, m'écoute et tient compte de tout ce que je lui dis. » La comtesse expliquait à son mari que tous les gens qui comptaient venaient chez les Rothschild et que le baron se conduisait « comme un Richelieu, recevant selon son caprice »[10].

Comment James était perçu (ou souhaitait l'être, car il se peut qu'il ait financé l'auteur), c'est ce qui apparaît dans les pages d'une mince brochure louant « une royauté plus solide qu'une royauté constitutionnelle » ; eussent-ils vécu sous le règne du Roi-Soleil, disait l'hagiographe, leur fortune eût « porté ombrage à l'orgueil de Louis XIV ». De crainte qu'on n'y voie de la malveillance, l'auteur portait au crédit des Rothschild « l'essor récemment imprimé à l'industrie » ; ils étaient les Médicis de l'époque[11].

Ce genre d'éloges sans nuances pouvait irriter même un Metternich, malgré ses longues relations avec la famille. C'est ce qu'il indiquait dans une note à son ambassadeur Apponyi, en 1845 : « La maison Rothschild joue en France, pour des raisons naturelles, que, toutefois, je ne saurais, de ce fait, considérer comme étant bonnes, ni surtout morales, un rôle bien plus considérable que les gouvernements eux-mêmes [...]. Des gens qui se posent en philanthropes et qui doivent étouffer la critique sous le poids de l'argent[12]... »

Qu'on profite d'eux tout en trouvant gênant de les embrasser, les Rothschild y étaient habitués. Et ce que James connaissait en France, son « proconsul » August Belmont allait le découvrir sur le continent américain encore fragile. Là-bas James n'hésitait pas à accroître son aide à l'industrie du coton, ainsi qu'aux finances des États et au Trésor fédéral, quand d'autres banquiers français (et la Banque d'Angleterre) s'abstenaient. Leur carence contribuait au développement d'une crise monétaire dans un pays encore neuf qui souffrait de maux croissants[13]. Mais le rôle de Belmont à la tête du Parti démocrate, juste avant la guerre de Sécession, provoqua, comme on pouvait le prévoir, des accusations, selon lesquelles l'« or juif » servirait à obtenir la présidence pour son parti. Tout bien pesé, Belmont voyait néanmoins un aspect positif à son association avec Rothschild, car les Juifs riches étaient admirés tout autant qu'ils étaient craints[14].

Mais l'Amérique, au temps de Metternich, n'était qu'une broutille. Ce qui comptait, c'était la Belgique, minuscule mais stratégiquement de première importance, ayant un besoin désespéré de soutien, à une époque où son indépendance entre des frontières garanties commençait tout juste à être reconnue. « Je suis d'opinion, écrivait James à ses partenaires en mars 1839, que l'arrangement de la question belge va être suivi de besoins d'argent et que ce sera le moment dont nous devons profiter pour nous rendre absolument maîtres des finances de ce pays [15]. »

Il était admis par les nouveaux banquiers internationaux que l'on pouvait s'engager dans les affaires d'une nation pour son propre profit. Mais pouvait-on en faire autant pour des raisons morales ? En 1840, le contexte politique était dominé par la crise du Moyen-Orient, où la France soutenait le vice-roi égyptien Méhémet-Ali dans sa révolte séditieuse contre l'Empire ottoman. En février 1840, le père supérieur de l'ordre français des Capucins avait disparu à Damas. Curieusement, les consuls de France, là-bas, emboîtèrent le pas à la vieille calomnie des meurtres rituels commis par les Juifs afin de se procurer du sang chrétien pour leur Pâque. Leur approbation suffit à faire arrêter et torturer les chefs de la communauté juive locale pour qu'ils avouent ou qu'ils meurent (certains moururent, d'autres firent de faux aveux). Comme deux des victimes étaient de nationalité autrichienne, Metternich s'en mêla, faisant de l'affaire de Damas une péripétie supplémentaire du conflit européen, déjà compliqué. Les alliés de l'Autriche — la Prusse, la Russie et l'Angleterre — firent front avec Metternich contre la France, dans une crise qui semblait suspendue aux prescriptions du Talmud.

James intervint auprès d'Adolphe Thiers, le chef du gouvernement français, qui manifesta peu de sympathie. Il tenta également d'utiliser la presse, mais les Parisiens soutenaient plus volontiers, dans leurs quotidiens, la thèse diffamatoire des meurtres rituels. Avant la résolution de la crise, Heinrich Heine informa ses lecteurs, dans la presse allemande, des réactions des Juifs français — ou de leur absence de réaction — sur l'affaire de Damas et félicita publiquement Rothschild pour son intervention [16].

Le débat s'étendit jusqu'au Parlement, où Thiers défendit, au nom du patriotisme, ses diplomates induits en erreur. L'infortune de leurs coreligionnaires orientaux suscita la première collaboration importante des Juifs européens à travers les frontières. Ainsi les chefs des communautés anglaise, sir Moses Montefiore, et française, Adolphe Crémieux, partirent ensemble en délégation en Orient pour s'entretenir avec le sultan ottoman et le dissident Méhémet-Ali. L'intervention de James de Rothschild fut plus discrète, mais il avait l'oreille de Louis-Philippe. Méhémet-Ali allait finalement céder devant le sultan et les Juifs de Damas se voir rendre justice [17].

Manifestement, la paix était l'affaire des Rothschild et, dès qu'elle semblait menacée, on était sûr de voir l'un d'eux accourir à la rescousse. Pendant la crise du Moyen-Orient, James prit bien soin d'informer Metternich que la France ne poussait pas à la guerre (il le tenait de Louis-Philippe en personne). « De quel droit et sous quel prétexte ce roi de la finance se mêle-t-il de nos affaires ? » protesta *Le Conventionnel*, journal connu pour exprimer les opinions d'Adolphe Thiers. « Est-il juge de notre honneur, et ses intérêts d'argent doivent-ils l'emporter sur nos intérêts nationaux ? » « Si la France n'est pas ma patrie, répliqua James dans une lettre publiée par le même journal, c'est du moins celle de mes enfants. Il y a trente ans que j'y vis, j'y ai ma famille, mes amis et tous mes intérêts. »

Finalement, la paix fut sauvée et le roi trouva qu'il pouvait fort bien se passer de Thiers [18]. Peu de temps après, dans sa chronique, l'affable Heinrich Heine notait à quel point le baron James semblait se bien porter : « Les augures de la Bourse, qui s'entendent si bien à déchiffrer la physionomie du Grand Baron, nous assurent que les hirondelles de la paix nichent dans son sourire, que toute appréhension de guerre a disparu de son visage [...]. Même les éternuements du baron, ajoutent-ils, expriment la paix [19]. »

Avant cette affaire, il avait paru vital à Metternich d'avoir les Rothschild dans son camp pendant la longue rivalité pour le trône d'Espagne, qui avait opposé les puissances soutenant la fille encore très jeune du défunt Ferdinand VII à celles faisant front avec le frère du défunt, don Carlos. Les deux camps comptaient sur l'appui des Rothschild. La France et l'Angleterre (favorables à Isabelle II) étaient contre l'Autriche. Mais Metternich ne fut certes pas le dernier à apprendre que son protégé, James, avait obtenu de la régente Marie-Christine (gouvernant pour sa fille de six ans) la concession d'une fabuleuse mine de mercure. Don Carlos perdit, et avec lui ses amis autrichiens. Les Rothschild conservèrent leur mine de mercure [20]. Avec leurs sociétés autrichiennes, ils détenaient maintenant un véritable monopole international. Ainsi commença un siècle d'investissement dans les ressources naturelles et dans les moyens de transport par voie de terre et de mer [21]. La croissance était alors possible, grâce à l'expansion continue du commerce mondial. Le cycle des affaires étant ce qu'il était, on ne pouvait désormais plus avoir la même confiance dans les emprunts nationaux ou les industries naissantes, qui avaient jusqu'alors représenté la force des Rothschild [22].

D'où ces chemins de fer qui allaient relier la capitale au cœur des régions minières et industrielles, à la côte de la Manche, à la Méditerranée ; telle fut l'œuvre colossale des années 1840, qui exigeait une coopération à la dimension de ce qu'avaient imaginé les saint-simoniens. L'assistance du gouvernement était indispensable pour l'infrastructure et pour procéder aux grandes expropriations de terrains, mais il incombait aux nouveaux entrepreneurs de poser les rails et de placer dessus les chevaux de fer. Cela requérait une injection de capitaux d'une ampleur encore inconnue, un don de magicien pour rassembler ces fonds : James avait ce don. « Toute la population de Paris forme en ce moment, pour ainsi dire, une chaîne où l'un communique à l'autre la décharge électrique », relatait Heinrich Heine. Le poète se sentait pris d'un « frémissement sinistre, tel que nous l'éprouvons toujours quand il arrive un événement des plus prodigieux et des plus inouïs, dont les conséquences sont immenses et incalculables ». Il aurait pu parler ainsi de l'alunissage d'*Apollo.* « Nous sentons seulement que notre existence est entraînée ou plutôt lancée dans de nouveaux orbites, que nous allons au-devant d'une nouvelle vie, de nouvelles joies et de nouvelles souffrances... » Heine comparait l'avènement des chemins de fer à la découverte de l'Amérique, à l'invention de la poudre à canon ou de l'imprimerie, brossant le tableau de toutes les montagnes et les forêts du monde marchant sur Paris.

Le chroniqueur allemand décrivait également les mécanismes par lesquels la France se procurait ces machines magiques, les grandes compagnies qui se créaient, les prospectus alléchants qui invitaient le public à souscrire. Il détaillait les listes d'offre d'actions, ils énumérait les garants de la compagnie, qui étaient princes, ducs, marquis et comtes aussi bien que banquiers et industriels. « On croit entendre les coups de trompettes et de grosse caisse avec lesquels Paillasse invite, sur le balcon d'une baraque de foire, l'honorable public à prendre place au spectacle. » Et de la maison Rothschild il écrivait : « Chaque participation à son entreprise que cette maison accorde à un individu quelconque est une faveur, ou plutôt [...] c'est un cadeau d'argent dont M. de Rothschild gratifie ses amis. » En effet, comme les actions des chemins de fer de Rothschild valaient déjà plus que leur valeur au pair, quiconque demandait au baron James de nouvelles actions se trouvait littéralement en position de quémandeur. Et tout le monde quémandait ; M. de Rothschild était le héros du jour. Un héros aux aptitudes remarquables, qui savait choisir la personne qu'il fallait pour la fonction qui lui convenait.

Ce n'était pas chose facile que d'être James de Rothschild, Heine voulait que ce fût bien clair, car « le pauvre baron est sans relâche adulé, harcelé et torturé » par ses adorateurs. Quant à James, écrivait Heine, il admirait les grands auteurs du passé, en particulier Homère, Dante et Shakespeare. Eux, au moins, ne quémandaient pas d'actions du chemin de fer du Nord[23].

Honoré de Balzac fut l'un des importuns qui quémandaient des actions, même s'il se dépeint à sa confidente comme un solliciteur réticent. Cet écrivain prolifique, qui n'avait généralement qu'un manuscrit d'avance sur la faillite et se tenait toujours à l'affût de l'affaire qui mettrait fin à ses soucis, subissait manifestement une attirance irrésistible pour le banquier ; il n'avait pas les moyens de s'en détacher. « J'ai vu Rostchild *[sic],* écrit-il à Mme Hanska. Je suis compris pour quelques actions au pair dans le chemin de fer du Nord. » Il était prêt à investir tout ce qu'il avait dans des actions de chemin de fer mais, quand il s'en ouvrit à James, ce dernier fit « un bond sur sa chaise » et déclara à l'auteur impécunieux : « Je ne conseillerai jamais à un ami de mettre là tout ce qu'il possède »[24].

L'habileté de James l'avait placé en tête du peloton des investisseurs. En 1845, sa Compagnie du chemin de fer du Nord obtint le marché potentiellement lucratif de la voie ferrée reliant Paris à Lille et à la frontière belge. On trouverait bientôt des actions Rothschild dans les lignes Paris-Strasbourg et Paris-Lyon, et bien d'autres encore par la suite[25].

Une vague d'opposition aux prétentions de ce Juif de Francfort commença alors à se manifester, réaction qui, étant donné la notoriété et la prééminence du Grand Baron, et le caractère catholique et agricole de la France, ne devait guère surprendre. La surprise, si surprise il y avait, venait plutôt de l'ampleur de l'hostilité antijuive provenant de la gauche, des socialistes naissants, en commençant par Pierre Proudhon (pour qui, de toute façon, « la propriété, c'est le vol »). Pour Proudhon, le Juif était « antiproducteur », un « entremetteur, toujours frauduleux et parasite ». Charles Fourier chercha même à discréditer le mouvement socialiste rival des saint-simoniens, parce que les Juifs y étaient actifs. (Proudhon et Fourier entrèrent tous deux dans les livres d'histoire avec une image passablement différente.) C'est ainsi que l'historien Robert Byrnes parvient à la conclusion que, dans les décennies précédant 1880, la plupart des manifestations d'antisémitisme provenaient de la gauche et non de la droite : « Les socialistes français, qui prétendaient œuvrer pour une nouvelle société libre de toute exploitation et discrimination, contribuèrent essentiellement à renforcer et approfondir les préjugés antisémites en France[26]. »

Prenons le cas d'Alphonse Toussenel, le plus curieux de ces pamphlétaires et disciple méritant de Proudhon. Son livre en deux volumes *Les Juifs, rois de l'époque,* publié en 1845 par un mouvement socio-anarchiste, constitua la première expression de l'antisémitisme post-religieux du XIXe siècle, issu de la révolution industrielle. Selon Toussenel, « Juif » signifie « exploiteur » ; pour ce visionnaire dénué de la haine d'un Hitler, point n'est besoin d'être né juif pour être un « Juif » au sens économique. Dans une note en bas de page, il précisait au lecteur qu'il employait le terme « Juif » au sens de « banquier » ou « marchand d'espèces ». Par ailleurs, il reconnaissait la contribution juive à l'humanité et se rendait compte que les protestants occupaient un rang égal à celui des Juifs dans la haute banque. « Malheureusement, tous les liseurs de Bible, qu'on les appelle Juifs ou Genevois, Hollandais, Anglais,

Américains, ont dû trouver écrit dans leur livre de prières que Dieu avait concédé aux serviteurs de sa loi le monopole de l'exploitation du globe, car tous ces peuples mercantiles apportent, dans l'art de rançonner le genre humain, la même ferveur de fanatisme religieux. » Il comprenait donc les persécutions infligées aux Juifs, qui se justifiaient par la « répulsion universelle » envers leur « implacable orgueil »[27].

Toussenel trouvait même moyen de reprocher aux Juifs de désarmer la France en favorisant la paix avec l'Angleterre (afin de faire monter les actions et les rentes). Bien entendu, il attaquait aussi la concession du chemin de fer faite aux Rothschild par le gouvernement : « Ainsi la haute banque, la banque cosmopolite domine tout ; partout sont en saillie les intérêts des Juifs[28]. » On comprend aisément comment le traité de Toussenel devint une véritable bible pour les antisémites, en son temps et plus tard.

En mai 1846, lorsqu'un accident spectaculaire se produisit sur le chemin de fer du Nord, près d'Arras — un déraillement sur une digue, causant un nombre considérable de morts et de blessures[29] —, les pamphlétaires étaient prêts. L'un d'eux, un certain Robert Dairnvaell signant du nom de « Satan » une *Histoire édifiante et curieuse de Rothschild Ier, roi des Juifs,* imputa à « l'or de ce Juif » les défaites de Napoléon aussi bien que le trépas des passagers du chemin de fer. Pour ce Satan, les Rothschild avaient corrompu le Parlement pour obtenir un monopole des chemins de fer et James était « un capitaliste qui s'enrichit sans cesse quand des pères de famille perdent jusqu'à leur dernier morceau de pain »[30]. Une réponse à cette attaque — attribuée au baron James, mais qu'il n'avait certainement pas écrite ni payée — souligna que le rapport officiel sur l'accident ferroviaire n'avait pas incriminé le chemin de fer : « Allez donc dans toutes les banques et dans toutes les Bourses de l'Europe, et je vous défie d'y trouver une opération de la maison Rothschild qui ne porte pas le caractère de la droiture et de la loyauté[31]. »

Dans une réplique à cette réponse, Satan nota que son pamphlet original avait « tenté la cupidité de quelques individus, qui, pour faire de l'argent, n'ont pas craint de publier des réponses apocryphes… ». L'auteur affirmait que son seul propos était de combattre « la nouvelle féodalité financière », d'attaquer Rothschild comme « roi des Juifs, c'est-à-dire comme chef des agioteurs, comme représentant des intérêts matériels, comme drapeau d'un parti égoïste, d'un parti sans âme et sans cœur, qui tend à amoindrir, à pervertir la France, à l'enlacer dans les liens infâmes de la corruption, et à la faire tomber dans un état de dégradation dont un peuple ne se relève jamais »[32].

Ce n'était que le début…

# 5

# Temps durs

Roi du chemin de fer, « roi des Juifs » : le Grand Baron est à son zénith. Cette fois encore, laissons Heine, familier de la banque, décrire en mars 1841 comment « les hommes de toutes les classes et de toutes les religions, les Gentils autant que les Juifs, s'inclinent, se baissent et se prosternent devant lui ».

« J'ai vu des gens qui, en approchant le Grand Baron, tressaillaient comme s'ils touchaient une pile de Volta, poursuivait Heine. Déjà, devant la porte de son cabinet, beaucoup sont saisis d'un frisson de vénération, tel que Moïse le sentit jadis sur la montagne du Horeb, en s'apercevant que son pied reposait sur un sol sacré. » Le cabinet particulier de James était bien un lieu sacré, « car l'argent est le Dieu de notre époque, et Rothschild est son prophète ».

Un jour, comme un domestique parcourait le corridor en portant le vase de nuit du baron, Heine vit un courtier retirer respectueusement son chapeau devant cet objet qu'il estimait sacré. Heine était convaincu que cet homme, inconnu de lui, serait un jour millionnaire[1].

La vie privée des Rothschild paraissait sereine, James et Bettina ayant fondé une famille modèle. Le premier enfant fut une fille, Charlotte. Deux ans plus tard, le 1er février 1827, naissait Alphonse (il deviendra l'un des principaux protagonistes de notre histoire), suivi, deux ans plus tard, de Gustave et, six ans après celui-ci, de Salomon James. Lorsque Edmond naquit, le 19 août 1845, James, au « visage de singe », avait cinquante-trois ans et Betty demeurait fort belle ; cela fit marcher les langues. « Mme James est accouchée d'un gros garçon dont la façon ne me paraît pas avoir coûté grand-chose à James », racontait Balzac à son Anna, ajoutant perfidement : « Il faut toujours que ces Juifs gagnent à tout ce qu'ils font, et même à ce qu'ils ne font pas[2]. » (Bien entendu, Balzac n'avait pas renoncé aux conseils financiers de James, ni à ses coffres, pour y garder son argent.)

En attendant qu'Alphonse et ses frères grandissent, James emprunta à Nathan, à Londres, son fils Nathaniel et se hâta de le marier à sa fille Charlotte. Le couple allait habiter un appartement donnant sur le jardin, au 19 de la rue Laffitte, puis s'établir dans une maison à eux, au 33 de la rue du Faubourg-Saint-Honoré, qui avait jusqu'alors été l'ambassade du tsar de Russie. Nathaniel passa à Paris tout le reste de sa vie, mais jamais il ne renonça à sa nationalité anglaise. C'est ainsi qu'avec Charlotte il fonda la « branche anglaise » des Rothschild français, dont les membres allaient comprendre Henri de Rothschild, bon vivant très parisien, et Philippe, propriétaire des fameux vignobles bordelais[3].

Étant le premier fils, le prince héritier de l'empire français des Rothschild, Alphonse allait avoir tout ce que l'argent peut fournir de meilleur. L'archiviste Bertrand Gille, qui a épluché les comptes, découvrit que la maisonnée dépensait des sommes considérables pour l'époque et que rien n'était épargné pour l'éducation d'Alphonse et de ses frères. Ils étudiaient l'allemand et l'anglais en plus du français, ainsi que l'hébreu et la Bible. (La biographe de James, Anka Muhlstein, qui a lu ses lettres, rappelle qu'alors même qu'Alphonse et ses frères considéraient le français comme leur langue et que leur mère le parlait et l'écrivait couramment, le Grand Baron ne rédigeait presque jamais en français, ni même en allemand, préférant le yiddish de son ghetto natal[4].)

Le jeune Alphonse apprenait également l'équitation, le dessin et la danse. Son professeur de lettres, pour l'année du baccalauréat, était Désiré Nisard, plus tard directeur de la prestigieuse École normale et membre de l'Académie française. Gille note que la première apparition d'Alphonse en public eut lieu en 1845. Contrairement à son père, il allait devenir citoyen français par naturalisation en 1848, l'année de sa licence en droit[5].

Les étés se passaient souvent sur l'élégante côte de la Manche, principalement à Dieppe. Edmond se souvenait d'avoir grandi non pas sur la place de la Concorde, mais dans un château Louis-Philippe au milieu d'un parc de cent hectares, à Boulogne-sur-Seine (maintenant englouti par l'expansion de la ville). De sa fenêtre, il suivait les travaux d'aménagement du bois de Boulogne, regardait creuser les lacs artificiels[6]. Un témoin de l'époque s'étonnait de voir la joyeuse maisonnée se répandre dans la banque de la rue Laffitte et le petit Edmond, un « gros joufflu », jouer à cheval sur la canne de son père en soufflant dans une trompette[7]... Puis, chez eux, ils assistaient aux fameuses soirées où se donnaient des récitals de Chopin, Liszt, Berlioz. Moqueuse, curieuse ou respectueuse, l'aristocratie ne pouvait guère se permettre de ne pas en être[8].

Les méchantes langues ne semblaient pas laisser de marques. De même qu'on prétendait qu'Edmond n'était pas de James, on prêtait à James la paternité adultérine d'un avocat de renom, qui allait devenir l'un des modèles de Proust pour Charles Swann[9]. Balzac trouvait James grossier, aimant les plaisanteries ordurières. « Cet homme n'a pas la conscience de ce qu'il dit, dès qu'il est hors de son commerce, rapportait le romancier à sa confidente. Voilà ce qui fait pleurer Mme James. » Ainsi la baronne était devenue l'ange de Balzac, alors même qu'il l'avait soupçonnée d'avoir enfanté Edmond de quelqu'un d'autre que son mari.

Un jour, Balzac parla à James d'une pauvre femme qui souhaitait obtenir une autorisation du gouvernement pour vendre du papier timbré. Est-elle jolie? demanda James. Avez-vous couché avec elle? « Cent vingt et une fois ! » répondit Balzac en plaisantant. « Et si vous la voulez, ajouta-t-il, je vous la donne. » James voulut savoir si cette femme avait des enfants ; apprenant qu'elle n'en avait point, il déclara qu'il protégeait uniquement les mères. (Dans une de ses lettres à Anna Hanska, Balzac estimait qu'il s'agissait uniquement d'un prétexte, « pour échapper » ; s'il avait répondu qu'elle avait des enfants, James aurait dit qu'il ne protégeait pas l'immoralité.)

Balzac affirmait que James avait vieilli de dix ans en douze mois. « Je succombe à ma fatigue, les affaires me tuent ! » dit-il à Balzac en février 1846. Mais le romancier était sans pitié pour ce Juif cent fois millionnaire. Balzac fut ensuite reçu par Betty dans la demeure des Rothschild. « Mme James a été d'une gracieuseté ravissante », proclama Honoré à Anna. Elle, au moins, allait aider cette pauvre femme en quête de son autorisation. « Je sais ce que vous demandez, c'est l'impossible, déclara la baronne Betty à Balzac, mais pour vous nous ferons tout »[10].

C'étaient de mauvaises années ; James pouvait bien avoir l'air prématurément vieilli : il joua un rôle crucial dans la lutte contre la famine, après la mauvaise récolte de blé de 1846, en important d'importantes quantités de blé des régions mieux dotées du bassin méditerranéen. Mieux encore, les archives montrent qu'il maintint les prix à un niveau raisonnable, afin que les Français puissent l'acheter. Plus tard, on allait présenter son effort humanitaire comme un moyen de détourner la rancœur du peuple envers les classes commerçantes et les rentiers[11]. L'historien Reeves montre comment, même après avoir vendu le blé à perte et avoir distribué de l'argent pour que le pain pût être cédé à bas prix, James n'inspirait toujours pas confiance. On prétendait dans la presse populaire que ce pain n'était pas du pain mais du plâtre mélangé d'arsenic ou bien que le baron ne cherchait qu'à se débarrasser d'une farine avariée. La rumeur courait qu'il en dissimulait la mauvaise qualité en la mêlant à des amandes douces (comme si les amandes douces ne coûtaient pas beaucoup plus cher que la farine)[12].

Désormais, la France était entrée dans une vraie crise, apparemment une réaction à l'absorption frénétique du capital disponible par l'expansion industrielle. Le crédit se resserrait, menaçant les industries nouvelles, particulièrement la récente classe des constructeurs ferroviaires. Les prix des actions glissèrent, puis chutèrent. Imprudemment, et visiblement parce qu'il percevait mal l'étendue de la récession et ses conséquences durables (et universelles), James de Rothschild accepta de souscrire un grand emprunt d'État en novembre 1847. Face aux échecs des compagnies, même un Rothschild ne pouvait être partout ni aider tout le monde. Tout ce qu'il pouvait faire, c'était exiger le paiement des débiteurs, et des lettres circulaires à cet effet partirent en janvier 1848 [13]. Fatale année 1848 !

Le grand James n'avait pas non plus prévu que la vague de mécontentement allait balayer le continent, renversant les parcours politiques. En France, cela commença par un soulèvement d'ouvriers et d'étudiants, suivi par l'insoumission des troupes gouvernementales. Des barricades furent dressées sur tous les grands axes de communication. L'impossibilité de gouverner le pays et la peur provoquèrent la fuite précipitée d'un Louis-Philippe vieilli et fatigué. Peut-être ne devrait-on pas s'étonner de la surprise de James : les révolutions étaient fréquentes, mais tout de même point quotidiennes. Devait-il abandonner ce qui restait de ses biens et s'en aller ? La révolution allait-elle l'engloutir ? Le vieux roi était parti pour l'Angleterre et James y expédia Betty, avec leur précieux fils Alphonse. (Constance Battersea, alors enfant, en conserva le souvenir ; il lui sembla être au plus profond de la nuit quand on la mena dans l'escalier de sa maison de Grosvenor Place, pour descendre accueillir les réfugiés Rothschild, qui étaient arrivés « dans un triste état d'anxiété et de dépression » ; la nursery de Constance fut l'une des pièces que l'on aménagea pour le confort des nouveaux venus [14].)

En fait, les rebelles de 1848, une fois qu'ils eurent gagné, allaient se révéler réformistes et raisonnables. Ils étaient menés par des intellectuels comme le poète Alphonse de Lamartine, le politicien (devenu scientifique par la suite) François Arago. La république qu'ils proclamèrent le 25 février abolit l'esclavage et institua le suffrage universel, mais ne détruisit pas la propriété. Le choix d'un banquier juif, Michel Goudchaux, comme ministre des Finances, était rassurant [15].

L'écrivain Ernest Feydeau, alors jeune assistant d'un courtier en Bourse, était officier subalterne des gardes nationaux pendant les combats de rue. Le 24 février, alors que les obus défonçaient la rue de Rivoli et la place Vendôme, il reconnut le baron James, qui se dirigeait d'un pas nonchalant vers les Tuileries (rentrant probablement chez lui, place de la Concorde). Feydeau s'approcha respectueusement et lui suggéra de ne plus s' « exposer aux balles qui sifflent dans tout ce quartier ». « Mon cheune ami, lui aurait répondu Rothschild, che vous remercie te fotre conseil. Mais tites-moi, pourquoi êtes-fous ici, fous ? Pour faire fotre tefoir, n'est-ce pas ? Eh pien ! moi, le paron te Rothschild, j'y suis fenu pour la même chose. Te même que fotre tevoir, il est te feiller, en armes, pour assurer la sécurité tes pons citoyens, le mien, il est t'aller au ministère tes Finances pour foir si on n'a pas pessoin te mon expérience et te mes conseils[16]. »

Mais, en tant que piliers de la France de Louis-Philippe, les Rothschild étaient le symbole même de ce qui devait disparaître. « Le château des Rostchild *[sic]* à Suresnes a été totalement brûlé », rapportait Balzac à Mme Hanska. En fait, le château appartenait à Salomon, qui, de Vienne, venait fréquemment séjourner à Paris. Mais c'était un signe. La biographe de James observe que les Rothschild et la famille royale avaient été les seules cibles de la violence populaire. « On ne laisse plus partir personne, écrivit Balzac, racontant à Mme Hanska que dix mille ouvriers avaient manifesté sur les Champs-Élysées. Voilà la guerre sociale qui va s'allumer. » Balzac, actionnaire de la ligne du Nord de James, s'inquiétait car on parlait de confisquer les chemins de fer : « C'est une si grande folie, et tant de désastres ajoutés à tant de ruines, que je n'y crois pas [...]. Ils sont fous[17] ! »

Autre moment de tension : la rencontre de James et Marc Caussidière, farouche dirigeant politique qui était passé des barricades aux fonctions de préfet de police. Il affirma par la suite qu'il avait persuadé le baron de rester à Paris dans l'intérêt supérieur de la nation. Caussidière avait entendu dire que James faisait passer de l'or à l'étranger (dans des chariots de fumier), afin de pouvoir se déclarer en faillite. Même si l'on ne pouvait guère se fier à ces histoires, il fallait bien reconnaître que l'opinion publique était montée contre les banquiers. Les banques — en particulier celle de Rothschild — furent donc placées sous la protection de la police, tandis que le préfet chargeait un agent secret de « veiller » sur le baron.

Lors d'une visite de James à la préfecture, Caussidière lui annonça qu'on avait pris des mesures pour le protéger. « On me croit couvert d'or et je n'ai que du papier, rapporta Caussidière des propos de James. Ma fortune et mon numéraire sont convertis en actions, qui n'ont en ce moment aucune valeur. Je suis loin de vouloir faire banqueroute, et si je dois mourir, j'y suis résolu. Mais je regarderais la fuite comme une lâcheté. » Il révéla qu'il avait prié des membres de sa famille, dans d'autres capitales bancaires, de lui envoyer des fonds afin qu'il pût faire face à ses engagements. Le préfet lui assura qu'il n'avait rien à craindre du peuple, pauvre mais honnête, de Paris. Et que, de toute façon, il serait protégé.

James reparut bientôt avec une donation en espèces de 2000 francs, afin que les autorités l'utilisent sous de bonnes causes[18]. La presse quotidienne allait faire un large écho à la résolution de James de rester. Un journal, si proche des Rothschild qu'on le considérait généralement à leur solde, annonça : « M. de Rothschild, que l'on avait engagé à quitter la France, a donné l'exemple de sa confiance dans le peuple et le gouvernement provisoire. Il a refusé de partir. » Vrai ou non, la presse fit savoir que la maison Rothschild avait offert non point 2000 mais

50 000 francs « [pour les] blessés et [pour les] ouvriers nécessiteux »[19]. La présence des Rothschild, que n'entachait aucun scandale, allait paraître un atout même au cours de cette année révolutionnaire.

La crise financière empira. Rothschild resta ferme (l'archiviste Gille a trouvé des documents d'époque prouvant que sa banque honorait encore ses engagements quand la Banque de France elle-même avait fermé ses guichets)[20]. Mais quand le gouvernement lui-même fut pratiquement en cessation de paiement, vers où se tourner ? Les ouvriers et les paysans n'ayant plus aucun espoir de voir leurs exigences satisfaites, la révolte s'amplifia.

Ce fut pendant une accalmie, ou ce qu'il prit pour une accalmie, que James accepta la proposition de sa femme de regagner Paris, mais pour un court séjour. La biographe Anka Muhlstein cite sa touchante lettre à Betty dans laquelle il écrit : « On ne sait jamais à quoi s'attendre avec un gouvernement républicain. » Il se sentait tranquille pour le moment, mais considérait la situation « encore très dangereuse ». La seule possibilité était de « faire face à [ses] engagements » ; toute nouvelle affaire était inenvisageable.

Au cas où elle reviendrait de Londres, il la suppliait de se faire établir un passeport sous un autre nom. « Si tu comptes emmener Alphonse, que lui aussi ait un passeport supplémentaire avec un autre nom, parce que je ne veux pas que les journaux publient que Mme de Rothschild est repartie pour l'Angleterre... » Il avait atteint le point, disait-il, où il souhaitait pouvoir abandonner son travail et vivre paisiblement. « Viens, amène Alphonse, quoique je me demande si nous ne devrions pas l'empêcher de se mêler à la politique. S'ils le voient, il sera obligé de s'engager dans la Garde nationale. S'il ne se montre pas trop, il peut venir... »

Betty regagna Paris, accompagnée d'Alphonse. Le jeune Gustave n'allait pas tarder à les rejoindre. « Les ouvriers sont nos maîtres, il faut s'y résigner », rapportait Alphonse à ses cousins de Londres[21]. Et l'agitation semblait en effet paralyser la production. Pour sa part, le baron James gela le crédit, protégea ses chemins de fer, tout en laissant dormir les affaires moins prometteuses. Londres n'épargnait pas son aide[22].

On peut suivre la situation-charnière du mois de mars (charnière parce que menant du désordre à l'ordre, si brièvement que ce fût) dans la correspondance minutieuse d'un Balzac surmené, mais jamais trop occupé pour noircir des rames de papier à l'intention d'Anna Hanska. 12 mars : les actions du Nord étaient au plus bas ? C'était le moment d'acheter. (Balzac demandait à Hanna, qui était riche, de lui envoyer de l'argent pour cela.) Rothschild avait peur, disait Balzac, et Balzac lui-même craignait pour ses dividendes (pourtant, il voulait se procurer davantage d'actions). 17 mars : la guerre civile pourrait bien commencer aujourd'hui ; Rothschild avait déjà quitté Paris. (En fait, il n'avait pas bougé ; peut-être ne souhaitait-il tout simplement pas écouter geindre Balzac.) 21 mars : Balzac craignait que le banquier ne survive pas à la chute de Metternich et de la monarchie autrichienne. 25 mars : nouvelle chute des actions du Nord. 29 mars : une lettre de Rothschild — qui utilisait 16 000 francs que Balzac avait souhaité investir pour réduire sa dette envers la banque — convainquit Balzac que la crise s'était encore aggravée pour les chemins de fer. Au début d'avril, Balzac retourna encore une fois à la banque, pour entendre le baron se plaindre d'une nouvelle dégradation de la rente. Les employés auxquels il parla étaient désemparés, et Balzac comprit que la fortune entière de Rothschild était compromise[23]...

Comme l'avait redouté James, son fils aîné Alphonse fut enrôlé dans la Garde nationale ; son frère Gustave devait suivre. « Chaque fois que j'entends battre le rappel, je tremble pour la vie d'Alphonse et de Gustave, avouait James à sa famille londonienne. Mon Alphonse, un fusil à l'épaule, se battant pour la République ! » Il trouva une riposte : il allait envoyer Alphonse aux États-Unis, bien qu'il fût encore jeune (vingt et un ans). « Je veux qu'Alphonse quitte Paris rapidement, écrivait-il le 5 mai, et je veux aussi qu'il se mette à travailler sérieusement et qu'il devienne un homme »[24].

Le départ eut lieu juste à temps car le pire survint en juin 1848. L'échec des modérés face à la crise affectant les ouvriers conduisit les premiers à renoncer et les seconds à protester : les sanglantes « journées de juin » laissèrent 1 000 morts sur le pavé de Paris, entraînant 12 000 arrestations. Elles valurent au général chargé de la répression d'être nommé chef du gouvernement. La voie était ouverte pour une nouvelle république moins bienveillante, un parti de l'ordre et un président (Louis-Napoléon) aux ambitions impériales. James de Rothschild survécut.

Balzac vit le baron en juillet au théâtre des Variétés, puis fut invité à dîner chez lui. En août, Balzac put annoncer à Mme Hanska : « Le chemin [de fer] du Nord ne fera pas d'appel de fonds avant la fin de l'année prochaine et les recettes sont superbes[25]. » Que les Rothschild pussent reprendre comme avant, voilà qui ne plaisait pas à tout le monde, comme le montrait une lettre ouverte à Rothschild, publiée sous forme de tract, qui se vendait dans la rue : « Vous êtes un miracle [...]. Louis-Philippe tombe [...] ; ensemble s'en vont la royauté constitutionnelle et l'éloquence parlementaire, vous résistez [...]. Seul, au milieu de tant de ruines, vous ne bronchez pas [...]. Le Juif, roi de l'époque, a gardé son trône[26] ! »

Jusqu'à présent, les Rothschild avaient conservé un profil bas sur l'autre rive de l'Atlantique, laissant à l'éloquent August Belmont le soin de parler pour eux. L'archiviste Bertrand Gille se demandait si le voyage d'Alphonse à New York — outre l'intention de l'éloigner des troubles — n'était pas conçu comme une vraie mission de renseignement : fallait-il développer le pan américain des affaires ? Alphonse, comme le montrent ses lettres à sa famille, était fortement de cette opinion : « La libéralité avec laquelle l'espace a été prodigué à ce pays, écrivait-il à sa mère, lui assure dans un avenir peu éloigné un développement commercial prodigieux. » Il trouva Belmont vivant comme un « véritable grand seigneur », mais d'un commerce difficile... surtout si l'on demandait à voir les livres de comptes. Belmont était resté trop longtemps autonome, notait le jeune homme avec clairvoyance. Peut-être la faute en incombait-elle en partie aux Rothschild, osait-il ajouter. Dans une autre lettre, datée d'avril 1849, le digne fils de James, âgé de vingt et un ans et qui allait un jour régner sur un empire financier ne le cédant en rien à celui du Grand Baron, rapportait à ses parents : « Le jour où j'ai mis le pied sur le sol américain, Belmont a compris que son règne était terminé. Le malheur de Belmont, c'est d'être resté douze ans maître absolu à deux mille milles de ses chefs. »

A l'époque comme aujourd'hui, les banques Rothschild de Londres et de Paris étaient associées dans des opérations américaines, de sorte qu'Alphonse rendait compte également à ses cousins londoniens : « Je voudrais pouvoir vous convaincre de l'importance journalière du développement prodigieux que ce pays prend. » Il décrivait le rôle croissant de la Californie, moins grâce à ses mines d'or que par sa position géographique, ouvrant l'accès aux nations situées de l'autre côté du Pacifique. Il manifestait la même perspicacité quant à l'importance du marché américain : « [...] Le pays possède des éléments de prospérité tels qu'il faudrait être aveugle pour ne pas les reconnaître et on ne peut s'empêcher d'admirer l'énergie et l'intelligence avec laquelle le peuple sait les exploiter. » Il plaidait pour l'établissement d'une maison Rothschild en titre aux États-Unis, et pas seulement une agence. Tous ceux qui comptaient en affaires le souhaitaient, disait-il. Maintenant, on avait largement la place ; plus tard, la concurrence rendrait les choses plus difficiles. Alphonse fit une grande tournée, en particulier à La Nouvelle-Orléans, base du lucratif commerce familial du coton. Il poussa jusqu'à La Havane, assenant à ses parents toutes les raisons possibles de s'implanter dans le Nouveau Monde. Sans succès. L'historien Gille se demandait si cet échec n'était pas dû à la réticence d'un membre de la famille, Alphonse étant apparemment considéré comme trop jeune (bien que déjà plus âgé que son père ne l'avait été à l'époque où il combattait

Napoléon). Ou bien James s'abandonnait-il simplement à une suspicion compréhensible pour une chose aussi lointaine, aussi nouvelle ? Avec son économie instable, son marché en accordéon, l'Amérique était un cheval sauvage à dresser. Et les Rothschild avaient bien assez de chevaux à dompter [27].

# 6

# Un autre empereur

Les Rothschild n'avaient pas entretenu avec Napoléon Bonaparte des relations particulièrement chaleureuses. Louis-Napoléon, son neveu, paraissait disposé à ne pas en tenir compte. Sous la Restauration, pendant son emprisonnement, il tenta même d'inciter le baron James à engager de l'argent dans un projet de canal en Amérique centrale. Par la suite, quand les événements de 1848 lui eurent ouvert la voie et qu'il prit le pouvoir en tant que prince-président, puis empereur après son coup d'État du 2 décembre 1851, il semble que Louis-Napoléon ait emprunté de l'argent au baron James tant pour ses besoins personnels que pour ceux de l'État. Plus homme d'affaires que monarque, Napoléon III ne pouvait s'empêcher de souhaiter entretenir des relations amicales avec le plus grand banquier du pays. Quant au baron James, il appréciait d'avoir un chef d'État capable de garantir la paix civile et, s'il participa à un emprunt public, ce fut pour montrer, comme il l'écrivit à sa famille londonienne, que « nous ne boudons pas le gouvernement et que nous ne voulons pas l'entraver dans ses affaires »[1].

Mais James n'aimait pas Louis-Napoléon. Il n'avait aucune confiance en lui et cette antipathie était apparemment réciproque. L'empereur allait finir par trouver des banquiers plus complaisants et les Rothschild par ne plus être les financiers privilégiés de l'État[2]. L'ambassadeur d'Autriche citait une autre raison plausible à l'antagonisme entre Louis-Napoléon et James : on disait que le général Nicolas Changarnier, commandant en chef de la garnison de Paris et ennemi juré du prince-président, faisait les yeux doux à la charmante Betty, qui se montrait trop souvent aux revues du fringant général. Après son coup d'État, le nouvel empereur exila purement et simplement l'encombrant personnage[3].

Pas question d'antisémitisme ici, car les Rothschild allaient être supplantés dans le cœur de l'empereur par les Fould, autre famille de banquiers juifs — Achille Fould devenant ministre des Finances et conseiller personnel de l'empereur —, et par les frères Pereire, juifs et saint-simoniens. Les Pereire semblaient destinés à détrôner les Rothschild, en offrant au nouveau régime de la France les moyens de se libérer de la tyrannie de la haute banque et la faculté de mobiliser d'immenses capitaux — plus que les banquiers n'étaient prêts ou disposés à offrir — pour les besoins de la révolution industrielle.

La principale contribution des Pereire au nouvel ordre des choses fut le Crédit mobilier, une banque d'affaires dont le capital provenait de ses actionnaires, formule véritablement magique pour trouver de l'argent auprès des petits épargnants. Les minces sommes ainsi additionnées se transformèrent rapidement en un trésor de bonne taille qui allait servir à de grands investissements productifs. Une banque populaire, autrement dit, un rêve saint-simonien devenu réalité, devait théoriquement entraîner une distribution plus équitable des biens[4].

On a écrit des volumes entiers sur les Pereire et leur victoire (éphémère) sur leur protecteur James de Rothschild, certains auteurs réduisant le heurt de philosophies bancaires et sociales à une querelle de personnes. James de Rothschild aurait été vexé que ses protégés eussent trouvé leur propre voie pour parvenir au succès, tandis qu'Émile et Isaac auraient été pressés de se libérer d'un protecteur paternaliste. Comment ceux-ci auraient-ils d'ailleurs pu échouer, avec l'empereur de leur côté[5] ? Il serait toutefois trop simple d'apprécier le conflit uniquement en termes d'ancienne et nouvelle générations, car les Rothschild n'étaient pas du tout sur le déclin[6].

La banque révolutionnaire des Pereire fut créée par décret présidentiel — Louis-Napoléon n'allait devenir empereur que quelques jours plus tard —, le 18 novembre 1852. Il semblait que toute la finance et la plupart des personnalités influentes du second Empire eussent cumulé leurs forces dans le Crédit mobilier — tout le monde, sauf les Rothschild. Premiers parmi leurs pairs venaient les Pereire, avec la banque d'affaires B.-L. Loud et Fould-Oppenheim (dans laquelle le ministre Achille Fould jouait un rôle non négligeable) : ensemble, les deux groupes se partageaient quelque 60 % du capital initial[7].

James fut lent à réagir. Une lettre prophétique qu'il écrivit à Louis-Napoléon et qui parvint à son destinataire trois jours avant la signature du décret avertissait le prince-président que cette banque de crédit aux ressources apparemment illimitées risquait fort de développer dangereusement la circulation de l'argent : « Engagée comme elle le sera forcément dans toutes les opérations industrielles et financières du pays, elle n'aura même pas, peut-être, le pouvoir de battre en retraite. Sans encaisse, sans réserve métallique, elle sera à un certain moment incapable de se procurer de l'argent. » Il craignait que, avec la bénédiction du gouvernement, la banque Pereire ne crée un monopole sur le commerce et l'industrie, écrasant la concurrence et l'initiative individuelle. Plus encore, le Crédit mobilier concurrencerait l'État dans les emprunts flottants : pouvant offrir de meilleurs taux d'intérêt, ce serait la banque et non l'État qui obtiendrait l'argent. Et le jour viendrait où la banque pourrait tomber entre des mains hostiles au gouvernement[8]...

Les hommes d'affaires modernes d'un côté, un vieux financier de l'autre : ainsi allait-on résumer le duel Pereire-Rothschild[9]. Ernest Feydeau, témoin du duel en tant que jeune courtier, donnait (avec le recul) l'avantage à James, d'abord parce qu'il savait « faire rire à leurs dépens, tout en les ruinant », et aussi parce que Rothschild travaillait avec son propre argent, tandis que les Pereire exploitaient celui du public.

Feydeau voyait alors James, de même que les frères Pereire, plusieurs fois par jour dans le cadre des ordres d'achat de valeurs. Il se souvenait d'une fois où James l'avait reçu dans un grand bureau d'entresol qu'il partageait, rue Laffitte, avec ses fils Alphonse, Gustave et Salomon (Feydeau remarqua également l'une des belles-filles de James, qui endossait des traites dans un coin). A la surprise de Feydeau, James lui demanda d'acheter mille actions du Crédit mobilier — un ordre absurde aux yeux du jeune courtier, qui pria le baron de bien vouloir répéter : voulait-il bien dire « acheter », et non pas « vendre » ? Le même ordre fut répété le lendemain et le jour suivant. Au fil de cette frénésie d'achat, le baron amassa ainsi quelque cinq mille actions. Feydeau nota également que les Pereire vendaient autant d'actions que James en achetait — montrant bien le peu de confiance qu'ils avaient dans leur propre entreprise. « Che ne regrette qu'une chose, glissa le baron au courtier, c'est te ne pas pouvoir confier à tes hommes si intelligents tous mes capitaux. » Mais le jour vint, évidemment, où James vendit ses actions du Crédit mobilier aussi simplement qu'il les avait achetées, au moment précis où il put infliger les plus grands dommages[10].

Les archives passées au peigne fin par Bertrand Gille montrent qu'il n'y avait rien de doctrinal dans l'opposition de James au Crédit mobilier. Lorsque c'était nécessaire pour empêcher la conquête des marchés d'autres nations européennes par les frères Pereire, les Rothschild étaient parfaitement capables de monter leur propre version du Crédit mobilier ou de s'associer à d'autres pour en créer une. Ils le firent en France avec une Réunion financière, coalition d'ennemis des Pereire dans le monde de la finance. De leur côté, les Pereire remportaient victoire sur victoire, en attirant les Rothschild dans leurs rets, affaiblissant le réseau légendaire dont dépendait en grande partie la prospérité de la vieille banque. Cependant, la bataille se menait ailleurs, dans les chemins de fer, par exemple. Car si les Pereire avaient d'abord inspiré les premiers investissements de James et si James avait soutenu les Pereire dans certains des leurs, la lutte était désormais ouverte pour les concessions de nouvelles lignes. Et les Pereire bénéficiaient de la faveur de l'empereur. Même s'ils n'étaient pas totalement exclus des nouveaux projets, la ligne Paris-Lyon, par exemple, ou bien une ligne de chemin de fer dans la région de Bordeaux, les Rothschild ne pouvaient espérer mieux qu'une participation minoritaire. Les Pereire semblaient toujours avoir une longueur d'avance. Le duel se propageait au-delà de la France, à mesure que les entrepreneurs de chemins de fer tissaient leur toile à travers toute l'Europe et que l'on construisait des navires plus gros et plus rapides pour transporter les marchandises sur les océans[11].

Il y aurait un livre à écrire sur chacun des grands champs de bataille dressant les Pereire et leurs alliés contre les Rothschild. En Espagne, par exemple, des ligues rivales d'investisseurs luttaient pour les concessions des chemins de fer les plus stratégiques — les lignes reliant Madrid aux capitales provinciales fournissant le meilleur accès à l'industrie et aux richesses minières, puis celles menant du nord de l'Espagne à la France étaient les plus convoitées. Chaque voie ferrée impliquait une stratégie d'enchère, un échange. Il s'agissait de développer une ligne qui vînt s'ajouter à d'autres, dans des régions où les ressources pouvaient être exploitées profitablement, grâce à de meilleures voies de transport. Les Pereire avaient gagné une première bataille en fondant une version espagnole de leur banque française, le Credito Mobiliaro Español, qui leur permettait d'investir non seulement dans les chemins de fer, mais aussi dans les mines de charbon et de fer, les maçonneries, les transports maritimes et les matières premières.

En effet, nous dit un historien de la dynastie Pereire, les chemins de fer espagnols étaient pratiquement un cadeau de la France : construits avec des capitaux français et encouragés par la politique étrangère du second Empire. Dans leur bataille contre les Pereire, ce furent les Rothschild, sous la houlette du patriarche James, qui finirent par l'emporter, affirmant leur suprématie sur le rail tant par la construction de nouvelles lignes que par l'acquisition de celles existantes. La ligne entre l'Espagne et la France ne fut ouverte qu'en 1865, sur l'initiative des Pereire. Les Rothschild n'allaient avoir leur revanche qu'à la chute de l'empire bancaire de leurs rivaux. Mais, dès 1880, les Rothschild dominaient le réseau ferré de l'Espagne, avec plus de 2250 kilomètres de voies[12].

La guerre du chemin de fer s'étendit à l'Autriche, à la Suisse et aux États italiens, encore indépendants ; les mêmes adversaires luttaient pour la première place dans les émissions d'obligations du gouvernement. A un moment donné, James et son fils aîné, Alphonse, firent même le voyage, afin de convaincre à tour de rôle le comte Camillo de Cavour, alors ministre des Finances, puis président du Conseil du royaume de Sardaigne et principal architecte de l'unification italienne. Les Rothschild l'emportèrent, apparemment parce qu'ils surent convaincre Cavour que leur système permettait plus de liberté d'action. Mais Cavour tira parti de la querelle des banquiers français pour obtenir son prêt aux meilleures conditions possibles. Comme il l'écrivait en mars 1853 à un collègue : « Vous reconnaîtrez que la rivalité de [Benoît] Fould [du Crédit mobilier] nous a rapporté quelques millions [13]. »

L'archiviste de la famille Rothschild date le point culminant de la rivalité Rothschild/Pereire aux années 1855-1857, déclenchée par l'achat des chemins de fer de l'Autriche, traditionnelle place forte des Rothschild, par le Crédit mobilier. Un témoin de l'époque, Jules Mirès, peint le portrait d'un James isolé dans son milieu. C'étaient à présent les Pereire et leurs alliés qui dominaient le maître ; c'étaient leurs réceptions qui attiraient l'élite parisienne, tandis que le salon de James se vidait.

James contre-attaqua donc, en nouant de nouvelles alliances et en défiant le Crédit mobilier sur son propre terrain. Il reconquit l'Autriche, en 1855, en établissant à Vienne une société financière du type de celle des Pereire, la Kreditanstalt [14], qui allait devenir la plus grande banque autrichienne, encore prospère bien longtemps après qu'on eut oublié les Pereire. Grâce à leur nouvelle banque, les Rothschild pouvaient battre leurs rivaux à leur propre jeu, en finançant des lignes ferroviaires en Autriche [15]. Les contradictions de la stratégie de James furent relevées par le duc Fialin de Persigny, ambassadeur de France à Londres, qui, en septembre 1855, en fit part à James lorsque celui-ci lui rendit visite en compagnie de ses neveux anglais, Lionel et Anthony. Comme il le raconta à Napoléon III, Persigny exprima le sentiment que le baron James avait montré une certaine incohérence en attaquant le Crédit mobilier car il affirmait à la fois que sa fragilité menaçait les finances publiques et qu'il devenait si riche et si puissant qu'il pourrait bientôt dicter ses conditions au gouvernement. A ce stade de l'entretien, rapporta Persigny, Lionel intervint pour dire : « Eh bien, vous imaginez-vous que mon oncle, qui dit tant de mal du Crédit mobilier, ne rêve qu'une chose, c'est de faire un établissement semblable en Autriche, et qu'il vient ici pour nous proposer de nous y associer ? »

Également révélatrices furent les confidences de Lionel à l'ambassadeur de France après le départ de James pour Paris. Lionel reconnut que l'opposition de James aux Pereire était fondée non point tant sur une philosophie sociale que sur son irritation contre ces banquiers qu'il avait formés et qui se retournaient contre lui. Le Grand Baron était particulièrement vexé que les Pereire eussent acheté 8 000 hectares de forêt adjacents au château qu'il construisait à Ferrières, l'empêchant d'accroître son propre domaine [16]. Plus tard, l'histoire circula (les frères Goncourt la notèrent dans leur *Journal*) qu'à la gare de chemin de fer desservant les domaines des Rothschild et des Pereire « le chef de gare vient regarder aux portières et s'assure, avant de faire monter Rothschild, d'un compartiment où ne sont pas les Pereire. Rothschild a été tellement furieux de la terminaison du château des Pereire en deux ans qu'il a voulu coucher immédiatement à Ferrières le jour même[17] ».

Le roi des Rothschild n'allait jamais être un intime de l'empereur des Français, même s'il en fut bien près en une occasion. James se trouvait être dans les meilleurs termes avec une jeune dame de la noblesse espagnole, Eugénie de Montijo, qui allait devenir l'impératrice. Il avait été le banquier et le conseiller d'Eugénie et de sa mère pendant les années de leur vie parisienne, et ce fut au bras de James qu'Eugénie fit sa première apparition à la cour impériale, en janvier 1853. Faute de pouvoir épouser une fille de famille régnante, Napoléon « le Petit » (comme le surnommait Victor Hugo) se jeta aux pieds de cette belle dame intelligente, d'un lignage plus modeste.

D'après le récit que fit de ce bal aux Tuileries l'ambassadeur d'Autriche, lorsque James offrit des banquettes à Eugénie et à sa mère, la femme d'un ministre observa avec mauvaise grâce que ces places étaient réservées aux épouses des ministres. Témoin de l'épisode, l'empereur amoureux accourut et plaça les deux dames désemparées à proximité de lui[18].

L'empereur et ses conseillers pouvaient également comparer l'inébranlable solidité de la banque Rothschild à la fébrilité du Crédit mobilier, dont l'attitude spéculative commençait à alarmer jusqu'aux principaux personnages du second Empire, pourtant très affairistes. Napoléon III se mit à voir James plus fréquemment ; les tensions politiques de l'Europe étaient à l'ordre du jour aussi bien que les finances[19]. Une nouvelle guerre allait bientôt éclater sur le Vieux Continent, une guerre pour l'indépendance de l'Italie, où la France s'allierait au trône de Sardaigne contre l'Autriche, tandis que la Prusse menacerait d'intervenir aux côtés de l'Autriche ; qui, mieux que le chef *de facto* de l'empire Rothschild, pouvait fournir à Napoléon III le soutien moral et financier et l'intelligence politique dont il avait maintenant un besoin crucial ?

En la personne de James, Napoléon le Petit avait manifestement rencontré un égal. Nous voyons là James à l'apogée de sa puissance, l'esprit aiguisé mais sans malveillance, ironique mais sans cruauté. Ses boutades étaient légendaires et rehaussées du fait de sa position. Dans une de ces anecdotes, quelqu'un lui demande pourquoi le prix de la rente a baissé. « Est-ce que je sais pourquoi il y a de la hausse ou de la baisse ? attribue-t-on à James. Si je le savais, j'aurais fait ma fortune[20]. »

Ernest Feydeau était sans aucun doute l'écrivain ayant le plus facilement accès au bureau du baron James car (contrairement à un Heine ou un Balzac) il appartenait aussi au monde de la finance. James jouait avec les affaires (pensait Feydeau) comme un chat avec une souris avant de la croquer. A l'époque, Feydeau était encore employé comme intermédiaire par un grand courtier ; comme il passait d'une banque à l'autre, il ne pouvait s'empêcher de comparer Rothschild, toujours enjoué, aux hommes du Crédit mobilier, « aigrement polis, ulcérés de haine, toujours concentrés, durs et tendus comme des barres de fer, inflexibles dans leurs idées, pénétrés de l'admiration d'eux-mêmes ».

James acceptait volontiers ses obligations, recevant chacun des courtiers qui venaient lui montrer des cotations boursières, même s'il n'avait aucune intention d'acheter ; il n'était pas du tout spéculateur, contrairement aux frères Pereire, « mais simplement un solide, intelligent et très rusé marchand de capitaux ». Le cadre dans lequel il travaillait était une « assourdissante et sempiternelle cacophonie, le vacarme incessant produit par le battement de portes, le va-et-vient des employés apportant des dépêches ou demandant des signatures ». C'était une tour de Babel, où se parlaient toutes les langues, y compris l'hébreu. Le baron, observait Feydeau, recevait des amis des « trois sexes » : masculin, féminin — et mendiant. Des joailliers déballaient des pierres précieuses sous les yeux las du baron, des marchands d'art et d'antiquités l'entouraient, ainsi que des jolies femmes.

A en croire Feydeau, James ne pouvait même pas prendre son petit déjeuner en paix car le monde se pressait à sa porte dès 5 heures du matin. Le valet de chambre de la rue Saint-Florentin introduisait obligeamment solliciteurs et quémandeurs, un seul à la fois. Ensuite, à la banque de la rue Laffitte, le baron déjeunait souvent en famille dans une petite pièce contiguë à son bureau, tandis que se poursuivait la procession des visiteurs dénués de tact. La meilleure arme du baron était le silence.

S'il le fallait, il pouvait être dur, éconduisant d'un sarcasme l'importun. Pour quiconque ne voyait que cet aspect de sa personnalité, il était un méchant personnage. Feydeau interprétait les répliques cinglantes du baron comme un moyen d'autodéfense. Il lui arrivait d'adresser un visiteur encombrant à l'un de ses fils, par exemple Alphonse, tout en poursuivant une conversation importante avec un ministre ou un ambassadeur dans un angle de la même salle.

« Il faut se rappeler que l'univers entier était son tributaire, observait Feydeau ; qu'il avait partout des comptoirs, en Chine, dans l'Inde, jusque dans les contrées les moins civilisées ; [...] qu'il avait des navires sur toutes les mers ; [...] qu'on le considérait par toute la terre comme la plus haute expression, le soutien et le défenseur de ses coreligionnaires ; que, pendant la longue durée de son existence, aucune affaire importante ne put se monter nulle part, dans n'importe quel coin de la planète, sans qu'il ne fût consulté et invité à y prendre part. » Il avait le don, toujours d'après les souvenirs d'Ernest Feydeau, de pouvoir tout voir et faire par lui-même. Bien entendu, il tirait bénéfice d'un personnel intelligent (et docile) et de ses enfants obéissants et respectueux, qui n'entreprenaient pas la moindre démarche sans consulter leur père. « Demandez à papa » était la réponse habituelle de ces fils quadragénaires qui avaient atteint un niveau d'expérience quasiment égal à celui de leur géniteur. (Feydeau, sensible aux différences entre Juifs et chrétiens — il était convaincu que les premiers étaient plus persévérants en affaires —, estimait que cette maisonnée juive, où les fils respectaient l'autorité parentale, aurait pu servir de modèle à bien des familles chrétiennes[21].)

James lui-même était un modèle. Le fondateur de la dynastie bancaire américaine des Morgan, père de John Pierpont Morgan, déclara qu'il aurait aimé être « un Rothschild américain[22] ». Cependant, chez des Français élevés dans une tradition religieuse hostile aux Juifs, quelle que pût être leur humilité, la réussite spectaculaire d'une nouvelle classe de Juifs suscitait un type d'antisémitisme tout aussi pernicieux que l'ancien et qui, en temps de crise économique, pouvait se révéler aussi violent. La transformation de l'ancestrale haine des Juifs en une forme moderne d'antisémitisme inspirée par les tensions sociales apparaît avec virulence dans les pages d'un pamphlet publié par le polémiste Eugène de Mirecourt : « Tous les écrivains qui ont étudié le caractère de ces Juifs cousus d'or y ont reconnu de fort beaux vestiges de la lésinerie qui distinguait leurs coreligionnaires du Moyen Âge, écrit-il. Il y a chez Rothschild deux natures bien distinctes : d'une part, le Juif rapace et traditionnel, matérialisé par deux mille ans de rancune sociale, de servitude et d'opprobre ; d'autre part, l'homme de finances intelligent, qui sait à propos accomplir un sacrifice et perdre un million, si le sacrifice lui amène des affaires nombreuses et lucratives, ou si la perte le sauve d'une situation critique. »

Mirecourt décrit le cadre grandiose de la banque de la rue Laffitte : « On n'y voit que du marbre, de l'or surtout, encore de l'or, toujours de l'or. » Selon le pamphlétaire, l'une des expressions préférées du baron pour accueillir une invitée serait : « Gomment, matame, fous afez pien foulu fenir tant mon genil [chenil] ? » Pour Mirecourt, James est « l'homme étrange que nous avons vu, depuis quarante ans, au grand scandale de l'intelligence, de l'esprit et du bon goût, peser sur notre siècle par la seule force du million ». Il n'épargne d'ailleurs pas davantage la baronne Betty : il la dépeint écrasant un vieillard en voiture et jetant, sans s'arrêter, une bourse pleine d'or à sa victime, répugnant à offrir les premiers secours « dans la crainte que le sang ne tachât les coussins de la calèche ». Quant à son mari, « il professe pour l'espèce humaine un mépris indicible ». Le baron, conclut Mirecourt, a maintenant soixante-trois ans, bien que la date précise de sa naissance soit inconnue : « Le lecteur comprendra que nous n'avons pu nous procurer son acte de baptême »[23].

# 7
# La génération suivante

Alors même qu'il n'avait pas trente-huit ans, le baron James de Rothschild saisit l'occasion d'acheter une autre propriété abandonnée par Fouché. Il s'agissait cette fois d'un domaine situé à Ferrières, à moins de 30 kilomètres à l'est de Paris, et qui, avec les acquisitions ultérieures, allait constituer un ensemble de fermes et de forêts couvrant 4 000 hectares. Il y fit construire un château de conte de fées, dessiné à son goût par l'ancien jardinier devenu architecte Joseph Paxton, déjà célèbre pour l'extravagant Crystal Palace, tout en verre et en fonte, érigé pour la Grande Exposition de 1851 à Londres. (Paxton avait déjà dessiné les plans d'une « folie » similaire dans la campagne anglaise pour le neveu de James, Meyer Amschel.)

La « folie » de Paxton à Ferrières, avec ses tourelles, fut bâtie en un temps record (de 1855 à 1859) et allait se révéler parfaite pour loger des empereurs. A l'époque comme par la suite, c'était un honneur que d'être invité à chasser sur ces terres. L'ambassadeur d'Autriche Rudolf Apponyi parut particulièrement frappé par la « buanderie modèle, véritable chef-d'œuvre du genre, élégante, pittoresque et très commode ; on y lave vingt-quatre mille pièces par an, consommation ordinaire de la maison ». Quant au château, « tout est de bon goût et très magnifique. Il y a de beaux tableaux et une infinité de belles choses de tout genre, des armures, des statuettes, des hanaps en vermeil, ivoire ou or, enrichis de perles et de pierres fines, des bahuts en bronze, en fer, en argent, en vieille laque... ». Les livres de comptes montrent que les écuries contenaient jusqu'à vingt-quatre chevaux[1].

Guy de Rothschild, qui fut le dernier de la lignée à posséder le château et à y résider, décrivait le plan de base du Ferrières de Paxton comme un simple carré, dont chaque angle était surmonté d'une tourelle et chaque tourelle d'un clocheton (remplacé plus tard par une coupole). Ce château de conte de fées était construit autour du grand hall, une salle de bal couvrant 260 mètres carrés, au plafond très élevé. Tous les salons, les salles à manger, les salles de jeu et de réception donnaient sur cette pièce ; les étages étaient réservés aux chambres. A l'intérieur comme à l'extérieur, et en dépit de sa parenté anglaise, Ferrières était du pur (ou impur ?) second Empire. Guy de Rothschild cite une description anonyme caractérisant Ferrières comme un « revêtement Napoléon III sur une maison victorienne dérivée d'un plan de forme élisabéthain[2] ».

« Nous revenons de Ferrières », confièrent les frères Goncourt à leur *Journal* un soir de 1858. Ils s'y étaient rendus non point comme invités, mais dans la foule des Parisiens curieux qui disposaient d'assez de temps pour faire le voyage sans y être conviés (à l'époque, le chemin de fer simplifiait l'entreprise). « Des arbres et de l'eau créés à coups de millions, autour d'un château de dix-huit millions, extravagant de bêtise et de ridicule, un pudding de tous les styles, la stupide ambition d'avoir tous les monuments en un ! » Peu de temps après, les Goncourt relatent un compte rendu de presse d'un mariage chez les Rothschild, auquel ont assisté soixante-quatorze membres de la famille. Évoquant un tableau de Rembrandt, ils imaginent « toutes ces têtes d'hommes verdies par la patine du million, blancs et mats comme du papier de billets de banque [...]. Rois parias du monde, aujourd'hui tenant à tout et tenant tout, tenant les journaux, tenant les arts, tenant les plumes, tenant les trônes, disposant du [théâtre du] Vaudeville et de la paix, tenant les États et les empires, escomptant leurs chemins de fer, comme un usurier tient un jeune homme, escomptant ses espérances... ». Les Goncourt pensaient également que les Rothschild « possédaient » le corps de ballet de l'Opéra, ce qui impliquait un accès privilégié aux jeunes danseuses. Les frères ajoutaient avec malveillance que l'une d'elles avait été surprise de se trouver devant un homme non circoncis : « C'était le premier prépuce qu'elle voyait[3]. »

Un autre mariage rassembla tous les Rothschild à Londres en 1857. Alphonse, fils aîné de James et héritier présumé, prit pour épouse la fille de son cousin Lionel lors d'une cérémonie extravagante (bien que strictement juive) immortalisée par une gravure qui parut dans les journaux. C'était une union de plus au sein de la famille, et pas la moindre. Alphonse et Leonora furent bientôt installés à l'hôtel Talleyrand, rue Saint-Florentin, donnant sur la place de la Concorde et les Tuileries. James et Betty n'étaient pas malheureux non plus dans l'ancienne maison de Fouché, rue Laffitte[4].

La question d'être un Juif en France préoccupa même les opulents Rothschild durant le règne de James, puis celui d'Alphonse. La discrimination sociale était flagrante ; les chrétiens très riches ne souhaitaient pas nécessairement partager leurs privilèges avec les Juifs très riches. Ainsi James avait été l'un des premiers membres du Jockey Club mais, quand vint le moment pour Alphonse de poser sa candidature, il fut repoussé à deux reprises, avant d'être admis, en 1852, et ce n'était pas faute d'avoir de bons chevaux. Dans les affaires publiques, les Rothschild étaient les porte-parole tout désignés de la population juive en France, notamment dans les cas d'injustice patente [5].

Tous les enfants Rothschild recevaient une éducation juive, bien que, comparée à celle de leurs cousins orthodoxes de Francfort, elle fût franchement païenne (ils possédaient tous les ustensiles nécessaires à la cuisine cachère mais s'en servaient rarement et devaient se hâter de les sortir quand s'annonçaient des cousins allemands). James était le chef naturel de la communauté juive française ; quand on avait besoin d'argent pour fonder une institution charitable ou une synagogue, tout le monde savait qu'il viendrait de lui [6].

Car s'il se trouvait à présent une bourgeoisie juive à Paris, coexistant ou même cohabitant avec ses pairs chrétiens, le pourcentage de Juifs vraiment pauvres demeurait stable (représentant près d'un tiers de la population juive dans la capitale en 1860) [7]. Là, le Grand Baron pouvait agir efficacement ; les contributions des Rothschild à la communauté juive se montaient à la moitié de celles du gouvernement (dans son allocation habituelle aux congrégations religieuses). James finançait également l'installation d'immigrants d'Europe centrale. La construction d'un hôpital juif rue Picpus, payée par les Rothschild, marque une date importante dans l'histoire de la communauté. En 1852, un ministre et un préfet se déplacèrent pour assister à son inauguration. Les orateurs, comme en rend compte *L'Univers israélite,* soulignèrent « tout ce que les israélites doivent à cette grande maison [Rothschild] qui, par sa haute probité et ses éminentes vertus, a tant contribué à notre émancipation morale [8] ».

Bien entendu, il y avait des opposants. Aucun fait ni geste de cette famille très publique n'échappait aux critiques. C'est ainsi qu'au XIX^e^ siècle un biographe suggéra perfidement que « le baron James manifestait un talent remarquable pour faire la charité aux dépens d'autrui ». Il expliquait qu'après s'être vu reprocher de n'avoir pas distribué aux Juifs démunis le bénéfice de ses succès en Bourse, James avait exécuté un coup qui lui avait rapporté 850 000 francs, qu'il avait consacrés aussitôt au projet hospitalier [9]. On reprochait également à James l'hôpital exclusivement réservé aux « israélites », qui ne pouvait que renforcer la séparation, entre Juifs et chrétiens — ce que ne souhaitaient guère, désormais, les Juifs, désireux de s'intégrer et de grimper les échelons de la vie sociale [10].

La reconnaissance, la plus émouvante peut-être, de la générosité de James, nous est parvenue d'une source inattendue, Maxime Du Camp, ce diligent historien des institutions parisiennes. Il salua la contribution à l'édification de l'hôpital israélite « de cette famille Rothschild qui, par son inépuisable et grandiose bienfaisance, semble être une sorte d'assistance publique ». Du Camp justifiait également la ségrégation impliquée par l'existence d'une institution purement juive : « Les israélites trouvaient dans nos hôpitaux les soins que leur état exigeait, mais ils y commettaient un péché involontaire, car ils étaient réduits à manger la nourriture commune, expliquait-il aux lecteurs peu informés. Or, à cet égard, les prescriptions des livres saints sont impératives. » (Ailleurs, l'infatigable historien développe son discours sur la cacheroute.)

C'est par Du Camp que nous apprenons que cet hôpital — à l'édification duquel avaient contribué non seulement les Rothschild, mais encore d'autres dirigeants de la communauté juive — soignait volontiers les non-Juifs en cas d'urgence. « En outre, les gens du quartier se pressent aux consultations ; chaque année, dix ou douze mille d'entre eux passent dans le cabinet du médecin ; il est superflu de dire que les conseils et les médicaments leur sont gratuitement donnés »[11].

Les archives montrent que, au-delà des frontières françaises, la protection des Juifs continuait de préoccuper les Rothschild de France. Les Rothschild étaient les banquiers du Saint-Siège depuis 1831 et agissaient également souvent en qualité de représentants d'un gouvernement français inquiet de l'influence autrichienne sur les États de la papauté et soucieux de la contrer. Les territoires italiens alors soumis à l'autorité papale étaient peu viables sur le plan économique : ils souffraient d'une quasi-absence d'industrie et d'une agriculture arriérée et improductive. A ce handicap s'ajoutait une bureaucratie inefficace et désuète, qui comptait sur les contributions des fidèles des autres pays. Les prêts des Rothschild étaient utiles, ils devinrent vitaux. Les Rothschild ne pouvaient pas résoudre les problèmes structurels de l'administration papale, mais ils pouvaient aider la machine à fonctionner[12].

Une fois au moins, le baron James s'aventura à capitaliser sur la dépendance de l'Église. L'occasion se présenta en 1848, lorsqu'un soulèvement local força le pape à quitter son État romain. L'Église eut ensuite besoin de sommes exceptionnelles à des taux d'intérêt abordables pour rétablir la résidence papale à Rome. Le prêt de James et de sa famille s'accompagna de conditions : un relâchement des sévères restrictions infligées aux Juifs de Rome, alors confinés entre les murs d'un ghetto. Sur l'insistance du pape, le statut des Juifs sous la domination de l'Église ne fut pas évoqué spécifiquement dans le contrat du prêt et rien n'allait changer bien vite. Mais l'Église savait désormais que les Juifs de Rome avaient un puissant avocat *extra muros*[13]. La situation en Autriche, où l'adoucissement des mesures antijuives était souvent suivi de nouvelles restrictions, incitait également James, le patriarche de la famille, à exercer son influence, discrètement en général mais efficacement, par la voie diplomatique. Bertrand Gille donne la preuve d'une seconde intervention de James en Syrie en 1860, ainsi qu'en Roumanie, où les Juifs étaient encore soumis à des lois médiévales. Dans chaque cas, les Rothschild faisaient jouer les leviers qui se trouvaient à leur disposition[14].

Désormais, dans la lutte contre ses rivaux financiers en France et à l'étranger, dans ses efforts pour maintenir la paix en Europe en vue de l'expansion du marché, le baron James de Rothschild avait un solide bras droit en la personne de son fils Alphonse, qui allait assurer en douceur la continuité de la maison Rothschild après le décès du Grand Baron. Il avait reçu la meilleure éducation possible, d'abord avec des tuteurs, puis au collège Bourbon (où l'un de ses condisciples était Léon Say, futur ministre des Finances). Après avoir étudié l'organisation des chemins de fer britanniques, Alphonse se vit confier un poste à responsabilité dans la Compagnie du Nord, qui appartenait aux Rothschild et qui contrôlait le réseau ferroviaire stratégique du Nord-Est industriel et minier ; il allait par la suite en devenir le président. Gustave, de deux ans seulement le cadet d'Alphonse, était dans l'ombre, mais la succession Rothschild négligeait les deuxièmes fils. Alors que dire du troisième, Salomon, qui suivait Gustave à six ans d'intervalle, ou d'Edmond, qui, né dix ans plus tard, n'avait que vingt-trois ans à la mort de son père ?

Tous les fils de James étaient des mondains, des enfants de riches qui se comportaient comme on pouvait s'y attendre. Alphonse et Gustave se montraient tous deux en compagnie de courtisanes célèbres, Alphonse avec la Païva, Gustave avec une maîtresse occasionnelle de l'empereur, la comtesse de Castiglione [15]. Dans la journée, ils étaient sérieux ; seul Salomon paraissait incapable de séparer la folle vie du travail. En 1859, il fut envoyé dans le Nouveau Monde ; les Goncourt entendirent raconter que c'était à cause de spéculations inconsidérées du jeune homme à la Bourse [16]. La contribution de Salomon à l'histoire de la famille fut une succession de rapports sur les États-Unis à la veille de la guerre de Sécession, puis tandis que tonnaient les canons.

Pour Salomon, l'abolition de l'esclavage signifiait la révolution sociale, jamais une très bonne chose pour les affaires. Les Rothschild devaient donc faire tout leur possible, d'après Salomon, pour obtenir la reconnaissance des États confédérés par la France, cela à une époque où certains considéraient Napoléon III comme un protecteur des rebelles sudistes. Mais cette prise de position sur une guerre civile étrangère n'allait pas plaire aux unionistes convaincus. « Voulons-nous une paix déshonorante, demandait un éditorialiste indigné dans le *Chicago Tribune,* afin d'enrichir Belmont, les Rothschild et toute la tribu des Juifs, qui ont acheté des quantités d'obligations des confédérés, ou bien une paix dans l'honneur, remportée par Grant et Sherman dans la fumée des canons ? » En vérité, les Rothschild n'avaient acheté aucune obligation des confédérés et August Belmont était un ardent défenseur de l'Union [17].

De retour en France, le jeune Salomon épousa, en mars 1862, la fille de son cousin Meyer Carl, Adèle Hannah. Deux ans plus tard, à l'âge de vingt-neuf ans, il mourut, rare exemple d'un membre de cette coriace tribu à partir avant son temps. On disait, et bien évidemment les Goncourt le répétaient, que l'excitation d'une spéculation boursière l'avait tué [18]. Les Rothschild allaient porter son deuil, mais les banquiers en eux n'allaient pas trop le regretter.

A Alphonse, en revanche, son père confiait les tâches difficiles ; le fils se révélait aussi farouchement déterminé que son père et aussi péremptoire dans l'expression de son opinion. Le comte Corti en trouva un exemple de choix dans les Archives nationales, à Vienne, dans une lettre d'Alphonse à son oncle Salomon à un moment (octobre 1850) où les tentatives d'unification des États allemands par la Prusse se heurtaient à l'hégémonie autrichienne. La France, craignaient les Rothschild, n'était que trop disposée à semer le trouble parmi ses anciens ennemis. Alphonse avertissait son oncle que Persigny, alors ambassadeur de France en Prusse, était « toujours animé de sentiments belliqueux » et prévoyait de pousser la Prusse à attaquer l'Autriche, après quoi la France interviendrait, dans l'intérêt de ses ambitions impériales. « Je dois vous mettre en garde contre de dangereux complots de cette nature, écrivait donc Alphonse à son oncle. Vous pouvez certifier à vos amis que [ces projets] ne jouissent nullement de l'appui de notre gouvernement ni de celui des membres influents de la Chambre ou du pays lui-même. » Au cas où Louis-Napoléon (encore prince-président) oserait se risquer dans une voie aussi aventureuse, les hommes d'État et le Parlement français ne le suivraient pas. « Vous pouvez donc être tranquille, concluait ce fils aussi pacifiste que son père, le gouvernement pratiquera une politique tout à fait conservatrice » [19].

C'étaient des messages secrets du genre de celui-ci, transmis par les Rothschild à leurs gouvernements respectifs, qui éteignaient les étincelles incendiaires. Plus tard, James allait envoyer son héritier et homme de confiance jusqu'à Constantinople, afin de faire face à une offensive des Pereire, qui s'apprêtaient à ouvrir un Crédit mobilier en Turquie, avec la bénédiction du gouvernement français. Alphonse parvint à parer le coup sans impliquer la famille dans l'établissement d'une banque rivale. Il se révéla un fin diplomate, que la guerre financière sur de lointains champs de bataille n'intimidait guère [20]. Le même Alphonse, si nous en croyons sa cousine Constance (la future lady Battersea), était épris de culture et véritablement érudit en histoire et en sciences politiques. Sa ravissante épouse, Leonora, demeurait très anglaise, et rendait régulièrement visite à sa famille et à ses amis londoniens ; « hardie cavalière », elle organisa au moins une fois, à Ferrières, une chasse à courre à l'anglaise. Par testament, elle spécifia qu'elle souhaitait être ensevelie en terre anglaise et, lorsqu'elle mourut à Paris, son vœu fut respecté [21].

En décembre 1862, l'empereur des Français scella sa réconciliation avec James en s'invitant (ou acceptant une invitation ouverte) chez le Grand Baron à Ferrières. L'événement fut immortalisé par un train entier de chroniqueurs. Napoléon III et sa cour descendirent à la gare du village, où ils montèrent alors dans les calèches impériales qui avaient fait le voyage à vide. L'empereur était habillé pour la campagne, rapportait un journaliste français enchanté, avec « costume de fantaisie de couleur sombre et ressemblant pour la forme au costume national breton[22] ». Puis, comme le *Times* de Londres allait le relater à ses lecteurs, « à onze heures moins le quart, l'empereur arriva au château, et le drapeau impérial fut aussitôt hissé sur l'une des tours. Après avoir fait un tour à l'intérieur de l'édifice, l'empereur sortit se promener dans le parc, où il planta un cèdre pour commémorer sa visite[23]... ». La légende veut que l'empereur ait alors pris la baronne Betty par le bras, en disant : « Madame, puisque vous ne veniez pas me voir et que je désirais fort faire votre connaissance, j'ai été obligé (fort heureusement pour moi) d'être votre invité[24]. »

Et l'on passa au petit déjeuner. « Le service d'argenterie, raconte le *Times,* fait d'après des modèles aussitôt détruits pour en préserver le caractère unique, était accompagné du célèbre service de porcelaine de Sèvres, dont chaque assiette comporte une authentique peinture de Boucher... » On partit ensuite chasser, dans la forêt qui couvrait 1500 hectares ; le correspondant anglais rapportait qu'on avait tué mille pièces de gibier[25]. Après la chasse, tout le monde revint au château, les habitants des villages avoisinants s'étant massés dans la cour illuminée. Pendant le dîner, un chœur de chanteurs de l'Opéra de Paris interpréta l'*Hallali du faisan* de Rossini, sous la direction du compositeur en personne.

Selon une anecdote qu'a racontée, plus tard, Henri de Rothschild, l'empereur fit ses adieux à James : « Monsieur le baron, je garderai longtemps le souvenir de cette belle journée. » A quoi James, soit du fait d'un maniement imparfait de la langue, soit pour faire de l'esprit, répliqua : « Et moi, sire, j'en garderai longtemps *le* mémoire... »[26]. Un historien de l'économie du second Empire a relevé le choix des invités ce jour-là (bien qu'on ne sache pas si la liste fut établie par James ou par Napoléon III) : Achille Fould, ministre des Finances, ainsi que les ambassadeurs d'Angleterre et d'Autriche. Il s'agissait donc bien d'une réconciliation financière. La fièvre spéculative symbolisée par les Pereire cédait la place à l'antique sagesse des négociants financiers et les dangereuses aventures étrangères de l'Empire touchaient à leur fin[27]. Puis l'empereur et sa cour reprirent la route de la gare, illuminée de torches brandies par les domestiques de Rothschild et bordée de buissons « hérissés de lampions enflammés[28] ».

Tout allait être plus facile pour le successeur de James. Désormais, Alphonse n'avait plus qu'à se préoccuper de tenir son rang dans la haute société, même si ce n'était pas aussi facile qu'on pouvait l'imaginer. Un aspect touchant des efforts de mondanité de ce fils de banquier nous est révélé dans une lettre de Charlotte, épouse de Lionel de Rothschild, adressée en septembre 1863 à ses fils Nathaniel et Léopold : « Alphonse souhaite, mon cher Natty, que tu achètes pour lui quelques bonnes juments poulinières, mais Laurie [diminutif de Leonora] estime que jamais son mari ne pourra posséder une écurie de course vraiment bonne, puisqu'il est totalement incapable de s'en occuper lui-même. » (Alphonse allait être le dernier Rothschild à qui l'on pût faire un tel grief.) Dans une autre lettre, Charlotte racontait à son plus jeune fils, Léopold, la visite d'Alphonse et Leonora à Compiègne, en week-end de chasse chez l'empereur ; avant la fin de la matinée de samedi, « mille deux cent cinquante innocentes bêtes à fourrure étaient massacrées par ces messieurs ». Mais aucune par un Rothschild. « Alphonse n'a pu se joindre aux sportifs, expliquait Charlotte, étant donné que c'était le sabbat. Il a donc flâné dans les bois avec Laurie et, le dimanche, il y eut une grande expédition folâtre, à laquelle se joignirent Leurs Majestés ou, plus précisément, qu'elles menèrent. » S'il n'était pas vraiment un éleveur chevronné ni un chasseur du samedi, Alphonse — nous le savons par ces lettres — était un collectionneur d'art fort avisé ; il pouvait également se montrer d'excellente compagnie pour les têtes couronnées. Là encore, Charlotte raconte à sa famille, restée à Londres : « Alphonse, qui a conduit l'empereur et l'impératrice de Paris à Compiègne, a été ravi de leur conversation, même si Sa Majesté l'impératrice se montrait vraiment trop curieuse au sujet des Juifs[29]. »

Le venin des Goncourt, toujours prêt à couler dès qu'il s'agissait de Juifs, fut bientôt dirigé contre l'héritier présumé de James — « un très illustre Juif », notent les deux frères avec une ironie entendue. Ils rapportent une anecdote sur Alphonse, à qui, lors d'un dîner, un autre invité demandait pourquoi, étant si riche, « il travaillait comme un nègre à le devenir plus ». Alphonse était censé avoir répondu : « Ah ! vous ne savez pas la jouissance de sentir sous ses bottes des tas de chrétiens[30] ! » Si invraisemblable qu'il soit qu'un Rothschild ou quiconque d'autre ait pu proférer une telle phrase, l'anecdote souligne singulièrement la perception aberrante des antisémites pathologiques.

Bien entendu, jamais les Goncourt ne s'étaient trouvés face à un Rothschild, bien qu'à l'occasion il leur fût arrivé de devoir « supporter » d'autres Juifs aux réceptions de la princesse Mathilde, cousine de l'empereur et sans doute la plus brillante étoile de cette dynastie. Mais voilà que le 21 janvier 1863, chez Mathilde, dans son grand salon de la rue de Courcelles, où l'on était assuré de rencontrer l'élite culturelle et mondaine de l'époque, ils reconnurent le Grand Baron en personne.

« Une monstrueuse figure, noteront-ils le soir même dans leur *Journal,* la plus plate, la plus basse et la plus épouvantable face batracienne, des yeux éraillés, des paupières en coquille, une bouche en tirelire et comme baveuse, une sorte de satyre de l'or[31]... »

Un émouvant portrait de James dans sa vieillesse nous est parvenu, de façon surprenante, par l'intermédiaire du rapport d'une commission interministérielle qui recevait les témoignages des principaux membres de la communauté financière sur la politique monétaire française, notamment sur les fonctions passées et futures de la Banque de France. C'est émouvant parce qu'on y entend la voix d'un James malade, un James dans ses dernières années (cela se passait le 31 octobre 1865, le baron avait soixante-treize ans). Accompagné d'un Alphonse déjà mûr, James avait été convié à exposer la philosophie Rothschild devant un comité présidé par son adversaire de toujours, Achille Fould. Parfois, parce que son fils était désormais plus compétent en de nombreux domaines, James cédait la parole à Alphonse, que l'empereur avait nommé au conseil de régence de la Banque de France depuis déjà dix ans.

La maladie, expliquait d'emblée James à l'assemblée, l'avait empêché d'étudier le questionnaire du comité ; il ferait néanmoins de son mieux, « en m'aidant de l'expérience financière que j'ai pu acquérir ». Il évoquait l'époque où, jeune homme, il avait accompagné son frère Nathan à la Banque d'Angleterre, où il avait été convoqué pour aider à résoudre une crise des paiements. Il se prononçait en faveur d'une monnaie forte, protégée quand il le fallait par une hausse des taux d'intérêt. Cela signifiait-il la nécessité d'une banque centrale suffisamment forte pour garantir la convertibilité du franc ? Bien sûr, répondit ce pilier de la Banque de France. « Je ne dissimule jamais mon opinion, ajoutait-il comme si Fould avait pu en douter, je dis ce que je pense. » Pourquoi encourager une multitude d'institutions de prêt dans un pays dont l'économie était saine ? « [...] Il n'y a pas de pays au monde où le commerce soit plus solidement établi, où les faillites soient moins nombreuses, où les affaires soient meilleures »[32].

L'homme était donc encore vert. Durant les dix dernières années de sa vie, James, dernier survivant des cinq frères, présida à la tête du clan à de nouveaux développements de l'univers rothschildien, qui s'étendait maintenant du continent américain à toute la Russie. Bien souvent, son principal ou unique concurrent sur un marché potentiellement lucratif était le nationalisme financier, qui inspirait (comme en Italie) la création d'institutions bancaires locales[33]. La firme restait une force avec laquelle on devait compter dans le commerce international, — le coton, le tabac, les matières premières, les métaux et, maintenant, le pétrole, surtout le pétrole. Dans ce contexte, l'empire naguère primordial des chemins de fer paraissait moins impressionnant, représentant une regrettable immobilisation du capital en un temps où l'argent placé ailleurs pouvait rapporter plus[34].

Les nouveaux pouvoirs, quand ils émergent, savent où se trouve l'ancien. Après un Metternich, un Cavour, advint un Bismarck. Le chef du gouvernement prussien, qui allait être l'architecte de la réunification allemande, ne tarda évidemment pas à entrer dans les rangs des débiteurs des Rothschild. Otto von Bismarck, plus tard célèbre sous le surnom de « Chancelier de fer », était en contact direct avec le baron James grâce à Gerson von Bleichröder, qui, comme les Rothschild, était issu d'une famille du ghetto. Bleichröder était à la fois l'agent des Rothschild et le banquier de la Prusse ; le légendaire réseau de courriers qui le servait dans ses relations avec les Rothschild devint également une source de renseignements pour Bismarck et un mode de communication discret pour les contacts franco-allemands. Cela pouvait aider à maintenir la paix quand les deux camps la souhaitaient[35]. En 1865, quand Bismarck vint en France pour rallier Napoléon III à sa cause lors d'une dangereuse confrontation austro-prussienne, le Prussien tenta, lors d'une chasse à Ferrières, de recruter Rothschild pour son camp. James ne voulait pas fournir de l'argent pour la guerre entre la Prusse et l'Autriche, ni d'ailleurs pour aucune autre ; et il l'exprima avec une clarté limpide[36]. Mais, comme le note Gille, les Rothschild ne pouvaient plus empêcher un conflit juste en refusant de le financer[37].

Cette guerre allait tout de même avoir lieu, Bismarck estimant qu'il lui fallait vaincre l'empire d'Autriche pour garantir l'hégémonie prussienne sur les États allemands. Une lettre d'Alphonse à ses cousins londoniens permet de constater que le chef du gouvernement prussien ne tint pas rigueur à James de sa défection. Lors d'une nouvelle visite de Bismarck, en 1867, après la défaite de l'Autriche, il apporta un cadeau à James : le grand ruban de l'Aigle rouge, la plus haute décoration prussienne. « Aucun autre Juif ne l'a reçu en Prusse », rapportait Alphonse avec une évidente satisfaction[38].

Avant de transmettre le flambeau à la génération suivante, le baron James vécut toutefois assez vieux pour assister à la déroute de ses ennemis sur le sol français. Quelle que fût leur ingéniosité, quelle que fût la rigueur de leur application des bonnes théories au fonctionnement du marché, les frères Pereire et leurs alliés ne pouvaient guère tirer profit de la récession économique, non plus qu'ils ne pouvaient prévoir la chute des valeurs dans une Autriche affaiblie sur le champ de bataille. En 1866, l'année de la victoire de Bismarck, le Crédit mobilier accusa de lourdes pertes. Ses actions étant en chute libre, il fut contraint de prélever les dividendes des actionnaires sur son capital : la route menait droit au désastre. En 1867, en l'absence d'aide gouvernementale — car, de l'avis des conseillers de l'empereur, c'eût été jeter l'argent par les fenêtres —,

les Pereire assistèrent, impu
(une institution nommée Crédit
teurs ni leur impressionnant réseau

Nul ne doutait que les Rothschild fuss
le coup de grâce à leurs rivaux jurés[40].

Le baron James pouvait bien s'offrir un cadeau
meilleurs vignobles de Bordeaux. Il n'était pas le premier
à investir dans le vin français ; cette innovation revenait au
frère Nathan, Nathaniel, devenu infirme par suite d'un accid
chasse, puis établi en France depuis son mariage avec Charlotte, la
de James, en 1842. En 1853, à l'âge de quarante et un ans, Nathaniel eut le flair d'acheter Château-Mouton, classé parmi les seconds crus de la région, mais déjà un excellent vin. Son choix fut largement ratifié car le prestige du Mouton-Rothschild se développa au fil des ans, avant de devenir célèbre dans l'autre après-guerre sous l'influence de Philippe de Rothschild (arrière-petit-fils de Nathaniel), véritable « imprésario » des vignobles.

Ce n'était point pour imiter Nathaniel, mais James savait désormais qu'un Rothschild pouvait faire du bon vin et le vendre à profit, comme tout le monde. Le vignoble de James était déjà un premier cru prestigieux, du nom de Château-Lafite. Rien ne permet cependant d'affirmer qu'il l'ait acheté (en août 1868, pour le prix apparemment record de plus de 4 millions de francs) parce que son nom rappelait celui de la rue (différemment orthographiée) où se trouvait sa banque[41].

James n'allait jamais poser les yeux sur son vignoble, ni séjourner dans le château qui le dominait : trois mois après l'achat de ce splendide domaine, il mourut. Soixante-seize ans était un fort grand âge pour l'époque, mais James lutta néanmoins contre la maladie avec la même pugnacité qu'il avait mise à combattre l'ascension des Pereire. Les lettres évoquent des voyages pour prendre les eaux, peut-être pour combattre les rhumatismes aigus donc il était atteint. James avait longtemps souffert de calculs biliaires et sa dernière maladie fut diagnostiquée comme étant une jaunisse[42]. Gioacchino Rossini, né la même année que James, s'éteignit juste un jour avant lui.

James avait demandé un simple enterrement, contrairement à la tradition qui requérait une parade d'honneur pour un grand-croix de la Légion d'honneur. Mais la moitié de Paris assista à ses obsèques, ainsi que des représentants des grands de ce monde (le président des États-Unis envoya un télégramme de condoléances). Un correspondant du *Times* de Londres écrivit qu'il n'avait jamais vu autant de gens dans les rues de Paris, tandis que le cortège se rendait à la banque familiale, rue Laffitte, à la dernière demeure du baron, au cimetière du Père-Lachaise.

[illegible] laborateurs lui [illegible] aucun discours

[illegible] ises dont il était [illegible] n point aux liens [illegible] comme un citoyen [illegible] n et écrivain. Mais il [illegible] [44]. » Cet éloge parut [illegible] ne des Rothschild et [illegible] Grâce à lui, la Banque [illegible] nt les deux colonnes [illegible] pays », pouvait-on lire [illegible] nnées, rien, en France et [illegible] s, ne s'est fait que par lui, [illegible] portait *La France*[45].

[illegible] n chef du *Figaro* déclarait (et l'on [illegible] mesure il était encouragé ou subventionné, [illegible] Rothschild de moins. Les Rothschild demeurent. » L[illegible] presque trop délicatement pour le lieu et l'époque : « Par le fait de [illegible] volonté et du progrès social, les Juifs ont cessé d'être pour nous des étrangers. Ce ne sont plus des intendants, ce sont des enfants raisonnables et laborieux de la famille française[46]. »

# 8

# Les barons français face à Bismarck

Nul ne sait qui fut le premier à dire : « Rothschild est mort, vive Rothschild ! » — expression que l'on entendait à la cour impériale [1] ; mais c'était une évidence. Tout était en place pour une succession ordonnée au sein de la dynastie, même s'il était difficile, chez un Alphonse aussi mesuré dans sa corpulence et dans ses paroles, de déceler un nouveau James. Studieux, effacé, toujours dans l'ombre de son père, il ne sera jamais ce personnage haut en couleur qu'était le Grand Baron. Il lui manquait, entre autres choses, ce qu'un autre Rothschild affable et lui aussi né à Paris appelait la « rudesse du ghetto [2] ».

Par tradition familiale, son arrivée au pouvoir était décrétée. Mais Alphonse n'était pas seulement l'aîné des Rothschild français, peut-être était-il aussi le plus intelligent. Gustave éprouvait une sorte de vénération pour son frère aîné et semble n'avoir jamais mis en cause sa supériorité. Il se lança dans les spéculations boursières pour son compte (et ne gagna pas toujours), mais, en ce qui concernait la banque familiale, il resta dans l'ombre [3].

Alphonse, en tant que chef de famille, détenait assurément le pouvoir financier. A la mort du Grand Baron, en 1868, son contrôle sur un quart du conglomérat des banques Rothschild de Francfort, Londres, Vienne et Paris passa à Alphonse et à son frère Gustave. (Leur frère Salomon était mort et Edmond encore trop jeune pour compter.) En épluchant jusqu'aux plus infimes documents, Bertrand Gille parvint à chiffrer l'héritage du roi des Rothschild. En 1863, cinq ans avant la mort de James, selon Gille la valeur totale des quatre banques s'élevait à 22 312 864 livres sterling, soit, au taux en vigueur à l'époque de 25 francs la livre sterling, 557 821 600 francs — bien plus de 10 milliards de francs d'aujourd'hui [4]. Aucun autre établissement de crédit ne valait autant à l'époque. Le second chiffre révélateur provient d'un bilan établi en février 1874, à la mort du cousin Meyer Carl de Francfort ; ce bilan fournit le détail des valeurs en capital de chacune des banques Rothschild alors en activité, Paris étant nettement en tête :

| | |
|---|---|
| Paris | £ 20 087 652 |
| Londres | £ 6 509 208 |
| Francfort | £ 4 533 096 |
| Vienne | £ 3 228 562 |
| TOTAL | £ 34 358 518 |

Gille, qui a méticuleusement étudié la correspondance préservée, observe que les choses changèrent fort peu après 1868 dans la politique et les opérations de la banque : Alphonse maintint le cap d'une main égale. Témoignant en 1870 devant une commission gouvernementale, il défendit les valeurs solides : l'or et (parce que tant de pays souhaitaient l'utiliser ou y étaient contraints) l'argent. « Plus il y aura de métaux précieux, soit or, soit argent, mieux cela vaudra, expliqua Alphonse. Les métaux précieux ne constituent pas la richesse proprement dite, mais sont le nerf et l'aliment du travail, [ainsi que] les seuls supports du commerce international ou, pour mieux dire, des échanges internationaux[6]. »

Alphonse bénéficiait de toutes ces années de relations avec ses pairs, également élevés (et bien élevés) dans les meilleurs milieux français, tel son compagnon de classe Léon Say. Nous ne saurions dire, en ce qui concerne les relations d'Alphonse de Rothschild avec Léon Say, lequel était le plus redevable à l'autre. Grâce à Alphonse, Say commença une brillante carrière de directeur chez Rothschild ; il n'était pas mauvais non plus qu'il eût épousé la fille du directeur du « journal Rothschild », *Le Journal des débats*. Brillant ministre des Finances et infatigable avocat du libre-échange dans une économie intérieure sans entrave, Say allait devenir l'une des célébrités de cette Troisième République construite sur les ruines du second Empire. « L'homme de Rothschild », allait-on le surnommer, généralement sans malveillance[7].

Si Alphonse de Rothschild et ses frères avaient compté sur la stabilité pendant les années nécessaires à la transformation du jeu en solo du Grand Baron en une institution, ils durent être brutalement déçus. Jusqu'alors les grandes puissances — et le second Empire tout autant que les autres — avaient joué sur l'échiquier européen, échangeant entre elles des zones d'influence, la souveraineté sur des nations plus petites. Mais désormais le Chancelier de fer défiait Napoléon le Petit, et les enchères monteraient bientôt dans des proportions vertigineuses. Avec un Bismarck à l'affût des épreuves de force et convaincu de la farouche opposition de Napoléon III à son ambition d'unir les États allemands en un nouvel empire puissant, la guerre allait bientôt devenir inévitable. La seule question était quand et sous quel prétexte.

Le prétexte, chose incroyable, fut trouvé non pas à la frontière franco-allemande mais en Espagne, où une nouvelle lutte pour la succession au trône donna au belliqueux Bismarck l'occasion de défier les Français sur un territoire considéré comme étant sous leur protection. Car l'héritier du trône d'Espagne était un prince Hohenzollern (qui avait épousé une princesse portugaise) ; avec un roi allemand en Espagne, la France risquait fort de se sentir « encerclée ». A présent, le peuple français lui-même était d'humeur guerrière, tandis que leur empereur était tout aussi disposé au combat que Bismarck.

Pendant cette période troublée, l'intermédiaire fut Alphonse de Rothschild. L'empereur lui accordait désormais toute sa confiance, et Bismarck aussi, par l'intermédiaire de son correspondant financier allemand, Bleichröder. En outre, Alphonse croyait aussi fermement que son père au besoin de paix parmi les nations ; qui plus est, il croyait en la France. Napoléon III le savait, sans aucun doute. Il utilisa cet homme de bonne volonté, pendant la crise du début de juillet 1870, pour convaincre les Anglais que la France ne pouvait accepter un roi Hohenzollern en Espagne. Ce fut donc Alphonse, au moyen d'un code Rothschild, qui transmit le message de l'empereur français au Premier ministre britannique, William Gladstone.

Les Anglais — hélas pour la France, hélas pour les Rothschild — n'étaient pas disposés à contester le choix d'un roi pour l'Espagne ; la guerre paraissait imminente. Puis, le 12 juillet, il y eut un répit, Léopold von Hohenzollern-Sigmaringen ayant choisi de se retirer. Alphonse télégraphia à Gladstone : « Le prince a retiré sa candidature ; les Français sont satisfaits. » Il n'y avait donc plus de *casus belli* — apparemment[8]

Mais Bismarck n'allait pas se laisser priver de sa guerre. « Politiquement, avait-il déclaré le 10 juillet, une attaque française nous serait très bénéfique. » « Jusqu'à présent, ajouta-t-il en apprenant la défection Hohenzollern, je croyais être à la veille des plus grands événements historiques... »[9]. Mais la guerre dont il avait besoin pour unifier l'Allemagne sous la bannière de la Prusse allait tout de même avoir lieu, grâce à une gaffe de Napoléon III. Ce dernier demanda à l'empereur Guillaume de garantir que la candidature Hohenzollern fût définitivement exclue. La réponse du Kaiser, la fameuse dépêche d'Elms, fut adroitement retravaillée par Bismarck de manière que l'humiliation cingle les Français de plein fouet. Le 19 juillet, mordant à l'hameçon, la France déclarait la guerre à un ennemi plus fort et plus déterminé qu'elle.

Il est établi que, pendant le bref conflit qui s'ensuivit, les Rothschild se comportèrent en bons Français, refusant par exemple de poursuivre leurs relations avec Bleichröder, leur agent mais aussi le banquier de Bismarck. Alphonse se fit également un devoir de démissionner de sa charge de consul général de Prusse, un titre qui s'était révélé utile en bien des circonstances[10]. Cependant, les Prussiens envahirent l'est de la France, lors de la première des guerres éclairs qui allaient se répéter pendant sept décennies. Dès le 2 septembre, ayant reçu la reddition de Napoléon III à Sedan, ils pouvaient avancer sur Paris, où l'on n'avait pas perdu de temps pour proclamer la chute de l'Empire et la naissance d'une nouvelle république.

Lors d'une précédente crise, le baron James avait expédié Alphonse à Londres avec sa mère ; cette fois, Alphonse allait y envoyer Leonora avec leurs enfants (Bettina, âgée de douze ans ; Charlotte Béatrix, six ans ; Édouard Alphonse James, deux ans, né le 24 février 1868). Un portrait saisi sur le vif de Leonora chez ses parents à Londres, après la défaite de Napoléon III et la chute de l'Empire, nous la montre « écarlate d'énervement, et sa voix tremblait tant qu'elle pouvait à peine parler. Quelques moments plus tard, ses enfants entrèrent en criant et hurlant dans la pièce. Ils pouvaient faire le bruit le plus infernal, car personne ne semblait y prêter attention. Au milieu de leurs voix enfantines s'élevaient les murmures de doutes et de craintes concernant l'Empire [11]... ».

La baronne Betty, veuve de James, écrivit le 12 août au ministre français de la Guerre, mettant à sa disposition sa propriété de Boulogne-sur-Seine, afin qu'on y soigne les blessés de guerre ; elle allait également financer la création d'un hôpital de vingt lits sur son domaine. Elle ajoutait (d'après un compte rendu du très sérieux journal *Le Temps*) qu'elle avait informé le préfet de Seine-et-Marne de sa décision d'ouvrir un hôpital militaire dans sa propriété de Ferrières [12]. « Je n'admets pas que la France ne batte pas la Prusse sur toute la ligne ! » lui avait entendu déclarer la petite-fille du prince de Metternich [13].

Paris fut bientôt encerclé et le siège dura près de quatre mois, mois d'effroi et de désespoir, où les Parisiens assiégés se trouvèrent coupés de leurs sources de ravitaillement. A la fin, comme on l'a souvent raconté, on alla même abattre les animaux du zoo, tandis que les moins privilégiés se contentaient de chats et de rats. Ce furent des mois héroïques, où les messages et le courrier régulier étaient transportés par pigeons voyageurs et par ballons, et même par flottage sur la Seine. Guerre mortelle, où les Prussiens bombardaient la capitale, et la capitale — désormais aux mains des républicains — ripostait. Ernest Feydeau vit les frères Rothschild passer leurs nuits sur les remparts, à tirer sur les assiégeants [14].

Coup de théâtre : pour diriger le siège et régler le sort de la France, le Kaiser Guillaume, son chancelier Bismarck et le général victorieux Helmuth von Moltke choisirent pour quartier général le château des Rothschild à Ferrières. Les témoignages de l'époque font état de la surprise des conquérants, explorant cette splendide demeure environnée d'une dense population de cerfs et de faisans pour la chasse, de canards et de cygnes pour la beauté. On entendit le Kaiser s'exclamer : « Cela ne pourrait être à nous, il n'y a que Rothschild pour le posséder [15]. » « Me voici installé sous le portrait du vieux [James de] Rothschild et des siens », écrivait Bismarck à sa femme le 21 septembre. « Nous souffrons la faim, ajouta-t-il, parce que Sa Majesté a défendu de réquisitionner. »

A son fils, Bismarck révéla que les Prussiens n'allaient pas se contenter d'affamer Paris, mais qu'ils allaient ensuite passer à l'assaut. Le 23 septembre, toujours à Ferrières, le chancelier avait reçu des émissaires français conduits par Jules Favre, ministre des Affaires étrangères d'un gouvernement de défense nationale constitué hâtivement, mais les négociations ne menèrent nulle part, comme Bismarck l'expliqua à son fils : « [...] La question de l'Alsace leur donnait encore toujours de telles coliques qu'il fallut nous arrêter là. Ils croient pouvoir payer 5 milliards de francs et y paraissaient disposés, si nous leur laissions Strasbourg. Mais je leur disais que nous parlerions plus tard de l'argent : que, d'abord, nous voulions déterminer et assurer la frontière allemande. »

Bismarck menait tout de même la vie de château et ne souffrait pas gravement de la faim. « Voici [...] presque quinze jours que je suis dans le damas vert du vieux Rothschild, écrivait-il à sa femme le 1<sup>er</sup> octobre. Hier, nous avons fêté l'anniversaire de Sa Majesté avec [...] dîner de cérémonie, avec tous les princes et toutes les décorations [...]. Il y a trois jours, j'ai tiré quelques faisans [16]... »

Le séjour des Prussiens dans un château des Rothschild allait donner lieu à des légendes. C'est ainsi que le fidèle scribe de Bismarck, qui travaillait avec lui à Ferrières, après avoir reconnu que les Prussiens étaient entrés sur le domaine en l'absence du propriétaire, notait avec regret qu'Alphonse avait laissé la maison aux soins d'un gérant subalterne et de quelques domestiques. Peu après, rapportait le scribe indigné, ils eurent « un spécimen de l'hospitalité et du savoir-faire du baron de Rothschild, qui avait l'honneur d'héberger notre roi et dont la propriété avait été, en conséquence, traitée avec le plus grand respect ». Et de s'expliquer : « M. de Rothschild, cent fois millionnaire, qui, récemment encore, avait été consul général de Prusse à Paris, refusa, par l'entremise de son gérant, de nous laisser boire, même en le payant, son vin. » En apprenant cela, le Chancelier de fer convoqua le gérant, qui maintint son refus, affirmant d'abord qu'il n'y avait pas de vin dans la maison, pour avouer finalement la présence d'une centaine de bouteilles de Bordeaux ordinaire. Les Prussiens entreprirent des recherches, pour découvrir qu'il n'y avait pas cent mais dix-sept mille bouteilles dans la cave. Bismarck déclara au malheureux gérant que l'attitude de Rothschild était tout à la fois mesquine et discourtoise et qu'on n'agissait pas ainsi quand on était l'hôte d'un roi. Comme le gérant faisait mine de ne rien comprendre, Bismarck réclama des bottes de paille. Cette fois, le gérant comprit la menace. Et le vin coula à flots [17].

Quand Alphonse prit connaissance de ce qui se passait à Ferrières, il répandit ses propres histoires, à savoir que les Prussiens voulaient punir son gérant parce que les faisans des Rothschild qui volaient alentour n'étaient pas encore truffés. Grâce à l'interception du courrier, Bismarck découvrit ce que racontait son hôte absent et cela n'améliora pas leurs relations[18]. Par la suite, on allait apprendre que ces grossiers Prussiens, en découvrant les initiales J. R. (pour « James de Rothschild ») sur les armoiries, se moquèrent du fondateur du château en le surnommant *Judaeorum Rex*, « Roi des Juifs ».

Le ministre des Affaires étrangères, Jules Favre, faisait la navette entre Paris assiégé et le féerique château de Ferrières pour négocier avec l'envahisseur. Cependant, la capitale demeurait coupée du reste de la France et ce ne fut qu'à la fin de janvier 1871 que Favre put entamer la discussion de la reddition de Paris, lors d'une réunion à Ferrières avec le Chancelier de fer. Pour que Paris soit libéré, les Français allaient devoir payer 200 millions de francs (soit environ 3,5 milliards de francs d'aujourd'hui). Le rôle des Rothschild dans l'apport des premiers fonds pour mettre rapidement fin au siège produisit un bref mouvement d'admiration éperdue, et Alphonse et Gustave furent tous deux invités à se présenter aux élections spéciales du 8 février (car Bismarck tenait à négocier avec un gouvernement légitime). « Quelque flatteuse que soit pour nous cette désignation spontanée, devait déclarer à la presse Alphonse, toujours prudent, et quelque reconnaissance que ce témoignage de haute confiance nous inspire, j'ai le regret de devoir déclarer que nous ne pouvons accepter la candidature qu'on nous fait l'honneur de nous proposer[19]. »

Avec un vétéran de la politique, Adolphe Thiers, à la tête du pouvoir exécutif de la République, habilité à représenter la France dans les négociations, une base était désormais établie pour une paix officielle. Le décor changea alors ; on passa du château du Grand Baron à celui du Roi-Soleil, à Versailles, où les Prussiens et les Français devaient se mettre d'accord. En contrepartie de la cessation de l'occupation prussienne, la France devait céder ses chères provinces d'Alsace et de Lorraine, et payer en sus une exorbitante indemnité, de 6 milliards de francs (l'équivalent de 105 milliards actuels). Aux protestations des Français contre ce chiffre incroyable — car si l'on avait commencé à compter les francs à l'époque de Jésus, disaient-ils, on y serait encore — Bismarck répliqua qu'il avait tout prévu, et qu'il avait amené un expert qui avait commencé à compter dès la Création (son banquier juif Bleichröder, bien sûr)[20].

Bleichröder du côté prussien, Rothschild du côté français. Car Thiers se rendait bien compte qu'il lui fallait l'assistance du meilleur et plus puissant financier de France. La délégation de Bismarck, expliqua-t-il, avait pris tout son temps pour établir la liste de ses exigences, et avec l'aide d'experts. « Nous demandons maintenant à en faire autant. M. Alphonse de Rothschild est à Paris ; vous appréciez, comme moi, sa grande expérience et sa pleine franchise. Je lui enverrai un télégramme... »

Le seigneur de la guerre n'aimait guère la perspective d'une confrontation avec le propriétaire de Ferrières, mais il ne pouvait raisonnablement pas refuser. Alphonse reçut sa convocation le 25 février et arriva à Versailles le soir même. La première friction survint quand le banquier s'adressa au géant prussien en français, comme s'il n'avait pas su l'allemand ; Bismarck ne pouvait admettre cela chez un fils et petit-fils de Juifs de Francfort. Un témoin observa que Bismarck traitait Alphonse avec moins de courtoisie qu'il n'en manifestait aux autres Français présents. Le chancelier se fâcha davantage encore en découvrant qu'Alphonse n'était pas disposé à se prononcer immédiatement, estimant qu'il n'avait pas connaissance de tous les détails.

A présent, le montant des réparations de guerre à verser aux Allemands avait été réduit à 5 milliards de francs. Alphonse et ses confrères banquiers acceptaient la responsabilité de trouver l'argent, ainsi que de financer le ravitaillement de Paris affamé. Une paix provisoire fut signée à Versailles le 26 février[21].

Ce n'était encore que le début de la crise des réparations. Les moyens de trouver l'argent et de le donner constitueraient des problèmes qui allaient s'éterniser. Les banquiers impliqués dans l'emprunt de la libération du territoire (le retrait des troupes prussiennes d'occupation étant lié au règlement de l'indemnité) étaient certes motivés par le patriotisme, mais aussi par la perspective de commissions extrêmement élevées. Leur groupe comprenait non seulement les Rothschild et leurs confrères de la haute banque, mais encore une nouvelle génération d'hommes d'affaires. Cependant c'étaient les Rothschild, toujours les Rothschild, qui dirigeaient les opérations, dans une véritable course contre la montre. Pour réduire les frais d'occupation — car les Français étaient également obligés de payer pour l'entretien des armées étrangères qui occupaient leur sol —, le second des deux principaux emprunts fut réglé dès septembre 1873, dix-huit mois plus tôt que prévu. Après quoi les Prussiens rentrèrent chez eux[22].

Une brève période d'euphorie suivit la négociation du traité de paix en février 1871. Puis toutes les frustrations du siège, les privations qui accablaient en premier les plus pauvres, le conservatisme trop évident d'une république aussi éloignée des préoccupations de la classe ouvrière que l'avait été l'Empire, tout cela contribua à développer une situation explosive. L'étincelle s'alluma pendant la nuit du 17 au 18 mars, quand Thiers voulut récupérer les canons achetés pendant le siège avec l'argent donné par les Parisiens. Prenant le parti des insurgés, la Garde nationale arrêta et fusilla deux généraux. C'était la guerre, la guerre entre le gouvernement de Thiers établi à Versailles, alors à bonne distance des rues de Paris, et la Commune autoproclamée, dont l'armée populaire était largement issue du Paris ouvrier.

Alphonse séjourna à Versailles pendant la durée de l'insurrection. Il avait une chambre dans le meilleur établissement, l'hôtel des Réservoirs, face au château. Il n'était certes pas le seul réfugié de la guerre civile qui faisait rage à Paris et alentour, de sorte qu'il devait se contenter d'une seule chambre, en utilisant des paravents pour séparer les espaces de travail et de vie privée[23]. La légende veut que, sous l'effet de l'anxiété, ses cheveux noir de jais soient devenus gris en l'espace d'une seule nuit[24]. Car Paris brûlait — le palais des Tuileries, l'Hôtel de Ville, ainsi que divers autres symboles évidents de l'ordre ancien.

On glosa beaucoup — chez leurs détracteurs — sur l'apparente immunité des Rothschild, qui ne perdirent ni leur banque ni leurs palais, tandis que les insurgés faisaient la loi dans les rues de la capitale. Édouard Drumont, antisémite viscéral qui semait l'hystérie qu'on récolterait lors de l'affaire Dreyfus, affirmait avoir un témoin pour prouver que les Rothschild avaient financé la Commune[25]. On racontait également une histoire sur la mère d'Alphonse, qui continuait à vivre dans la princière demeure de la rue Laffitte ; un jour qu'elle circulait en voiture, la baronne Betty fut arrêtée au bois de Boulogne par une foule en colère, qui lui demanda comment elle pouvait se promener quand les gens mouraient de faim (ses chevaux auraient constitué une nourriture de choix). Elle répondit (d'après sa nièce Constance Battersea) : « Oui, prenez mes chevaux si vous voulez, mais je suis aussi bonne patriote que n'importe lequel d'entre vous. Venez donc voir mon hôpital dans ma propre maison... » Elle cita ses fils qui s'étaient battus pour leur pays. La foule l'acclama, puis un cortège se forma autour de la calèche pour raccompagner la veuve de James jusque chez elle[26].

La Commune tomba en mai 1871 dans un bain de sang ; le gouvernement regagna Paris après une victoire facile. Alphonse de Rothschild découvrit alors un vieil ami à l'Hôtel de Ville : Léon Say, que Thiers avait choisi comme préfet de la Seine. Le premier emprunt des Rothschild pour payer les réparations de guerre fut lancé, d'un montant de 2 milliards de francs, et il fut une réussite. Simultanément, un autre syndicat de haute banque présidé par les Rothschild lança un autre emprunt pour la Ville de Paris.

Mais il existait désormais une nouvelle génération de banquiers, regroupant des sociétés comme la Banque de Paris et des Pays-Bas, union de deux entreprises qui allait un jour prendre le nom de Paribas, des institutions bien établies comme le Crédit lyonnais, et cette nouvelle génération était prête à défier la supériorité de la haute banque. Ce devint une lutte entre « les banquiers » (traditionnels) et « les banques » (les nouvelles banques d'affaires et de dépôt). Les rebelles estimaient qu'ils n'avaient pas reçu leur juste part de l'émission de l'emprunt initial de 2 milliards, en juillet 1872. « Une espèce de lutte est engagée contre le puissant baron », telle fut la description qu'en donna le directeur du Crédit lyonnais. Avant que l'emprunt fût clos, les banques insurgées avaient fini par obtenir une participation de plus d'un tiers dans la dernière tranche d'indemnités, se montant à 1 milliard de francs. Les Rothschild avaient gagné, mais chaque victoire sur ces nouvelles institutions de crédit allait se révéler plus difficile[27].

La guerre laissa d'autres traces. Au pire moment du conflit, le réseau presque entier — tant les voies que les dépôts — de la Compagnie du chemin de fer de l'Est, appartenant aux Rothschild, se trouva aux mains de l'ennemi. Ensuite, la perte de l'Alsace et de la Lorraine signifia celle de 697 kilomètres de voies ferrées. Le traité de Francfort, qui mettait un terme officiel à la guerre, contraignit la France à céder au vainqueur ses lignes de Belgique et du Luxembourg[28]. On peut croire le comte Corti lorsqu'il dit que jamais les Rothschild français n'allaient se réconcilier avec les Allemands[29].

# 9

# Les frères Rothschild

Avec cette guerre ils n'avaient pas beaucoup perdu, et assurément pas leur style. Jean Bouvier a mis au jour assez précisément comment les « vieux » Rothschild — Alphonse avait quarante-huit ans en 1846 et Gustave quarante-six — étaient perçus par les nouveaux banquiers, qui ne pouvaient pas vraiment les concurrencer mais allaient à l'occasion s'unir avec eux pour lancer un emprunt. Il a trouvé ces indices dans les archives du Crédit lyonnais, l'une des institutions financières qui collaborèrent avec les Rothschild dans le lancement de l'emprunt pour la Ville de Paris. « La négociation est confiée à [Alphonse de] Rothschild, note le directeur du Crédit lyonnais, qui apporte dans ces questions une sorte de dignité peu favorable au succès. Il ne se dérange jamais ; il attend toujours qu'on vienne le trouver[1]. »

Peu favorable au succès : Alphonse, secondé par Gustave et Edmond, était encore au sommet de la finance dans les dernières décennies du siècle. Les frères défiaient les nouvelles banques en Espagne, par exemple, avec leurs investissements dans les mines d'Almadén, de Peñarroya et du río Tinto, où l'on extrayait les matières premières de l'âge industriel : le cuivre et le fer, le plomb et le zinc. Par un accord avec le gouvernement espagnol, ils détenaient le monopole d'exploitation du mercure dans ce pays, qui allait bientôt représenter 40 % de la production mondiale. « Rothschild, étant donné sa situation prépondérante sur toutes les places, peut traiter avec les gouvernements dans des conditions toutes spéciales », notait un concurrent dépité (le même directeur du Crédit lyonnais)[2].

Bouvier, historien économiste, a noté que les Rothschild se tournaient vers les matières stratégiques — les diamants (avec De Beers en Afrique du Sud), le nickel (avec Le Nickel en Nouvelle-Calédonie), le pétrole russe — en compensation de la perte de leur prédominance dans les emprunts d'État, qui leur étaient souvent soufflés sous le nez, désormais, par ces nouvelles institutions de crédit, fortes parce que tenant leurs ressources d'une masse d'actionnaires et de petits porteurs. Les chemins de fer étaient également un domaine où le savoir-faire et la force des

Rothschild comptaient encore : posséder une ligne comme la Südbahn, qui reliait l'Empire austro-hongrois à l'Italie, ou la Saragosse, qui traversait l'Espagne, signifiait une prospérité proportionnelle à l'expansion du commerce et de l'industrie. Les Rothschild savaient aussi que, même s'ils ne faisaient plus la pluie et le beau temps dans le monde de la banque parisienne, ils pouvaient garder leur suprématie dans un environnement d'affaires moins développé, en Italie par exemple[3].

Ils eurent peut-être, à un moment donné, l'occasion de jouer un rôle primordial, mais ils la laissèrent passer. La légende familiale rapporte ainsi l'histoire : en 1875, le khédive Ismaïl Pacha, qui gouvernait l'Égypte au nom de l'Empire ottoman, fit savoir à Alphonse de Rothschild qu'il souhaitait vendre sa part (substantielle) du canal de Suez, ce passage déjà stratégique qu'avait construit un autre Français, Ferdinand de Lesseps, et qu'on avait inauguré depuis une demi-douzaine d'années à peine.

Muni d'une véritable option sur les parts du khédive, Alphonse se précipita dans le bureau de son ami Léon Say, alors ministre des Finances, qui l'informa qu'une dépense d'une telle importance exigeait un vote du Parlement. On n'avait pas le temps. Alphonse alerta donc son cousin Lionel, à Londres ; Lionel entra en contact avec son ami Benjamin Disraeli, alors Premier ministre. Les Anglais sautèrent aussitôt sur l'occasion et prirent ainsi le contrôle du canal de Suez. « Vous l'avez, madame », annonça Disraeli à Victoria[4].

Une bien jolie histoire, à laquelle un historien français ajoute quelques détails : non seulement les banquiers français eurent la première option sur les parts du khédive, mais encore ils auraient obtenu de bien meilleures conditions que les Anglais. Cependant, les Français ne voulaient pas s'aliéner Londres car, dans l'ombre de Bismarck, ils avaient besoin de toute la bonne volonté anglaise. Et à peine le ministre français des Affaires étrangères eut-il informé Disraeli que ce dernier acheta sans perdre un instant[5]...

La vérité — clairement établie par les documents de l'époque — est que les Anglais furent les premiers à savoir que le khédive souhaitait vendre ses actions du canal et qu'ils profitèrent aussitôt de l'occasion — grâce à cette source de fonds toujours disponible : la banque Rothschild. « Nos amis les Rothschild se sont distingués », annonça Disraeli au prince de Galles, qui allait devenir le roi Édouard VII, ami et débiteur des Rothschild de Londres et d'Alphonse à Paris. « Eux seuls pouvaient accomplir ce que nous souhaitions, expliqua Disraeli à Édouard, et ils n'ont eu que vingt-quatre heures pour décider s'ils pouvaient ou non ouvrir un crédit immédiat de 4 millions [de livres sterling] et s'ils allaient le faire ou non. L'une de leurs difficultés, c'était qu'ils ne pouvaient faire appel à leur plus solide allié à Paris, car Alphonse est si *francése* qu'il aurait aussitôt trahi toute l'affaire. »

L'histoire veut que le secrétaire privé de Disraeli soit allé à la banque

Rothschild, à New Court, juste à côté de la Banque d'Angleterre, et qu'il ait trouvé Lionel de Rothschild à table, mangeant des raisins. Le banquier fut informé qu'il fallait absolument 4 millions de livres à Disraeli, pour le lendemain même. Il prit un raisin, recracha la peau et demanda :

« Quelle est votre garantie ?

— Le gouvernement britannique, répondit le secrétaire.

— Vous les aurez », décida Lionel[6].

La récompense allait se présenter sous la forme d'une commission de 2,5 % (des rumeurs imputèrent aux Rothschild des bénéfices correspondant à plus du double)[7]. Le reste n'est qu'anecdote.

La preuve indiscutable de cette version des événements se trouve dans les comptes rendus quotidiens qu'Alphonse, en France, adressait à ses cousins et partenaires anglais (qui écrivaient de même aux frères Rothschild de Paris). Lionel demanda à Alphonse de contribuer à l'avance des fonds dus au khédive, en contrepartie d'une rémunération. « Nous acceptons avec grand plaisir la participation que vous nous offrez, répondit Alphonse dans une lettre conservée aux archives de la banque londonienne, et tiendrons l'argent à votre disposition aux époques que vous nous indiquerez. » Alphonse ajoutait qu'il évitait les rencontres à Paris pour ne pas avoir à répondre aux questions. « Il me paraît certain que dans les cercles élevés de notre monde politique, on sera préoccupé de l'avenir, car il est certain qu'avant tout nous devons chercher à maintenir la paix et la tranquillité dans le monde, et toute question qui est de nature à soulever un conflit entre les puissances ne peut que nous être préjudiciable. » Il craignait que les autres puissances n'exploitent la faiblesse manifeste du khédive pour se partager la Turquie entre eux « et modifier de nouveau la carte du monde ». Dans des lettres ultérieures, les frères parisiens exprimaient le sentiment que l'acquisition de Suez par les Anglais constituait un pas en faveur de la paix, puisque l'Angleterre souhaitait uniquement garantir la liberté de passage par le canal[8].

Peu importait au monde, bien sûr, de savoir lequel des Rothschild avait sauvé Suez de la tourmente proche-orientale. « Je suis d'avis, madame, déclarait Disraeli à la reine Victoria avec un sourire, qu'on ne pourra jamais avoir trop de Rothschild[9]. »

Un siècle plus tard, l'historien ne néglige aucune piste. Une source pourrait bien être la police, car les dossiers jaunissants de la préfecture de Paris sont diligemment conservés. Et ces dossiers montrent que tout ce que pouvaient faire et dire les Rothschild en dehors de chez eux était observé et enregistré, grâce en partie à une légion d'informateurs, qui n'étaient certes pas tous fiables ni objectifs. Ainsi, un rapport de mai 1873 : « M. Rothschild [sans " de " pour cet informateur], qui avait promis 10 000 francs à M. Queyriaux, directeur et propriétaire du journal *L'Assemblée nationale,* ne lui a donné que 2 000. » (Faut-il y voir un hommage à Alphonse, pour n'avoir alloué qu'un cinquième de la contribution promise à la presse ?) Les dossiers de police sur les Rothschild sont encombrés de messages comme celui-ci, du 4 juin 1874 : « 7 h 10 — M. le baron de Rotschild [*sic*], accompagné de sa mère venant de Férère [*sic*], est arrivé à la gare de l'Est à 6 heures du soir. » Et encore (toujours en 1874) : « L'ambassadeur de Turquie et M. et Mme de Rothschild sont venus rendre visite à 10 h 50 à l'impératrice de Russie [alors à Paris]. » En février 1875, un informateur rapporte que « les gauches viennent d'avoir une idée extrêmement habile. Elles portent en tête de leur liste de sénateurs M. de Rothschild... ». La police prit également grand soin de découper et classer un article de presse sur la promotion d'Alphonse au rang de commandeur de la Légion d'honneur, en juillet 1876.

En 1877, les Français votèrent un certain nombre de fois, pour des élections qui allaient donner forme à la Troisième République ; modestement, Alphonse de Rothschild fut candidat au Conseil général — et battu. Le motif allégué enchanta un informateur de police : « Une bien jolie histoire. M. de Rothschild n'a pas été élu parce que, dans une réunion, on a dit qu'il était clérical ! *Le Pays* a publié cette note, ayant cru faire une plaisanterie ; elle est parfaitement authentique, je la tiens d'un témoin oculaire. »

Un autre rapport dit qu'Alphonse fut profondément affecté de son échec aux élections, non point parce qu'il souhaitait obtenir cette charge, mais à cause des basses calomnies qui avaient accompagné la campagne. Les Rothschild, précisait cette source policière, éprouvaient des sentiments très négatifs envers la France ; Alphonse envisageait même de quitter Paris.

Il arrivait également à la police de s'informer sur ce qui se passait à l'intérieur de la maison Rothschild. Un rapport daté du 11 mai 1878 établissait qu'Alphonse et Leonora avaient donné un bal rue Saint-Florentin, qui avait duré jusqu'à sept heures du matin. Il y avait eu 270 voitures, 700 invités, parmi lesquels le prince et la princesse de Galles, le prince héritier et la princesse du Danemark, le prince Amédée d'Italie [10]...

Ces banquiers qui dînaient avec de futurs rois étaient (pratiquement par droit de naissance) les dirigeants de la communauté juive du pays. Alphonse avait succédé à son père à la tête du Consistoire central, organisme directeur de la congrégation, établi par Napoléon I^er^ dans un esprit institutionnel et qui dirigeait l'unique école rabbinique de France, nommait les grands rabbins pour chaque département et fournissait, le cas échéant, une aide financière aux communautés juives locales. A Gustave échut la présidence du consistoire de Paris (il fut nommé dès

1858, alors qu'il n'avait encore que vingt-huit ans). Les deux frères allaient occuper ces fonctions toute leur vie[11].

Il va sans dire qu'on attendait d'eux et de leurs cousins qu'ils fussent les principaux contributeurs aux besoins de la communauté, ainsi qu'à d'ambitieux projets, comme la construction de la grandiose synagogue de la rue de la Victoire. Alphonse allait également agrandir de manière considérable l'hôpital que son père avait fondé rue Picpus, afin qu'on pût traiter les malades contagieux à l'écart des salles principales. Sa mère allait financer une annexe devant servir d'hospice pour les incurables.

Maxime Du Camp, chroniqueur des actions caritatives de Paris, notait avec admiration que l'hospice de la baronne Betty, achevé juste au moment de la déclaration de la guerre de 1870, avait servi d'hôpital militaire avant de voir son premier patient civil. « Israël arbora la croix rouge et ne s'épargna pas », comme il l'écrivit. La veuve de James donna en outre 600 000 francs à l'Assistance publique pour aider les ouvriers les plus démunis à payer leur loyer[12]. La « situation exceptionnelle » de James de Rothschild, « l'un des potentats du marché européen », avait fait de lui le protecteur naturel de ses coreligionnaires, expliquait Maxime Du Camp à ses contemporains. Et James avait transmis ce rôle à ses enfants, « qui n'ont point répudié l'héritage »[13].

Avec un père comme le Grand Baron, il aurait été bien difficile aux fils d'innover, de découvrir de nouveaux domaines de philanthropie ou même d'être meilleurs collectionneurs d'art. On pouvait être pire collectionneur, comme le suggéra Edmond de Goncourt, qui, avec tous ses préjugés, rendit visite en juin 1874 à Edmond de Rothschild, le plus jeune fils du baron James. (Edmond de Rothschild avait alors vingt-neuf ans et Edmond de Goncourt plus de cinquante.) « Vraiment, c'est dans ces antres de la richesse que l'on touche le néant auquel arrive le capital », songeait l'auteur du fameux *Journal,* tandis que « le jeune baron, avec un air conquérant, faisait défiler sous nos yeux une vingtaine de gouaches dont pas une n'était franche ». Son hôte osa même défendre l'une des œuvres écartées d'un seul geste par Goncourt, qui concluait : « Au fond, ces gens ne peuvent conquérir le beau que dans les choses d'art industriel[14]. »

Rirait bien, cependant, qui rirait le dernier : les fabuleuses collections de « ces gens » allaient être enviées par les grands musées du monde et certains de leurs chefs-d'œuvre allaient finalement enrichir ces musées. Mais n'anticipons pas[15].

Les bilans donnent à penser qu'un Rothschild pouvait aussi bien prospérer sous une république que sous une monarchie. Il n'était pas indifférent que Léon Say fût à la tête des finances de l'État, à une époque où l'État ouvrait encore la voie en matière d'investissement dévolu à l'infrastructure. Mais l'argent, pour ces investissements, devait provenir des banques, et là les Rothschild continuaient d'être les premiers parmi leurs pairs, dans un domaine où les autres protagonistes étaient généralement le Crédit lyonnais et la Société générale, ainsi que la toute nouvelle Banque de Paris et des Pays-Bas.

Léon Gambetta lui-même, ce porte-flambeau de la France progressiste, ne pouvait ignorer le pouvoir des banques en général et des Rothschild en particulier. Un témoin (le dramaturge Ludovic Halévy, qui allait entrer à l'Académie française) racontait une rencontre entre Gambetta et Alphonse de Rothschild à l'occasion d'un dîner, en avril 1881. Gambetta était alors président de la Chambre des députés, faiseur de rois plutôt que roi. S'entendant reprocher la défaite du conservateur Thiers huit ans plus tôt, Rothschild répondit : « Cela n'est pas vrai. J'avais évidemment une certaine action sur un assez grand nombre de députés et j'ai fait durer Thiers six mois de plus qu'il n'aurait duré sans moi. » Il avait recommandé à ses « amis » du Parlement de maintenir Thiers dans ses fonctions : « Laissez au moins se terminer les grandes opérations de l'emprunt, il y va du crédit et de la fortune de la France. »

Puis, comme Gambetta proposait un toast « à la France réparée », Rothschild rétorqua : « A celui qui la réparera », et Gambetta y perçut une allusion à lui-même[16]. Le type de réparations que Gambetta avait en tête se matérialisa quelques mois plus tard, lorsque, à la tête du gouvernement, il tenta de réaliser un rêve républicain en nationalisant les chemins de fer[17]. Quand Rothschild essaya d'atteindre Gambetta, peu après l'accession de ce dernier aux fonctions de chef du gouvernement, en novembre 1881, Gambetta convoqua Léon Say pour l'avertir que si Rothschild ne cessait pas, il prendrait des mesures — et « gare aux Juifs et à leurs banques ! ». Si cette anecdote est vraie, elle ne manque pas d'ironie, dans la mesure où Gambetta, dont l'entourage comprenait des Juifs de renom, était la cible constante des extrémistes, qui le croyaient juif. Un informateur de police citait l'ordre donné par Rothschild à un représentant de la presse quotidienne : « Je veux une campagne à outrance ; il faut démolir Gambetta avant qu'il ne nous démolisse nous-mêmes[8]. »

A l'étranger, le nom des Rothschild comptait encore beaucoup. En 1878, Alphonse et ses frères s'associèrent à leurs cousins londoniens pour prendre une participation majoritaire dans un prêt considérable accordé au khédive d'Égypte, très gravement endetté. Le prêt était garanti par 250 000 hectares de terre fertile dans le delta du Nil. C'était un accord qui choquait bien des gens car, si l'on s'en tenait à la lettre stricte des conditions, les Rothschild — quoique avec l'approbation tacite des gouvernements anglais et français — avaient obtenu un privilège sur un douzième des terres cultivables de ce pays. Un historien marxiste allait voir dans cet accord — bénéfique à une politique étrangère européenne aussi bien qu'à ses financiers — la consolidation de l'emprise coloniale sur l'Égypte (l'emprise britannique, disons)[19].

Mais il était clair qu'Alphonse de Rothschild n'aurait aucun commerce avec un ennemi de son pays. La question se posa en janvier 1882, quand l'Italie protesta vigoureusement contre l'occupation de la Tunisie par la France, première étape vers un protectorat français. Étant donné les circonstances, avec un conflit colonial en gestation, l'attitude de l'Italie « n'est certainement pas de nature à nous encourager à lui tendre la main et à faciliter le placement d'un emprunt dont l'argent doit être employé en armements dirigés contre la France[20] », comme l'écrivait Alphonse à ses cousins britanniques. Pour être sûr qu'il avait vu juste, Alphonse se rendit quelques jours plus tard chez le ministre français des Affaires étrangères, Charles Freycinet. Ce dernier confirma qu'un prêt à l'Italie était inopportun, et cela suffit à Alphonse.

Mais les Rothschild pouvaient aussi mener leur propre politique étrangère, en particulier pour la cause des Juifs persécutés. La famille était depuis longtemps engagée dans le développement de l'industrie naissante et de la banque dans la Russie tsariste, cependant que le réseau des chemins de fer s'accroissait, largement financé par des prêts organisés par les Rothschild. Bien que leur position dominante fût combattue par les mêmes banques qui les concurrençaient en France, le principal empêchement à un monopole Rothschild était encore les Rothschild eux-mêmes[21].

L'un des premiers signes de l'inquiétude d'Alphonse au sujet des attaques inspirées par le gouvernement contre les Juifs de Russie apparaît dans un rapport à ses cousins de Londres en septembre 1881 : « On a répandu le bruit que le gouvernement [russe] avait conclu un emprunt avec nous, parce qu'on a vu chez nous M. Gunzberg [Horace de Guenzberg, banquier russe], avec lequel nous avons causé de la situation de nos malheureux coreligionnaires en Russie[22]. » A cette époque, le tsar réformiste Alexandre II avait été assassiné et, en mars 1881, lui avait succédé son fils, nationaliste enragé dont la « russification » consistait, entre autres choses, à encourager délibérément les attaques contre les villages juifs — les pogroms. « Nous allons donc lâcher la main à la Russie et chercher à provoquer ici un mouvement de sympathie en faveur de nos pauvres coreligionnaires[23] », fit savoir Alphonse à ses cousins. Selon sa façon de voir, inspirée peut-être par ses conseillers, il fallait convaincre les Russes par des contacts en coulisses et des pressions subtiles. Les manifestations publiques ne pouvaient que les irriter, bien qu'Alphonse ne fût pas hostile à l'idée d'inspirer des éditoriaux de presse ou même de financer l'émigration de la population juive de Russie.

Au début, les manœuvres entreprises à Paris semblèrent réussir.

Alphonse sut se faire entendre de Dimitri Tolstoï, le représentant du tsar au Saint-Synode, qui gouvernait l'Église orthodoxe, et qui allait bientôt devenir ministre de l'Intérieur. Il était convenu que les conseillers du tsar freineraient l'agitation antisémite, tandis que l'Occident s'abstiendrait de critiquer la politique russe afin de ne pas aggraver les tensions. Alphonse, comme il s'en ouvrit à ses cousins le 22 juin 1882, avait consenti à annuler une manifestation antirusse. Dans la semaine qui suivit, il confirma à ses cousins que la Russie était disposée à décourager toute autre explosion ; sa situation financière critique n'y était pas étrangère. « Les circonstances financières et politiques ne sont malheureusement pas favorables pour l'émission d'un emprunt quel qu'il soit, expliquait Alphonse, et le crédit russe a été si fortement ébranlé qu'il faudrait un grand effort pour le remettre sur pied. » Plutôt que de lancer un emprunt, il pensait pouvoir plus aisément fournir à la Russie une avance de fonds. « Si je vous en parle aujourd'hui, mes chers cousins, c'est simplement afin de vous prévenir et de vous donner le temps de réfléchir à cette question qui peut avoir à la fois une portée politique et humanitaire[24]. »

Dès octobre 1882, un émissaire du ministre russe des Finances était à Paris pour s'informer des intentions des Rothschild (ainsi qu'Alphonse en avertit la banque). Alphonse répondit qu'ils n'auraient rien souhaité de mieux que de travailler avec le gouvernement russe. « Mais, malheureusement, il nous en ôte la faculté par les persécutions dont nos pauvres coreligionnaires sont victimes en Russie. » Le banquier Guenzberg lui avait confié que ce type d'arguments pouvait mener à une amélioration sensible du sort des Juifs en Russie[25].

Il arrivait fréquemment que des conflits internationaux interfèrent avec des projets de développement soigneusement mis au point. Il y avait ainsi ce rêve d'un tunnel sous la Manche reliant des ennemis occasionnels, et plus logiquement des amis. Des plans furent établis dès le début du XIX$^{e}$ siècle (quand n'existaient encore ni les moyens techniques ni la volonté politique). Avant la fin du second Empire, une commission franco-britannique avait effectivement été chargée d'une étude de faisabilité et, désormais, tant la volonté que la technologie étaient prêtes pour un chemin de fer sous la Manche. En 1885, la France et l'Angleterre approuvèrent le projet, les travaux d'excavation et de pose des rails devant être effectués par des entreprises privées françaises et anglaises. Une Association française du tunnel sous-marin fut fondée en février 1875, la moitié du capital étant contrôlée par la Compagnie du chemin de fer du Nord, qui était encore la principale société des Rothschild pour le développement des chemins de fer, et un autre quart par la banque familiale, MM. Rothschild Frères. Le reste des actions allait à des partenaires financiers, des établissements industriels et des personnes privées telles que Léon Say. Les investisseurs français reçurent une concession exclusive pour construire et entretenir une ligne reliée au réseau existant et prolongée sous la Manche jusqu'au point de rencontre avec une entreprise anglaise similaire. Pour sa part, la société Rothschild aurait la responsabilité de l'exploration du fond de la Manche.

En tout, plus de 2 millions de francs furent investis en travaux préliminaires, y compris le percement d'un tunnel d'environ 2 kilomètres en direction de l'Angleterre. Un effort correspondant fut mené du côté britannique, non point par un concessionnaire exclusif mais par une succession d'entrepreneurs, dont le premier, la Channel Tunnel Company, bénéficiait de la participation de la banque Rothschild de Londres[26].

Mais le projet n'allait pas aboutir. L'Angleterre n'était pas prête à renoncer à son isolement, elle et la France n'ayant pas abandonné leurs rôles, souvent divergents ou conflictuels, dans les arènes continentales et coloniales. En 1882, le différend franco-anglais concernant l'Égypte avait atteint un point tel que le ministère britannique de la Guerre interrompit les activités de la société anglaise du tunnel. Les « antitunnelistes » dominaient la presse londonienne, y compris le *Times,* fort influent. Un pamphlet brandit le spectre de soldats français déguisés en touristes et surgissant d'un train du tunnel pour s'emparer d'objectifs stratégiques en territoire anglais. Des personnalités influentes signèrent une pétition lancée par la prestigieuse revue mensuelle *The Nineteenth Century and After,* dont les arguments se concentraient sur la sécurité. Les Français poursuivirent leur part du projet, vanté par Victor Hugo comme « une œuvre qui sera la consécration de l'unité humaine et de la fraternité entre les peuples ». Quant à lord Alfred Tennyson, son « équivalent » victorien, il annonça son opposition au tunnel[27]. Mais lorsqu'une commission parlementaire anglaise parvint à la conclusion que le tunnel mettait effectivement la patrie en danger, le projet fut abandonné[28].

# 10

# « La France juive »

Il suffit parfois d'une étincelle pour détruire une forêt, et l'on ne peut pas toujours en retrouver la trace ; tout ce que nous savons, c'est que le bois était très sec. Ceux qui inspirèrent l'antisémitisme français dans les dernières décennies du XIX^e siècle se nourrissaient depuis longtemps des œuvres de visionnaires qui identifiaient le capitalisme avec le mal. Les Juifs en furent les victimes car le maniement de l'argent était précisément l'une des rares professions qu'on leur permettait d'exercer.

Eugène Bontoux était un autre type de visionnaire, qui (comme les frères Pereire) voyait dans la banque et l'industrie des instruments de la progression sociale. Il était aussi fervent catholique. Et lorsqu'il quitta le service des Rothschild — car cet ingénieur de talent avait occupé des postes à responsabilité dans leurs chemins de fer français et autrichien (devenant même directeur de l'importante Südbahn) —, ce fut pour rejoindre des investisseurs animés du même esprit, politiquement conservateurs et monarchistes, dans une ambitieuse entreprise de banque qui s'appelait l'Union générale. Notons au passage que durant ces années républicaines l'Église catholique traversait une phase politique malheureuse. L'Union générale, tirant sa force de la ferveur catholique et prête à défier la structure bancaire existante, allait placer Bontoux en conflit non seulement avec ses anciens employeurs, les Rothschild, mais encore avec d'autres grandes banques de l'époque.

Dans un « Appel aux catholiques » lancé à Lyon en 1875, les fondateurs de la nouvelle banque n'avaient guère cherché à dissimuler leur préjugé : « Grouper les forces financières des catholiques, constituer ainsi à leur profit une puissance qui leur manque et qui se trouve tout entière entre les mains des adversaires de leur foi et de leurs intérêts. » Une autre proclamation soulignait l'importance du combat entre « les grandes forces du capital associé [...] aux israélites et aux protestants ». Recruté en 1878 pour faire bénéficier la nouvelle entreprise de son expérience, Eugène Bontoux se voyait investi de la mission de donner « aux catholiques du monde entier l'assurance d'établir sur de larges bases le budget nécessaire au Saint-Siège et aux catholiques de France la certitude de maintenir la liberté de leurs fondations, la perpétuité de leurs œuvres »[1].

Une rhétorique aussi fortement chargée de passion, quand elle s'appliquait à une institution financière, exigeait de sa direction une gestion véritablement inspirée (pour ne pas dire bénie) ; un climat favorable aux affaires était également essentiel. Bien qu'il ne fût pas né banquier, Eugène Bontoux était ce bon directeur, mais il ne pouvait guère lutter contre son époque. L'historien économiste Jean Bouvier montre que la chute alarmante des actions de l'Union générale, révélant une dangereuse pénurie de liquidités, survint, en janvier 1882, dans le contexte d'un marché en forte baisse. Dans une phase précédente, la spéculation avait été effrénée et l'Union générale de Bontoux s'était comportée avec une témérité digne des joueurs les plus invétérés. Quand commença la ruée pour le retrait massif des dépôts bancaires, elle ne put faire face à la demande à cause des sommes énormes qu'elle avait engagées pour acheter ses fonds propres. Toutes les actions chutaient (celles de Suez notamment) et une autre banque au moins, à Lyon, avait fermé ses portes.

Plus tard, les partisans idéologiques de la banque de Bontoux, exaltés par les antisémites radicaux, allaient accuser les banquiers juifs d'avoir monté une cabale contre l'Union générale ; et peu leur importait que jamais personne, pas même les enquêteurs du gouvernement, n'eût pu trouver le moindre indice d'un complot. Finalement, ce fut Bontoux qu'on inculpa pour escroquerie et abus de confiance, après la mise en faillite de la banque.

En fait, comme le montre Bouvier, les Rothschild et d'autres institutions de la haute banque avaient avancé des fonds à l'Union générale de Bontoux pendant la panique — non point pour protéger Bontoux, sans doute, mais pour éviter l'effondrement du marché qu'aurait provoqué la chute de celui-ci. Il n'y avait donc eu aucun projet malveillant pour « démolir » Bontoux et sa banque, même si son départ en réjouit plus d'un. Ce ne fut pas un assassinat, commente Bouvier, étant donné que la victime agonisait déjà de ses propres erreurs et actes illégaux, tels que des bilans falsifiés et le rachat de ses propres actions pour faire monter les prix.

Condamné en décembre 1882 à cinq ans de prison, Bontoux s'enfuit en Espagne, pour ne revenir que quand il put le faire en toute sécurité[2]. Il allait par la suite écrire un livre sur cette expérience, attribuant la faillite de sa banque à la « coalition juive et maçonnique[3] ». Mais, dès lors, sa voix était pratiquement noyée par celles de ses plus violents partisans et d'autres pour qui l'effondrement de l'Union générale ne faisait que confirmer ce qu'ils avaient toujours pensé des Juifs. Plus d'une fois, le principal pamphlétaire de cette fin de siècle antisémite, Édouard Drumont, reprocha à Bontoux de n'avoir pas carrément accusé Rothschild[4].

Jean Bouvier lui-même, historien anticapitaliste, avait des doutes ; il était « possible — dira-t-on probable ? — que les Rothschild, et d'autres, aient contribué à couler Bontoux en Bourse en jouant à la baisse »[5]. Mais Bouvier n'a pas eu accès à ce que nous avons pu consulter personnellement aujourd'hui : la correspondance privée d'Alphonse avec ses cousins et partenaires londoniens. Dans une lettre à Londres du 23 juin 1882, Alphonse révèle son rôle dans une avance de fonds consentie à l'Union générale pour la sauver de la faillite ; le 27 janvier 1883, Alphonse cherche encore des moyens de maintenir Bontoux, déplorant la nouvelle que « la pauvre Mme Bontoux est devenue folle et son mari n'a guère plus sa tête à lui ». Le lendemain, il relate la demande faite par Bontoux, « avec son cynisme habituel », d'une nouvelle grosse somme d'argent pour rembourser certaines dettes urgentes.

Bontoux proposait, entre autres, une nouvelle émission d'actions de l'Union générale — opération que n'aurait jamais acceptée Alphonse, « ne voulant sous aucun prétexte [s'] immiscer dans leurs affaires ». Alphonse déplora la faillite de l'Union quand elle survint, après tous les efforts tentés par les Rothschild et leurs partenaires banquiers pour l'éviter. Ils s'étaient unis pour limiter les dégâts, expliquait Alphonse, mais sans recevoir la gratitude ni même la coopération qu'ils auraient pu attendre de Bontoux. Le 7 mars, ayant appris que l'Union générale serait peut-être ressuscitée grâce à de nouveaux fonds collectés par Bontoux, Alphonse confia à ses cousins : « Je souhaite beaucoup de bonheur à ces messieurs, ce n'est pas nous qui nous mettrons en travers de leurs projets, mais je doute beaucoup qu'il se trouve des agents de change qui veuillent se prêter de nouveau à leurs opérations de spéculation sur leurs propres actions[6]. »

Ces documents méritaient qu'on leur accorde quelque place car ils offrent une correction historique à ce qui va suivre. La France allait maintenant entrer dans sa période la plus destructrice d'hystérie antisémite, inspirée par (et inspirant à son tour) une légion de revues polémiques, de tracts et d'ouvrages pseudo-scientifiques. L'arrestation même d'un capitaine de l'armée française qui se trouvait être juif, sur des accusations de trahison fabriquées de toutes pièces, ne fut qu'un épisode de la croisade en cours et fut traitée comme telle dans la presse antijuive.

Léon Poliakov, expert en la matière, est fort convaincant lorsqu'il prouve que l'antisémitisme moderne — la théorie d'un complot juif qui serait la clé de l'histoire universelle — est né en France, même si le terme est importé d'Allemagne[7]. Cet antisémitisme allait assurément trouver une cible facile dans ces Rothschild à la richesse si voyante. Le nouveau capitalisme de la haute banque paraissait une menace pour la vieille aristocratie, littéralement détrônée par la bourgeoisie. Il effrayait également les petits propriétaires terriens, les artisans et les commerçants. C'était un monde qu'ils ne pouvaient appréhender, sinon par le vague sentiment que leur position était menacée.

Ces angoisses étaient alimentées par une presse spécialisée aux titres évocateurs, comme *L'Anti-Juif* et *L'Anti-Sémitique,* mais aussi par des périodiques religieux comme *Le Pèlerin* et, plus tard, *La Croix,* sans oublier les opuscules socialistes de Jules Guesde et de ses camarades. Étudiant cette époque, un auteur ne découvrit pas moins de trois romans décrivant le krach de l'Union générale comme une conspiration juive (l'un de ces romans s'intitule *La Comtesse Schylock,* Schylock étant aisément identifiable sous les traits d'Alphonse de Rothschild)[8]. Plus tard, le scandale allait trouver ses lettres de noblesse dans la littérature avec *Bel-Ami* de Maupassant et *L'Argent* d'Émile Zola. « A bas Rothschild, à bas les Juifs ! » ainsi Maurice Barrès lança-t-il le cri de ralliement. « C'est la formule même qui résume les ressentiments de celui qui n'a pas assez contre celui qui a trop »[9].

L'un des assaillants de gauche était Auguste Chirac. Dans la dédicace de son livre intitulé *Les Rois de la République : Histoire des juiveries,* à Gambetta, il écrivit que « l'œuvre patriotique » de celui-ci avait été « abrégée » par la « coalition des juiveries ». Simpliste, Chirac pensait avoir découvert quelque chose de choquant au sujet des Rothschild : leur façon de « devenir dépositaire[s], sous un prétexte ou sous un autre, de l'argent d'autrui, à le faire *travailler,* de telle sorte que le risque soit pour autrui et le profit pour la maison »[10]. Chirac n'en savait visiblement pas plus que ses lecteurs sur le système bancaire.

Bien entendu, la tendance des socialistes antisémites à identifier Juifs et capitalistes avait commencé beaucoup plus tôt dans le siècle, avec les disciples protosocialistes de Fourier et Proudhon ; après les scandales bancaires et la récession des années 1880, l'habitude se répandit[11]. Il fallut l'injustice criante de l'affaire Dreyfus pour ramener les socialistes à la raison.

Les Rothschild français constituaient une très grosse cible — la matière d'un mythe. Un biographe anglais de l'époque glorifiait Alphonse comme étant « le plus habile et le plus capable des hommes d'affaires » de la famille. « Tous les grands emprunts internationaux, c'est-à-dire les emprunts émis au nom d'un gouvernement particulier dans plusieurs pays simultanément, sont invariablement soumis en premier lieu au baron Alphonse, car il est connu comme le meilleur juge du moment et des conditions les plus propices au succès de telles entreprises [...]. La firme parisienne est de loin la plus grande et la plus importante de toutes les sociétés Rothschild... »[12].

Un autre indice de popularité se trouve dans les dossiers de police qui, au quartier général de Paris, s'enflaient de rumeurs chuchotées dont Alphonse était la cible. On racontait, par exemple, qu'il complotait à la restauration de la monarchie, représentée par la dynastie d'Orléans, en la personne de Philippe, comte de Paris. Un informateur décrivait un manuscrit qui circulait, écrit par le fondateur de *L'Anti-Sémitique*. Soutenant que les allégations de ce livre étaient vraies, l'informateur de police expliquait qu'Alphonse de Rothschild avait mis une jeune fille dans l'embarras, puis avait renié sa promesse de l'épouser. Lorsqu'elle s'était suicidée, Alphonse avait placé leur fille à l'école israélite de Paris, l'abandonnant à l'âge de douze ans ; elle était devenue prostituée et Alphonse avait été son premier client[13].

Quant à Edmond de Goncourt, il vaut à lui seul tout un dossier de police. En novembre 1883, il raconte une soirée chez la princesse Mathilde : « A l'instar de tous les salons de Paris, grommelle-t-il, le salon de la princesse devient un vrai salon de la juiverie... » Ce jour-là, il rencontra Émile Straus, dont on chuchotait qu'il était le fils naturel du défunt baron James. « Pour un roman, écrit-il, ce serait le plus admirable type physique de marchand de lorgnettes satanique, avec sa paralysie bestiale des paupières et la ride en fer à cheval de son front. » Puis, le soir de Noël 1883, Guy de Maupassant raconte à Goncourt que, à Ferrières, les Rothschild et leurs invités, ayant épuisé toutes les espèces animales qu'on puisse chasser, trouvaient désormais plus chic de traîner une peau de cerf à travers les bois et d'envoyer ensuite les chiens suivre l'odeur à la trace. « Puis, comme Mme Alphonse Rothschild [Goncourt omet le " de "] saute très bien, on prépare d'avance des obstacles et l'on arrose l'herbe, pour que, dans le cas où tomberait la chasseresse juive, elle ne se fît pas de mal[14]. »

Les temps étaient mûrs pour le lancement d'une publication intitulée *Le Rothschild,* sous-titrée « Journal financier populaire ». Bien qu'elle présentât la famille avec respect et bienveillance, on peut être certain que la grossièreté même du titre excluait tout soutien financier de la part d'Alphonse et de ses frères ou même leur approbation. Le premier numéro, publié le 20 octobre 1883, comprenait un article intitulé « Rages antisémitiques », qui racontait comment l'écrivain Octave Mirbeau avait reçu de Rothschild (probablement Alphonse) une aide financière pour démarrer en affaires, puis, n'ayant pas obtenu de nouveaux subsides de la même source, « jur[ait] à Rothschild et à toute la race juive une haine éternelle »[15].

Il n'y avait pas davantage de cohérence dans l'ouvrage *La France juive,* mais ce pamphlet en deux volumes allait marquer son époque. L'auteur, Édouard Drumont, avait jusqu'alors été un journaliste de second plan ; ce livre, écrit à l'âge de quarante-deux ans, allait faire de lui une célébrité. Son approche s'inspirait à la fois de l'antisémitisme raciste traditionnel et fanatiquement religieux et de cette peur nouvelle : que les financiers juifs (avec leurs alliés protestants et maçonniques) fussent devenus les maîtres occultes de la France. Dès les premières pages, Drumont énonçait son obsession : la domination juive de l'économie et l'appauvrissement de « tout un peuple travaillant pour un autre qui s'approprie, par un vaste système d'exploitation financière, le bénéfice du travail d'autrui ». Les Juifs amassaient leurs fortunes sans « aucun labeur effectif, aucune production », expliquait-il à des lecteurs assurément aussi incapables que lui de comprendre les fondements de l'économie moderne.

Sa principale cible, bien sûr, était les Rothschild. « Il est certain, par exemple, que la famille de Rothschild, qui possède ostensiblement 3 milliards rien que pour la branche française, ne les avait pas quand elle est arrivée en France ; elle n'a fait aucune invention, elle n'a défriché aucune terre ; elle a donc prélevé ces 3 milliards sur les Français sans rien leur donner en échange [16]. » Il répétait en forçant le trait un nombre considérable d'histoires racontées au détriment des Rothschild. En rapportant la fable de l'enrichissement des Rothschild grâce à la nouvelle anticipée de la défaite de Napoléon à Waterloo, Drumont ajoutait qu'ils avaient reçu cette information d'autres Juifs, qui massacraient et pillaient les soldats blessés [17]. Il ridiculisait les prétentions sociales de la famille, attaquait les aristocrates qui « s'abaissent » en manifestant de la courtoisie envers les Juifs. Son indignation débordait à l'idée que les Rothschild produisent du vin : « Notre vin, où l'esprit national se retrempait jadis, appartient aux Juifs comme tout le reste. »

Jusque dans leur aspect, les Rothschild vus par Drumont étaient inférieurs. D'abord Alphonse : « tout petit, avec des favoris blanchâtres, des cheveux rares d'une nuance indéfinissable », doté d'une « absence de regard », un « clignotement perpétuel des yeux », à l'âge de cinquante-quatre ans, dit Drumont, il « personnifie la décrépitude de sa race ». Puis Gustave, qui, « avec sa barbe châtaine déjà poivre et sel, sa haute taille, aurait l'air relativement distingué, s'il savait marcher, entrer et sortir... ». Quant à Edmond, « le classique marchand de lorgnettes, il a une barbe roussâtre et braque un lorgnon sur ses yeux avec un tic nerveux qui voudrait être impertinent... ». Le domaine des Rothschild à Ferrières était décrit avec une abondance de détails. Manifestement, Drumont y était allé car il avait remarqué le clavecin de Marie-Antoinette, dont la présence le choquait dans une maison juive, ainsi que de la littérature populaire dans la bibliothèque, sous des reliures vulgaires. A Paris, les maisons des Rothschild sont fortifiées, observe-t-il, mais auront-ils le temps de plier bagage quand le « jour » viendra [18] ?

Entièrement mesquin, n'apportant rien de nouveau, l'alliage de critique sociale superficielle et de ragots journalistiques tentait le lecteur potentiel. Au départ, *La France juive* fut publiée aux frais de l'auteur et uniquement parce que l'écrivain populaire Alphonse Daudet, ami de Drumont et lui-même antisémite virulent, l'avait recommandé. Puis quand, à la demande expresse de Daudet, le directeur du *Figaro* publia un compte rendu dithyrambique en première page, sa fortune fut faite. Les 2 000 premiers exemplaires se vendirent très vite et les réimpressions se succédèrent. En un an, il avait trouvé 65 000 acheteurs — un best-seller, pour l'époque [19].

Dans les jours qui suivirent la publication, Edmond de Goncourt avait en main le livre de Drumont et écrivait dans son *Journal* que réfléchir à l'omniprésence de Rothschild le tenait éveillé : « A nous, qui depuis vingt ans crions tout haut que si la famille Rothschild n'est pas habillée en jaune [comme au temps du ghetto], nous serons très prochainement, nous chrétiens, domestiqués, îlotisés, réduits en servitude, le livre de Drumont m'a causé une certaine épouvante par la statistique et le dénombrement de leurs forces occultes [20]. »

*La France juive* inspira une nouvelle presse, dont une partie entièrement consacrée à la polémique antijuive, ainsi qu'un flot de livres déclinant le sujet, dont beaucoup étaient l'œuvre de Drumont. Étudiant, l'antisémitisme moderne, Byrnes calculait que, s'il ne paraissait guère plus d'un livre antisémite par an avant la publication de *La France juive,* en 1886, il en parut 15 cette année-là, 14 l'année suivante, 9 en 1888 et 20 en 1889 [21]. Le grand journal catholique *La Croix* allait bientôt se proclamer « le journal le plus antijuif de France », tandis qu'une éphémère revue se donnait pour titre *L'Anti-Youtre* [22].

Drumont tenta de tirer profit de son propre succès : *La France juive devant l'opinion* était prête sept mois après la publication de sa première polémique et fut un nouveau succès, avec plus de 30 000 exemplaires vendus en moins de six mois [23]. Dans ce livre, il accusait les Rothschild de collusion avec le gouvernement français et réclamait que l'argent ainsi détourné fût repris aux Juifs. « Cette opération se fera-t-elle pacifiquement ? Nous le souhaitons. Ce qui est certain, c'est qu'elle est inévitable. » Faisant cause commune avec la classe ouvrière et avec les petits patrons ruinés par leurs concurrents juifs et réduits au statut d'ouvriers, Drumont prédisait la persécution des Rothschild (il n'aurait guère pu prédire l'affaire Dreyfus) comme le grand événement de la fin du siècle, de même que le procès de Louis XVI avait clos le siècle précédent [24].

Une telle virulence, même verbale, ne pouvait qu'engendrer la violence. Dans les semaines qui suivirent la parution de *La France juive,* le militant socialiste Jules Guesde, parlant dans un meeting, menaça Alphonse de Rothschild : « Le jour où il sera à Mazas [prison], la République existera. Oui, il le faut, à Mazas ou au mur. Le jour où nous aurons la Révolution, il en sortira le recours au fusil libérateur. » Un procès allait s'ensuivre, où Guesde et les autres orateurs furent accusés d'incitation au meurtre (Guesde nia, affirmant qu'il avait seulement voulu envoyer Rothschild en prison). Ainsi fut relaté le verdict dans *Le Socialiste,* organe du Parti ouvrier français de Guesde : « Le jury de la Seine, composé de douze bourgeois, négociants et industriels, a proclamé que les socialistes accomplissaient un devoir social en poursuivant de leurs dénonciations les voleurs de la finance, en réclamant leur emprisonnement à Mazas et la confiscation de leurs richesses volées à la nation. La Révolution exécutera ce verdict [25]. »

Tout ce qu'on sait, c'est que les Rothschild ne se laissèrent pas ébranler par les manifestations locales d'antisémitisme, même s'ils participaient aux efforts pour secourir les victimes juives à l'étranger — en Allemagne, en Russie et en Roumanie [26]. En tant que chef de la famille et dirigeant de la banque, Alphonse était assurément le plus stoïque, le moins vulnérable aux pressions. On allait l'accuser d'être timoré [27]. Cependant, à chaque génération, un Rothschild se tiendrait à l'écart de la banque familiale et de ses intérêts industriels, désireux de s'occuper d'œuvres philanthropiques. Il arrivait qu'un fils cadet dépense son énergie à collectionner des œuvres d'art, comme avait commencé par le faire Edmond. Il était de loin le plus jeune des fils du Grand Baron ; âgé de vingt-trois ans seulement à la mort de James, il ne pouvait espérer devenir l'égal de ses frères. Mais il put enfourcher sa propre monture et galoper loin. Outre l'art — acheter des œuvres, se lier avec des artistes —, il se consacra aux applications industrielles de la science, notamment la transmission de l'énergie électrique et les usages du pétrole, récemment découvert [28].

Mais la grande cause qu'il choisit de soutenir et de développer surprit tout le monde, en particulier ses frères. Il trouva une solution pour les Juifs déracinés du continent, ses coreligionnaires persécutés d'Europe centrale et orientale : les établir en Palestine. Il entreprit d'organiser et de financer cette immigration, en se préoccupant des plus infimes détails et à grand renfort d'argent, durant toute sa longue existence.

Quand on parle d'Edmond de Rothschild, on oublie volontiers la banque. Il allait gagner en Palestine le surnom de *Ha Nadiv,* « le Bienfaiteur » en hébreu, mais d'après les souvenirs du pionnier israélien David Ben Gourion, il ne fut pas seulement un bienfaiteur. Car s'il fit plus pour l'établissement des Juifs que personne d'autre jusqu'alors — et peut-être plus que tous les Juifs ensemble pendant les années précédant l'indépendance —, il était avant tout un urbaniste hardi, un gestionnaire entêté. Ben Gourion vit « le miracle de nos jours merveilleux » dans le fait qu'un Juif français, « issu d'un judaïsme assimilé et pour ainsi dire définitivement effacé », qui n'avait lui-même jamais été victime de l'antisémitisme, eût néanmoins été « touché par la grâce de l'entreprise de rédemption de son peuple » au point de se consacrer, ainsi que sa fortune, à cette cause [29].

On a étudié avec le plus grand soin le cas d'Edmond, les raisons de son choix spectaculaire, alors que ses frères plus âgés demeuraient « dédaigneusement à l'écart » (selon l'expression de l'historien Simon Schama) de l'implantation en Palestine. Patriote français au même titre que ses frères, Edmond fut également l'ardent partisan du nationalisme juif et du travail de la terre (et quelle terre ingrate !). Un autre surnom hébreu lui échut, *Avi Hayishuv,* « Père de la colonisation ». Tous les fils du baron James et de Betty, a-t-on observé, furent introduits au judaïsme par le même précepteur, l'érudit Albert Cohn, chargé des œuvres philanthropiques des Rothschild en France et en Palestine et animé d'une foi sincère dans le retour des Juifs au sein de leur patrie perdue[30].

Car 1882 ne fut pas seulement l'année du krach de l'Union générale d'Eugène Bontoux. En Europe, on a interprété cette date comme un tournant dans l'histoire des Juifs : Alexandre III lança ouvertement l'ordre des pogroms contre la population juive de Russie. Ce fut également l'année d'un « congrès international des antisémites » en Allemagne et de l'arrivée d'un petit groupe d'étudiants russes en Palestine, consacrés à rien de moins que la reconstruction d'une nation juive[31]. En France, Alphonse de Rothschild était allé jusqu'à constituer et présider un Comité de secours pour les israélites de Russie : Edmond signa son appel, tandis que son épouse Adelheid, la fille de son cousin de Francfort, Wilhelm Carl, alors âgée de vingt-huit ans, prenait la tête d'un Comité de secours des dames israélites[32].

Le moment décisif, pour Edmond, fut peut-être sa rencontre, le 28 septembre 1882, avec le rabbin Shmuel Mohilewer de Bialystok (alors en Pologne russe), qui l'informa de l'infortune et de la fuite des Juifs d'Europe centrale. Mohilewer plaida pour l'établissement de colonies agricoles dans la patrie ancestrale des Juifs. Tout ce qu'on en sait, et cela semble plutôt une légende, c'est qu'Edmond fut rapidement convaincu du besoin urgent d'aider les réfugiés, mais non de l'idéologie. « Rabbi, est-il censé avoir dit, si vous êtes venu me demander de l'argent pour soutenir ce travail, mentionnez la somme et je vous la donnerai. Mais si vous êtes venu pour gagner mon âme, alors je dois d'abord me consulter moi-même… » Après une seconde entrevue, où Edmond consentit à financer l'implantation d'un petit groupe d'agriculteurs polonais en Palestine, le rabbin Mohilewer fut convaincu d'avoir aussi[33] gagné l'âme du baron.

Il existait déjà des colonies sur le sol de l'antique patrie juive, en particulier près de Jaffa. La rencontre d'Edmond avec un émissaire de la colonie en faillite de Rishon-le-Zion, peu après son deuxième entretien avec le rabbin Mohilewer, fut sans doute plus décisive encore, car il s'agissait là d'une communauté spécifique, dont les besoins matériels pouvaient être clairement définis[34].

Ce devait être bien décourageant pour d'ardents sionistes que de voir ce pays chaotique soumis à l'Empire ottoman en pleine décadence et de constater combien la population juive, pour l'essentiel pieuse et improductive, dépendait entièrement des dons de la diaspora. L'engagement des Rothschild allait se trouver confronté à un type de défi inconnu. L'insistance pragmatique d'Edmond plaidait pour une agriculture viable, produisant des aliments qui pourraient se vendre contre argent comptant pour assurer la survie aussi bien que la croissance. Cette stratégie heurtait de plein fouet le sionisme idéologique, le collectivisme ou le socialisme agraire et, plus tard, les interdits religieux (les colons revendiquèrent de suivre à la lettre les prescriptions bibliques requérant l'abstention de tout travail physique une année sur sept). Le fait même que la contribution d'Edmond fût philanthropique, observait Simon Schama, la rendait presque inacceptable pour les vrais sionistes. L'esprit pionnier des uns et le souci du baron d'une bonne gestion — jugée paternaliste par ses détracteurs — n'allaient jamais faire bon ménage[35].

Il est amusant d'observer que, même si les sionistes ne se réconcilièrent jamais vraiment avec le Bienfaiteur, les frères du Bienfaiteur, Alphonse et Gustave, ne le firent jamais vraiment non plus avec les sionistes. Français avant tout, ils craignaient que l'engagement de leur cadet ne fût interprété comme une négation de leur loyauté patriotique, créant entre les Juifs français et la France une distance qu'ils ne souhaitaient pas[36].

# 11

# Russie et Palestine

Il y avait chez Edmond de Goncourt plus qu'un soupçon de paranoïa. Les historiens littéraires nous disent que lui et son frère (dont le décès prématuré fut attribué à des lésions cérébrales de nature syphilitique) étaient convaincus que le monde était ligué contre eux ou, tout au moins, ne comprenait rien à leur talent. Ils réagissaient en conséquence. Edmond de Goncourt, qui notait tout mais ne se souvenait pas nécessairement de tout, écrivait dans son *Journal* qu'il avait été présenté à Edmond de Rothschild en décembre 1887, oubliant qu'il avait non seulement rencontré Edmond, mais examiné et dédaigné sa collection d'art une douzaine d'années auparavant. Cette seconde rencontre eut lieu lors d'une réception dans le grand salon de la princesse Mathilde, rue de Courcelles. Ce fut Mme Émile Straus, l'épouse de l'homme en qui Goncourt voyait un fils bâtard de James de Rothschild et le modèle de la duchesse de Guermantes de Proust, qui fit les présentations. D' « Edmond Rothschild » toujours sans « de », avec son mépris habituel, Goncourt dit : « Une tête chevaline à la laideur inintelligente. » Les deux Edmond parlèrent de gravures françaises et, bien sûr, Goncourt décida de ne rien admirer qu'un Rothschild pût aimer. « Les gens riches, ajoute-t-il, peuvent devenir des amateurs, ce seront toujours de pauvres amateurs [1]. »

Aucune loi n'obligeait un Goncourt à être cohérent. Après ses commentaires condescendants sur le mauvais goût des Rothschild, il allait se mettre en colère pour la raison opposée : toujours dans le salon de Mathilde, Goncourt entendit quelqu'un dire qu'un Rothschild achetait une collection de dessins d'un caricaturiste connu, Eugène Giraud. Il ne perdit pas une minute pour noter ce qu'il en pensait dans son *Journal* : « Il est positif que si les Rothschild ne prenaient pas peur et ne restreignaient pas leurs achats devant les sourds grognements à l'encontre de leurs richesses accaparatrices, cette famille posséderait avant peu tout le beau de la terre qui est encore à vendre ». Et de conclure : « Car il n'y a pas un objet d'art, de quelque nature qu'il soit et en quelque coin de la terre qu'il pose, dont le possesseur ou le marchand n'ait l'offre de la chose tournée vers la rue Laffitte » [2].

Là, Goncourt se rapprochait de la réalité : les acquisitions d'Edmond, qui comprenaient des dessins de Michel-Ange et de Rembrandt, de Fragonard, de Boucher et de Watteau — rassemblant finalement 600 000 œuvres — allaient constituer le fonds de la collection de dessins du Louvre[3].

Cette seconde rencontre entre Goncourt et Edmond de Rothschild se situait quelques mois après la visite du baron, au printemps 1887, en Palestine, où il avait effectué une véritable tournée d'inspection de ses bonnes œuvres, qui étaient considérables. En même temps, il s'était accordé le temps de donner libre cours à son intérêt pour l'histoire et l'archéologie. Son historien, Simon Schama, décrit toutes les précautions qui furent prises pour protéger l'identité du visiteur car, jusqu'alors, le rôle de Rothschild dans le développement des colonies dans l'antique Terre sainte avait été gardé secret, surtout à l'égard des Turcs, qui occupaient toute la région. Son arrivée même, avec la baronne Adelheid, dut rester discrète. Ils se rendirent à Jérusalem en voiture fermée, suivis de loin par leurs nombreux domestiques. Autre raison qui incitait à protéger l'identité des voyageurs lorsqu'ils visitaient les sites chrétiens, comme l'église du Saint-Sépulcre : les Juifs n'avaient pas le droit de pénétrer en ces lieux. La visite eut quelques moments forts, comme l'offre d'achat du mur occidental du second Temple, plus connu sous le nom de mur des Lamentations, achat qui semble avoir été empêché non point par les musulmans, mais par les Juifs séfarades locaux, redoutant de voir ce lieu sacré passer sous le contrôle des Juifs européens — les Ashkénazes.

Ce voyage avait ses raisons pratiques, bien sûr. Edmond restait fortement engagé non seulement dans le financement, mais encore dans l'étroite supervision de ses colonies agricoles, qui s'étaient révélées vraiment trop vulnérables à la faiblesse humaine — faiblesse qui se manifestait par une gestion désinvolte et une direction autoritaire. Craignant que ses agriculteurs rencontrent des difficultés sur la route de l'autonomie, Edmond avait résolu de protéger les colonies jusqu'à ce qu'elles puissent se tirer d'affaire seules. Il était convaincu que les Juifs continueraient d'être persécutés en Europe orientale, de sorte qu'un refuge sûr et autonome en Palestine lui paraissait essentiel. En outre, comme le montre son biographe Schama, Edmond souhaitait prouver qu'en dépit des ricanements des antisémites les Juifs pouvaient être des agriculteurs crédibles, capables de cultiver l'olivier, le pêcher, l'amandier, la vigne, et de presser le raisin pour faire du vin. Il ne prévoyait pas de subventionner ces implantations toute sa vie[4].

Les colonies se développaient, il naissait de nouveaux villages pionniers. Le choix de la terre (et des responsables) n'était pas toujours heureux. Puis la méthode Rothschild se heurta au sionisme militant de Theodor-Herzl, dont les plans, exposés dans son ouvrage *L'État juif,* plaçaient l'idéologie avant la comptabilité. Vu par Herzl, le baron était « un homme honnête à la nature bonne et au cœur tendre [...]. Je pense qu'il est maintenant épouvanté de s'être laissé impliquer dans la Palestine et qu'il va peut-être courir avouer à Alphonse : " Tu avais raison, j'aurais dû m'occuper de chevaux de course plutôt que du retour des Juifs "[5] ». Les deux hommes devaient se rencontrer en 1896 et Herzl avancer sa proposition d'immigration massive des Juifs en Terre sainte, à laquelle s'opposerait Edmond, au nom de la croissance progressive[6].

L'argent explique-t-il la fascination qu'exerçait Edmond de Rothschild sur Edmond de Goncourt ? Car les deux Edmond allaient se revoir chez la princesse Mathilde, Goncourt trouvant Rothschild particulièrement amical (« On dirait vraiment qu'il veut m'emprunter de l'argent », plaisanta Goncourt *in petto*). Ce soir-là, Rothschild parla non pas de la Palestine mais de Samarkand, en Asie, où il avait rencontré des courtisanes homosexuelles. (« Le Juif parle des choses sales d'une manière plus cochonne que les autres races[7] », trancha Goncourt.)

Quelques mois plus tard, un Goncourt apparemment radouci accepta une invitation à dîner chez Edmond (à qui il consentît enfin son « de »). « L'hôtel le plus princier que j'aie encore vu à Paris », rapporte l'écrivain ébahi. Il s'agissait d'un ancien hôtel entièrement rénové pour le plus jeune des Rothschild, rue du Faubourg-Saint-Honoré, l'hôtel Pontalba, qui est aujourd'hui la résidence de l'ambassadeur des États-Unis. « Un escalier du Louvre, note Goncourt, où sont étagées sur les paliers des légions de domestiques, à la livrée cardinalesque... » La princesse Mathilde est l'invitée d'honneur et l'on voit également une duchesse de Richelieu, un prince de Wagram... Mais Goncourt confiera à un ami que la nourriture était médiocre comparée à ce qu'on avait servi chez Mme Nathaniel de Rothschild (la fille de James, Charlotte). Il regarda également de plus près la fameuse collection d'art d'Edmond, mais seulement pour en dénoncer la « fausseté »[8].

Quant à Alphonse, il continuait à combattre le fléau de l'antisémitisme avec la seule arme à sa disposition. Il ne voulait pas rompre ses relations financières avec la Russie car les Rothschild auraient perdu leur moyen de pression. Et, effectivement, quand la banque Rothschild de Paris fut menacée d'exclusion de l'affaire de l'emprunt russe, en 1889, elle se battit pour y être réintégrée et gagna[9].

Cela permit à Alphonse d'adresser un appel direct au ministre russe des Finances, I. A. Wichnegradski, en août 1890. « Les bonnes relations que nous avons eu l'honneur d'entretenir avec vous, expliquait Alphonse, m'autorisent à m'adresser à Votre Excellence dans une circonstance qui me paraît intéresser le crédit de la Russie aussi bien que les principes mêmes d'humanité. » Autrement dit, le crédit de la Russie risquait d'être atteint par de nouvelles persécutions contre les Juifs, dont les rumeurs avaient « déjà créé une pénible émotion dans le monde politique et celui des affaires ». Ces mesures, disait Rothschild, « auraient pour effet de réduire à la misère, au désespoir, peut-être même à la mort, une population qui compte plusieurs millions d'âmes... ». Une population « active, laborieuse, dévouée à son empereur... ».

Wichnegradski se hâta de rassurer le baron : aucun nouveau projet de restriction n'était prévu à l'encontre des Juifs (peut-être avait-il existé un projet... mais la protestation fut efficace) [10].

Pour un temps. Dès le printemps 1891, il devint clair en effet que la situation des Juifs de Russie ne s'était guère améliorée, qu'elle s'était même plutôt dégradée. Comment utiliser l'arme financière contre un tyran apparemment indifférent à l'opinion et aux pressions occidentales ? Quelle était l'attitude la plus sage à adopter, se demandaient les Rothschild : poursuivre les relations avec la Russie ou les rompre ? Ils auraient préféré couper les ponts, mais qu'adviendrait-il alors des malheureux Juifs de Russie ? Le 22 avril, dans une lettre à Adolphe Rothstein, important banquier juif à Saint-Pétersbourg, capitale du tsar, et qui servait d'intermédiaire discret avec le ministre des Finances, Alphonse signalait que la situation était alarmante et que les Rothschild subissaient des pressions pour intervenir. Le ministre Wichnegradski devait se rendre compte du sentiment public : « Nous ne voudrions, à aucun prix, avoir l'air de tenir un langage comminatoire ; mais nous le disons en toute sincérité : si le ministre se refusait à notre prière, nous ne saurions répondre du succès de l'importante opération à laquelle nous étions prêts à consacrer tous nos efforts, tout notre dévouement. »

Cette lettre à Rothstein était en fait destinée au ministre Wichnegradski, comme Alphonse le précisait clairement dans une note explicative à Rothstein. Wichnegradski répondit dans les jours qui suivirent. Les questions concernant les Juifs n'étaient pas de son ressort et il ne pouvait rien faire pour atténuer les persécutions. S'entretenant en privé avec Rothstein, le ministre ajouta que ce n'était vraiment pas le moment d'aborder la question avec le tsar car il était « dans un état d'irritation extrême ».

Les Rothschild rompirent donc leur contrat avec la Russie, en invoquant un cas de force majeure. Alphonse savait parfaitement que sa décision provoquerait une « grande explosion » à Saint-Pétersbourg et, à la requête de Rothstein, consentit à ne pas révéler la vraie cause de la rupture. Sinon, « la colère du tsar sera terrible et ce seront nos pauvres coreligionnaires que nous voulons secourir qui en porteraient la peine ».

Alphonse tint parole : « La forte baisse qui s'est produite ces derniers jours, notamment à Paris, nous place dans l'impossibilité de garantir à la nouvelle affaire le succès que nous considérons de notre devoir d'assurer à toute opération que Votre Excellence veut bien nous faire l'honneur de nous confier », annonça-t-il au ministre du tsar, commettant un mensonge flagrant. Wichnegradski connaissait également les règles du jeu. Grâce à la sage prévoyance du tsar, répondit-il à Alphonse, la Russie pouvait se passer de cet argent [11].

Le ton mesuré de Wichnegradski ne faisait guère que reprendre celui de sa propre lettre, rapporta Alphonse à ses cousins de Londres — tout cela pour l'opinion publique. « Nous y joignons une autre lettre adressée à Rothstein et destinée au ministre, dans laquelle nous disons en termes fort polis qu'il ne faudrait pas compter sur notre concours dans l'avenir si le système des persécutions contre les Juifs devait être maintenu. » Alphonse ne tarda pas à avoir une vue plus nuancée. Mieux valait, suggéra-t-il à ses cousins, laisser croire au ministre russe des Finances qu'il aurait le soutien des Rothschild pour un emprunt à une date ultérieure. Sinon, « s'il ne croyait pas pouvoir obtenir plus tard notre concours », il abandonnerait simplement les Juifs russes à leur sort [12].

Les observateurs diplomatiques refusèrent de croire que les Rothschild avaient pu renoncer aux Russes pour une raison aussi triviale que la population juive de Russie. Ils étaient convaincus qu'il s'agissait uniquement d'un prétexte ; selon leur raisonnement alambiqué, les Rothschild devaient agir comme instruments du gouvernement français, qui cherchait à faire mieux percevoir aux Russes sa position clé en Europe [13].

Il n'était pas facile d'être un patriote français et l'ennemi de la Russie, comme Alphonse et ses frères allaient le découvrir. Dans la lutte européenne pour le pouvoir, l'intérêt de la France était d'avoir le tsar dans son camp. Peu après la rupture des relations entre Rothschild et la Russie, la flotte française fit une visite historique dans le port de Cronstadt, en prélude à la signature d'une alliance de défense franco-russe, le 23 juillet 1891. Cet accord garantissait une oreille française compatissante non seulement aux objectifs de politique extérieure de la Russie — notamment une présence en Méditerranée —, mais encore aux besoins d'argent apparemment inextinguibles du tsar, tant pour s'armer que pour faire face à une famine sans précédent [14].

La Russie allait donc finir par obtenir son emprunt, les Rothschild étant remplacés par un syndicat présidé par le Crédit lyonnais, avec la participation du Crédit foncier gouvernemental ; les obligations furent émises le 15 octobre 1891.

Mais ce fut mal orchestré : les conditions étaient trop tentantes et les souscripteurs des obligations russes trouvèrent très facile de gagner de l'argent en revendant rapidement. Comme tout le monde vendait, le prix des obligations russes s'effondra, et avec lui le prix d'autres obligations. Il semblait à ceux qui avaient été nourris de la théorie du complot que les banquiers internationaux — et pourquoi pas les banques juives, pourquoi pas les Rothschild ? — œuvraient dans les coulisses pour couler le crédit de la Russie. Rothschild fit aussitôt appel à Maurice Rouvier, alors ministre des Finances, pour protester contre cette accusation ; Rouvier savait fort bien que Rothschild n'avait pas comploté [15]. Il fut convenu qu'une déclaration officielle serait publiée, pour « mettre fin aux rumeurs calomnieuses qui représentent MM. de Rothschild comme hostiles à la dernière émission de fonds russes et comme étant en dissentiment avec le Crédit foncier et les autres sociétés sous le patronage desquelles s'est fait l'emprunt », comme l'agence de presse Havas le rapporta. Ce texte parut dans *Le Temps,* quotidien qui faisait autorité. « Ces calomnies n'ont jamais eu d'autre raison d'être que l'intérêt des spéculateurs à la baisse, poursuivait la déclaration officielle. Jamais, et à aucun moment, la maison de Rothschild ne s'est montrée défavorable à une opération qui intéressait un gouvernement avec lequel elle a toujours entretenu les meilleurs rapports... » [16].

Il était également vrai que les Rothschild s'étaient considérablement engagés dans une région de Russie éloignée de la capitale du tsar — et de son ministre des Finances. Car il se passait quelque chose d'important dans l'extrémité sud de l'Empire, dans les montagnes du Caucase, où vivait un conglomérat de peuples non russes : les frères d'Alfred Nobel, « roi » de la dynamite en Suède, avaient commencé à pomper du pétrole pour les lampes de l'Europe. Le pétrole d'éclairage du sud de la Russie allait bientôt concurrencer le monopole américain. Les Rothschild français financèrent un chemin de fer — un investissement bien de leur ressort — pour transporter le précieux pétrole brut de Bakou à travers les montagnes jusqu'à Batoum, port de la mer Noire qui s'ouvrait sur le monde occidental. Après les voies ferrées, les Rothschild construisirent des entrepôts et des installations commerciales, puis entreprirent de les gérer. Dès 1886, ils avaient acquis une place non négligeable sur le marché du pétrole mondial, notamment en Russie, par le biais de la Société commerciale et industrielle de naphte Caspienne et de la mer Noire, connue sous son nom russe : Bnito, qu'ils avaient fondée. Avec Bnito et les Nobel, le pétrole russe représentait environ 30 % du marché mondial en 1891, le reste revenant à la société américaine de John D. Rockefeller, la Standard Oil [17].

En 1892, il parut opportun de refaire une tentative auprès d'Alexandre III lorsqu'un nouveau ministre des Finances fut nommé à Saint-Pétersbourg. Sergheï Witte semblait être un libéral enflammé dans ce climat autoritaire. Le comte Georg von Münster, ambassadeur d'Allemagne à Paris, écrivant le 23 octobre 1892 à son chancelier, le comte Leo von Caprivi suggéra, que l'épouse de Witte, « une israélite intelligente et fort intrigante », serve de lien avec ces banquiers juifs dont la Russie avait si grand besoin. D'après Münster, les Rothschild français négociaient un nouvel emprunt russe. « La perspective du gain et, comme le prétend Alphonse de Rothschild, l'espoir d'obtenir, en Russie, de meilleures conditions d'existence pour les israélites ont incité la maison de Paris à participer aux pourparlers d'emprunt. » Il ajoutait ce commentaire malveillant : « Le fait que la banque de Londres veut ignorer totalement cette opération montre combien ces grands juifs sont rusés et comme ils savent se réserver une issue... »[18].

Mais c'était une question de patriotisme pour les Rothschild : servir ce que la France considérait comme ses intérêts supérieurs. Alphonse dut bientôt verser une somme de 10 000 francs, en réponse à un appel de fonds destiné à financer une célébration franco-russe, lors de la visite d'un escadre du tsar à l'automne 1893. L'instigateur de cet appel de fonds était un Juif français, qui déclara que, en tant que « fils adoptifs », les Juifs devaient se montrer « deux fois plus français que les autres[19] ». Le journal de l'infatigable Édouard Drumont allait rapporter doucereusement que, à la mort inattendue du tsar Alexandre, en novembre 1894, on avait mis les drapeaux en berne à la banque Rothschild, rue Laffitte[20]. Les archives Rothschild montrent un retour normal aux affaires, avec deux emprunts : l'un pendant le mois de transition entre le tyrannique Alexandre et son successeur apparemment modéré, Nicolas II, émis par un consortium sous la direction des Rothschild de Paris, Londres et Francfort (et Bleichröder à Berlin) ; l'autre en juillet 1896 (encore sous la direction des Rothschild de Paris)[21].

« Les journaux ont annoncé la grand-croix qu'Alphonse a reçue de l'empereur de Russie, écrivit fièrement Gustave à ses cousins de Londres en septembre 1896. C'est une réponse indirecte aux dernières attaques de M. Drumont contre nous[22]... » Puis ce fut au tour d'Alphonse de relater la visite du tsar à Paris, en octobre, au cours de laquelle il put approcher Nicolas à deux reprises, une fois lors d'une réception au palais de l'Élysée, à laquelle il avait été invité en sa qualité de président du Consistoire, et plus tard à l'Opéra, avec le président de la République, Félix Faure. Alphonse trouva le tsar digne mais réservé, sans hostilité particulière envers les Rothschild. Des lettres ultérieures répètent cette impression favorable, confirmant les grands espoirs que fondait Alphonse sur une alliance franco-russe[23]. Hélas pour Alphonse et pour les Juifs de Russie, le tsar Nicolas allait se montrer tout aussi despotique que l'avait été son père, bien que de manière peut-être moins évidente.

Cette fin de siècle était une période de redistribution des cartes européennes. On forgeait de nouvelles alliances, on dissolvait les anciennes, et la finance constituait presque toujours une arme. C'est ainsi que, dans les dernières années de la décennie 1880, quand l'Italie parut se rapprocher de l'alliance austro-allemande, les banques françaises, sur ordre de leur gouvernement, se défirent de leurs titres italiens, créant des ravages dans l'économie de ce pays. Grands détenteurs de valeurs italiennes, les Rothschild y furent impliqués[24]. En France même, la course au contrôle des métaux dans les colonies, notamment le cuivre et le nickel, créait une nouvelle hiérarchie dans la communauté bancaire, avec des ascensions vertigineuses... et des chutes retentissantes. L'une des victimes fut le Comptoir d'escompte de Paris, dont le directeur, Eugène Denfert-Rochereau, avant de se suicider d'une balle dans la tête, aurait informé, disait-on, un ami que c'était entièrement la faute des Rothschild et qu'il pouvait le prouver... En vérité, la « faute » était due à la mauvaise gestion des investissements. Nul en dehors de la meute antisémite ne prit au sérieux les allégations de Denfert-Rochereau[25]. Les Rothschild eurent le bon sens de garder leurs distances avec le principal scandale financier de cette fin de siècle, la banqueroute de la Compagnie du canal de Panama, dans laquelle étaient impliqués bon nombre de Juifs français éminents[26].

Et pourtant, bien peu de choses semblaient hors d'atteinte des Rothschild. Le fait que les Américains exploitent les mines d'argent et l'utilisent pour frapper leur monnaie bouleversait des Européens accrochés comme les Rothschild français à la valeur de l'or, et c'était là l'objet de correspondances angoissées avec leurs cousins britanniques. Ainsi, dans une lettre d'Alphonse de décembre 1890 : « J'espère que la crise actuelle aura profité un peu aux Américains et que ces messieurs auront compris qu'ils ne peuvent pas se passer de l'Europe comme ils se le sont follement imaginé, et qu'ils doivent encore avoir quelques égards pour les citoyens du Vieux Monde[27]. »

Lorsque Alphonse et Gustave remportèrent le derby, en 1890, grâce à un cheval baptisé Heaume, un journal parisien profita de l'occasion pour tracer un bref portrait d'Alphonse en « homme du jour ». Les paysans se trompaient de nom, rapportait l'article, et l'appelaient « roi de Childe », manifestant ainsi leur respect pour ce monarque de la finance. Quand Heaume était arrivé en tête, on avait entendu maugréer, parmi les parieurs perdants, que l'eau allait décidément toujours à la rivière, mais c'était injuste, observait l'auteur du portrait, car les écuries de la famille à Meautry (près de Trouville) n'avaient jusqu'alors guère connu le succès. Quant à Alphonse, il était banquier, mais il aurait aimé être connu pour autre chose — ses collections d'art, par exemple. Il était également un grand philanthrope : « Aucune infortune imméritée ne frappe en vain à la porte de son splendide hôtel. » Dans sa vie privée, il était « charmant, d'une grande courtoisie, encore qu'un peu sec, parfois un peu métallique »[28].

Un informateur de police pouvait même parler d'Alphonse avec une certaine douceur : ainsi, quand le baron prit des vacances sur la Côte d'Azur à l'automne 1891, ses faits et gestes furent observés comme partout ailleurs et rapportés à la Préfecture. Et l'agent nota qu'Alphonse prenait chaque matin à Nice le train de 10 h 47 pour Monte-Carlo, bien qu'il jouât fort peu au casino. « A la gare de Nice, on le remarque par son attitude des plus ordinaires, rapportait-il comme s'il s'était attendu à bien autre chose. Il attend le train, assis sur un banc, comme le commun des mortels, en fumant son cigare. Mais il est observé très attentivement par le conducteur de train qui surveille ses moindres mouvements et se tient toujours prêt à ouvrir la portière du compartiment réservé, lorsque M. de Rothschild se décide à y monter[29]. » (Il s'agissait évidemment de la ligne PLM, une société Rothschild.)

Nous pouvons même observer le baron en famille, grâce à Élisabeth de Gramont, fille d'Agénor, duc de Gramont, et de Margaretha Alexandrine von Rothschild (elle-même fille de Meyer Carl, de la branche allemande). Élisabeth avait tout juste dix-sept ans et devait à la migraine de sa mère d'accompagner son père à un dîner du mardi chez les Rothschild, rue Saint-Florentin. Elle se trouva placée à la droite d'Alphonse et ce fut lui qui but le Tokay et le Romanée-Conti servis à la jeune fille. Elle l'entendit dire : « Je ne sais si vous êtes de mon avis, mais je n'aime les carpes que lorsqu'elles ont dégorgé trois jours dans de l'eau-de-vie. » Elle était jeune et rien ne pouvait l'étonner ; elle se souvenait d'avoir regardé avec effronterie les autres invités. C'était une soirée avec Léon Say et de vieux amis, certains familiers des champs de courses, des compagnons de club, des jolies femmes, dans un environnement de porcelaine de Sèvres et de tableaux de Raphaël et de Gainsborough. Les fenêtres donnaient sur la place de la Concorde, où « quelques rares voitures de maîtres ou les fiacres qui glissaient accentuaient le silence ».

Quant à Alphonse lui-même, elle le trouva « un peu rapetissé par l'âge », avec « des favoris blancs et des manières affables et charmantes ». Si « le ton de sa maison était volontairement badin et mondain », il était aidé en cela par la baronne Laurie (Leonora) et par leur fille Béatrix Ephrussi. « Le régent de la Banque de France semblait un parfait mondain plutôt que le potentat de la finance européenne et le chef d'une des familles les plus puissantes de Paris. » Elle décela de la noblesse de caractère sur sa figure ; cela lui donnait de l'autorité[30].

Il n'avait assurément jamais existé un bienfaiteur doté tout à la fois de ses moyens et de sa volonté de bien faire. Ainsi, quand les fondateurs de l'institut Pasteur — un centre de recherche médicale et de vaccination absolument révolutionnaire — l'approchèrent, il fut le tout premier à verser des fonds. Les causes nationales, les catastrophes affectant les ouvriers ou les agriculteurs, rien ne manquait de susciter sa générosité. Il avait également sa liste d'artistes et de musiciens, qu'il subventionnait régulièrement[31].

Les ragots — stimulés par Drumont — persistaient à accuser les Rothschild de financer les journaux qui leur étaient favorables, ainsi que les fauteurs de troubles potentiels — comme les anarchistes[32]. Le mariage de la fille de Gustave, Juliette, avec le baron Emmanuel Leonino fut l'occasion pour un hebdomadaire parisien de couvrir de louanges le frère et associé d'Alphonse, afin de « faire justice de certaines imputations calomnieuses et aider à la manifestation de la vérité ». Rappelant à ses lecteurs comment le père de Gustave, James, avait pris à sa charge le premier emprunt de la restauration monarchique et comment les obligations émises pour la libération du territoire français, après la guerre franco-prussienne, avaient été « presque entièrement » couvertes par les Rothschild, l'auteur décrivait ensuite la maison de Gustave, une somptueuse demeure à l'angle des avenues de Marigny et Gabriel, et présentait Gustave lui-même comme un homme d'affaires dur au travail et « un *sportsman* et un mondain accompli »[33].

Sans doute eût-il été difficile de ne pas voir les affiches flamboyantes qui recouvrirent les murs de Paris, le 26 mai 1892, jour du mariage de Juliette. « Vive Rothschild ! » proclamait ce placard, dans un langage aussi clinquant que sa typographie :

> Vive Rothschild, qui a eu le génie d'accumuler
> la plus prodigieuse fortune du siècle !

Et si l'on croyait y déceler de l'ironie, il fallait vite lire la suite :

> Vive Rothschild, dont la main est si souvent
> ouverte pour les déshérités du monde ! [...]
> Vive Rothschild, ce régent de la Banque de France
> dont nos honorables députés ne vont pas tarder à
> renouveler le privilège !...

Le texte était dû à un certain Léon Hayard, éditeur de tracts polémiques, dont la spécialité du moment était le traitement satirique du scandale financier du canal de Panama. Le 25 mai, d'après un rapport de police, Alphonse de Rothschild reçut la visite d'un « individu » qui lui demanda de l'argent pour l'affiche « Vive Rothschild ! ». Alphonse refusa. L'imprimeur-éditeur engagea alors vingt camelots pour vendre un placard intitulé : « A bas les Juifs ! » Hayard se rendit ensuite à la synagogue de la rue de la Victoire pour la cérémonie du mariage, et là, se postant sur le trottoir d'en face, il se mit à crier : « A bas les Juifs ! » — jusqu'à ce que la police vienne l'arrêter[34].

La police ne manqua pas non plus d'observer les faits et gestes des jeunes mariés après la cérémonie, comme le prouve un rapport concis sur la surveillance de leur maison, du 23 de l'avenue de Marigny : « Vers

9 h 15 les nouveaux époux sont sortis pour se rendre au théâtre ; ils sont rentrés à 11 h 50. A 9 h 30, le baron [Gustave] et sa dame sont aussi sortis pour rentrer à 10 h 30. »

Pour un homme qui préférait ne pas apparaître dans la presse, Alphonse allait bientôt s'y trouver fort présent. Pour les vacances d'été de la famille, Alphonse avait loué à Dinard, élégante station de la côte bretonne, un manoir dont le nom indiquait bien la position : château des Deux-Rives. C'est là qu'un certain Jules Huret, journaliste, alla lui rendre visite. Comme le racontait Huret, il avait suivi un chemin qui montait « en spirale », ouvert une haute grille et donné sa carte à un « colosse » de domestique en gants blancs. Il allait rencontrer Rothschild ! « On a beau entendre ce nom cent fois par jour, songeait-il, M. Drumont peut le traîner régulièrement aux gémonies, il n'en sonne pas moins à toutes les oreilles avec un bruit de légende lointaine, comme quelque chose de mystérieux, de formidable et de fantastique, comme certains autres mots d'éblouissement et de richesse, qu'on ne peut prononcer sans fermer les yeux : Crésus, Golconde [légendaire centre diamantifère de l'Inde], mines d'or, milliard... Rothschild ! » Il se souvenait que ce nom avait été l'un des premiers à frapper ses oreilles d'enfant, avec les contes de fées : quand il réclamait un jouet coûteux, sa mère répliquait : « Tu crois donc que j'ai la bourse de Rothschild ? »

Ce jour-là, à Dinard, le domestique le fit entrer dans une pièce assez petite, face à la mer. Et le baron lui-même s'y trouvait, habillé pour la ville plutôt que la plage. « De taille moyenne, mince, devait se souvenir Huret. [...] Les cheveux d'argent, assez longs [...] les favoris blancs, flottants, et la moustache blanche aussi, le menton ras, le teint très rose, les pommettes saillantes, le nez long un peu aplati au milieu de l'arête ; seuls, les yeux bleus, à fleur de tête, animés d'une vie extraordinaire, rappellent la race. » Il considéra que « l'ensemble de la physionomie est, au repos, volontaire, énergique et grave ».

Le visiteur expliqua sa mission : rédiger pour *Le Figaro* une série d'articles sur le travail et le mouvement socialiste. Aussitôt, Rothschild parut écarter la notion même d'un mécontentement ouvrier, d'un conflit entre le capital et le travail : « Je suis sûr que les ouvriers — je parle en général — sont très satisfaits de leur sort, qu'ils ne se plaignent pas du tout et qu'ils ne s'occupent pas de ce qu'on appelle le socialisme », citait Huret. Il y avait, bien sûr, des meneurs, poursuivit le baron, et l'on devait distinguer entre les bons et les mauvais ouvriers. « Ainsi il est absolument faux, par exemple, que les bons ouvriers demandent la journée de huit heures ; ceux qui la demandent, ce sont les paresseux et les incapables... » Les autres étaient tout à fait disposés à faire dix ou douze heures par jour, « le temps qu'ils jugent utile à leurs besoins et à ceux de leurs enfants ». Et s'ils ne travaillaient que huit heures : « Savez-vous ce qu'ils feront, la majorité ? Eh bien, ils iront boire ! »

Alphonse disait ces choses simplement, sans chercher ses mots, remarquait Huret, « d'une voix grêle, avec un rien d'accent anglais dans la prononciation de certaines consonnes… ». Tandis que le baron parlait, le journaliste nota « les jambes croisées, les chaussettes noires déboulant sous le pantalon relevé par la pose, chaussé de bottines épaisses, lacées très lâchement… ». Il fumait un mauvais cigare, qui ne brûlait pas ; « de temps en temps, à un geste brusque, de la cendre tombait et s'écrasait sur le gilet du baron, dans le creux de l'estomac ployé ».

D'autres questions allaient suivre. La concentration du capital dans les mains d'un petit groupe, la haute banque par exemple, ne menaçait-elle pas d'entraîner une révolution sociale qui marquerait la fin du capitalisme ? Quelle « haute banque » ? demanda Alphonse. « Il y a des gens plus riches, des gens moins riches, voilà tout ! rétorqua-t-il. Les uns sont plus riches aujourd'hui et seront plus pauvres demain ; cela suit les variations de toutes choses. » Huret ne pouvait guère s'étonner d'entendre un Rothschild glorifier le capital ou même exprimer sa conviction que chacun avait le capital que son intelligence et son énergie lui avaient valu. Le baron souligna également que c'était le socialiste Saint-Simon qui avait dit : « A chacun selon sa capacité, à chacun selon ses œuvres. » Contre l'injustice, Rothschild connaissait un remède : la grève. Il se déclara entièrement favorable à ce droit.

L'antisémitisme ? Il le mettait sur le même plan que l'anticapitalisme, et c'était l'œuvre des mêmes gens ; dirigé ou non contre les Juifs, l'anticapitalisme ruinerait la nation.

Quant à la fortune de Rothschild… il l'avait entendu évaluer à 3 milliards de francs. « C'est de la folie ! » Le vrai bonheur, néanmoins, découlait du travail. Mais que pensait-il de ceux qui n'avaient pas travaillé et se trouvaient tout de même riches, par héritage ? C'était là la dernière question du journaliste.

« Êtes-vous marié ? questionna Alphonse.

— Pas encore, répondit le jeune homme, qui avait vingt-huit ans.

— Eh bien, quand vous serez marié et que vous aurez des enfants, vous n'admettrez plus qu'on attaque l'héritage. »

Il souriait. Huret prit congé[35].

L'interview n'allait paraître dans *Le Figaro* que le 14 septembre, mais sa charge explosive n'avait avec le temps rien perdu de sa force. En première page, un article sur trois colonnes était surmonté d'un gros titre :

LA QUESTION SOCIALE (I).
Capitalistes et Prolétaires.
M. LE BARON ALPHONSE DE ROTHSCHILD.

L'austère journal *Le Temps* fut l'un des premiers à exprimer son inquiétude devant le caractère « singulier » du procédé de l'interview, qui risquait fort d'entraîner de « fâcheux mécomptes », tant pour l'intervieweur que pour l'interviewé. Car l'article d'Huret, protestait l'éditorialiste du *Temps,* ne présentait pas le Rothschild que l'on connaissait, un homme au « jugement assez délié pour saisir les mouvements de l'opinion publique et, surtout, en raison de sa haute situation financière, un sentiment de réserve très en éveil. » Pouvait-il avoir dit, « avec une sorte d'optimisme béat », que « le bonheur, le vrai, le seul, c'est le travail » (ce que, plus ou moins, Huret affirmait lui avoir entendu dire) ? La seule chose certaine, concluait l'éditorialiste, était que le baron fumait bel et bien un cigare rebelle [36].

Alphonse perçut également le problème. Il écrivit au rédacteur en chef du *Figaro.* En effet, commençait-il, il avait reçu le journaliste. « Il m'a trouvé, comme il le dit lui-même, fumant un mauvais cigare, condition peu favorable pour résoudre les problèmes sociaux les plus compliqués. » Ils avaient eu une conversation « à bâtons rompus et, rapportée à un mois de distance, on comprend que la mémoire de votre rédacteur ait pu se trouver en défaut, sans que sa bonne foi puisse en quoi que ce soit être contestée ». Il ne croyait certes pas que tout fût pour le mieux dans le meilleur des mondes — quand il y avait encore « tant de souffrances auxquelles nous ne négligeons aucune occasion de venir en aide » [37].

Édouard Drumont, dont la bête noire demeurait Rothschild, n'allait pas laisser passer cela. Dans un éditorial en première page de *La Libre Parole,* le quotidien qu'il avait fondé en avril 1892, essentiellement comme véhicule de son obsession concernant les Rothschild, il cita amplement le texte d'Huret, s'exclamant sarcastiquement que ses amis et lui-même avaient sans doute eu bien tort de lancer un journal au nom des travailleurs exploités puisque Rothschild disait qu'il n'y avait pas de problème social et que tout le monde était satisfait...

Puis Drumont reprenait son idée fixe : « On croit rêver lorsqu'on voit [...] un Juif de Francfort souffleter ainsi de son insolent mépris ces ouvriers devant lesquels il tremblera lorsque le Peuple, si longtemps trahi par de faux démocrates aux gages d'Israël, aura définitivement compris la grandeur et la justice de l'œuvre entreprise par nous [38]. »

12

# Dreyfus ?

Un accident de chasse qui allait coûter un œil à Alphonse fournit à Édouard Drumont une nouvelle occasion de lâcher son venin. Cela se produisit le 19 décembre 1892. Malgré un épais brouillard à Ferrières, une trentaine de chasseurs résolurent de sortir. Au milieu de l'après-midi, la chasse étant presque finie, une balle ricocha, atteignant l'hôte à l'œil gauche ; en un instant, il eut le visage en sang. « Pas de quoi s'inquiéter », déclara Alphonse à ses amis. Ils l'escortèrent jusqu'à la gare et prirent le train pour Paris, où le médecin du baron attendait. A 10 heures du soir, un bulletin de santé fut diffusé rue Saint-Florentin : l'état de la victime était « satisfaisant ».

Le lendemain matin, les médecins étaient moins optimistes. Le plomb minuscule avait provoqué une hernie de l'iris et, bien qu'on eût ôté l'iris, il demeurait introuvable ; il s'était apparemment logé bien plus profondément. Il ne faisait aucun doute que le nerf optique avait été touché : Alphonse ne verrait plus de cet œil-là[1].

La légende familiale veut qu'Alphonse ait identifié le chasseur inexpérimenté dont la balle lui avait crevé l'œil, mais qu'il n'ait jamais voulu le désigner et qu'il ait maintenu ses relations amicales avec l'involontaire agresseur[2]. Ainsi donc, commenta *La Libre Parole,* le « roi des Juifs » a du plomb dans l'œil. « Décidément, ricanait l'auteur de l'article, les Juifs feraient mieux de renoncer à jouer les grands seigneurs. Les sports aristocratiques ne leur valent rien, et ils agiraient sagement en se confinant dans leur rôle séculaire de rogneurs d'écus, le seul où ils soient vraiment à leur place et à leur aise[3]. » Un mois plus tard, le journal de Drumont citait un rapport sur les progrès de la victime : « Le baron sort tous les jours une heure, soit en voiture, soit à pied ; un grand bandeau lui couvre toute la tête, ne dégageant que l'œil droit, qui est absolument intact[4]. »

La veille, *La Libre Parole* avait publié un appel contre la réélection d'Alphonse aux fonctions de trésorier de la Société des agriculteurs de France : « Ne votons pas pour le baron juif », proclamait un membre de l'association, qui était cité. En février, le journal eut le plaisir d'annoncer que, bien que les dirigeants de la Société des agriculteurs fussent traditionnellement réélus, Alphonse n'avait obtenu cette fois que 2500 voix, 500 de moins que les autres membres du bureau[5].

Les historiens modernes ont tendance à ne pas négliger le rôle des petites gens. Édouard Drumont n'était qu'en partie responsable de l'antisémitisme des dernières décennies du XIX^e^ siècle, et il en était également le produit. Grâce aux observations précises d'Edmond de Goncourt, il nous est loisible d'examiner ce singulier personnage de fort près, sans dépendre entièrement des liasses de vieux journaux jaunis. A un dîner, Goncourt l'entendait regretter de n'avoir pas suffisamment d'argent pour organiser « une émeute contre les Juifs ». « Oui, expliquait Drumont, après quelques jours d'échauffement de la population, par une journée fiévreuse, un rendez-vous sur la place de la Concorde. Et de là, rue Saint-Honoré, et cassage de carreaux et enfonçage de portes, et si par hasard un Alphonse de Rothschild se trouvait pris [...] vous comprenez ! » (La maison de Rothschild se trouvait, on l'a vu, à l'angle de la place de la Concorde, non loin de la rue Saint-Honoré[6].)

Une autre fois, Goncourt rencontra Léon Daudet, fils de l'écrivain, qui venait de quitter Drumont, lequel se plaignait d'avoir été empoisonné par les Juifs. Drumont et le marquis Antonio de Morès, autre antisémite notoire, étaient tombés malades après avoir bu de l'eau lors d'une réunion électorale. Drumont confia également à Daudet qu'il s'attendait à être bientôt jeté en prison, car il avait juré de manifester le 1^er^ mai, avec une foule d'antisémites militants, devant plusieurs maisons des Rothschild à Paris. Drumont était de toute évidence obsédé, et peu importe qu'il n'ait finalement pas manifesté le 1^er^ mai, même si, dans l'intimité de son *Journal,* Goncourt allait railler cette réaction timorée. Léon Daudet informa Goncourt que l'armée protégeait désormais le domicile d'Alphonse, rue Saint-Florentin[7].

« Cette race juive est vraiment une race abjecte », commençait Drumont dans un de ses éditoriaux habituels sur « ces crapules de Youtres ». Cette fois, Drumont accusait les Rothschild de fomenter son assassinat, désignant le responsable de la banque qui avait payé les journalistes chargés de le diffamer, et il défiait en duel les cibles de ses attaques. Dans les « grandes familles juives, concluait-il, toutes les femmes sont des catins et tous les hommes sont des lâches[8]... ».

L'hystérie antisémite s'accroissait depuis la publication de *La France juive.* Drumont alimentait le feu par ses livres successifs et par son journal, même s'il arrivait que l'antisémitisme dût partager la vedette avec d'autres théories sur la conspiration, révélant un malaise général à l'égard de l'époque. Pour Drumont, la tour Eiffel était le symbole de cette époque haïe. Ce nouveau monument, écrivait-il dans un livre fort justement intitulé *La Fin d'un monde,* a « pour mission d'être insolent et bête comme la vie moderne et d'écraser de sa hauteur stupide tout ce qui a été le Paris de nos pères, le Paris des souvenirs, les vieilles maisons et les églises, Notre-Dame et l'Arc de Triomphe, la prière et la gloire [9]... ». Dès l'année suivante, dans *La Dernière Bataille,* Drumont qualifiait Alphonse de « rat blanc ». « Ce rongeur abuse de la situation, il grignote toute une flotte en se faisant rat d'eau pour la traversée ; il sape toute une ville en trottant par les caves et en grimpant à travers les greniers. » Pour le faire disparaître, on ne peut que « lui faire crouler la maison sur la tête ou couler le navire... ».

En 1890, il prévoyait que la cause de l'antisémitisme finirait par l'emporter. La candidature d'Édouard, fils d'Alphonse, au Jockey Club et à l'Union venait d'être rejetée ; dix ans plus tôt, il eût été reçu avec des acclamations [10].

Cette même année, un journaliste vint trouver Alphonse de Rothschild et Zadoc Kahn, le nouveau grand rabbin de France (sa nomination, par décret du président de la République, avait été proclamée à la synagogue de la rue de la Victoire par Alphonse, en sa qualité de président du Consistoire central). Que pensaient M. de Rothschild et le grand rabbin de la vague actuelle d'antisémitisme ? « Je ne suis aucunement affecté des élucubrations de M. Drumont, répondit Alphonse. Vous me dites que dans ce livre il m'accuse, ou plutôt il accuse toute la famille des Rothschild de s'être emparée de trois milliards de francs. Je me contente de hausser les épaules. C'est comme si l'on m'accusait d'avoir volé les tours de Notre-Dame. Est-ce que des accusations de ce genre méritent une réplique ? » Il plaçait sa confiance dans le bon sens des gens. Quant à Zadoc Kahn, il ne s'estimait pas habilité à répondre. « Je n'ai que des sentiments fraternels dans la matière », expliqua-t-il. Il préférait éviter une discussion susceptible d'engendrer de l'« amertume » [11].

La violence devenait fréquente. Édouard lui-même, le fils d'Alphonse, qui n'avait pas encore vingt-deux ans, se battit en duel avec un ancien condisciple, devenu comte, et fut blessé légèrement à l'épaule [12]. Leur querelle datait du temps de l'école, expliqua Alphonse à ses cousins de Londres. « Son attitude sur le terrain, je suis heureux de pouvoir le dire, a été excellente, et pour un gamin il a montré beaucoup de toupet. [...] J'ai passé, je dois l'avouer, personnellement, un assez mauvais quart d'heure mais l'affaire en elle-même est à la fois pour Édouard utile et honorable car à son début dans le monde il est bon en France qu'un jeune homme montre qu'il ne manque pas de crânerie [13]. »

Ce qu'on peut plus précisément reprocher à Drumont, c'est la mort d'un officier, le capitaine Armand Mayer, qui, en signe de protestation contre la campagne antisémite de Drumont dans l'armée, avait lancé un défi en juin 1892. Ce n'était là que l'un des trois duels résultant de la campagne, et le défi fut relevé par le marquis de Morès, à moitié fou, qui était alors à la tête d'une bande de brutes antijuives arborant en guise d'uniformes des costumes de cow-boys. Dans ce duel, Morès tua le capitaine Mayer, sous les applaudissements de ses compagnons antisémites, mais sans l'approbation, semble-t-il, de l'opinion publique [14].

Un éditorial de *La Libre Parole* attaquant la mainmise de Rothschild sur la Banque de France valut à Drumont de passer en cour d'assises, pour avoir diffamé non point Rothschild, mais un partisan de Rothschild, vice-président de la Chambre des députés. A la barre des témoins, Alphonse déclara : « On m'a présenté comme une sorte de potentat, un homme qui voudrait régenter la Banque. Pour écrire de pareils articles, il faut ne pas connaître la Banque et l'accord intime qui existe entre les membres du conseil de régence et le gouvernement de la Banque... » En rapportant la scène à ses lecteurs, Drumont ajouta que l'huissier s'était précipité pour prendre le chapeau et la canne d'Alphonse ; aucun autre témoin n'avait droit à une telle considération.

L'avocat de Drumont se surpassa, affirmant que son client n'avait rien contre Alphonse personnellement, mais redoutait seulement la domination du monde par les Juifs. Drumont fut condamné à trois mois de prison et à une amende. Faisant état de cette sentence, le polémiste avança que les Juifs allaient sans doute tenter de l'empoisonner en prison [15].

Drumont baissa donc le ton. Dans un article également publié dans *La Libre Parole,* son collaborateur Édouard Demachy — qui, en attaquant « la limace rothschildienne », montrait qu'il savait manier la nouvelle rhétorique — déclara que les ouvriers parisiens, descendants des révolutionnaires, tenaient déjà à l'œil l'immeuble de la banque Rothschild, au 19 de la rue Laffitte, et qu'ils surveillaient aussi... — là, l'auteur énumérait l'adresse personnelle d'Alphonse, rue Saint-Florentin, et douze autres résidences des Rothschild à Paris, en spécifiant pour chacune le numéro de la maison (comme le feraient les journalistes collaborateurs, un demi-siècle plus tard, dans Paris occupé). La révolte était encore possible, concluait Demachy, dissimulant à peine sa déception qu'il n'y eût pas de Rothschild impliqué dans le scandale du canal de Panama, qui faisait alors rage [16].

Les dossiers de police montrent mieux encore la cible que pouvait constituer un Rothschild. Il y eut des tentatives de chantage (faute de quoi « le citoyen Rothschild [...] sera puni d'un ou plusieurs bombardements », comme l'annonçait une des lettres de menaces, signée « le Comité ») [17]. En avril 1894, la police parisienne enquêta très soigneusement sur la rumeur d'un projet d'assassinat du baron [18].

Deux décennies plus tard, un collaborateur de Drumont, qui avait à son actif douze duels et une demi-douzaine de condamnations en justice, se retira de la croisade et révéla tout du projet. Raphaël Viau raconta comment il avait quitté Nantes pour Paris dans le but de rejoindre Drumont. Il rapporta comment l'allié fou de Drumont, Morès, avait projeté d'enlever Alphonse de Rothschild pour réclamer une rançon de 10 millions de francs au profit des ouvriers. Si leur émissaire était arrêté, Alphonse devait être tué. Quant à Drumont, sa contribution avait consisté à inciter Viau à provoquer un Rothschild en duel.

Viau poursuivit sa confession : lorsqu'un braconnier fut tué sur les terres d'Henri de Rothschild (petit-fils de Nathaniel, le Rothschild londonien qui s'était établi en France), Drumont lui fit écrire une série de dénonciations « sensationnelles » contre les Rothschild. Viau découvrit que le braconnier abattu par les gardes de Rothschild était un ivrogne violent qui vivait de ses larcins, mais il écrivit tout de même les articles dans l'esprit voulu par Drumont. Pendant une période de quatre ans, Henri de Rothschild fut ainsi « confié » à Viau, de même que Drumont « confiait » d'autres cibles éminentes à divers membres de son équipe. La cible de Viau finit par intenter une action en justice et gagna [19].

Comparé à celui d'un énergumène comme Drumont, tenant le milieu de la scène, l'antisémitisme quotidien d'écrivains moins violents et d'autres personnalités paraît presque banal. Cette banalité ouvrait la porte à l'utilisation de l'antisémitisme en politique. Des publications parrainées par l'Église et destinées à des catholiques pratiquants donnèrent le ton : *Le Pèlerin* joignit sa voix à celle de *La Croix* pour émettre un flot d'informations et de points de vue antijuifs, et la caricature d'un Rothschild publiée dans *La Croix* donnait un aperçu de ce que produiraient plus tard les nazis [20]. Une comtesse romancière fort populaire, qui signait « Gyp », publiait chez un éditeur de purs pamphlets antisémites (prenant tout particulièrement les Rothschild pour cible), tout en produisant parallèlement des romans moins féroces pour une autre maison d'édition, dont les directeurs étaient juifs : Calmann-Lévy [21].

Le contraste qu'il offrait avec la violence gratuite des Drumont et des Morès permettait à Maurice Barrès, écrivain et militant politique, d'être un patriote fort estimé, malgré l'introduction d'un antisémitisme ardent dans un discours politique tout à fait respectable par ailleurs. On pouvait, avec Barrès, exprimer sa peur du « royaume d'Israël », du « génie juif » et de Rothschild (« tout vient aboutir chaque matin à la table d'un tel homme »), sans être un fou furieux à la manière d'Édouard Drumont [22].

Dans le climat agité que créaient les antisémites déclarés, l'arrestation d'un officier juif, accusé de trahison, ne pouvait être perçue que comme un épisode de plus. Quand on reprochait déjà aux Juifs tous les maux de la nation, comment le crime attribué au capitaine Alfred Dreyfus pouvait-il surprendre ? Le lecteur sceptique n'aura qu'à se reporter aux écrits publiés à l'époque pour constater que la hausse de température fut imperceptible entre la veille et le lendemain de l'annonce de l'arrestation de Dreyfus. S'il en fallait une preuve supplémentaire, on la trouverait aisément dans les pages enflammées du journal de Drumont, où un Dreyfus ne pouvait guère être plus coupable qu'un Rothschild : « Les Juifs comme Dreyfus, déclarait-il à ses lecteurs, ne sont probablement que des espions en sous-ordre, qui travaillent pour les financiers israélites ; ils sont les rouages du grand complot juif qui nous livrerait pieds et poings liés à l'ennemi[23]... »

Pour les troupes de choc de la croisade antijuive, l'affaire Dreyfus n'était qu'un aspect de la sempiternelle affaire Rothschild. Même la presse à scandales jugeait nécessaire de lier le traître de l'armée au banquier ; dans la mythologie populaire, Dreyfus devait être un protégé, sinon un parent de Rothschild[24].

« Vous savez bien, écrivait encore Drumont, qu'à cette époque où les Juifs sont nos maîtres, on ne fusille pas dans le dos un coreligionnaire de Rothschild. » Cette affirmation est-elle une réponse à certains lecteurs de *La Libre Parole* qui voulaient voir Dreyfus fusillé dans le dos[25] ?

Mais durant les premières semaines de l'affaire, comment un patriote français pouvait-il croire Dreyfus innocent et ne pas faire confiance à l'armée ? Alphonse de Rothschild était un patriote français, respectueux des institutions françaises — « plus français que les Français », allait dire de lui l'un de ses petits-fils[26]. Sa réaction ne devrait donc pas surprendre : « Un fait très regrettable vient de se passer qui porte la désolation dans la société juive tout entière et principalement parmi les Juifs qui sont dans l'armée, expliqua Alphonse à ses cousins de Londres le 2 novembre. Un officier supérieur juif, un M. Dreyfus, a été arrêté pour crime de trahison. La conduite de cet officier est d'autant plus inexplicable qu'il est considéré comme un homme de grand mérite, sa situation de fortune est bonne, et il n'est connu ni comme un joueur ni comme un débauché. A quel motif peut-on donc attribuer cette criminelle aberration d'esprit ? »

Aucune explication des faits n'a été fournie par le ministère de la Guerre, poursuivait Alphonse ; on pouvait seulement deviner ce qui avait dû se passer. Certains parlaient d'un complot contre Dreyfus ; ce serait une bonne nouvelle, pensait Alphonse, « mais, en attendant, cet événement n'en est pas moins déplorable et provoque un redoublement d'antisémitisme qui était au moment de s'éteindre. Nous n'avons vraiment pas de chance avec nos coreligionnaires, car il n'y a pas de jour qu'on ne vient chez nous pour nous demander de l'argent afin d'étouffer un nouveau scandale[27] ». Les historiens qui se sont penchés sur cette époque ont établi très clairement que la réaction des Rothschild était typique de la haute société juive, ainsi que du public en général, car rien ne permettait alors de mettre en doute la culpabilité de Dreyfus. La prudence imposait le silence[28].

Le Conseil de guerre s'ouvrit le 19 décembre dans la prison du Cherche-Midi. On n'avait pas grand-chose à retenir contre le capitaine

Dreyfus, sinon l'apparente similitude de son écriture avec celle d'un bordereau de renseignements militaires français apparemment trouvé, déchiré en morceaux, dans la corbeille à papier de l'attaché militaire allemand à Paris, mais cela suffit à le faire condamner à la dégradation et au bagne à vie. « Vous avez lu le jugement du Conseil de guerre dans le procès Dreyfus, écrivit Alphonse à Londres le 24 décembre. On ne peut que s'incliner devant l'arrêt prononcé par une réunion d'officiers dont l'impartialité doit être tenue au-dessus de tout soupçon, malgré le secret le plus absolu qui a été maintenu sur les débats. Ce n'en est pas moins une très malheureuse affaire, non seulement pour le capitaine, mais pour tous les Juifs qui sont dans l'armée[29]. »

Étant donné le sentiment général d'infaillibilité de l'armée, la tâche des défenseurs de Dreyfus allait se révéler herculéenne. La chance du capitaine condamné fut qu'un officier honnête, que n'aveuglaient pas les préjugés, découvrit le véritable espion et décida de se battre pour faire triompher la vérité. La famille Dreyfus lutta pour obtenir la révision du procès, et les libéraux ne tardèrent pas à défendre ouvertement l'hôte de l'île du Diable. Mais, dans le climat politique de la dernière décennie du siècle, largement inspiré par Drumont et ses alliés plus ou moins respectables, chaque élément de preuve découvert par les dreyfusards était aussitôt attaqué par les antidreyfusards. Des personnes aussi peu recommandables que le commandant Ferdinand Esterházy, parce qu'elles servaient la cause antidreyfusarde, paraissaient soudain respectables.

Aussi, quand le commandant Georges Picquart, l'un des premiers enquêteurs, tomba sur la preuve que le véritable agent allemand était le commandant Esterházy, les Rothschild eux-mêmes avaient entendu parler de ce mondain prodigue, toujours à court d'argent. En 1892, après la campagne de *La Libre Parole* contre les Juifs dans l'armée française, Édouard Drumont avait été provoqué en duel par l'un d'eux, le capitaine Ernest Crémieu-Foa, et Esterházy avait accepté d'être l'un des témoins de l'officier juif. Le combat fut violent; le médecin de Drumont l'interrompit. Par la suite, sans crainte des contradictions, le commandant Esterházy chercha à s'insinuer dans les bonnes grâces de Drumont et de ses amis, ainsi que dans celles des Rothschild.

En juin 1894, quatre mois avant la découverte du fameux bordereau à l'ambassade d'Allemagne, Esterházy avait écrit à Alphonse de Rothschild et à son jeune frère Edmond, dont il avait été le condisciple au lycée. Il avait désespérément besoin d'argent, disait-il; ses beaux-parents, le considérant comme un ami des Juifs, refusaient de l'aider, de sorte qu'il ne pouvait plus subvenir aux besoins de son épouse malade et de ses deux petites filles. Il finirait par les tuer et se suicider si personne ne lui venait en aide : « J'irai jusqu'au crime plutôt que de voir les miens mourir de faim. »

Il joignait à sa missive une autre lettre, prétendument écrite par son oncle : « Tu as défendu les Juifs et tu succombes par l'argent. C'est le doigt de Dieu. » Les Rothschild décidèrent d'aider cet homme invraisemblable parce qu'il semblait être l'ami du capitaine Crémieu-Foa, et qu'il avait été le condisciple d'Edmond, qui l'avait déjà plus d'une fois tiré d'embarras en lui donnant de l'argent[30].

Peu après avoir écrit aux Rothschild, le commandant Esterházy se présenta pour la première fois à l'attaché militaire allemand en poste à Paris. Pour sauver sa femme et ses enfants de la famine, déclara-t-il, il souhaitait vendre des secrets militaires aux Allemands[31].

# 13
# Fin de siècle

En 1894, première année de l'affaire Dreyfus, un quotidien parisien publia l'un de ces éloges du baron Alphonse auxquels les lecteurs de la presse conservatrice étaient accoutumés : « Les gens matinaux que le hasard ou l'habitude jette sur le boulevard, vers dix heures, ont pu voir souvent, se promenant seul, presque toujours, un homme à la figure fine encadrée de favoris blancs, la lèvre abritée par une moustache également blanche. » Sa « tenue simple », son « allure modeste » empêchaient les passants de deviner l'importance de l'homme qui partageait leur promenade. Puis vient le moment où « il quitte comme à regret ce trottoir où il se sent mieux chez lui qu'en son hôtel où des centaines de visiteurs, employés, banquiers, quémandeurs de toutes sortes, vont l'assaillir tout à l'heure ».

La banque de la rue Laffitte, écrivait le journaliste, Jules Meulemans, était ouverte à tous. Tous les faits et gestes du baron étant remarqués, la moindre défaillance lui était interdite car elle aurait été aussitôt relevée par « la cohorte qui, sous couleur d'antisémitisme, a déclaré la guerre à tous ceux qui, par leur capacité intellectuelle, se sont élevés au-dessus de leurs concitoyens ».

L'auteur énumérait ensuite les titres du baron : régent de la Banque de France et commandeur de la Légion d'honneur, il avait également été élu à l'Académie des beaux-arts du vénérable Institut de France, honneur dont il tirait la plus grande fierté, les assemblées érudites de l'académie représentant pour lui « une récréation et un délassement ». Car Rothschild s'intéressait véritablement à l'art et il encourageait les peintres contemporains en achetant leurs œuvres. Son salon était un forum pour ceux qui se distinguaient dans les arts et les lettres. Quant aux œuvres de bienfaisance, plût au ciel que chacun donnât la même proportion de son revenu : « Si ce n'est l'extinction du paupérisme, ce sera du moins du bon socialisme », concluait le journaliste [1].

Il était très accessible, ce monsieur qui marchait seul sur les boulevards, chaque jour, avant de se plonger dans l'univers de la banque. Tout le monde savait où il travaillait, où il habitait (et ceux qui l'ignoraient pouvaient toujours l'apprendre dans *La Libre Parole*). Cependant, tout le monde ne savait pas nécessairement qu'en août le baron et sa famille séjournaient à Trouville dans leur hôtel préféré, le grandiose hôtel de Paris, face à la plage, et qu'ils se rendaient parfois, à cheval, au champ de courses. Un samedi matin d'août 1895, une curieuse missive arriva par le courrier. Fait inhabituel, elle était livrée non pas à la banque mais à la résidence Rothschild, rue Saint-Florentin. Le concierge la fit donc porter rue Laffitte, pour que l'un des directeurs de confiance du baron se charge de l'ouvrir. Celui-ci hésita, à cause des mentions « personnelle » et « faire suivre » sur l'enveloppe blanche dépourvue de tout signe distinctif, mais sa rigidité donnait à penser qu'il devait très certainement s'agir d'une invitation.

Le collaborateur du baron inséra son coupe-papier, trouva deux cartons rigides et entreprit de les sortir. Le paquet explosa alors, et l'homme fut atteint au visage. Il allait y perdre un œil. Les enquêteurs identifièrent l'explosif : du fulminate de mercure, produit difficile à se procurer ; la lettre explosive était l'œuvre d'un expert. Était-ce un anarchiste, un antisémite ?

Les dossiers de police montrent qu'aucun effort ne fut épargné... Un agent infiltré dans l'équipe de *La Libre Parole*, et qui signait ses rapports du nom de code « Aspic », écouta l'équipe de Drumont commenter l'affaire et estimer que l'auteur de l'agression était maladroit ou idiot : imaginer qu'Alphonse ouvrait lui-même son courrier... La lettre explosive ne tarda pas à susciter des imitations, des paquets contenant des explosifs, et même une farce — une enveloppe avec des fragments de cigarette. Un agent de la police infiltré dans le mouvement libertaire entendit certains « compagnons » attribuer la bombe à un autre anarchiste et approuver son geste. L'informateur nota que, quelque temps auparavant, un anarchiste avait prêché l'efficacité des lettres explosives devant des jeunes gens portés à l'action. Mais un autre compagnon avait déclaré que ce n'était pas avec une lettre explosive qu'on aurait dû tuer Alphonse, « mais à bout portant, avec le revolver et le poignard ».

Les dossiers de la Préfecture révèlent également que la protection de tous les Rothschild fut renforcée. Et malgré l'élargissement du champ de recherches jusqu'aux cercles libertaires de Genève, on ne surprit personne se vanter d'avoir commis l'attentat[2]. Deux anarchistes qui n'étaient pas impliqués dans l'affaire mais qui clamaient leur approbation furent arrêtés à Marseille. Un sympathisant des Rothschild avança que cette bruyante manifestation pouvait être une manœuvre des antisémites pour détourner l'attention du vrai criminel[3].

Alphonse se hâta de regagner Paris pour prodiguer ses soins à son malheureux directeur, « en lui répétant sans cesse, raconte Constance Battersea, que c'était lui, son chef, qui aurait dû être à sa place[4] ».

Après la condamnation d'Alfred Dreyfus et son expédition dans la sinistre et lointaine colonie pénitentiaire de la Guyane, en décembre 1894, l'affaire parut sombrer dans l'oubli. Le nom de Dreyfus disparut des pamphlets et revues incendiaires publiés par les maniaques de l'antisémitisme, mais pas celui de Rothschild. En mars 1896, le quotidien de Drumont se félicita de l'échec d'Alphonse de Rothschild lors de la réélection du trésorier de l'Organisation des agriculteurs de France (par 1949 voix contre 2782). « Rothschild chassé des Agriculteurs de France, commenta *La Libre Parole*, ce n'est certes pas l'hydre juif abattu, mais c'est un tentacule de la pieuvre tranché ; les autres suivront[5]. » Drumont revint sur le sujet dans un éditorial en première page : « Peu à peu nos livres ont fait leur œuvre[6] », se vantait-il. Il y eut des manifestations anti-Rothschild devant les bureaux du journal de Drumont et devant la banque de la rue Laffitte. Quand la police eut vent du projet des étudiants antisémites de marcher sur la maison de la rue Saint-Florentin, elle se hâta de bloquer les voies d'accès. Drumont publia un dessin représentant un détachement des forces de l'ordre gardant la maison, de nuit, et rapporta les activités de la brigade spéciale chargée d'escorter Rothschild et de surveiller son courrier[7].

En novembre 1896, le « spécialiste » des Rothschild désigné par Drumont, Raphaël Viau, publia un compte rendu sarcastique de l'ouverture d'un petit poste de police dans la maison des Rothschild, auquel étaient affectés quarante agents pour une surveillance de chaque instant, de nuit comme de jour. Le poste avait été inauguré, d'après Viau, par un banquet offert par le baron et honoré de sa présence. « A deux heures [du matin], ces messieurs étaient tellement gais qu'ils se proposaient rien de moins que de venir assommer sur l'heure des rédacteurs de *La Libre Parole,* mais on leur fit observer, à juste titre, que leur service consistait pour l'instant à veiller sur le sommeil de leur amphitryon[8] ».

C'est à cette même époque que le commandant Picquart, désormais chef du service de renseignement de l'armée, acquit la conviction que l'auteur de la liste des rapports de renseignement — le bordereau sur la base duquel Dreyfus avait été accusé de trahison — était le commandant Esterházy. La découverte de Picquart ne fut pas rendue publique. Au contraire, on l'expédia en mission loin de Paris. Mais cet élément nouveau allait permettre à la famille et aux amis de Dreyfus, ainsi qu'aux partisans de la justice, de réclamer la révision du procès[9].

Le 20 novembre 1896, par une journée boursière tout à fait satisfaisante, une rumeur éclata soudain à la corbeille : le baron Alphonse avait été frappé d'apoplexie, il était mort. Les courtiers et leurs assistants se précipitèrent à leurs postes, pour vendre autant d'actions qu'ils le pouvaient, la panique engendrant la panique. Les titres proposés à la vente étaient ceux des sociétés dans lesquelles les Rothschild avaient une participation, comme les mines d'or et de diamant, les De Beers d'Afrique du Sud, Rio Tinto, mais pas seulement ceux-là ; la rente française commença à déraper.

Les courtiers qui traitaient régulièrement avec les Rothschild se précipitèrent dans la rue, sautèrent dans des fiacres pour couvrir les 800 mètres séparant la Bourse du 19, rue Laffitte et trouvèrent le baron (âgé de soixante-neuf ans) assis à son bureau. Ils s'élancèrent au-dehors pour regagner la Bourse, le plus rapide parcourant l'aller et retour en dix minutes. La panique fut maîtrisée.

On supposa que la fausse nouvelle avait été une manœuvre des spéculateurs. Comme on était un vendredi après-midi, début du *shabbat,* ils avaient dû imaginer que le baron ne se trouverait plus à son bureau et que son bon état de santé ne pourrait donc pas être constaté. La rumeur ayant été rapidement démentie les spéculateurs n'avaient guère eu le temps de bénéficier pleinement de leur stratagème. La presse rappela à ses lecteurs que la propagation délibérée de fausses informations était punissable aux termes du Code pénal.

« Ce n'est pas la première fois qu'on fait courir le bruit de la mort du baron Alphonse de Rothschild, déclara un courtier éminent. [...] M. de Rothschild soutenait certaines valeurs. Il les avait en portefeuille ; eh bien, lui mort, ces valeurs passaient dans le portefeuille de la famille. Après[10] ?... »

Au début de 1898, l'ex-capitaine Dreyfus reparut soudain à la une des journaux. De longs mois d'enquête minutieuse et les efforts parallèles de la légion croissante des dreyfusards avaient rendu inévitable l'inculpation du commandant Esterházy. Tant pis pour les officiers supérieurs qui s'entêtaient à proclamer la culpabilité de Dreyfus ou à considérer que l'honneur de l'armée exigeait la confirmation du premier verdict, quelle que pût être la vérité. Le Conseil de guerre s'ouvrit le 10 janvier dans cette même salle du Cherche-Midi qui avait vu la disgrâce d'Alfred Dreyfus. L'issue du procès pouvait se deviner au respect manifesté à Esterházy et aux sarcasmes dirigés contre Mathieu Dreyfus, frère du condamné. « L'arrêt du Conseil de guerre n'est pas encore connu, écrivit Alphonse le lendemain à ses cousins londoniens, mais on ne peut que déplorer ces dissensions entre militaires de grades élevés, qui discréditent l'état-major et portent une véritable atteinte à la discipline de l'armée[11]. »

Non seulement Esterházy fut acquitté, à l'unanimité des officiers juges, mais on entendit crier « mort aux Juifs ! » dans l'assistance distinguée[12]. « L'arrêt qui a été rendu hier par le conseil de guerre vous fera comprendre mieux que je ne pourrais le faire moi-même l'état d'esprit dans lequel se trouvent les personnes appartenant aux classes les plus élevées de la société et qui sont nourries des sentiments d'honneur, commentait Alphonse pour ses cousins de Londres. Je n'ai pas été surpris par l'acquittement du Ct Esterházy, j'en étais certain à l'avance. Mais je ne m'attendais pas aux ovations dont a été l'objet le héros de la fête... » Deux jours plus tard, il rapportait à ces mêmes cousins et partenaires : « Nous nous tenons absolument tranquilles, tout à fait en dehors de la politique et des grands hommes qui s'en occupent. » Il espérait seulement que l'agitation prendrait bientôt fin, mais ne croyait pas que ce fût vraisemblable [13].

L'informateur de police Aspic, qui observait l'agitation dans le camp de Drumont, remit un rapport alléguant qu'Alphonse avait contribué à la défense de Dreyfus. Le baron jugeait la campagne des dreyfusards « funeste » aux Juifs mais avait cédé aux pressions, ajoutait l'agent, en versant une contribution modeste sous forme d'argent. L'information d'Aspic était certainement fausse [14].

Même sans les Rothschild, le nombre croissant des hommes en colère qui contestaient l'injustice flagrante du sort du capitaine Dreyfus atteignait maintenant un seuil explosif. Et le mérite de la détonation revint à Émile Zola. En 1898, il était l'un des écrivains français les plus connus et l'un des plus prolifiques, avec sa série de romans dénonçant les vices de la société française ; sa réputation dépassait depuis longtemps les frontières. Un de ses récits, *L'Argent,* lui avait été inspiré par la faillite de l'Union générale de Bontoux, en un temps où Zola croyait sincèrement à la malveillance des banquiers juifs. Son affreux « Gunderman » était un Alphonse de Rothschild à peine déguisé, mais dépourvu de toute plausibilité. Toutefois le développement de l'antisémitisme de Drumont et de ses semblables produisit chez cet honnête homme une réaction réfléchie. Zola annonça dans un article qu'il voyait à présent que « ces Juifs, exclusifs, encore mal fondus dans la nation, trop avides, acharnés à la conquête de l'or, ils sont l'œuvre des chrétiens [...]. On les a parqués dans des quartiers infâmes, comme des lépreux ; quoi d'étonnant qu'ils aient resserré, dans la prison du ghetto, leurs liens de famille [15] ! ».

On ne peut guère s'étonner que les dreyfusards se soient tournés vers cet homme de bonne volonté ; l'esprit analytique de Zola fit le reste. Le 13 janvier 1898, *L'Aurore,* journal quotidien d'un autre combattant, Georges Clemenceau, s'ouvrait en première page sur le « J'accuse » fulgurant de Zola. Sous la forme d'une lettre ouverte au président de la République, l'auteur dénonçait des généraux de haut rang comme complices d'officiers malhonnêtes qui dissimulaient les preuves de l'innocence de Dreyfus et de la culpabilité d'Esterházy, en des termes que Zola savait passibles de poursuites et d'inculpation pour diffamation : « J'accuse le général Mercier de s'être rendu complice, tout au moins par faiblesse d'esprit, d'une des plus grandes iniquités du siècle. J'accuse le général Billot d'avoir eu entre les mains les preuves certaines de l'innocence de Dreyfus et de les avoir étouffées... »

L'inculpation allait suivre. « M. Zola va être poursuivi devant les tribunaux pour l'article qu'il a publié hier », rapporta Alphonse, ajoutant : « Les affaires souffrent de cet état de choses, la nullité des transactions continue à la Bourse »[16].

Trois ans et un mois après la disgrâce du capitaine, l'affaire Dreyfus était enfin devenue nationale. Écrivant à ses cousins, Alphonse, pourtant toujours si posé, parle d'une atmosphère de crise, et même prérévolutionnaire — mais Paris était calme, la police y veillait ; le gouvernement exerçait également son autorité, mais on ne savait jamais[17]...

Le procès de Zola s'ouvrit en février, en principe pour trois jours, « et puis, poursuivait Alphonse, je souhaite ardemment que le silence se fasse sur cette malheureuse affaire Dreyfus dont il ne peut rien sortir de bon dans ce moment et dans l'état de surexcitation des esprits. Le procès Zola terminé, peut-être pourra-t-on penser de nouveau aux affaires[18] ». Il suivait de près le déroulement du procès, heureux de voir que, malgré tous les efforts du président, « la vérité se [fasse] jour bribe par bribe ». Son instinct l'avertissait que, « quelle que soit l'issue du procès, condamnation ou acquittement du prévenu, l'autorité des grands chefs aura reçu une profonde atteinte, la société française se sera divisée en deux camps prêts à en venir aux mains et à s'entre-déchirer... ». « Lourde et sans affaires », la Bourse continuait à en ressentir les effets.

Quelques jours plus tard, dans une nouvelle lettre, Alphonse relatait les incidents antisémites survenus dans les rues de Paris, le pillage de magasins juifs par des voyous qui criaient : « Vive l'armée », la populace tentant sans succès de pénétrer dans une synagogue, rue des Tournelles[19]. Il évoquait la mascarade du procès Zola, le président refusant de laisser l'avocat de ce dernier demander à Esterházy s'il avait été en contact avec l'attaché militaire allemand, sous le prétexte de l' « honneur » de la nation. Le 23 février, Zola fut condamné à un an de prison. Aux cris familiers de « Vive l'armée ! » et « Mort aux Juifs ! » s'ajoutait maintenant une nouvelle imprécation : « Mort à Zola ! »[20].

En juin, une lettre d'Alphonse et Gustave fut lue au conseil municipal de Paris : à l'occasion de la première victoire de leur écurie au grand prix de Paris, les Rothschild faisaient don d'une somme de 200 000 francs, destinée à aider « la population nécessiteuse de la ville de Paris ». Un membre du conseil s'exclama : « Que vont dire les antisémites ? » Un antisémite était effectivement là. Il s'écria : « C'est un paratonnerre. » Mais le don fut accepté[21].

Un nouveau coup de théâtre se produisit dans l'affaire Dreyfus avec le suicide du lieutenant-colonel Joseph Henry, l'officier de renseignement qui avait forgé de toutes pièces un message prétendument adressé par l'attaché militaire italien à son homologue allemand. Ce message contenait le nom de Dreyfus et constituait donc une pièce à conviction fort convaincante et efficace dans le procès de Zola. Henry fut arrêté à la fin d'août 1898 et fut retrouvé mort le lendemain dans sa cellule. Il s'était tranché la gorge.

« Sous certains rapports, écrivait le baron Alphonse à ses cousins le 1er septembre, nous pourrions nous féliciter de la tournure qu'a prise cette malheureuse affaire Dreyfus, qui est devenue un cauchemar pour tout le monde. Évidemment, l'honneur des Juifs, puisqu'on a transformé cette question en une question juive, va se trouver lavé de la tache qu'on lui a imprimée, car la révision [du procès de Dreyfus] s'impose. » Il prévoyait de nouvelles difficultés, mais l'opinion publique réclamait justice. A quel prix ? La France était dans « un véritable état de désarroi, dans une désorganisation complète ». Alphonse comptait « sur l'élasticité de ce pays qui sait rebondir au moment où l'on s'y attend le moins ».

En outre, les développements encourageants de l'affaire donnaient au chef de la branche française l'occasion de réfléchir à ses leçons. « L'affaire Dreyfus est un épisode qui nous intéresse personnellement, nous autres Juifs, ainsi que les amis de la légalité et de l'humanité, mais c'est le prétexte et non la véritable cause de l'agitation présente. » Selon Alphonse, la vraie bataille se livrait entre partisans de l' « ancien régime clérical » et défenseurs des « idées nouvelles de tolérance religieuse et de non-ingérence du clergé ». Pour sa part, Alphonse était certain que « des idées libérales » sortiraient victorieuses. Cela, le 19 septembre. Mais peu de temps après, le 23 septembre, il apportait des restrictions à son estimation optimiste. Il craignait que la France ne fût divisée entre le « parti militaire » et le « parti républicain », ce dernier dominé par des « socialistes, hommes en général de désordre, et ennemis déclarés de la société bourgeoise ». Autrement dit, la France naviguait entre Charybde et Scylla, et qui pouvait dire lequel serait le plus dangereux[22] ?

Il n'allait guère avoir le temps d'y réfléchir. Les antidreyfusards lançaient une nouvelle campagne dans *La Libre Parole,* cette fois sous le prétexte de faire une collecte au profit de la veuve du colonel Henry. Les milliers de contributions individuelles qui en résultaient donnèrent lieu à une nouvelle flambée d'agressions antisémites, ne fût-ce que dans les lettres accompagnant l'argent. Émile Zola y était attaqué trente-six fois, son éditeur Clemenceau cinquante-huit fois, et Joseph Reinach (personnage politique, dreyfusard influent et juif), neuf cent vingt-neuf fois. Quant aux Rothschild, dont le nom n'apparaissait nulle part dans l'affaire Dreyfus et qui n'étaient même pas des partisans déclarés de Dreyfus, ils étaient cités dans quatorze lettres[23].

Une annonce de mauvais augure parut dans le carnet mondain d'un quotidien parisien, en novembre 1898 : le baron Alphonse était resté une dizaine de jours à Ferrières, immobilisé par un « accès de goutte » qui avait pris des proportions inquiétantes. Mais le danger était passé et le « chef de la puissante maison de banque » allait bientôt revenir rue Laffitte [24]. C'est par l'un de ces bulletins occasionnels qui fournissaient une chronique de la vie des Rothschild que serait annoncé le brusque décès d'Alphonse. « Renseignements pris, le bruit était inexact, annonça un journal à ses lecteurs. Ce qui est certain, c'est que le grand financier juif est très malade et que son état de santé inspire les plus grandes inquiétudes [25]. »

14

# Édouard

La criante falsification du colonel Henry imposait la révision du procès d'Alfred Dreyfus. Cette révision fut enfin fixée au 7 août 1899, à Rennes, et le navire qui ramenait Dreyfus de son enfer tropical arriva directement dans un port breton. Les audiences se déroulèrent en présence d'un condamné très diminué par des années d'un régime inhumain, pour un crime qu'il savait n'avoir pas commis, comme ne l'ignoraient plus désormais un nombre croissant de citoyens, de hauts fonctionnaires et même d'officiers. L'affaire Dreyfus semblait près de s'achever.

C'était oublier le poids des officiers supérieurs bornés, ceux-là mêmes qui avaient condamné Dreyfus et qui refusaient même l'existence des preuves désignant le vrai coupable ; ces officiers supérieurs avaient sanctionné leurs collègues honnêtes, lorsque ceux-ci leur avaient soumis ces preuves. Ils avaient même accepté, quand ils ne les avaient pas encouragés, les faux témoignages et les documents fabriqués de toutes pièces. Redoutant la confrontation, le véritable espion, Esterházy, avait refusé de témoigner et avait même réussi à quitter le territoire national.

Avant la fin du procès, l'avocat obstiné de Dreyfus, Fernand Labori, fut abattu à Rennes. Et devant cette seconde cour martiale, Alfred Dreyfus fut une nouvelle fois déclaré coupable, même si les juges militaires lui avaient découvert, cette fois, des « circonstances atténuantes », réduisant la sentence à dix ans de simple réclusion. Modérant la protestation des Français les plus sensibles, le président de la République française, Émile Loubet, prononça aussitôt la grâce du condamné. En 1906, le jugement de Rennes serait cassé, restaurant Dreyfus dans son grade militaire ; il pourrait désormais prendre sa retraite, promu au rang de commandant.

Une fois au moins, Édouard, fils d'Alphonse et héritier en titre, expérimenta l'arrière-goût amer de la trêve difficile dans laquelle la France était entrée après le second procès Dreyfus. Un certain comte de Lubersac provoqua Robert de Rothschild, fils de Gustave, en lui rappelant une querelle qu'ils avaient naguère eue au lycée, trop jeunes encore pour se battre en duel. « Mais aujourd'hui, n'avez-vous pas atteint cet âge où l'on est personnellement responsable de ses actes? lança Lubersac du haut de ses vingt-trois ans. Pour me renseigner sur ce point, ajoutait-il perfidement, je cherche en vain votre acte de baptême dans toutes les paroisses de Paris. » Évoquant « le dégoût que m'inspirent vous et les vôtres », le jeune comte exigeait un duel. Mais si Robert était « trop indigne » pour l'affronter, il devrait donner 100 000 francs à la Ligue de la patrie française, mouvement notoirement nationaliste et antidreyfusard.

Lorsque les témoins de Lubersac apprirent l'âge exact de Robert — il venait juste d'avoir vingt ans —, ils suggérèrent de recourir à l'arbitrage plutôt qu'à l'épée. Les témoins de Robert rejetèrent la proposition, estimant qu'à vingt ans on a le droit d'exiger réparation. Ils étaient d'autant plus sûrs d'eux que le père de Robert lui-même les avait priés d'être les témoins du jeune homme. Robert écrivit au comte : « Quand on trouve un homme assez âgé pour l'insulter, on ne le trouve pas trop jeune pour lui rendre raison. »

Michel Ephrussi, le gendre d'Alphonse, intervint, mais n'obtint aucune réponse de Lubersac. Le jeune comte enragé préféra s'adresser à Édouard, fils d'Alphonse, considérant qu'il était désormais le chef de famille : « Je vous adresse mon mépris et je vous préviens que partout où je vous rencontrerai, je vous jetterai mon gant à la face. »

Édouard lui envoya donc ses témoins. Le duel eut lieu au matin du 12 avril 1900. Rothschild, âgé de trente-deux ans, fut touché à l'avant-bras droit. La blessure, profonde et longue de huit centimètres, d'après le procès-verbal, fut décrite dans la presse comme une lésion superficielle, qui ne l'avait pas empêché de rentrer déjeuner chez lui ni de sortir l'après-midi même[1].

L'entreprenant éditeur Pierre-Victor Stock avait publié un nombre considérable d'ouvrages favorables à Dreyfus, en véritable militant dreyfusard de la première heure. Il traversait maintenant une fort mauvaise passe. Un incendie à la Comédie-Française avait entraîné la construction d'une palissade sous les arcades, dissimulant sa librairie ; les clients étaient rares. Il se tourna vers ses amis dreyfusards pour solliciter leur aide — il lui fallait un prêt de 20 000 francs — mais n'essuya que des refus. Un ami avocat lui suggéra alors de solliciter Alphonse de Rothschild et l'aida à rédiger une lettre, à laquelle Stock joignit un tract l'accusant d'être un « Juif allemand baptisé au sécateur, espion de S. M. Guillaume III... ».

L'avocat de Stock prit l'initiative de faire suivre l'envoi de la lettre par une visite rue Laffitte, où un collaborateur de haut rang du baron Alphonse l'informa que la requête de Stock n'était pas une « affaire » et suggéra que Stock revienne avec une proposition sérieuse, requérant un investissement financier. Un courtier éminent, ami du même avocat, approcha alors Alphonse de la part de l'éditeur. Rothschild lui déclara : « Stock est destiné à faire faillite, l'aider maintenant ne serait que retarder ce résultat, donc inutile de donner suite à sa demande. » On pouvait être sentimental, mais pas quand on était banquier[2].

Si vieux qu'il fût, Alphonse demeurait au cœur des choses. Quand Raphaël Viau révéla dans les pages de *La Libre Parole* que Rothschild avait été bloqué par un accès de goutte aigu — car la feuille de chou de Drumont était la « mieux renseignée et surtout plus rapidement renseignée sur ce qui se passe chez les Grands Juifs que n'importe quelle feuille boulevardière à la solde d'Israël » —, les visiteurs s'empressèrent rue Saint-Florentin, entre autres (nous dit Viau) le gouvernement tout entier. Il y eut une conférence des médecins de la famille Rothschild, suivie d'un communiqué officiel annonçant l'amélioration de l'état du malade. S'il en est ainsi, protestait l'homme de Drumont, pourquoi cette foule de médecins à son chevet ? La rumeur circulait qu'Alphonse avait le cœur fatigué. Il avait soixante-quatorze ans, un âge qui ne pouvait guère rassurer son entourage[3].

Alphonse se remit. A la fin de l'année, il put même prendre quelques vacances à Londres, avec la baronne. Nous le savons par un télégramme du 23 décembre, adressé par le commissaire spécial de la gare du Nord au ministre de l'Intérieur, avec copie à la Sûreté générale et au préfet de police, rapportant que le couple avait pris le train ce matin-là à 11 h 20[4]. Alphonse semblait avoir repris le cours normal de sa vie, une vie dont on pouvait suivre les événements dans la presse polémique. C'est ainsi que *La Libre Parole* avait surpris Alphonse et ses amis chassant un lundi de janvier 1903, le lendemain de la clôture officielle de la chasse ; ils avaient tué trois cents faisans, mais n'avaient pu tous les manger. (« Le Juif, toujours affameur, n'est pas toujours affamé ».) Aussi Rothschild — de cette race « commerçante, trafiquante, mercantile » — envoya-t-il les volatiles aux Halles, où un commissaire de police ordonna leur saisie et leur distribution dans un hôpital de charité. Rothschild, racontait l'envoyé de Drumont, empoigna aussitôt son téléphone pour ordonner la remise de ses faisans sur le marché, où ils furent vendus. Moralité : « Le Juif, braconnier par excellence, qui chasse, viole et pille sur cette France qui n'est point sienne, est au-dessus des lois actuelles »[5].

Décidément, les antisémites ne manquaient pas d'imagination.

L'affaire Dreyfus était terminée, mais pas l'affaire Rothschild. Un nouveau dossier de police fut ouvert en août 1904, quand on découvrit un paquet suspect sur un rebord de fenêtre de la façade de la résidence Rothschild donnant sur la rue de Mondovi. Cela avait tout l'air d'une bombe, avec une « mèche de coton paraissant avoir été allumée ». Un gardien de la paix l'avait découvert à 3 h 30 du matin, et l'avait confié au laboratoire municipal. « De l'examen qui en a été fait, à ce service, il résulte que cette boîte contenait des harengs en fermentation[6]. »

Cette année-là, un tract publié par la Librairie antisémite sous la signature d'un des reporters de Drumont chargés des Rothschild affirmait qu'Alphonse valait actuellement 10 milliards de francs (environ 175 milliards de notre époque). L'auteur comparait cette somme au milliard déclaré quelque trente-cinq ans plus tôt, à la mort du baron James. « Qui niera que le puissant baron, maître comme il est du marché financier, puisse sans grand effort doubler sa fortune en dix ans[7] ? »

Drumont et ses hommes se montraient moins loquaces quand les Rothschild faisaient des dons d'argent, mais l'événement était tout de même commenté dans la presse. L'hebdomadaire populaire *L'Illustration,* véritable *Paris-Match* de son temps, publia des portraits d'Alphonse, Gustave et Edmond (les deux aînés avec des barbes blanches et le plus jeune avec une barbe noire) pour annoncer une grande première pour les logements ouvriers à bas prix. « Un don de 10 millions, voilà certes qui n'est pas banal, observait le journaliste, du moins en France, où les milliardaires américains n'ont point encore fait école. »

Car les trois frères avaient créé une Fondation Rothschild pour l'hygiène sociale, dont les fonds devaient servir à construire des habitations à bon marché. Dès 1894, une loi le permettant avait été votée et bien que de nombreux projets eussent été esquissés, les Rothschild étaient les premiers à entreprendre un programme à grande échelle. Ils allaient lancer un concours pour trouver des architectes ayant des idées neuves sur le logement social, puis financer la construction. Les loyers payés par des locataires à faibles revenus seraient utilisés dans d'autres programmes de bienfaisance[8].

La Fondation Rothschild commença avec trois terrains dans les XIe, XIIe et XIXe arrondissements, engloutissant des sommes sans précédent dans la conception, puis la construction d'immeubles. Le programme se poursuivit là et ailleurs jusqu'au début de la Première Guerre mondiale, quand les locataires cessèrent de payer leurs loyers et que l'entretien devint très coûteux. A cette date, les HBM (habitations à bon marché) y devinrent l'affaire du gouvernement[9]. Mais l'œuvre pionnière était accomplie et les grands ensembles de logements à bon marché allaient transformer le paysage de Paris au cours de la première moitié du XXe siècle. Et, à la fin de ce siècle, certains grands ensembles portent encore le nom des Rothschild gravé dans la pierre.

Dans la revue populaire *Gil Blas* parut un autre de ces hommages à Alphonse auxquels les lecteurs de journaux étaient habitués. La coalition de la « gent oisive des salons » était décrite de manière fort convaincante : il y avait des gens qui craignaient (et exagéraient) la puissance des Rothschild, — les nationalistes, les socialistes et les anarchistes —, encore ceux qui professaient « un catholicisme intransigeant et batailleur », et enfin, bien sûr, il y avait des gens simplement heureux. Parmi tous, les Rothschild demeuraient sereins, « un asile de conservatisme traditionnel et classique, si cher autrefois à la noblesse française ». Bientôt âgé de quatre-vingts ans, continuait le journaliste, Alphonse avait connu bien des changements et espérait vivre assez longtemps pour voir la fin de la présente agitation. Le panégyrique d'Alphonse ne négligeait pas la baronne : « Aimable et charmante, belle de toute la beauté du type israélite, avec des manières d'une distinction rare, séduisante par je ne sais quelle nonchalance adorable, bonne et douce, oublieuse de ses richesses... »

Le couple, poursuivait l'auteur de l'article, était entré dans une quasi-retraite. Quand il recevait, c'était pour s'entourer d'artistes et d'érudits ; ses dons allaient aux gens comme Louis Pasteur. Le vieil Alphonse demeurait « d'un abord agréable, d'une politesse qui ne se pratique plus guère aujourd'hui » ; il était « doué de ces qualités qui font merveille dans les rapports de l'amitié ». Avec, « tout au fond de sa pensée, un peu de ce scepticisme, à demi moqueur et à demi attendri qui vient aux hommes d'avoir beaucoup vécu »[10].

Une nouvelle crise de goutte, plus alarmante, cloua Alphonse, âgé de soixante-dix-huit ans. La maladie, qui allait mettre fin à ses jours au printemps 1905, était suivie d'aussi près par *La Libre Parole* que par la préfecture de police. On eût dit que l'existence d'Édouard Drumont était suspendue à celle de Rothschild (et c'était, d'une certaine façon, le cas). Au matin du 20 mai, le bulletin publié par les médecins du baron fut succinct : « Amélioration sensible. L'accès de goutte semble terminé. Pas de nouvelle fluxion. La bronchite est en bonne voie d'amélioration. La nuit a été bonne. » Les termes n'auraient guère été différents pour rassurer un peuple sur la santé de son chef d'État[11].

Alphonse s'éteignit paisiblement le 26 mai, un vendredi, soir de *shabbat*. Sa mort fit les gros titres. Un livre d'or fut ouvert en hâte, rue Saint-Florentin, et s'y inscrivirent tous les noms qui comptaient à Paris, y compris ceux du président de la République, du président du Conseil, des présidents des deux chambres, des ambassadeurs des grandes puissances[12].

Le détachement de police affecté rue Saint-Florentin fit son rapport sur la levée du corps qui devait être transporté au siège de la rue Laffitte, le samedi soir : « Aucun incident. » Le lendemain matin, comme le note le même rapport, la rue était bondée, tandis que le convoi s'apprêtait à partir pour le cimetière. Un photographe fixa sur la pellicule la foule massée devant l'hôtel des Rothschild drapé de noir, et les hommes de la famille en chapeau haut de forme. On pouvait reconnaître le fils mince et élancé d'Alphonse, Édouard, avec sa moustache en guidon de vélo [13]. Une affiche proclamant le « deuil des pauvres » invitait les malheureux à rendre un dernier hommage à cet homme qui était le « symbole de la charité ». Un journal rapporta que l'appel avait été entendu « et, entre les hautes personnalités appartenant aux mondes officiel, politique, diplomatique, aristocratique et financier, nombreux étaient les miséreux qui voulaient apporter au baron le tribut de leur suprême hommage [14] ».

A tout hasard, la préfecture avait posté dix inspecteurs devant les bureaux de *La Libre Parole,* 14, boulevard Montmartre. Mais le commissaire responsable put rapporter que personne ne regardait par les fenêtres du journal : « Les stores du reste étaient baissés. » Il y eut néanmoins bien assez de fous ; par exemple, une fausse note nécrologique était vendue par les camelots : « Nous avons l'incommensurable joie de vous inviter à danser un énorme cake-walk de réjouissance pour fêter la crevaison que nous attendions depuis si longtemps du célèbre triporteur ALPHONSE DE ROTHSCHILD, Empereur de l'Or, Roi de l'Usure, Prince de la Banqueroute, Duc de l'Agiotage. » C'était plus violent que la plupart des tracts de cet acabit. « Le chandelier à sept branches sera allumé. Les bougies en seront fabriquées avec la cire produite par l'œil unique du défunt » [15].

Édouard Drumont n'attendit même pas l'enterrement pour publier de nouvelles récriminations dans *La Libre Parole,* ressassant de vieilles demi-vérités et les souvenirs presque incohérents de son affrontement avec les Rothschild. Telle n'était certainement pas l'intention de la rédaction du journal, mais le traitement accordé à la mort d'Alphonse fut assurément l'hommage le plus spectaculaire que pût recevoir un personnage public, avec le portrait (solennel, et non caricatural) du défunt en couverture, la vue du château de Ferrières et, en page intérieure, la première maison des Rothschild dans le ghetto de Francfort, ainsi que l'hôtel de la rue Saint-Florentin. « Le Roi de l'Or », annonçait le titre en énormes caractères [16].

La procession arriva au cimetière du Père-Lachaise peu avant 13 heures ; la cérémonie fut brève. Selon le désir du baron, il n'y eut ni fleurs, ni honneurs militaires, ni discours. On ne pouvait entrer dans le cimetière que sur invitation, mais il y avait tout de même 5 000 invités. Le grand rabbin Zadoc Kahn officia ; le curé de Ferrières était également présent, bréviaire à la main. Le caveau de famille se trouvait dans la section juive. Pour marquer ce jour, le fils Édouard envoya 50 000 francs au préfet de la Seine, destinés aux nécessiteux [17].

La presse releva soigneusement les noms et qualités des personnes venues présenter leurs condoléances à la famille ; l'un des visiteurs, toutefois, fut négligé. A cette époque, l'Église catholique gardait un profil aussi bas que possible en France car une nouvelle vague républicaine — réagissant, entre autres, à l'affaire Dreyfus — avait choisi une ligne dure concernant les relations entre l'État et l'Église. Après une rupture officielle entre la France et le Vatican, en juillet 1904, le nonce du pape était retourné à Rome, laissant derrière lui un représentant de moindre rang chargé de veiller aux intérêts de l'Église, monseigneur Carlo Montagnini. Plus tard, Montagnini allait également être expulsé et ses papiers, saisis pour être examinés par le Parlement, furent divulgués à la presse. Parmi ces documents se trouvait un télégramme de Merry del Val, secrétaire d'État du Vatican, priant le délégué à Paris de présenter ses condoléances aux Rothschild pour le décès d'Alphonse.

Montagnini suivit ses instructions. Dans son rapport, dont une copie figurait dans les papiers confisqués, il relatait sa visite à Gustave, frère d'Alphonse, le 29 mai, jour des obsèques. Gustave apprécia les condoléances que lui présentait Pie X. Il ajouta qu'il désapprouvait le bannissement des congrégations par le gouvernement et qu'il déplorait la séparation de l'Église et de l'État, qu'il la considérait comme « dangereu[se] pour la République elle-même ». Montagnini observa à l'intention de del Val que cette opinion exprimée par un vieux monsieur qui « a gardé une claire et remarquable intelligence » ne le surprenait guère. Gustave, ajoutait le prélat, était plus religieux, moins « vindicatif » qu'Alphonse, « si irrité par la condamnation de Dreyfus et l'abandon de l'aristocratie française ».

Peu après sa visite, l'agent officieux du Vatican reçut des cartes de Gustave, de son frère Edmond et d'Édouard. Il en informa Rome, concluant par cet avertissement : « Ce billet doit être détruit immédiatement »[18].

Le bruit avait couru que le testament du défunt patriarche des Rothschild serait rendu public dès la fin de la cérémonie ; il n'en fut rien[19]. La communauté financière, ainsi qu'un public toujours affamé de nouvelles de la dynastie allaient devoir attendre juillet pour connaître les détails de la répartition. Une demi-douzaine d'années auparavant, les compagnies Rothschild de Londres, Paris, Francfort et Vienne avaient décidé d'un commun accord de trancher leurs liens traditionnels (ce qui allait épargner à la maison française d'être saisie après la déclaration de guerre de 1914 ; dans le cas contraire les Rothschild se seraient retrouvés dans les deux camps à la fois)[20]. La maison française serait désormais une nouvelle société, De Rothschild Frères, au capital de 50 millions de francs, fourni à parts égales par les frères d'Alphonse, Gustave et Edmond, et par son fils Édouard. (La contribution d'Édouard fut apportée en espèces ; celle de ses oncles provint en partie de valeurs bancaires existantes.) Chacun des trois partenaires avait tous pouvoirs.

Par la suite, Gustave allait céder une part symbolique de son capital — sans pouvoirs — à son fils Robert, Edmond agissant de même avec son propre fils, James Armand. Mais, dorénavant, Édouard était le chef en titre de la banque et le président du chemin de fer du Nord, suivant la tradition Rothschild du droit d'aînesse[21].

Voilà pour l'aspect financier, dont allaient prendre connaissance les spécialistes. Quant au grand public, il apprendrait le détail des généreux legs du baron Alphonse, parmi lesquels une donation de 3 millions de francs à une fondation caritative non confessionnelle, de nouveaux fonds pour l'hôpital de la rue Picpus et la constitution de dots pour les filles des employés du chemin de fer du Nord. Il avait également prévu des dons pour une organisation philanthrophique juive, pour les pauvres de la commune de Ferrières et pour un prix bi-annuel que devait décerner en son nom l'Académie des beaux-arts[22].

Mais le canon se remit bientôt à tonner dans le camp de Drumont. Dans *La Libre Parole,* un autre « spécialiste » des Rothschild, Albert Monniot, signalait qu'au moment où le gouvernement procédait à l'inventaire des biens de l'Église — l'une des conséquences de la rupture avec le Vatican et d'une loi nouvelle sur la séparation de l'Église et de l'État —, il était également grand temps d'enquêter sur les enquêteurs, c'est-à-dire ceux qui étaient censés prélever la taxe sur les héritages. « Les évaluations les plus modérées portent à plusieurs milliards la fortune laissée par le puissant roi des Juifs », expliquait Monniot qui estimait pour sa part le montant à 5 milliards. Ce chiffre fixait l'impôt à 100 millions de francs ; où était l'argent ? Ce qui n'avait été d'abord qu'un article en bas de page eut tôt fait de prendre la vedette à la une. Sous le titre « Les millions volés », le « spécialiste » des Rothschild évoquait la « fraude colossale », car selon lui, la valeur réelle des biens du défunt avait été dissimulée dans les registres de la société familiale. L'affaire, concluait Monniot, était du ressort de la Chambre des députés[23].

Ce ne fut pas la Chambre des députés mais le Sénat qui releva le gant, en la personne d'un antisémite virulent, Dominique Delahaye, qui cita d'abondance les accusations de *La Libre Parole.* Le ministre des Finances, Raymond Poincaré, fut obligé de spécifier le montant exact de l'actif déclaré par les héritiers : 250 942 332 francs — plus de 4,5 milliards actuels — dont 11 377 944 avaient été versés en droits de mutation. « Mais alors il était donc bien pauvre, M. de Rothschild », répliqua le sénateur, provoquant des rires dans l'assemblée. Sous les acclamations, Poincaré soutint que la totalité des biens avait été évaluée avec tout le soin et la minutie dont l'administration était capable. Le Sénat vota avec enthousiasme la décision de publier sous forme de placard la défense par Poincaré de l'attitude du gouvernement[24].

Nous savons ce qui échut, ou allait échoir, à Édouard ; nous ne pouvons que supputer le traitement dont bénéficia Charlotte Béatrix, unique autre enfant survivant d'Alphonse. Jeune épouse d'un vieux banquier fort laid, Béatrix a laissé le souvenir d'une femme « ravissante », toujours vêtue de rose, mais capricieuse et autoritaire. Elle construisait et démolissait des villas sur la Côte d'Azur, déplaçait des bosquets entiers, plantait des jardins en plein vent ou commandait un train sans se soucier des horaires. Elle oubliait sa maison pleine d'invités pour courir jouer à Monte-Carlo[25]...

Ce fut en 1905, sûrement avec l'argent que son père lui avait laissé, qu'elle entreprit de construire un domaine vraiment à son goût, peut-être le plus bizarre de toute la Côte d'Azur, sur une mince bande de terre, à Saint-Jean-Cap-Ferrat. Le terrain étant étroit comme un navire, elle habilla ses jardiniers en marins ; et, pour agrandir son jardin, elle fit dynamiter une falaise[26].

Il allait se passer une bonne année avant qu'Édouard, qui avait trente-sept ans à la mort de son père, ne succède à Alphonse au fauteuil directorial. C'était un Rothschild fragile, dont la jeunesse avait été marquée par la tuberculose. Pendant sa convalescence en Suisse, ce fut son oncle, Edmond, qui signa le courrier. Dès qu'il le put, Édouard confia à ses cousins de Londres : « Ce n'est pas sans une profonde émotion que je suis rentré au bureau, où depuis un an je n'ai fait que quelques rares apparitions. C'est le cœur meurtri que j'ai revu ces lieux où j'ai passé toute ma jeunesse, et qui évoquent en moi tant de souvenirs si lointains[27]. »

Comparé à Alphonse le modéré, son père, James, avait été un personnage flamboyant. Après Alphonse, Édouard semblait une fleur de tapisserie murale. A côté des portraits de James, de la multitude de dessins représentant Alphonse, avec ses favoris, on trouve difficilement un portrait d'Édouard, dessiné ou photographié. « On évite de paraître dans les journaux », telle était son opinion. Il chérissait son intimité[28]. Peut-être convient-il de noter que, si Alphonse avait grandi dans l'atmosphère optimiste d'un empire en expansion, l'adolescence et les débuts d'Édouard de Rothschild s'étaient déroulés à l'époque de l'antisémitisme forcené de Drumont et du scandale de l'affaire Dreyfus, époque où un Juif, qui plus est un Rothschild, avait intérêt à ne pas se faire remarquer.

Les auteurs d'un pamphlet iconoclaste et subtilement antisémite sur la dynastie Rothschild eurent eux-mêmes bien du mal à formuler des critiques concernant Édouard, cet homme qui « tenait une grande place dans la vie mondaine par son écurie de courses et ses œuvres de charité ». Mais ils dénonçaient son « rôle occulte essentiel dans notre vie parlementaire, grâce en particulier à son poste de régent de la Banque de France, qui lui avait permis d'intervenir dans toutes les négociations provoquées par les crises du franc ». C'était presque le pire qu'on pût trouver à lui reprocher. « Les gens informés assurent qu'à la belle époque du grand affairisme — entre 1920 et 1940 — aucun cabinet n'était constitué sans qu'Édouard de Rothschild fût consulté »[29].

Il était si discret que les auteurs de cette dénonciation prétendument bien informée semblent avoir ignoré que, malgré tout son pouvoir apparent, Édouard n'avait pas pu sauver la parité du franc dans les années 1920 ni empêcher la constitution d'un gouvernement de Front populaire pendant la décennie suivante.

Il fut un grand seigneur, un patriote français, conscient de ses responsabilités, mais non un constructeur d'empire ; il allait se contenter d'administrer ce que son père et son grand-père avaient édifié. A leur époque, les clients avaient été des gouvernements, qui laissaient aux Rothschild le soin de garantir leurs emprunts. Mais les temps avaient changé ; les corporations remplaçaient les gouvernements et il existait un type de clients entièrement nouveau à démarcher. Parmi ceux qui surent aller les chercher, se trouvent les descendants d'Abraham Lazard, originaire de Bohême, qui s'était établi en Lorraine en 1792. Le fils et le gendre Lazard, pionniers dans les tout jeunes États-Unis, puis en France et en Angleterre, devaient faire de Lazard Frères une institution transatlantique, toujours tournée vers l'industrie du futur.

Les Rothschild auraient pu être les banquiers des affaires et de l'industrie moderne. Leurs entrées étaient déjà assurées, grâce à leurs investissements en matière d'électricité, d'exploration et de distribution pétrolière[30]. Ils auraient pu s'imposer aux États-Unis, mais, là encore, Édouard hésitait. « Ici, on a toujours une crainte respectueuse à l'égard des Yankees », expliqua-t-il à ses cousins londoniens, peu après avoir pris la relève de son père, à la fin du printemps 1906. « Ces messieurs voient grand, et opèrent de même. Si leurs bénéfices atteignent quelquefois des chiffres fantastiques, leurs débâcles causent des catastrophes profondes »[31].

# 15
# Les cercles se resserrent

Guy, le fils d'Édouard, se rappelait son père, « grand, mince, les traits fins et marqués, le profil aquilin », avec une « élégance très personnelle », caractérisée en partie par son traditionnel uniforme de banquier, « ses cols cassés qu'il ne quittait pratiquement jamais » (sauf pour le golf ou la chasse). Car Édouard avait sa propre idée du chic, jamais démodé ni prétentieux, mais dans lequel la tradition entrait pour beaucoup. Plus tard, quand Guy commença d'y prêter attention, il allait observer que son père parcourait Paris dans une automobile électrique désuète (il avait déjà quarante et un ans à la naissance de Guy).

Édouard se maria en mars 1905, à l'âge déjà avancé de trente-sept ans, deux mois seulement avant la mort de son père. Il le fit en dehors du clan Rothschild, mais dans une famille juive française de la « bonne bourgeoisie ». Germaine Halphen avait seize ans de moins que son mari. C'était une petite brune aux yeux noirs, dont les enfants allaient se rappeler l'enseignement des bonnes manières — des manières à la mode anglaise. « Pour mes sœurs et pour moi, se souviendra Guy, l'autorité parentale était donc représentée par notre mère, notre père étant davantage à nos yeux un visiteur aimable et distrait[1]. »

C'était un Rothschild qui se sentait juif, conscient de ses obligations — la présidence du Consistoire central lui étant échue comme de droit divin. Par l'une des premières décisions qu'il prit au cours de son mandat, il fit la preuve que des interventions actives au nom de la communauté juive pouvaient aller de pair avec un souci de discrétion. Le nœud du problème, en avril 1906, était un projet de loi visant à interdire toute activité professionnelle le dimanche, ce qui était injuste envers les Juifs, dont le jour de prière et de repos, le *shabbat,* est le samedi. Édouard demandait une exemption, fondée non point sur des arguments religieux mais sur la liberté de conscience, permettant à chacun de choisir son propre jour chômé. Finalement, le législateur ne tint aucun compte de la position du Consistoire ; la loi n'autorisa aucune exemption pour les Juifs, qui, s'ils étaient religieux, allaient désormais devoir interrompre leurs activités deux jours par semaine[2].

Chez lui, Édouard respectait l'esprit aussi bien que la lettre de sa religion. Le soir de *Yom Kippour*, après le dîner précédant les vingt-quatre heures de jeûne rituel, Guy était invité à accompagner son père, à pied, à la synagogue de la rue de la Victoire. A la stupéfaction des badauds, tous deux étaient « en habit, cravate blanche et chapeau haut de forme à huit reflets ». A treize ans, Guy célébra la traditionnelle *bar-mitsva* confirmant son accession à l'âge d'homme. On lui répétait à l'envi que l'essentiel était de se marier dans sa religion ; il allait s'en souvenir lorsqu'il rompit cette loi [3].

Le flegme d'Édouard apparaît clairement dans une lettre adressée à Londres le 1er mai 1906, alors qu'il ne remplissait que depuis un mois les fonctions de son père. En venant à la banque, ce matin-là, il avait trouvé les rues de Paris particulièrement bruyantes. « Ici, le 1er mai, au lieu d'être déclaré jour férié, est regardé comme le jour de la révolution, que nous attendons avec calme et résignation, expliquait-il à ses cousins. En fait de révolution, nous avons une parade militaire, des escadrons sur la place publique, des compagnies aux coins des rues et dans les cours. Quant à la maison Rothschild, elle est gardée militairement ; un fonctionnaire en armes monte la garde à notre porte comme devant les demeures des grands de la terre ; cela me trouble et je trouve ces procédés peut-être exagérés [4]. » Quelques jours plus tard, il accueillit un authentique édouardien, un ami de la famille : Édouard VII lui-même, qui voyageait en France incognito. Quand ce dernier repartit pour Londres, Édouard alla lui faire ses adieux à la gare du Nord. Le roi s'était montré particulièrement aimable, rapporta Édouard aux cousins anglais [5].

Conseillé par son oncle Edmond, et aussi par Gustave, partenaire de plus en plus silencieux, le prudent successeur d'Alphonse allait poursuivre la traditionnelle politique de paix des Rothschild, tout en respectant les intérêts nationaux de la France. Mais il se trouvait que l'opinion et l'action des Rothschild comptaient moins, puisque leur pouvoir n'était plus déterminant. Ils avaient dans le passé arrêté des guerres ; mais ils n'auraient pas pu empêcher la Grande Guerre, même avec leurs banques actives dans les deux camps [6].

Il serait exagéré de dire que les Rothschild français avaient tourné le dos aux bénéfices que produisaient les grands emprunts gouvernementaux. Ils n'investissaient plus, par exemple, pour le compte du tsar, mais ils continuaient à gérer les capitaux russes d'emprunts antérieurs. Sans être les principaux soumissionnaires, ils s'engagèrent cependant, lors des débuts d'Édouard, dans les grandes émissions d'obligations étrangères, en particulier pour le Japon et le Brésil, tandis que les clients réguliers de De Rothschild Frères pouvaient souscrire au guichet à toutes sortes d'emprunts. La famille continuait à gérer les substantiels dividendes des sociétés de chemin de fer en France, en Espagne et en Italie, tout en poursuivant l'exploitation des matières premières et des métaux précieux par l'entremise de sociétés à travers le monde. Ne souhaitant pas ouvrir leurs registres à l'inspection, comme le requéraient les nouvelles lois sur l'activité boursière, ils s'étaient retirés de la Bourse de Paris, mais leur rôle sur le marché de l'or demeurait considérable[7].

Les Rothschild ne défrayaient plus l'actualité à la Belle Époque, à moins d'écouter les fanatiques. En 1909, Édouard gouvernait la banque depuis déjà trois ans quand quelqu'un prit la peine de publier encore un de ces innombrables pamphlets anti-Rothschild. « Le Juif, voilà l'ennemi ! » annonçait, d'emblée, le titre. Pour cet auteur, l'apogée du triomphe juif était le transfert du corps d'Émile Zola au Panthéon en juin 1908, « voulu et exigé par les Juifs »[8]. Zola, tout comme Alphonse de Rothschild, en eût été bien surpris.

La version admise, et la plupart des historiens s'en contentent, veut qu'en refusant d'émettre les grands emprunts tsaristes, les Rothschild se soient désintéressés de la Russie. « La maison Rothschild de Paris se montre hostile à la Russie et se tient actuellement plutôt à l'écart des opérations russes » : ainsi Corti cite-t-il un ambassadeur allemand qui en avait parlé avec Alphonse en août 1904[9]. Peu après la mort de ce dernier, une nouvelle vague de pogroms fut déclenchée contre les Juifs de Russie, et les Rothschild refusèrent de participer à l'émission d'un nouvel emprunt, alors que ce pays avait désespérément besoin d'argent pour stabiliser un régime ébranlé par une guerre désastreuse avec le Japon et par les remous sociaux et économiques qui s'ensuivaient. Mieux, ils rejetèrent sans discussion une proposition russe visant à offrir des concessions aux Juifs en contrepartie d'une coopération financière[10].

En janvier 1906, le fils d'Edmond, James Armand, informa les cousins londoniens que le président du Conseil français, Maurice Rouvier — qui assurait aussi les fonctions de ministre des Affaires étrangères —, avait instamment prié les Rothschild de prendre part à un emprunt russe. Rouvier était soucieux de donner satisfaction aux Russes, qui menaçaient de faire affaire ailleurs.

James Armand expliqua la difficulté de leur position : les Rothschild venaient de prendre la direction d'une campagne de souscription pour les Juifs persécutés de Russie. Leur conscience ne leur permettait pas, six semaines plus tard, de voler au secours des persécuteurs. Comment auraient-ils pu affronter leurs coreligionnaires en France, sans parler des Juifs des États-Unis et d'Angleterre, s'ils aidaient un gouvernement qui ne faisait rien pour mettre un terme aux atrocités commises dans deux cents villes et bourgades russes et récompensait même les officiers responsables ? Finalement, le gouvernement se tourna vers la banque Hottinguer, établissement traditionnel protestant, et les Hottinguer furent stupéfaits. « Ils donneraient volontiers quelque chose pour être juifs ! » concluait James Armand avec une pointe d'amertume [11].

En avril 1906, les Russes firent une nouvelle tentative et obtinrent le même résultat. Si le tsar voulait l'aide des Rothschild, commentait Edmond à l'adresse de Londres, il savait comment faire pour l'obtenir. « Les événements qui se déroulent en Russie sont la honte de ce siècle soi-disant humanitaire et soulèvent le dégoût des cœurs les moins sensibles », déclarait Édouard à ses cousins anglais en juin. Un an auparavant, avant de partir se soigner en Suisse, il s'était entretenu avec Rouvier, lequel lui avait clairement laissé entendre que, en tant qu'alliés de la Russie, les Français ne pouvaient rien se permettre qui pût déplaire au gouvernement du tsar [12].

Les Rothschild étaient toujours très engagés dans le Caucase. Grâce à leurs investissements dans cette région, ils furent, pendant toutes les années 1890 parmi les plus grands producteurs et distributeurs mondiaux de pétrole. En 1895, une tentative d'accord entre les producteurs rivaux — y compris Standard Oil, aux États-Unis — pour se partager le marché mondial du pétrole avait échoué [13]. Outre le contrôle de Bnito, la société qui exploitait les riches champs pétrolifères de Bakou, leur Standard russe (sur le modèle de Standard Oil) possédait sept champs pétrolifères à Groznyï, en Tchétchénie, avec une énorme raffinerie qui pouvait traiter la production d'autres sociétés en plus de la leur. Du fait de son accès aux marchés européens, le Standard russe des Rothschild était numéro un dans sa région. En 1902, avant la fin du règne d'Alphonse, les frères créèrent avec Royal Dutch et Shell (qui allaient bientôt fusionner en une société unique) l'Asiatic Petroleum Company, exploitant les champs pétrolifères du sud de la Russie [14]. « Une fois associés aux Rothschild, confiait Henri Deterding, de Royal Dutch, à sir Marcus Samuel, le fondateur britannique de Shell, tout le monde sait que nous tenons l'avenir, mais nous ne pouvons pas nous passer de leur nom [15]. »

Leurs intérêts pétroliers placèrent les Rothschild français au cœur de la turbulente histoire prérévolutionnaire de la Russie. Dans son étude sur le développement mondial du pétrole, Daniel Yergin rappelle que le jeune Staline en personne avait été l'instigateur et le meneur des grèves contre l'industrie pétrolière du Caucase en général et des Rothschild en particulier. L'action de masse des ouvriers du pétrole à Batoum, en 1903, fut l'étincelle qui déclencha la première grève générale sur tout le continent russe. Puis la mauvaise tenue des armées du tsar dans la guerre russo-japonaise, en 1904, encouragea les ennemis du régime, dont les manifestations atteignirent Saint-Pétersbourg [16]. La police tira sur les protestataires qui marchaient sur le palais d'Hiver.

Un document de 1905, année agitée, montre comment le sang-froid pouvait encore l'emporter. Les représentants des Rothschild dans la société Standard russe à Novorossisk, sur la mer Noire, envoyèrent des descriptions très détaillées des grèves insurrectionnelles ; De Rothschild Frères donna carte blanche à la direction locale pour accorder des concessions matérielles. « [...] Si les choses se bornent à des exigences de la part des ouvriers, sans effusion de sang, le mal ne sera que relatif », répondait-on à Paris. On comptait sur les personnes sur place : « [Confiants dans] votre tact, votre sang-froid et votre fermeté pour éviter, autant que cela sera possible, les malheurs qui se sont produits sur d'autres points »[17].

Mais il était déjà trop tard. Le conflit du travail avait aggravé les différends ethniques au Caucase, faisant s'affronter entre eux ceux-là mêmes qui allaient à nouveau s'entre-déchirer à la chute de l'empire soviétique, près d'un siècle plus tard. Les exportations de pétrole de Bakou cessèrent quasiment. Avant la fin des troubles, on évaluait à deux tiers la proportion des puits rendus inutilisables.

Le site de Bakou, déjà inefficace avant les émeutes, à cause de son équipement suranné, n'allait plus jamais retrouver son importance d'antan. Et même si l'agitation finissait par se calmer, ne risquait-elle pas de se rallumer ? Conscients du danger, les Rothschild cherchaient déjà à cette époque à se dégager de la Russie. Cette désaffection se mua en décision de vendre dès 1909. Deux ans plus tard, des négociations actives s'ouvraient avec l'acheteur logique. Les Rothschild cédèrent leurs participations — 80 % de Bnito (production et raffinerie à Bakou et Batoum) et 80 % de la société de distribution Mazout — à Royal Dutch, leur partenaire dans Standard russe[18].

Par la suite, le bruit courut que les Rothschild avaient prévu l'effondrement du régime tsariste. Mais le meilleur connaisseur de cette époque et de ce pays analyse leur décision de se retirer comme étant strictement financière. Pour Edmond de Rothschild, l'expert en pétrole de la famille, il était logique de laisser des partenaires expérimentés — Royal Dutch et Shell — prendre le risque à leur compte. Plus tard, un historien soviétique ayant accès aux archives bancaires parvint aux mêmes conclusions. Le pétrole était une industrie en expansion et les Rothschild savaient qu'ils ne pourraient jamais concurrencer l'expérience de Royal Dutch dans les opérations d'extraction et de raffinerie, sans parler de son réseau mondial de distribution. Leur vrai métier, après tout, était la banque. Ils allaient donc vendre Standard russe, qui était déficitaire, à bas prix et tirer plus d'argent de Bnito et de Mazout que ces sociétés n'en valaient vraiment[19].

Les négociations furent tout de même éprouvantes. Elles ne s'achevèrent qu'en décembre 1911, l'accord final étant ratifié par toutes les parties le 21 février de l'année suivante. Finalement, les Rothschild allaient être payés en actions : 60 % de leurs intérêts transformés en actions de Royal Dutch et 40 % en Shell. Cela leur donnait une part non négligeable dans les opérations globales du géant néerlandais après la fusion. Une clause prévoyait même qu'ils continueraient à percevoir des bénéfices sur leurs anciens champs pétrolifères de Bnito, les années où la production dépasserait une quantité donnée.

Les Rothschild et Royal Dutch restèrent amis. Quand le développement des opérations nécessita un sérieux accroissement de capital, en 1913, Royal Dutch se présenta sur le marché français avec ses nouvelles actions. Le syndicat de garantie fut composé de la Banque de Paris et des Pays-Bas, du Crédit lyonnais, de la Société générale... et de De Rothschild Frères [20].

Le prudent Édouard et ses oncles ne pouvaient guère imaginer que, fort peu d'années après, le fragile Léviathan russe allait s'effondrer. Leurs actions auraient perdu toute valeur; mais leurs intérêts considérables dans le puissant Royal Dutch Shell en pleine expansion allaient au contraire fructifier.

L'œuvre en Palestine se poursuivait, les difficultés aussi. Les colonies traversaient de mauvaises années, avec des colons souvent bien décevants et un esprit pionnier compromis par la tentation d'employer des Arabes aux tâches pénibles. Les subventions Rothschild étouffaient tout élan d'ingéniosité, comme le montre l'historien Simon Schama. Depuis la fin du siècle, Edmond était handicapé par sa mauvaise santé (qui pourtant s'améliorerait radicalement en 1918, grâce à une opération). Son fils aîné, James Armand, qui dans la tradition Rothschild allait hériter des responsabilités de son père, n'était pas encore prêt à reprendre le flambeau. La solution immédiate d'Edmond consista à confier l'essentiel du fardeau de la gestion de ses œuvres philanthropiques à une Association de colonisation juive. Il continuait toutefois à surveiller la direction de ses opérations en Palestine, tout en demeurant, bien sûr, l'unique source des nouveaux financements.

Comme si la faiblesse humaine n'avait pas causé suffisamment de difficultés au Bienfaiteur, un mouvement sioniste d'une agressivité croissante se faisait jour, accusant l'argent Rothschild d'être corrupteur, de déformer l'esprit dans lequel devait être conçu un État juif. Ironique retour des choses, note Schama, car c'était Edmond lui-même qui exigeait de ses pionniers qu'ils se salissent les mains à travailler la terre. Le mépris envers le Bienfaiteur semblait être une conséquence de la vendetta personnelle de Theodor Herzl, qui ne pardonna jamais à Edmond de ne pas adhérer à sa vision sioniste. Ce ne fut qu'après la mort de Herzl, en 1904, qu'un rapprochement fut possible avec ses successeurs. En 1914, Edmond affirma qu'il n'avait jamais été en désaccord avec les objectifs du sionisme, même si sa stratégie différait. En réalité, le banquier parisien semblait souvent avoir un meilleur sens des réalités économiques et politiques que bien des idéalistes dont les noms sont devenus des monuments[21].

## 16

# La famille élargie

Après le coup de tonnerre que constitua la mort d'Alphonse, les changements dans la hiérarchie Rothschild ne pouvaient guère être perçus que par quelques observateurs privilégiés. Une nouvelle fois, un Rothschild était mort, et vive Rothschild ! Le frère d'Alphonse, Gustave, s'était fait un devoir en 1909 d'introduire son unique fils vivant, Robert, rue Laffitte. Edmond fit de même avec son fils aîné, James Armand. Les deux héritiers reçurent chacun une participation de 1 million de francs (environ 20 millions d'aujourd'hui), représentant moins d'un quinzième de la part de leurs pères respectifs dans De Rothschild Frères. Deux ans plus tard, Gustave mourut et Robert fut autorisé à racheter les parts de son père [1].

Il en allait tout autrement pour James Armand, qu'on appelait presque toujours « Jimmy ». Élevé en Grande-Bretagne, il était irrésistiblement attiré par tout ce qui était anglais. Il allait prendre pour épouse une Juive du pays, acquérir la nationalité britannique et restituer sa participation de 1 million de francs à son père, qui lui-même n'avait jamais été un directeur actif de la banque, préférant se consacrer à ses intérêts personnels. Jimmy resta cependant l'héritier spirituel de son père et, plus tard, prit la suite de ses bonnes œuvres en Palestine [2].

Ainsi donc, à mesure qu'Édouard avançait en âge, sa mission devenait plus claire : il serait le premier parmi ses pairs. De douze ans son cadet, le cousin Robert n'était pas un capitaliste de droit divin mais un second loyal. Il le resterait des années plus tard, quand, après un remaniement des parts familiales, il se retrouverait à la tête de 50 % de la banque, face aux 50 % d'Édouard. Collectionneur (de Modigliani et de Picasso avant qu'ils ne deviennent à la mode), grand amateur de musique, Robert était, de formation, un ingénieur des mines curieux de progrès scientifiques et disposé à y engloutir de l'argent ; par exemple dans la transmission radiophonique et la téléphotographie mise au point par Édouard Belin. Il fut l'« esthète » de sa génération de banquiers [3].

Un certain nombre de Rothschild en France n'étaient pas des Rothschild « français ». Adolphe, par exemple, dernier chef de la banque de Naples, s'était retiré, après la chute des Bourbon de Sicile, en 1861, dans une somptueuse maison qu'il s'était fait construire dans l'élégante rue de Monceau. On pouvait le voir chaque jour faire sa promenade au bois de Boulogne avec la reine de Naples, qui vivait en exil à Paris avec son époux, le roi détrôné. Adolphe était connu pour les sommes considérables qu'il consacrait aux bonnes causes, et, comme tous les Rothschild, pour ses collections d'objets d'art. Lorsqu'il mourut, en 1900, à l'âge de soixante-seize ans, il laissa à sa veuve Julie (une cousine viennoise) une fortune substantielle, de remarquables œuvres d'art et des propriétés de rêve, parmi lesquelles « cet admirable et prodigieux château de Pregny dont l'immense façade blanche domine le lac à deux ou trois kilomètres au nord de Genève », comme il fut décrit dans un journal de l'époque[4].

Julie de Rothschild, célèbre pour les gros cigares qu'elle fumait, se plaisait beaucoup à Pregny. Élisabeth de Clermont-Tonnerre se souvenait d'elle naviguant en yacht sur le lac Léman pour distribuer des paniers de son raisin à ses voisins. Sa bonne amie Élisabeth, impératrice d'Autriche-Hongrie, passa l'après-midi à Pregny la veille de son assassinat par un anarchiste, à Genève[5].

Julie avait soixante-dix-sept ans quand elle mourut, en 1907. N'ayant pas d'héritier direct pour son immense fortune, elle s'en était choisi un. Peut-être comprit-elle que, par son choix, elle créait une seconde dynastie française des Rothschild. En effet, rien ne prédisposait Maurice de Rothschild, second fils du baron Edmond, à fonder une dynastie. En qualité de cadet, il n'était guère destiné à trôner sur une fortune, et moins encore à exercer le pouvoir. Peut-être même fut-ce ce qui incita sa tante Julie à faire de cet intelligent et séduisant « Momo » son héritier. Né en 1881, et donc âgé de vingt-six ans à la mort de Julie, Maurice était déjà connu pour sa propension à dépenser ce que gagnaient les autres et pour son succès auprès des femmes (ou tout au moins sa réputation en ce domaine), qui troublait les Rothschild plus austères. Pis encore, du point de vue de ses cousins plus âgés et plus sages, il semblait dépourvu du désir même de travailler, même s'il aimait assez, à sa façon, jouer à la Bourse.

Le marchand d'art René Gimpel entretenait avec Maurice des relations divertissantes et visiblement fructueuses, l'ayant eu pour client fort jeune et « déjà un assez mauvais sujet ». D'après ce qu'avait compris Gimpel, le père de Maurice, Edmond, avait envoyé le garçon chasser en Afrique, afin de le maintenir loin de Paris, allongeant la distance entre lui et ces « coûteuses étreintes des dames de Paris », comme l'exprimait sa cousine Élisabeth de Gramont. Élisabeth raconte comment Maurice avait invité une princesse éthiopienne sous sa tente. Son médecin personnel le mit en garde contre les conséquences possibles, mais ce fut le brave médecin qui attrapa une maladie vénérienne avec la suivante de la princesse et qui en mourut[6]. Plus tard, comme Maurice reculait devant la perspective d'un emploi de bureau chez De Rothschild Frères, Edmond confia son fils à Nathan Wildenstein, dans la galerie duquel Maurice allait beaucoup s'instruire sur l'achat et la vente des tableaux, ce qui lui plaisait beaucoup. Un jour, Wildenstein pria son confrère Gimpel d'aider Maurice à trouver des acheteurs américains pour une partie de sa collection (sans doute celle de la tante Julie). Gimpel n'oublia jamais sa visite au 47, rue de Monceau, la résidence d'Adolphe et Julie, devenue celle de Maurice, avec sa fameuse galerie au plafond peint par Giulio Pippi, dit « Jules Romain », et ses pièces décorées de sculptures de Houdon, de peintures et de dessins de Boucher, de Nattier, d'Hubert Robert. Il fut obligé de passer devant un lit défait en cherchant son chemin, à l'invitation de son hôte, jusqu'à la salle de bains, où il entra juste à temps pour voir le jeune baron sortir de sa baignoire[7].

Marcel Proust raconte que le comte Robert de Montesquiou avait emprunté au jeune Rothschild des diamants pour aller à un bal. Outré de se voir confier une assez petite broche, avec la recommandation d'en prendre grand soin car c'était un bijou de famille, Montesquiou rétorqua : « J'ignorais que vous eussiez une famille, mais je croyais que vous aviez des bijoux[8]. »

Depuis l'époque du baron James, il existait à Paris une autre branche de la famille. Le Grand Baron avait fort bien reçu Nathaniel, le fils de son frère Nathan, et lui avait donné sa propre fille Charlotte en mariage, ainsi qu'un bureau près du sien, à l'époque où le fondateur de la branche française n'avait pas de fils assez âgé pour lui servir de bras droit. Nathaniel, qui allait rester sujet britannique, fit l'acquisition d'une demeure seigneuriale, au 31 de la rue du Faubourg-Saint-Honoré, qui était jusqu'alors l'ambassade de la Russie tsariste. Elle demeura dans la famille jusqu'à notre époque, puis devint le Cercle Interallié. Nathaniel avait les mêmes violons d'Ingres que tous les autres Rothschild, étant notamment collectionneur d'art, mais il y ajouta un hobby personnel, en achetant en 1853 un vignoble dans la région de Bordeaux, une « deuxième cuvée », Mouton, déjà célèbre et qui allait, avec les descendants de Nathaniel, devenir l'un des vins français les plus connus au monde[9].

Nathaniel n'avait pas la robustesse de ses cousins français. Gravement blessé à la chasse lors d'une chute de cheval, il fut paralysé, totalement aveugle et invalide les quinze dernières années de sa vie (il s'éteignit en 1870, à l'âge de cinquante-sept ans[10]). « Chaque jour, rappelait un article de presse publié à l'occasion de sa mort, on le promenait aux Champs-Élysées dans un coupé bas, où il dormait d'un profond sommeil[11]. »

Deux fils lui survécurent. James Édouard étudia le droit et, passionné de bibliophilie, construisit au cours de sa brève existence l'une des plus remarquables collections d'œuvres de littérature française du Moyen Âge et de la Renaissance, dont le catalogue devint la référence obligée de toute recherche ultérieure dans ce domaine. Il transforma la branche franco-anglaise de la famille en une nouvelle branche française, à l'âge de vingt et un ans, en sollicitant la nationalité française et en s'engageant dans la garde mobile lors de la guerre contre la Prusse. Plus tard, il allait fonder un hôpital pour les maladies osseuses des enfants à Berck-Plage.

Comme pour adhérer à une tradition Rothschild, son frère cadet, Arthur, tourna le dos aux affaires, n'aidant un peu que pendant les vacances d'été et consacrant le reste de son existence passablement misanthropique à son yacht *Éros,* à une maîtresse, à ses cigares et à ses cravates ; d'après son neveu Henri, il passait chaque jour deux heures entre son tailleur et son chemisier et chassait sur le domaine de sa mère, à Vaux-de-Cernay [12]. Arthur ne laissa aucun héritier (légitime en tout cas) ; James Édouard engendra Henri. Henri, qui en son temps — la Belle Époque et après —, devint le membre le plus voyant de la famille, héritant l'amour des livres et de la médecine de son père, ainsi que l'insouciance de son oncle (et son yacht).

Tout commença mal. Son enfance, telle qu'il s'en souvenait, fut affreuse. Âgé de neuf ans à la mort de son père, Henri fut élevé par sa mère, fille de la branche francfortoise très stricte ; et l'aversion que lui inspirait le style de vie de son beau-frère Arthur la rendait plus rigide encore. Elle résolut de faire de son fils un médecin et, dès l'âge de dix ans, l'envoya passer les étés dans l'hôpital pour enfants qu'avait construit son père à Berck-Plage. Henri vivait parmi les jeunes patients, aidant à les soigner et contraint d'assister à des opérations.

Plus tard, il devait dire que cette initiation précoce à la médecine avait été un échec ; ce qui l'y ramena finalement fut la longue maladie de sa mère, qui transforma leur domicile parisien en véritable hôpital. L'infirmité n'empêcha guère celle-ci de poursuivre sa tyrannique surveillance. A dix-huit ans, Henri était encore escorté en classe et ne pouvait même pas assister à une représentation classique à la Comédie-Française. Mais, à l'âge de dix-neuf ans, suivi toujours et partout par une nurse, il décida de l'embrasser, puis de coucher avec elle. Après le baccalauréat, il fut expédié en Amérique (en fait, pour l'éloigner d'une autre demoiselle). La baronne recruta même un gardien pour l'accompagner. Cet homme se dénicha aussitôt une maîtresse à bord du paquebot, puis entraîna le jeune Henri dans une tournée des villes américaines sous leur aspect le moins recommandable.

A son retour des États-Unis, Henri s'aperçut que, chez lui comme à la faculté de médecine, sa mère continuait à organiser une surveillance rigoureuse ; il était obligé de rentrer chaque jour déjeuner chez lui. A vingt-deux ans, pour se libérer de son joug tyrannique, il résolut de se marier et demanda dès le lendemain de leur première rencontre la main de la première jeune fille convenable qu'il rencontra, une amie de sa sœur, Mathilde de Weiswiller. Après huit années d'études difficiles, il devint médecin, prêt à exercer, à entreprendre et à publier des recherches de haut niveau. Avec son énergie et son ingéniosité, il aurait assurément pu être un banquier Rothschild tout à fait réussi.

Lui-même regrettait d'avoir été « indifférent » au plaisir jusqu'à l'âge de quarante ans, tant son enfance et ses années d'études avaient été austères. Il allait tempérer la recherche et la pratique médicale par des expéditions de chasse, des croisières jusqu'en Égypte et en Syrie, le long des côtes africaines, sur le yacht *Éros* que son oncle lui avait légué. Converti de bonne heure à ce qu'on appelait alors l'automobilisme, il pilota son premier véhicule en 1894, avec un permis de conduire qui portait le numéro 5. Étant un Rothschild, il pouvait également financer la construction des premières usines de voitures et de camions automobiles. Dans les années 1930 encore, il employait sa richesse à sauver 1 500 emplois de la société des automobiles Unic en faillite.

Il constituait toujours un bon sujet pour la presse, sérieuse ou non. En 1902, les journaux new-yorkais parlaient beaucoup de ses extravagances aux tables de jeu de Monte-Carlo avec un homme d'affaires américain, Charles Schwab, alors président de US Steel [13]. Cette même année, il fut photographié dans un véhicule décapotable lors d'une course automobile de Paris à Vienne, au cours de laquelle certains concurrents furent chronométrés à 50 kilomètres sur les 1 198 kilomètres de route qui séparaient les deux capitales [14].

Les banquiers étant essentiellement des hommes d'intérieur, il n'était pas bien difficile à Henri d'être le plus mobile des Rothschild, un mondain, toujours à Deauville, toujours disponible pour une photo dans la presse populaire. En août 1904, par exemple, un photographe du plus grand magazine français illustré surprit « le tête-à-tête sympathique de deux personnages physiquement bien dissemblables. L'un, maigre et sec, au visage rasé de jockey [c'était l'impitoyable caricaturiste Sem, qui exerçait souvent son talent aux dépens d'Henri]. L'autre, d'une certaine corpulence, porte — avec simplicité et bonhomie, comme on peut voir — un nom sonore et magnifique : Henri de Rothschild ». Médecin et fervent de l'automobilisme, notait le journaliste, Henri était l'un des premiers à appliquer la rapidité du transport motorisé aux ambulances [15].

En 1907, il acheta une vieille ferme à Deauville, en retrait de la plage. Faute d'élévation, il n'y avait guère de vue, mais c'était un haut lieu de l'histoire littéraire, un ancien bien de la famille Flaubert, que l'écrivain avait vendu pour payer des dettes. Une villa rothschildienne y fut aussitôt construite, bien que l'actif Henri ne restât jamais suffisamment en place pour en profiter [16].

Pendant tout ce temps, il poursuivait ses recherches sur les maladies infantiles, étudiant les troubles digestifs, créant des programmes de distribution gratuite de lait. Il fit construire un nouvel hôpital pour enfants, qu'il dirigea pendant plus de trente ans et où l'on soignait aussi la syphilis et les maladies endocriniennes. Il finança également une soupe populaire. Après la mort de sa femme, en 1926, il allait doubler la taille de sa polyclinique et lui donner son nom en sa mémoire. Au début du siècle, il commençait déjà à produire du radium pour le traitement du cancer et il fit bâtir à Saint-Denis une véritable usine pour développer la production de ce précieux apport médical. Pendant la Grande Guerre, cette usine allait fabriquer des produits lumineux pour l'équipement des sous-marins et des tranchées[17]. Jusqu'à sa mort, en 1931, sa mère (la « baronne James ») fut sans doute sa plus farouche concurrente dans le domaine des bonnes œuvres; elle s'y était perfectionnée pendant cinquante années de veuvage. « Sa maison est un ministère, racontait sa nièce Élisabeth de Gramont. Durant la matinée, les petits demandeurs sont répartis dans les salons du rez-de-chaussée. Si vers onze heures on rend visite à tante Thérèse, le domestique ouvre une pièce déjà encombrée par trois rangées de personnes en noir. Il ouvre une seconde porte, ce sont les employés de la ligne du Nord et leurs familles. Dans le troisième salon, il y a le clergé catholique. Les directeurs d'hôpitaux sont au premier. La famille est obligée d'attendre dans le vestibule[18]. »

Être un Rothschild français, même d'une branche éloignée ou « anglaise », c'était être une cible. Au plus fort de l'hystérie concernant Dreyfus, le respectable journal *Le Temps* dut publier cette mise au point concernant son implication dans l'affaire : « En présence des allégations plusieurs fois répétées et déjà démenties d'après lesquelles le baron Henri de Rothschild aurait, lors des événements se rapportant à l'affaire Dreyfus, donné une somme d'argent quelconque, nous sommes autorisés par lui à déclarer que ces affirmations sont en tout point fausses et entièrement controuvées[19]. »

Un dessin de Sem représentant Henri ornait le mur de l'élégant bar-fumoir du théâtre des Champs-Élysées, inauguré en 1913[20]. A l'époque, ce Rothschild infatigable était déjà bien lancé dans une nouvelle carrière, plus susceptible encore que les autres d'attirer l'attention. Depuis le jour de sa majorité où il avait hérité des collections de son grand-père, de son père et de son oncle Arthur, Henri achetait des livres rares et des manuscrits, suivant en cela le « vice » familial (les manuscrits, au nombre de 6000, allaient être légués à la Bibliothèque nationale). Lui-même écrivait depuis l'époque du lycée. Étant un Rothschild, il pouvait faire imprimer ses journaux de voyage d'adolescent pour sa famille et ses amis et, avant le baccalauréat, il publiait déjà une revue littéraire. A partir de 1898, une fois passé le doctorat de médecine, il s'autorisa le plaisir d'écrire — des œuvres scientifiques, bien sûr, mais aussi des choses divertissantes. Lors d'une cure à Évian, en 1906, il rédigea une pièce en un acte, qu'il qualifiait de piécette ou d'œuvrette, mais qui se joua trois mois sur une vraie scène parisienne. Sa première grande comédie fut représentée en 1909 et remporta un grand succès (le nom de Rothschild n'y était évidemment pas étranger, mais ne pouvait expliquer à lui seul les 117 représentations, suivies de 300 autres en tournée).

Il signait ses pièces « André Pascal » et il en écrivit 38, dont toutes sauf une furent jouées ; il fit construire un théâtre, le Pigalle, luxueux et superbement équipé, et il publia des œuvres diverses : un roman, une biographie romancée, des Mémoires et même un livre sur les collections de timbres. Sa bibliographie comporte 277 titres[21].

En 1914, trois mois avant la Grande Guerre, le magazine illustré qui semblait privilégier les nouvelles concernant Henri consacra une page à son voyage scientifique et cynégétique sur le Nil blanc, au Soudan anglais. Sur une photo, on le voyait assis sur un hippopotame abattu, tenant un parasol et fumant une cigarette. Sur une autre, il se tenait à côté d'un crocodile de 3,30 mètres de long, son fusil à la main. Henri et ses amis affirmaient avoir abattu 537 animaux d'espèces différentes, dont certains furent expédiés au Muséum d'histoire naturelle de Paris[22].

# 17

# Guerre et paix

Désormais — comme allait le dire plus tard un directeur de la banque — les Rothschild survivaient grâce au succès passé et aux ressources présentes [1]. Dans une étude minutieuse de la banque pendant la décennie qui précéda la Première Guerre mondiale, un expert allemand discernait un paradoxe. Il était vrai que la société De Rothschild Frères conservait une place à part parmi les banques privées, mais ce n'était plus grâce au volume de ses activités, maintenant qu'elle avait abandonné l'essentiel de ses investissements étrangers pour se concentrer sur la gestion des fortunes de la famille et des amis. Ce qui faisait que Rothschild était Rothschild, c'était la quantité d'argent disponible et le souvenir de sa gloire passée.

Non point qu'un observateur extérieur pût aisément évaluer le capital de la société. Dans son étude, Eugène Kaufmann cite le revenu déclaré pour l'impôt — 50 millions de francs (plus de 1 milliard aujourd'hui) —, observant que ces fonds ne « travaillaient » pas, mais étaient simplement « gérés » [2]. Nous pouvons ajouter à cela un chiffre que n'avait pas le docteur Kaufmann lorsqu'il effectua son étude : quand, après la mort de Gustave, en 1911, son fils Robert exerça son droit de préemption sur un tiers de la société, il paya 55 336 063 francs la part de 15 666 666 francs de son père, soit 350 % de sa valeur nominale [3].

Le docteur Kaufmann trouvait une cause au déclin de l'influence des Rothschild dans leur retrait de l'activité boursière, conséquence directe de la loi de 1898 obligeant les courtiers à ouvrir leurs livres de comptes à l'État (et à quoi se refusait cette banque privée). Depuis cette date, les ordres des clients de Rothschild étaient traités par des courtiers agréés et les certificats confiés à De Rothschild Frères pour leur conservation en lieu sûr.

Mais ce qui avait le plus changé, dans la dernière décennie du XIXe siècle, c'était la position de Rothschild dans les principales émissions d'emprunts étrangers. Alors que, dans le passé, la banque familiale avait été en contact direct avec les pays désireux d'obtenir une aide financière, dès 1910 ce rôle avait été abandonné aux grandes banques de dépôts.

Désormais, la principale activité de la société consistait à gérer les actifs de ses filiales industrielles, actifs qui ne quittaient les coffres qu'au moment du paiement des coupons. Parallèlement, la fonction de banque privée de Rothschild conservait la faveur de gouvernements étrangers, de têtes couronnées, de vieilles familles aristocratiques et de grands capitalistes. Une partie de cette clientèle était fidèle depuis deux ou même trois générations.

Le principal atout de De Rothschild Frères résidait dans ses liquidités. « C'est à cette politique que la maison doit sa puissance et cette énorme confiance qui dépasse encore celle dont jouissent les grandes banques de dépôts. » (Les Rothschild des générations suivantes allaient le découvrir par eux-mêmes ; il y aurait toujours des clients pour qui un carnet de chèques à l'en-tête « De Rothschild » se révélerait irrésistible.) La maison était encore la meilleure voie de transaction entre la Banque de France et la Banque d'Angleterre (les Anglais laissaient parfois leur or dans les coffres des Rothschild, disponible pour la prochaine transaction). Une fortune d'une telle ampleur, concluait l'enquêteur, faisait de De Rothschild Frères un véritable roc, fiable en période difficile. Sa perte de puissance matérielle était compensée par le fait d'avoir conservé intacte sa puissance morale : « On se préoccupe toujours encore d'avoir son concours pour toutes les grandes affaires financières[4]. »

En cette même année 1910, un observateur socialiste qui voulait prouver l'existence d'une « oligarchie financière occulte » braqua son regard sur les régents de la Banque de France, qu'il considérait comme le vrai « gouvernement de la richesse du pays ». Le premier qu'il mentionnait était Édouard de Rothschild, l'un des « véritables rois de la France » et aussi l'un des « rois des chemins de fer ». Cet observateur socialiste notait que, des six banquiers de la régence de la Banque de France, quatre avaient une origine particulière. L'un (Édouard de Rothschild) n'avait nul besoin d'être présenté davantage ; trois autres étaient protestants. Tous quatre, le Juif et les protestants, avaient manœuvré, selon lui, pour contrôler la Banque de France à l'abri des « royalistes catholiques » (cet auteur n'avait pas besoin d'être logique pour conserver son audience ; il relevait également que « toutes ces sociétés sont unies entre elles par les liens d'une étroite dépendance[5] »).

En réalité, Édouard ne se voyait guère comme l'un des gouvernants occultes du pays. Une élection présidentielle était prévue pour 1913 et, dans une lettre à ses cousins londoniens, il vantait la force des trois principaux candidats, tous aussi capables de faire front à un Parlement turbulent. « Le pays veut l'ordre et la tranquillité, expliquait-il, et a assez des aventures financières et des projets fiscaux et spoliateurs. » Le cabinet dirigé par Raymond Poincaré avait été admirable dans sa rupture avec le radicalisme et par sa modération ; Poincaré était actuellement l'un des candidats à la présidence. « La Bourse attend avec anxiété l'élection de M. Poincaré, qu'elle compte saluer par la hausse de la Rente. » Poincaré fut élu. Pourtant, la joie n'éclatait guère dans les pages de la lettre d'Édouard à Londres la semaine suivante : « Le meilleur moyen d'arriver à un résultat est toujours dans une politique de sage économie que tous les gouvernements semblent ignorer tout à fait, à l'heure actuelle, en particulier les démocraties. Quand on emprunte, et quand on est obligé d'emprunter, [...] on ne doit pas s'étonner de la baisse de ses propres valeurs... »[6].

Bien entendu, Édouard partageait le goût prononcé des Rothschild pour la paix, et c'était là une époque de fortes tensions. Lors de la crise avec l'Allemagne au sujet des possessions africaines, les canons allemands avaient menacé la côte marocaine. Manifestement, la prochaine guerre mettrait face à face les vieux ennemis. Dans une lettre à Londres, Édouard exprimait clairement que le « sentiment général » du pays était de rester proche de l'Angleterre ; lui-même partageait évidemment cet avis[7]. Quand survint la guerre, les Rothschild anglais et français servirent leurs patries respectives comme tous les autres Anglais et Français. Quant aux Rothschild de Vienne, ils combattirent de leur mieux dans leur propre patrie, le camp ennemi.

Les alliés occidentaux n'étaient pas vraiment sur le pied de guerre en août 1914, mais un réseau compliqué d'alliances préexistantes déterminait leur comportement, l'Allemagne et l'Autriche-Hongrie d'un côté, la France, l'Angleterre et la Russie de l'autre. Les états-majors étaient prêts, a-t-on dit, avant que leurs armées ne le soient. Le *casus belli,* l'assassinat à Sarajevo de l'archiduc François-Ferdinand, prince héritier de l'Empire austro-hongrois, aurait pu ne causer qu'un conflit local, dans le contexte de tensions dans les Balkans. Mais les puissances se saisirent de cet événement pour régler leurs comptes. La France bandait ses forces depuis longtemps pour récupérer l'Alsace-Lorraine ; l'Allemagne lorgnait les possessions coloniales de la France, dont elle revendiquait une partie pour développer son industrie et son commerce. Le 1er août 1914, la France décrétait la mobilisation générale, rejetant l'invitation de l'Allemagne à demeurer hors du conflit. Deux jours plus tard, l'Allemagne déclarait la guerre à la France.

Avant la fin de la journée, le gouvernement français, demandait à De Rothschild Frères, sous le sceau de la plus stricte confidentialité, d'emprunter aux États-Unis plus de 100 millions de dollars, en partie pour l'achat de matériel de guerre américain et en partie pour constituer une réserve d'or. Rothschild se tourna vers John Pierpont Morgan à New York, en expédiant au bureau parisien de celui-ci un télégramme codé à transmettre : « Nous mettons nos services à la disposition des banquiers américains pour obtenir du gouvernement français qu'il fasse une opération financière en Amérique, bien que sa trésorerie ici se trouve en excellent état[8]. »

Ce n'était pas si facile, pour l'excellente raison que les États-Unis n'étaient guère prêts à voir s'évaporer leur propre réserve d'or. Quelques jours plus tard, les Français, et les Rothschild français, revenaient à la charge avec une requête plus modeste : ils ne demandaient plus que 10 millions de dollars, qui seraient dépensés aux États-Unis. Il n'était plus question d'or. Mais Morgan ne voulait pas encore s'engager. Pour le moment, il ne proposait qu'un échange : des francs français pouvaient être remis au consulat américain pour l'aider à faire face aux frais exceptionnels qu'entraînait la prise en charge des touristes américains surpris par la guerre ; en retour, l'ambassade de France à Washington serait créditée d'une somme équivalente en dollars[9].

Morgan put ainsi annoncer qu'il avait été nommé représentant du gouvernement français pour prendre en main le crédit de la France et pour faciliter ses échanges avec les États-Unis[10].

Les archives Rothschild témoignent des efforts phénoménaux de la banque, pendant les quatre années de guerre, pour gérer les emprunts et les obligations du gouvernement[11]. Finalement, Morgan allait apporter son aide. Car s'ils avaient terriblement besoin du soutien américain, les Français ne pouvaient cependant pas emprunter à la manière américaine, en déposant des titres en garantie. Tout d'abord, ils n'avaient pas d'actifs acceptables et ils ne souhaitaient surtout pas laisser entendre que la signature d'un gouvernement français pût être insuffisante sans garantie matérielle. En juin 1915, le ministre des Finances, Alexandre Ribot, trouva un biais : ce ne serait pas la France qui emprunterait des dollars, mais les Rothschild français. La banque Morgan à New York leur ouvrirait un crédit en contrepartie d'actions des chemins de fer américains vendues à la Bourse de Paris ; l'emprunt serait consenti au nom de De Rothschild Frères mais, en réalité, le crédit serait établi au nom du Trésor français, sans versement d'aucune commission pour les Rothschild. Les fonds ainsi dégagés dépassèrent les 40 millions de dollars[12].

En prêtant de l'argent à la France et à l'Angleterre, devait préciser John Pierpont Morgan à ses confrères banquiers, ils ne prenaient pas plus le parti des Alliés qu'ils n'étaient pro-Allemands. Ils commettaient simplement une action pro-américaine au nom du commerce américain. Il ne s'agissait pas d'un prêt de guerre ; ils accordaient simplement un délai de paiement à un client (qui se trouvait être le meilleur client qu'eût jamais eu l'Amérique)[13].

Troublante transaction s'il en fut. D'après la légende familiale des Rothschild, Morgan avait exigé que les garanties proviennent non pas du gouvernement français mais des Rothschild[14]. Les antisémites ne voulurent pas comprendre ; ils interprétèrent les transactions avec Morgan non pas comme une aide des Rothschild à l'effort de guerre des Français, mais comme un cadeau fait à ceux-ci par « leur » homme au pouvoir, le président Poincaré [15].

Les Rothschild n'écrivirent pas leur lettre quotidienne à Londres le 1er août, date de l'appel à la mobilisation générale, non plus que les jours suivants, qui virent se succéder les déclarations de guerre en cascade et l'invasion allemande de la Belgique neutre, pour atteindre le nord industriel de la France. « Excusez-nous de ne pas avoir entretenu avec vous une correspondance suivie et d'avoir ainsi manqué à une tradition à laquelle nous tenons tout particulièrement, commençait Édouard, rompant enfin le silence avec ses cousins, le 11 août. Mais les événements ont pris une tournure si rapidement tragique qu'on ne pouvait que rester silencieux, et que tout commentaire était vain. » Il notait avec satisfaction l'absence de récriminations : « [...] Notre pays fait preuve d'un sang-froid admirable, d'un courage résigné mais inébranlable, avec un patriotisme à toute épreuve mais profondément calme. Le canon tonne, sachons attendre. »

Bien entendu, toutes les affaires avaient cessé, les finances étaient en crise. Mais, « pour nous autres R. », précisait Édouard le 20 août encore, il y avait heureusement, suffisamment de liquidités, car la demande était forte : retraits d'espèces, activités industrielles, demandes de prêt, sans compter les œuvres. (Les Rothschild espéraient rapatrier des fonds tenus à leur disposition à Londres.) Le 24 août, les forces françaises faisaient retraite sur tous les fronts, mais il n'y avait eu ni défaite ni débâcle. Édouard préférait croire les bonnes nouvelles : « [...] Notre armée est intacte. »

Au début de septembre, l'état-major Rothschild se trouvait à Bordeaux, où le gouvernement français, qui voulait garder des banques à portée de main — surtout la Banque de France et les Rothschild —, avait transféré ses activités à l'approche des Allemands. « La rue Laffitte est installée à Bordeaux ! annonça Édouard à ses cousins. Et c'est la seule chose de mon existence que je n'aurais jamais pu prévoir. Je m'attendais à tout, *hormis cela*. » Édouard avait emmené avec lui ses principaux directeurs, ainsi que ceux de la Compagnie du Nord, et ils avaient tous fort à faire, tandis qu'à Paris le bureau principal restait ouvert, pour le paiement des coupons. Il espérait pouvoir organiser un emprunt du Trésor français à Londres, si on le lui demandait. Une autre lettre témoigne de son enthousiasme débordant pour l'armée française et pour l'allié britannique : « Tout le pays est uni dans une seule pensée, celle de repousser l'envahisseur... »

Âgé de quarante-six ans, Édouard ne risquait guère d'être appelé sous les drapeaux. Mais son cousin Robert, fils de Gustave, se trouvait au Grand Quartier général ; Jimmy, fils d'Edmond, était au front et son frère Maurice n'allait pas tarder à l'y rejoindre. « Que Dieu les protège ! » Ils revinrent tous à Paris avant Noël, ravis d'être là, raconta Édouard à Londres. Ils avaient espéré que leur retour coïnciderait avec l'évacuation totale du territoire français par les Allemands ; mais ce n'était, hélas, pas pour tout de suite [16].

Loin de la zone des combats, les Rothschild anglais étaient en position d'aider les finances françaises grâce à des émissions d'emprunts ; la rue Laffitte avait entrepris cette démarche dès le début des hostilités. Pour sa correspondance sur cette question avec ses cousins de Londres, Édouard bénéficiait désormais d'une aide particulière : il confiait sa lettre au ministère des Affaires étrangères, qui la codait pour la transmettre à l'ambassadeur de France à Londres, lequel la faisait décoder avant de la faire livrer au siège de la Banque, à New Court. (Édouard signalait dans un message en date du 15 mars 1915 que la banque parisienne n'offrait pas d'autre garantie que sa signature et espérait que cela suffirait [17].)

En août 1915, un an après le début des hostilités, Édouard décrivit à sa famille londonienne la situation de la France telle qu'elle allait être jusque dans les dernières semaines de la guerre. L'ennemi occupait maintenant « la partie la plus riche de la France, au point de vue industriel, minier et économique » ; ainsi, le pays devait désormais importer des millions de tonnes de houille d'Angleterre, parce que ses propres mines du Nord-Est étaient bloquées. Édouard n'ajoutait pas — ses oncles et cousins le savaient parfaitement — que la Compagnie du chemin de fer du Nord était également aux mains des Allemands. « La première obligation qui nous incombe, à nous comme à tout Français, soulignait-il, est de mettre à la disposition de notre gouvernement toutes les ressources dont nous pouvons disposer tant en France qu'en dehors (et surtout au-dehors). » La correspondance ultérieure exprimait la gratitude des Rothschild et transmettait celle du ministre français des Finances pour l'aide qu'ils recevaient de Londres, comme lorsque la banque londonienne facilita la vente des valeurs britanniques à Paris. « Unis sur les champs de bataille, nous le sommes aussi en finance ! » [18].

Tandis qu'Édouard aidait à sa façon la France à faire la guerre, son cousin Robert se distinguait au front. Mobilisé avec le grade de lieutenant, il reçut des citations en 1917 et 1918 pour ses actions de reconnaissance et d'interprétariat. Son château de famille à Leversine était transformé en hôpital et sa femme (née Nelly Beer) en infirmière [19]. A la veille de la guerre, Edmond avait officiellement présenté son fils James, « Jimmy », alors âgé de trente-six ans, comme le successeur de son œuvre en Terre sainte. Avant que la guerre eût pris fin, Jimmy alla en

Palestine pour aider à former un bataillon juif dans l'armée britannique du général Edmund Allenby, qui allait prendre Jérusalem et Damas à l'allié turc de l'Allemagne. Après la guerre, Jimmy parvint à accomplir ce qu'Edmond n'avait pas pu ou souhaité faire à son âge : renforcer le vieux mouvement d'implantation juive, mais en collaboration amicale avec les sionistes[20].

Henri lui-même — l'imposant Henri — passa à l'action. Près de vingt ans auparavant, alors qu'il pesait déjà plus de cent kilos, il avait été affecté à un service auxiliaire pendant son service militaire. Maintenant âgé de quarante-deux ans, il dissimula une albuminurie chronique et se fit engager comme médecin sous-lieutenant. Mais le vaccin antityphique l'atteignit de plein fouet. Expédié en convalescence à Dinard, il y finança la création d'un hôpital militaire ; guéri, il se fit affecter à des missions spéciales correspondant à sa compétence. L'une d'elles l'amena jusqu'en Grèce, où il participa à la mise au point de nouveaux traitements pour soigner les brûlures. En 1917, il était médecin-chef de l'hôpital de Soissons, aussi près du front qu'on pouvait l'être en dehors des tranchées[21]. Le service volontaire de sa femme Mathilde allait être raillé par un dandy antisémite : à l'hôpital de Compiègne, ricanait-il, elle arborait l'uniforme des infirmières israélites, « c'est-à-dire le costume des religieuses catholiques, avec un collier de perles en plus[22] ».

La guerre mondiale n'immunisait pas la famille contre la polémique. Dans les pages de *La Libre Parole,* puis à la tribune du Sénat, un certain Sylvain Gaudin de Villaine se distingua en accusant les Juifs en général, et les Rothschild en particulier, d'avoir vendu des matières premières stratégiques à l'Allemagne ; ces expéditions frauduleuses, disait-il, prolongeaient inutilement la guerre. Sa principale cible était la société Le Nickel, dans la colonie française de Nouvelle-Calédonie, qui était accusée de livrer du métal aux usines allemandes (ou de permettre qu'il fût livré). Peu importait à l'orateur que l'enquête sur cette rumeur fût en cours ou que les Rothschild n'eussent aucune responsabilité directoriale dans Le Nickel[23]. Les antisémites des décennies ultérieures n'allaient guère s'en soucier non plus ; l'histoire pourrait toujours resservir pour souligner la traîtrise des Rothschild[24].

Les affaires se poursuivaient tout de même. Les archives de la banque témoignent des contacts quotidiens entre les Rothschild français et leur agent à New York, chargé des intérêts des Rothschild aux États-Unis. Ces intérêts comprenaient des parts dans le système ferroviaire central de New York et le métro de la ville (alors privé), ainsi que des emprunts de guerre. Au cours des semaines qui précédèrent l'entrée en guerre des États-Unis, en 1917, les câbles de Belmont se lisent comme des bulletins d'information, avertissant Paris des positions du président Wilson, du

Parti républicain, du Congrès. Peu après la première révolution russe en février 1917, un câble d'August Belmont Junior annonçait la réaction de Wall Street : « Révolution russe et retraite allemande compensent influence défavorable de destruction vaisseaux américains. »

Puis l'Amérique entra dans le conflit et les Rothschild furent aussitôt prêts à participer aux emprunts de guerre du Trésor américain[25]. D'après la légende familiale, Royal Dutch leur en voulut quand le nouveau régime soviétique commença à l'exproprier de ses champs pétroliers au Caucase, comme si les Rothschild avaient su ce qui allait se produire et s'étaient débarrassés de leurs propriétés juste à temps[26]. En réalité, les Rothschild restèrent liés au sort de Royal Dutch car ils en détenaient une bonne part. Et, comme tout le monde, ils s'étaient retrouvés avec beaucoup de papier sans valeur après la prise du pouvoir par les bolcheviques. L'aide du ministère français des Finances et de la Banque de France leur fut bien utile pour honorer leurs obligations envers les actionnaires français[27].

La guerre modifia la vie des affaires comme rien n'avait pu le faire depuis l'époque où le jeune James avait créé sa banque à Paris. Le franc, qui ne changeait jamais de valeur — il était bon et solide comme l'or, il était de l'or —, devait maintenant être protégé. Il s'effondrait face à la livre sterling, face au dollar. Une monnaie qui avait toujours commandé le respect devait désormais être traitée comme une infirme ; on ne pouvait plus compter sur des prix et des salaires qui étaient restés stables depuis 1870. Les fortunes dont la valeur s'exprimait en papier n'étaient plus que du papier que l'on sortait du coffre.

On ne pouvait guère faire de projets dans ces conditions ; on n'osait rien construire. Pour Édouard de Rothschild, qui avait cinquante ans quand retentirent les trompettes de l'armistice, en novembre 1918, la fin d'un monde avait sonné[28].

La turbulence du marché de l'argent renforçait considérablement son aversion pour les risques, alors que le risque avait toujours fait partie du capitalisme. Et, répugnant à tenter de nouvelles choses, il ne pouvait guère le recommander à ses clients. En face d'un Édouard réticent, il y avait un Horace Finaly piaffant, banquier virtuose qui allait faire à la Banque de Paris et des Pays-Bas ce qu'avait accompli le Grand Baron rue Laffitte, à l'époque héroïque. Dans les années d'incertitude qui suivirent la Grande Guerre, la Banque de Paris et des Pays-Bas semblait échapper à la notion même de doute, tandis qu'elle s'engageait sur des marchés étrangers ou lançait de nouveaux investissements industriels en France, alors que De Rothschild Frères se contentait des anciens[29].

Et puis il y avait les Lazard, cette autre famille d'immigrants, qui, avec leurs cousins Weill, allaient répéter l'aventure des Rothschild, mais avec plus de confiance dans le versant américain des affaires : l'Amérique commençait à compter, maintenant[30].

Il était certes plus facile de se libérer des liens de la banque familiale ; Maurice, le fils non conformiste d'Edmond, allait s'en rendre compte. Car, à présent, raffermi par son assurance d'ancien combattant, il oserait ce qu'aucun membre de cette famille de banquiers n'était supposé tenter, et certainement pas sous le règne d'Édouard. Il allait faire amplement parler de lui et faire couler beaucoup d'encre en se présentant aux élections. Dans la légende familiale comme dans la réalité, Maurice avait jusqu'alors consacré plus d'énergie à dépenser qu'à gagner de l'argent. C'était un jeune homme mondain qui passait l'été à Marienbad et l'hiver à Saint-Moritz, qui élevait des chevaux et chassait en Inde et passait le reste de son temps avec les « plus jolies femmes de Paris » (un passe-temps au moins aussi coûteux que les chevaux et la chasse). Dans une remarque un peu condescendante, son cousin Henri notait que le seul titre de Maurice justifiant son élection à l'Académie des beaux-arts avait été l'extraordinaire collection d'art de son père, Edmond. A la fin de la guerre de 1914-1918, l'épouse de Maurice, Noémie, qui était née Halphen — ils s'étaient mariés en 1909 —, joignit sa voix à celles des amis de bon conseil pour adjurer Maurice de faire quelque chose de sa vie ; ce quelque chose serait la politique, qui se révélerait en fait un nouveau jouet coûteux[31].

La tradition en France voulait que l'on se présente dans un district éloigné de chez soi ; on n'avait nul besoin même de posséder une résidence secondaire dans la région. Maurice choisit d'être candidat dans les Hautes-Pyrénées, où les modestes électeurs ruraux allaient peut-être voir en Rothschild une réponse à leurs prières. Il fit imprimer des affiches illustrées d'un grand portrait de lui, accompagné de ce slogan : « Mon nom, c'est mon programme[32]. » Pourquoi pas ? A l'époque comme aujourd'hui, on attendait des candidats des promesses concrètes ; et c'était là un homme ayant les moyens d'en tenir au moins quelques-unes, cela sans attendre que le Parlement vote des fonds.

Un portrait inattendu de Maurice candidat nous vient du journal intime de l'abbé Arthur Mugnier, confident des cercles mondains du faubourg Saint-Germain et sorte de Goncourt du XXᵉ siècle dans son effort pour dépeindre ses contemporains : « Le baron Maurice de Rothschild voulait me voir pour sa candidature pyrénéenne de Lourdes », note-t-il à la date du 17 août 1919, Lourdes étant le premier lieu de pèlerinage catholique en même temps que l'une des villes clés de la circonscription électorale. « Il voit beaucoup de prêtres, là-bas. » Rothschild parla à l'abbé de la fameuse grotte, où l'on commémorait avec ferveur une apparition de la Vierge. « C'est chose curieuse que d'entendre ce Juif s'intéresser à ce lieu de pèlerinage essentiellement catholique, note Mugnier. Le baron me demande de dire à l'évêque qu'il n'est pas sectaire, qu'il l'aidera soit pour les trains de pèlerins, soit pour les questions politiques, religieuses : liberté d'enseignement, rappel des religieuses [expulsées du système scolaire une douzaine d'années auparavant]. Les gouvernements ne peuvent rien faire, dit-il, sans sa famille, ajoute-t-il, citant Maurice. Les Rothschild sont, par leurs banques, le ministère des Finances, le vrai, celui dont on ne peut pas ne pas tenir compte »[33].

Dans l'euphorie de l'immédiat après-guerre, il était logique de se présenter sous les couleurs du Bloc national, une coalition de centre droit vaguement rattachée aux basques du président du Conseil victorieux, le « Tigre », Clemenceau. Et, malgré la préférence forcée de nombreux ardents catholiques pour les radicaux socialistes, ennemis déclarés de l'Église — tout plutôt qu'un Rothschild —, Maurice fut élu membre de la nouvelle majorité[34]. Après les élections, *L'Illustration* consacra une page aux portraits des « figures nouvelles de la nouvelle Chambre ». Parmi ces députés figurait l'un des dirigeants politiques les plus influents et les plus controversés de la France d'après-guerre, le socialiste Léon Blum. Léon Daudet, bigot et directeur de la revue réactionnaire royaliste *L'Action française,* faisait ainsi partie des nouveaux députés. La dernière photographie, au bas de la page à droite, montrait un jeune play-boy au chapeau haut de forme repoussé en arrière, un œillet à la boutonnière. « Baron Maurice de Rothschild, éleveur », indiquait la légende[35].

# 18

# Sauver le franc

Tous les banquiers tablent sur la fermeté de leur monnaie ; il n'est pas nécessaire d'être un Rothschild pour s'en préoccuper. Au XIX^e^ siècle, le franc-or était un rempart. Sous le règne du Grand Baron, le glissement de sa valeur était à peine perceptible pour les Français qui n'avaient pas l'argent pour métier. Si, à l'époque d'Alphonse, le franc resta solide comme un roc, dès les premières années d'Édouard, à l'apogée de la Belle Époque, il gagna en valeur.

Pendant la guerre de 1914-1918, la France perdit 10 % de ses hommes valides, sans parler de l'incalculable pénurie de naissances. Jamais conflit n'avait causé tant de dommages, de destructions de ponts et de routes, de mines et d'usines. Pendant quatre longues années, une bonne partie de la France fut un champ de bataille ; une large portion des terres agricoles à fort rendement demeurèrent inaccessibles durant les hostilités et inutilisables par la suite. Les pénuries alimentaires, ainsi qu'en biens d'équipement essentiels, firent monter les prix, alors que la classe ouvrière, mécontente, était de plus en plus militante. La révolution russe constitua une véritable leçon de méthodologie pour toute une nouvelle génération de dirigeants ouvriers ; c'en fut également une pour les conservateurs.

Le franc allait perdre les trois quarts de son pouvoir d'achat entre 1914 et 1918, ne gardant son rang sur les places internationales que grâce au soutien des États-Unis et du Royaume-Uni [1]. Cela ne signifiait pas une pénurie de monnaie, bien au contraire. L'argent-papier devint l'un des produits les plus facilement disponibles dans le pays, sa quantité ayant plus que quintuplé au cours des années de guerre.

A un banquier se posait aussi la question de la dette nationale. Des sommes considérables étaient dues non seulement aux principaux alliés, mais encore aux citoyens français qui avaient répondu aux appels et acheté des bons de guerre. La dette ne pouvait que croître, avec la nécessité de reconstruire après l'armistice. Les réparations allemandes auraient sûrement pu aider, si les Allemands avaient été en position de payer. Et si certains Français ne comprenaient pas bien ce qui arrivait à l'économie, il ne manquait guère d'étrangers pour le leur expliquer. La valeur du franc plongea par rapport au dollar américain et à la livre britannique.

La France avait un bon berger en la personne de Raymond Poincaré, naguère président de la République et plus utile à présent au poste de président du Conseil, depuis janvier 1922. Il lui incombait de trouver des solutions et de les mettre en œuvre pour consolider le franc ; l'aide des Alliés ne viendrait que si la France se montrait capable de s'aider elle-même. En l'absence du soutien des Trésors britannique et américain, le pays se tourna en 1924 vers une source privée, la banque Morgan de New York, pour solliciter une réserve de dollars lui permettant de renflouer sa propre monnaie. Là encore, les Rothschild furent parmi les intermédiaires. Et quand le franc remonta effectivement, grâce à leur action, ceux qui spéculaient sur un franc fort y trouvèrent leur compte. Les Rothschild participant à cette action étaient Édouard et sa famille de banquiers, ainsi que S. M. Rothschild und Söhne, à Vienne, qu'Édouard invita à soutenir conjointement la monnaie française, tandis qu'ils allaient de concert, en contrepartie, soutenir la banque de Vienne, affaiblie par la chute de l'Empire austro-hongrois[2].

Les élections législatives de mai 1924 portèrent au pouvoir une nouvelle majorité, le Cartel des gauches, dont la politique sociale et la promptitude à imprimer de l'argent usèrent la confiance des investisseurs. Maintenant, le franc allait tomber au cinquième de sa valeur d'avant-guerre. Une réunion eut lieu le 15 janvier 1925, entre le président du Conseil Édouard Herriot, président des radicaux-socialistes, et une délégation des régents de la Banque de France, dirigée par Édouard de Rothschild. Herriot promit de défendre le franc et présenta ses arguments. Lors d'entretiens ultérieurs avec le ministre des Finances d'Herriot, Rothschild, en sa qualité de porte-parole des régents, mit en garde le gouvernement contre les menaces qui pesaient sur le franc, tant en France qu'à l'étranger ; en France, d'après les citations de Rothschild notées par le ministre des Finances Étienne Clémentel, la perte de confiance était due à la fois à « la droite cléricale et [aux] extrémistes communistes... ». Rothschild estimait que les dernières élections avaient donné l'impression que « la France allait au communisme. Il y a eu un mouvement de crainte. Le mouvement réactionnaire l'a exagéré ». Il s'inquiétait de la décision de relever les traitements des fonctionnaires : « On augmente, mais comment paiera-t-on ? »

La solution des régents, telle que l'exprima Rothschild, résidait dans l'unité nationale — du Bloc national de centre droit et du Cartel des gauches —, associée à un budget équilibré, grâce à des suppressions de dépenses plutôt que par de nouveaux impôts. S'opposant à l'opinion dominante, Édouard de Rothschild insistait sur la nécessité de la libre circulation des capitaux en France et au-dehors. Étudiant ces événements avec la distance d'un demi-siècle, un observateur a suggéré que, à mesure que le franc baissait, ainsi que les possibilités correspondantes du Cartel des gauches, le pouvoir des conservateurs régents de la Banque de France s'accroissait. Ce que réclamaient ces sages était un « climat de confiance », inaccessible dans les conditions présentes[3]. L'ascendant d'Édouard témoignait du pouvoir persistant des Rothschild français et de leur chef en titre, même dans un monde qu'il n'avait pas créé.

Édouard en action — Édouard, l'éternel conservateur — peut être saisi en plein dialogue à ce moment-là, grâce aux recherches d'un éminent spécialiste dans les minutes d'une réunion des directeurs des réseaux français des chemins de fer, à une époque, juillet 1924, où les radicaux-socialistes réclamaient la réintégration de milliers d'employés licenciés par suite d'une grève générale des transports ferroviaires. Le Cartel des gauches tenterait-il d'imposer la réintégration des grévistes, par force de loi ? Le chef des Rothschild exprima sans ambiguïté quelle serait alors sa position : « Je veux que nous disions bien, annonça-t-il à ses collègues propriétaires de chemins de fer, que nous ne nous inclinerons pas devant la loi, et que nous irons jusqu'au bout [...]. Nous serions des criminels antipatriotes si nous faisions quoi que ce soit. » Il fut décidé d'organiser une campagne de presse pour avertir le public des dangers d'une masse ouvrière déchaînée. Les grévistes ne retrouvèrent pas leurs emplois[4].

Les autorités financières étrangères, britanniques aussi bien qu'américaines, partageaient avec leurs collègues banquiers français la conviction qu'aucun soutien ne pourrait sauver le franc aux mains d'un gouvernement inflationniste ; pour restaurer la valeur de la monnaie nationale, il convenait de s'engager dans une gestion fiscale conservatrice. On a pour preuve que Rothschild ne parlait pas en son seul nom la réunion d'un groupe de banquiers influents avec des responsables du ministère des Finances en mai 1926 ; Rothschild et le gouverneur de la Banque de France étaient secondés par les directeurs de la Banque de Paris et des Pays-Bas et de Lazard Frères, ainsi que par le banquier indépendant Louis Louis-Dreyfus. Ils convinrent tous qu'il était essentiel de « rassurer les capitalistes aussi bien que la petite épargne ». Faute de quoi, l'on risquait un accès de panique aux conséquences inimaginables[5].

On peut suivre la bataille pour le franc pratiquement d'heure en heure, dans le journal, publié à titre posthume, du gouverneur de la Banque de France pendant ces années de crise. Émile Moreau eut une première réunion avec Édouard de Rothschild et les autres régents peu après sa prise de fonction, en juin 1926. Il vit aussitôt en Rothschild un adversaire ; d'après ce qu'il savait des opinions du banquier, elles s'opposaient aux siennes. Pour Moreau, le mieux qu'on pût espérer en ces temps désespérés était la stabilisation de la valeur présente du franc, autrement dit un gel au niveau même où il était tombé par rapport aux autres monnaies et à l'or. Le baron de Rothschild et ses alliés conservateur exigeaient au contraire un retour au franc plus fort d'avant-guerre par une importante réévaluation. Les lignes de la bataille étaient tracées.

Les premiers jours de la prise de fonction de Moreau furent orageux, coïncidant avec des retraits massifs des dépôts dans les caisses d'épargne, et la chute d'un autre gouvernement Herriot provoquée, d'après cet homme politique, par le « mur d'argent ». En juillet, revenant au pouvoir en qualité de chef d'un gouvernement d'union nationale, Raymond Poincaré fut obligé de lancer un humiliant appel aux contribuables pour qu'ils payent au plus tôt la plus grosse part possible de leurs impôts, avant même de recevoir leur avis d'imposition. La raison d'être de cette demande, expliqua-t-il à la Chambre des députés, était la défense du franc. Aux yeux du gouverneur de la Banque de France, le président du Conseil Poincaré semblait bienveillant et coopératif, disposé à aider à la stabilisation de la monnaie nationale grâce à des emprunts étrangers. En août, une nouvelle loi autorisa la Banque de France à prendre des mesures indépendantes pour défendre le franc, mais sans exiger le retour à la parité d'avant-guerre[6].

C'était la guerre entre les banquiers et la Banque, mais tous les banquiers n'étaient pas solidaires du patriarche Édouard. Les « modernes » — parmi lesquels Lazard et Paris et les Pays-Bas — étaient prêts à voir geler le franc à un niveau réaliste, c'est-à-dire plus bas qu'auparavant. Ils estimaient qu'une monnaie plus forte taxerait considérablement les exportations françaises, aggravant la crise économique, créant plus de chômage, augmentant la contestation ouvrière. Les « modernes » considéraient également qu'afin d'obtenir davantage de soutien de l'étranger, notamment des prêts américains, un certain compromis serait nécessaire (particulièrement sur le montant des réparations qu'il était raisonnable d'exiger de l'Allemagne vaincue)[7].

Moreau devait prendre des gants pour négocier avec ses régents, en particulier avec Édouard de Rothschild. Son journal le montre conspirant littéralement avec Poincaré pour trouver un moyen de laisser le franc trouver son propre niveau, sans provoquer chez le baron une démission explosive de sa fonction de régent. Contrairement à Rothschild, Moreau et Poincaré étaient tous deux convaincus que toute tentative de redresser la valeur du franc par des moyens artificiels nuirait à l'économie nationale à un point tel que les Français s'en ressentiraient et se révolteraient[8].

Dans son journal, Moreau évoque un Rothschild si français dans ses orientations qu'il avait jusqu'à présent refusé l'idée de rembourser les dettes de la France à ses alliés. Mais, en novembre 1926, le baron Édouard commençait à se montrer plus conciliant : « Il n'est pas admissible, disait-il, que la France réglât la question des dettes interalliées sous la menace. Aujourd'hui, nous avons des devises qui suffisent à nos besoins. [...] La France, sauvegardant sa dignité, doit payer ses dettes dans la mesure du possible[9]. »

Cependant, la lutte continuait entre le gouverneur et son régent le plus influent. Au printemps 1927, Moreau confia à son journal sa conviction que Rothschild spéculait sur un franc en hausse, notant avec consternation que le baron s'était prononcé publiquement en faveur d'une réévaluation, à l'assemblée générale des actionnaires de sa Compagnie du chemin de fer du Nord, ce qu'un régent de la Banque de France aurait dû s'interdire. Moreau fut obligé de prendre des mesures pour limiter les ordres désordonnés d'achat de francs, notamment en gelant les quantités de livres sterling disponibles pour la spéculation.

Sa vision d'Édouard à l'âge de cinquante-huit ans n'a rien de flatteur : un homme sans idées personnelles, qui, quand on lui demandait son avis sur une tactique bancaire, répondait qu'il y réfléchirait et ne donnait sa réponse que le lendemain[10]. Cependant, sur certaines questions, en particulier les prérogatives des banques, les idées du gouverneur et du baron se rejoignaient[11].

L'année 1928 — la dernière avant le krach de Wall Street — fut décisive. Malgré les fluctuations de sa monnaie, la France avait retrouvé sous Poincaré une remarquable stabilité et un budget équilibré. Les élections d'avril renforcèrent la position de Poincaré, en donnant à son Union nationale la majorité dont elle avait besoin. Ce qui restait à faire, c'était définir le franc, c'est-à-dire récompenser les partisans d'une valeur réévaluée ou les remettre à leur place. Considérant les événements houleux des deux dernières années, Émile Moreau observa que la stabilité retrouvée du pays encourageait les espoirs de ceux qui avaient prêté de l'argent à l'État pendant la guerre et qui pensaient à présent qu'ils seraient remboursés en francs remontés à leur valeur de 1914. Le président du Conseil lui-même, Moreau le savait, était de tout cœur avec ceux qui souhaitaient revenir aux valeurs d'avant-guerre... Face à ces bonnes gens, Moreau le savait aussi, le rôle de la Banque et de ses techniciens paraissait froid et dur. Ils allaient devoir expliquer l'irréparable dommage que causerait à l'économie une réévaluation.

Au début de juin 1928, pour montrer sa détermination, le gouverneur de la Banque de France menaça tout simplement de démissionner. Les heurts avec les conservateurs menés par Rothschild se firent plus fréquents. Le baron et son allié François de Wendel, l'un des grands industriels du pays, allaient désormais être absents aux réunions du conseil général. Mais, le 21 juin, Raymond Poincaré défendit devant la Chambre la stabilisation du franc à son niveau actuel et obtint l'approbation des députés. Par le vote du 25 juin, un nouveau franc vit le jour, un franc comportant 65 milligrammes d'or... soit un cinquième de sa valeur d'avant-guerre[12].

Dans son journal, Moreau évoque l'atmosphère régnant lors de l'assemblée des régents peu après le vote de la réforme monétaire.

Wendel et Rothschild firent une entrée « peu glorieuse » ; Moreau se montra « très froid » à leur égard ; il pouvait se le permettre, à présent [13]. Par la suite, l'événement fut considéré comme le début de la fin de l'hégémonie des Rothschild [14].

La prudence d'Édouard allait se manifester dans d'autres domaines. Les risques pour lesquels les précédents Rothschild étaient célèbres étaient pris désormais par les Lazard et autres banquiers du commerce et de l'industrie du XX^e siècle. Ces derniers étaient des banquiers internationaux à la Rothschild, précisément quand le chef actuel de la dynastie Rothschild reculait devant les engagements étrangers [15]. « Ce qui pouvait pousser ou soutenir les pères n'influence pas les enfants, notait un observateur de la saga Rothschild écrivant à la veille de l'effondrement de Wall Street, en 1929. Une richesse héritée, l'éducation, des mœurs raffinées, une position sociale sûre, sont des influences amollissantes. Elles engendrent des scrupules, des idées de responsabilité, de la susceptibilité quant aux méthodes employées, un excès de sensibilité à l'égard de l'opinion publique. Encore plus destructif de la volonté est l'attachement au sol, et les derniers Rothschild ont laissé des questions de patrie ou de parti se mêler aux questions d'affaires [16]. » Personne n'aurait pu mieux l'exprimer.

Cela ne signifiait pas que la famille fermât sa porte au monde ; on ne pouvait guère dire cela d'un groupe qui gérait encore des investissements globaux. Dans les premières années de la décennie qui suivit la Grande Guerre, les Rothschild de Paris commencèrent à emprunter, par l'intermédiaire de Morgan, pour la Compagnie du Nord, en émettant des obligations pour une valeur de 15 millions de dollars [17]. La banque d'Édouard s'engagea ensuite dans les ruelles de New York en achetant des parts d'Interborough Rapid Transit (IRT), la vieille ligne de métro qui desservait alors la majeure partie du réseau souterrain de la ville. L'investissement allait se révéler moins sage qu'il n'y paraissait tout d'abord car les autorités municipales de New York bloquaient les tarifs d'une poigne d'acier, pressurant durement les actionnaires privés. L'IRT fit faillite et il fallut alors protéger les intérêts des actionnaires. Finalement, la Ville de New York reprit à son compte les métros privés [18].

Les difficultés que les Rothschild rencontrèrent concernant le réseau métropolitain de New York, ils les subissaient déjà en France, où la politique salariale du gouvernement — consistant à décréter des augmentations — rendait de plus en plus ardue la gestion des chemins de fer. C'étaient maintenant les Rothschild qui réclamaient l'intervention de l'État, soit pour assumer le déficit ou autoriser la hausse des tarifs, soit pour augmenter les taxes des moyens de transport concurrents, tout en abaissant celles des chemins de fer [19].

Un marché étranger, cependant, était définitivement fermé, à leurs yeux. Après les ravages de la révolution russe, qui avaient laissé les porteurs de bons en possession de papiers sans valeur, la nouvelle Union soviétique commençait à chercher des bienfaiteurs. Après l'introduction du capitalisme d'État sous la Nouvelle Politique économique de Lénine, les Rothschild de Paris reçurent en novembre 1924 un télégramme de l'Impravbank, banque officielle de Moscou : « Vu reprise relations nos deux pays sommes désireux établir correspondance avec votre maison aussi déposer jusqu'à un million dollars en compte courant ou dépôt à terme jusqu'à trois mois stop prière indiquer conditions. » Les Rothschild répondirent qu'au vu des circonstances financières actuelles ils ne pouvaient accepter[20].

Un autre portrait de famille des Rothschild fut tracé à la fin des années 1920, qu'on allait par la suite qualifier d' « années folles » (expression que n'avait certainement pas inspirée l'observation des Rothschild, toujours si modérés). Cette fois, la portraitiste en est Élisabeth de Gramont, fille d'Alexandrine et d'Agénor, duc de Gramont. Elle rend visite à Édouard chez lui, rue Saint-Florentin, où elle a également connu le père d'Édouard, Alphonse. « Édouard aime à s'entourer de ses contemporaines quand elles sont jolies », note-t-elle. Son épouse Germaine « reçoit avec un joli sourire et prend un air distrait quand il est question de tableaux... » (« Je ne me rappelle plus si c'est un Raphaël, je demanderai à Édouard », lui entend dire Élisabeth[21].) Avec le recul, une des filles d'Édouard allait définir son père comme le « dernier gentleman », sans toutefois oublier son tempérament emporté. Édouard était loin d'être aussi frêle que ne le donnent à penser les portraits de lui, malgré la tuberculose qui avait assombri sa jeunesse et qui obscurcirait la fin de sa vie.

Doté d'un sens profond de la justice, il était passionnément juif[22]. Qu'il fût un Juif français, voilà qui ressort clairement d'une déclaration qu'il fit à l'assemblée générale du consistoire de Paris, juste avant la Grande Guerre, en réaction à ce qui semblait être une inquiétante vague d'immigration en provenance de l'Europe centrale, amenant en France des Juifs qui « vivaient » comme des Juifs et ne se contentaient pas de simplement pratiquer le judaïsme : « Ces nouveaux arrivants ne comprennent pas les habitudes françaises [...]. Ils restent entre eux, conservent leur langue primitive, parlent et écrivent en jargon[23]... » Ce jargon n'était-il pas le yiddish de James et de ses frères ? Dix ans plus tard, le Consistoire ouvrait largement ses portes aux nouveaux immigrants, tout autant pour renforcer l'institution et ses finances que pour gagner des membres[24].

La personnalité d'Édouard était sans doute plus solide que son physique. Il était une célébrité à la Bourse, comme l'exprimerait un directeur de la banque, constatant que son prestige dépassait largement l'importance de son activité bancaire de l'époque[25].

Édouard partageait à présent le pouvoir avec Robert. Depuis le milieu des années 1920, le fils de Gustave était un partenaire minoritaire de plus en plus actif, cependant que le rôle de leur oncle Edmond déclinait. Mais si une quasi-cécité tenait le vieillard à l'écart des affaires, cela ne freinait en rien ses bonnes œuvres en Palestine, où il avait désormais un représentant totalement dévoué en la personne de son fils James. Tous deux continuaient à engloutir des sommes impressionnantes dans les colonies juives, pour répondre à des besoins aussi impérieux que l'irrigation, la mécanisation de l'agriculture et même l'investissement industriel, pour alimenter un marché croissant en produits agricoles bruts et transformés en provenance de la Terre sainte. Dans les dernières années de sa vie, Edmond comprit également la nécessité d'un développement rationnel de la vie urbaine, inévitable au même titre que l'industrie, complément nécessaire de l'agriculture[26].

Simon Schama, historien des Rothschild de Palestine, nous entraîne à la suite d'Edmond lors de sa cinquième et dernière visite en Terre sainte, en 1925. C'était une époque exaltante, à l'apogée de l'immigration juive, où les autorités britanniques autorisaient les Juifs à devenir citoyens après une période d'attente de deux ans. L'hébreu était désormais l'une des trois langues officielles du pays, et des savants et des érudits poursuivaient leurs recherches à l'Université hébraïque. Les expériences agricoles, longtemps contestées, paraissaient maintenant bien établies. Le voyage d'Edmond à travers le pays qu'on n'appelait pas encore Israël fut triomphal. Il était vénéré, observe Schama, comme aurait pu l'être un Herzl ressuscité. Mais il gardait la tête froide. Bien qu'engagé dans les tractations pour la création d'un « home national juif », comme il l'annonça dans son testament spirituel à la congrégation de la Grande Synagogue de Tel-Aviv, il insistait pour que le symbolisme de Jérusalem demeurât en retrait par rapport à des questions plus pressantes, comme l'agriculture et l'industrie, le développement des villages et la consolidation de Tel-Aviv[27].

De retour à Paris, l'aîné des barons français dota une Fondation Edmond de Rothschild pour le développement de la recherche scientifique, spécialisée en physique et en chimie. Dès 1927, la fondation créa un Institut de biologie physico-chimique pour la recherche pure et appliquée, inspirée, allait préciser son président, par les « doctrines de Claude Bernard sur le déterminisme physico-chimique de la vie » et rassemblant des physiciens, des chimistes et des biologistes, dont l'un était Jean Perrin, lauréat du prix Nobel de physique l'année précédente. Sur un terrain appartenant à l'université de Paris et qui bordait la rue Pierre-Curie, au Quartier latin, la fondation d'Edmond allait construire des laboratoires avec une qualité d'équipement encore inconnue en Europe et aux États-Unis[28].

Élisabeth de Gramont se souvenait d'un Edmond maladif, qu'accompagnait partout son médecin personnel, de la baronne et de ses goûts simples (pour les fleurs en particulier), de leur fille, Miriam, qui était « misanthrope », et de leur fils James, Jimmy, qui était à la fois « misanthrope » et fort éloigné, vivant en Angleterre. Et puis, bien sûr, Maurice, « le plus connu, le plus tapageur, le plus répandu des barons de Rothschild »[29].

Seul Maurice, de tous les Rothschild, semble avoir profité des années folles. Son statut de député (contraire aux désirs de son père) ajoutait du piquant à son salon. Le *palazzo* de tante Julie, avec ses chefs-d'œuvre, était fréquenté par les politiciens des deux côtés de la Manche, comme le rapportait la cousine Élisabeth de Gramont, et ouvert « aux académiciens, aux belles femmes et au gratin ». Et, présidant l'assemblée, Maurice, onctueux comme un radjah[30].

Son lointain électorat des Hautes-Pyrénées ne renouvela pas son mandat aux élections législatives de mai 1924, qui amenèrent le Cartel des gauches au pouvoir. On avait trop attendu d'un Rothschild dans cette circonscription défavorisée et, pendant la campagne, ses adversaires ne lui firent grâce d'aucune promesse non tenue. (Il n'avait rempli qu'un seul mandat, de 1919 à 1924, et pourtant, des dizaines d'années et une guerre mondiale plus tard, on s'en souviendrait encore, selon les paroles d'un analyste politique, « comme du passage d'une étrange comète politique aux étincelles d'or[31] ».)

Momo, comme le surnommait Élisabeth de Gramont, regagna Paris quelque peu abattu et résolu à abandonner la politique, tout au moins pour le moment, puisque le public ne lui avait marqué aucune affection. Un développement inattendu le ramena toutefois dans l'arène. Dans une autre région du pays, dans un autre département montagneux aux sommets encore plus élevés, un député récemment élu mourut soudain et il fallut procéder à de nouvelles élections. D'après son récit de ces journées précipitées, Maurice fut approché par un député du camp adverse, un socialiste, qui le pressa de se présenter dans son département, les Hautes-Alpes. Le scrutin se déroula le 27 juillet, puis le 10 août, suivant le système français du scrutin majoritaire. Maurice fut élu.

Mais une controverse naquit, qui se transforma en tempête. Car Maurice de Rothschild, fils d'Edmond, petit-fils de James, était tout simplement accusé d'avoir obtenu son siège frauduleusement. Une enquête parlementaire fut ordonnée et ses conclusions furent condamnatoires. Ce candidat qui, en 1919, avait fait campagne sur son patronyme avait cette fois choisi une circonscription où il était encore totalement inconnu trois semaines avant l'élection. Pour se faire connaître, disaient ses accusateurs, il avait eu recours à d'abondantes libéralités. Un rapport sur ces élections, soumis le 1er avril 1925 à la Chambre des députés, était généreux en détails. Dans un certain village, Maurice de Rothschild aurait offert 5 000 francs — plus de 20 000 aujourd'hui — pour acheter les uniformes d'une compagnie de sapeurs-pompiers bénévoles, 1 000 francs pour ériger une grille autour d'un monument aux morts et 500 francs pour la construction d'un four à pain communal. Il y avait eu un don de 500 francs pour une fête de village, 1 000 francs pour une coopérative d'employés du chemin de fer (qui refusa), 500 francs pour un club de boules, 1 000 francs pour les œuvres de bienfaisance d'une école. Dans une seule ville, relevait ce rapport, cent personnes avaient reçu des dons d'argent, échelonnés de 20 à 1 000 francs. Le candidat Maurice arrivait en voiture dans un village, distribuait 500 francs à une association sportive, 200 aux boulistes, 100 pour le prix d'un concours. Les pères de famillle qui l'approchaient obtenaient chacun 100 francs, un ouvrier désireux de se rendre dans une grande ville pour voter avait reçu la même somme pour son voyage, chacun des trois facteurs s'était vu offrir une prime de 50 francs, et ainsi de suite. La liste était longue.

Pour sa défense, le candidat fit observer que sa défaite électorale dans les Hautes-Pyrénées prouvait bien qu'il n'avait pas acheté les voix des gens. Il nia l'accusation selon laquelle il aurait déboursé 1,6 million pour être élu dans les Hautes-Alpes. Comme on lui reprochait d'avoir envoyé 800 lettres à des électeurs, contenant chacune 50 francs, il répondit qu'il n'en avait envoyé que 200, et avec des billets de 20 francs, et non de 50. « Je reconnais que ma situation de candidat, dans n'importe quel département où je pourrais me présenter, est difficile avec le nom que je porte », lança-t-il à ses pairs de la Chambre. Il ne niait pas avoir offert ici et là son soutien financier, quand il était sollicité. Et s'il avait « soulagé quelques misères », il était ravi de l'avoir fait. Lequel de ses collègues pouvait lui reprocher cela, lequel se serait abstenu d'en faire autant ? « Quand je me rendais dans une commune et que le maire me signalait une malheureuse qui accouchait sur un grabat, aurais-je pu lui répondre : " Vous m'en reparlerez après les élections " ? » Pouvait-il refuser à de « petits orphelins » ?

Il aurait pu être jugé pour ces faits, mais ils furent couverts par une amnistie présidentielle. Maurice déclara qu'il aurait préféré passer en jugement, car cela lui aurait permis de prendre connaissance de toutes les accusations et de les réfuter. Il demanda qu'une enquête officielle lui donne la possibilité de se justifier, mais ses adversaires exigèrent une simple invalidation de l'élection.

L'affaire se corsa lorsque l'accusé accusa lui-même Louis Cluzel, le député socialiste et propriétaire de journal qui l'avait originellement incité à se présenter, d'avoir voulu obtenir de Maurice un don en espèces, afin de pouvoir acheter une imprimerie. Pour sa part, Cluzel affirmait que Maurice avait été heureux d'apprendre qu'on n'attendait guère plus de 20 000 électeurs aux urnes, car cela signifiait qu'il n'aurait que ces gens-là à corrompre. En fait, Rothschild avait gagné avec 10 248 voix, contre 9 500 au candidat du Cartel des gauches ; trois mois plus tôt, c'était le Cartel qui avait remporté l'élection, avec une majorité de 2 500 voix.

Le socialiste Léon Blum résuma les charges contre Maurice de Rothschild. Tant les accusations que les contre-accusations exigeaient l'annulation de l'élection. « Qui donc, dans cette Chambre, demanda Blum, pourrait penser que, s'il y a eu un corrompu — et c'est une hypothèse que j'écarte —, c'est une raison de valider le corrupteur ? » L'Assemblée ne le suivit pas et se prononça par 180 voix contre 178 pour une enquête officielle. C'était la première fois depuis 1902[32].

Les enquêteurs prirent tout leur temps et ne remirent leur rapport que quinze mois plus tard, au début de juillet 1926. Cette fois encore, les adversaires de Maurice se donnèrent du bon temps en citant les témoins de cette campagne particulièrement colorée. Un député anti-Rothschild répéta la remarque d'un électeur lors d'une réunion électorale : « M. de Rothschild a fait bien plus en cinq minutes que vous en une heure, car il nous a donné beaucoup d'argent et vous ne nous apportez que des paroles. » Il y avait aussi l'histoire hilarante d'un badaud qui avait réussi à extorquer 820 francs à Rothschild sous des prétextes divers. « Voilà une bonne journée, aurait dit l'homme, d'autant plus que je ne risquais rien, n'étant pas électeur dans le département. » Les députés communistes, qui menaient le combat contre l'élection de Rothschild, révélèrent qu'il avait envoyé des paniers de faisans aux membres du Parlement. Les communistes avaient refusé, mais qui d'autre avait fait de même ? Cependant, si les preuves des largesses de Rothschild étaient indéniables, l'enquête faisait pencher la balance en faveur de la validation de l'élection. Selon les termes du rapporteur, Maurice de Rothschild n'avait pas jeté l'argent par les fenêtres ; on lui avait « demandé » de l'argent. « Lorsqu'on a su que M. de Rothschild se présentait aux élections, tout le département a été ému. Son nom a été considéré comme le symbole d'une fabuleuse richesse. » Il cita un témoin : « On a cru que c'était une mine d'or pour le département. » Dans ce département, en effet, existait une forte tradition d'aumône.

Le rapporteur rapporta le témoignage d'un autre électeur, qui affirmait qu'un collaborateur de Rothschild lui avait offert 200 francs pour son vote, puis il lut une lettre par laquelle ce témoin à charge réclamait à Rothschild de l'argent pour ses jeunes enfants, sa femme malade et sa vieille mère ; pour un don d'argent, précisait le quémandeur, il était prêt à abandonner ses opinions politiques antérieures et faire campagne pour Rothschild. Les électeurs avaient prouvé que les dons de Rothschild ne les avaient pas empêchés de voter contre lui. L'enquête concluait que l'élection avait été gagnée non grâce à l'argent, mais grâce aux hommes politiques locaux qui avaient soutenu Rothschild ; le candidat n'avait forcé la main de personne. Une preuve particulièrement significative était le texte écrit à la main d'une petite affiche, signée : « Un père de famille catholique », invitant expressément à voter contre Rothschild parce qu'il était juif. L'auteur de l'affiche antisémite n'était autre que le socialiste Cluzel (lequel, à l'époque, n'était plus membre de son groupe parlementaire).

Maurice prit la parole pour se défendre, fortifié par le résultat de l'enquête. Il rappela à ses collègues de la Chambre que, depuis le début de l'enquête, il n'avait pas pu prendre la parole sur les graves problèmes qui affectaient alors la nation.

La Chambre rejeta les conclusions de ses enquêteurs, en se prononçant contre Maurice de Rothschild par 209 voix contre 86[33].

Maurice se représenta donc, dans la même circonscription des Hautes-Alpes, et gagna avec 10 539 voix (son rival le plus proche n'en obtint que 3 151). Il se porta de nouveau candidat aux élections générales d'avril 1928 et fut réélu.

Mais si, les premières années, il avait souvent pris la parole dans l'hémicycle sur des questions concernant les écoles ou les hôpitaux aussi bien que l'élevage des chevaux, après cette affaire il ne s'adresserait plus jamais à la Chambre des députés[34].

# 19

# Avant la dépression

Le 30 septembre 1926, en cette année tumultueuse pour Maurice de Rothschild, sa femme Noémie Halphen — de cette solide race des femmes Rothschild, bien qu'elle ne fût pas née Rothschild — donna naissance à un fils. Il allait s'appeler Edmond comme son grand-père paternel. Jusqu'alors, le plus jeune fils du Grand Baron n'avait pas de petits-enfants[1]. Vivant désormais séparée de l'imprévisible Maurice, Noémie fixa son choix sur un paisible village de montagne, Megève, où elle contribua à attirer la bonne société internationale ; plus tard, avec le soutien de son fils, elle allait en faire la station d'hiver par excellence. Car, grâce à la fortune héritée de Maurice et à ce qu'il y ajouterait lorsqu'il se mettrait enfin à gagner de l'argent au lieu d'en dépenser, le second Edmond allait devenir le plus riche de tous les Rothschild.

Cependant, une autre branche de la famille s'apprêtait à connaître la célébrité. Henri l'avait presque atteinte, car ce médecin-savant, automobiliste-yachtman, était maintenant lancé dans sa seconde (ou était-ce la troisième ?) carrière en tant qu'auteur de théâtre. Le nom de plume André Pascal ne camouflait pas grand-chose, comme nous le montre cette critique d'une de ses comédies, en 1923 : « Un multimillionnaire peut-il, même en ces temps de vie chère, nous apitoyer sur son malheur, qui est d'être trop riche ? M. André Pascal l'a pensé, en donnant au théâtre Antoine quatre actes du *Moulin de la Galette* [...]. Exploité laidement par tous ses amis, le grand financier Sorbier connaît du moins la joie d'être aimé pour lui-même, sous un faux nom, par une jeune vendeuse de magasin, qui le croit pauvre. On sait que le pseudonyme d'André Pascal dissimule la personnalité du docteur Henri de Rothschild... »

Le critique jugeait la pièce « pénétrée d'une vigueur satirique », ce qui expliquait apparemment la décision de l'auteur de faire cesser les représentations dès après la générale, de crainte que ses modèles réels ne fussent identifiés[2]. Ce fut la première et unique fois qu'Henri/André retira une pièce de l'affiche. Il écrivit pour le théâtre tout au long des années 1920 et l'infortune des riches fut bien souvent son sujet. Lorsqu'il fit construire son château de La Muette, en bordure ouest de Paris, une nouvelle rue fut tracée, qui fut baptisée (et demeure à ce jour) rue André-Pascal.

Lorsque son yacht *Éros* heurta un récif, lors d'une croisière le long des côtes de Suède, cet accident eut droit à une page dans *L'Illustration* (les photos d'action étant prises par le fils d'Henri, Philippe)[3]. Henri, avait noté le critique, avait créé un « rôle en or » pour la jolie Marthe Régnier dans *Moulin de la Galette.* Marthe n'allait pas tarder à devenir une habituée de l'*Éros,* simplement connue comme amie d'Henri[4]. Quand l'écrivain Colette fut invitée à bord du yacht, elle se trouva au milieu d'une foule très élégante de gens du spectacle, dans un luxe « féerique ». Le yacht avait « tout », confia-t-elle à une amie, évoquant l'*Éros II,* bâtiment de 1000 tonnes à l'équipage de trente-trois hommes, avec « même le téléphone de cabine à cabine, pour se dire bonjour en restant couché »[5].

Et les critiques étaient de plus en plus favorables aux pièces d'Henri : « Bien que la plupart des personnages y soient des médecins, *Le Grand Patron* n'est pas, comme *Le Caducée,* une pièce sur la profession médicale. M. André Pascal — *alias* le docteur Henri de Rothschild — a seulement emprunté à un milieu qu'il connaît bien les traits véridiques de son héros [...]. L'illustre chirurgien Volnys, professeur et membre de l'Académie de médecine [...], est resté pauvre, ou presque. Personnellement, il n'en souffrirait pas. Mais il a épousé sur le tard, en secondes noces, une jeune femme mondaine, frivole et dépensière... » Le bon docteur (joué par Harry Baur) accepte d'être président d'une compagnie, que des directeurs moins scrupuleux mènent à la banqueroute ; puis il obtient le prix Nobel et tout est sauvé. « Cette pièce que le baron Henri de Rothschild a eu la coquetterie de ne pas donner au théâtre Pigalle, où il est chez lui, mais à la Comédie des Champs-Élysées, est d'une facture excellente. Elle est émouvante et dramatique[6]. »

Mais l'homme vraiment célèbre de la lignée de Nathaniel allait être le fils d'Henri, Philippe, qui rejoignit son père au théâtre Pigalle, pour en devenir le metteur en scène et travailler avec des auteurs comme Jules Romains et des acteurs comme Louis Jouvet. Après un court passage à Hollywood, il entreprit également de faire des films[7].

Une nouvelle fois, nous en entendons parler par Colette, qui avait rencontré Philippe à bord de l'*Éros* pendant une croisière dans les fjords norvégiens. Il confia à l'écrivain déjà célèbre son projet de produire la version filmée d'un roman de Vicki Baum, *Le Lac aux dames,* dont il souhaitait que Colette fît l'adaptation. Puis, à l'âge de vingt-neuf ans, Philippe engagea un cinéaste débutant, Marc Allégret, et les jeunes vedettes Simone Simon et Jean-Pierre Aumont.

Célèbre mais impécunieuse, Colette fut impressionnée par le style

Rothschild. Philippe avait loué tout un étage d'un élégant hôtel donnant sur le bois de Boulogne pour rassembler son équipe. Dans la frénésie des derniers jours de mise au point du scénario, Rothschild et Allégret prirent une suite dans un hôtel des Champs-Élysées où Colette vivait, à longueur d'année, dans une petite chambre nichée sous les combles ; ils firent en sorte d'être logés juste au-dessous de chez elle [8].

Tel père tel fils : Philippe avait son propre yacht, sur lequel il concourut pour la coupe de France (que le baron Alphonse avait dotée). La coupe avait depuis longtemps quitté les mains des Français, mais Philippe la reconquit. Il allait ensuite courir sa chance pour la coupe d'Or, offerte par le roi d'Espagne, mais il annula son inscription en août 1926, à la mort de sa mère [9]. Philippe écrivait de la poésie et des contes, traduisait des poèmes élisabéthains et les pièces de Christopher Marlowe, dramaturge du XVIe siècle. Il adapta également six pièces d'un contemporain, Christopher Fry [10].

Il n'avait pas encore trouvé l'œuvre de sa vie. Armé d'un doctorat — le fils d'Henri ne pouvait pas faire moins — en physique et mathématiques, il avait également étudié l'optique. Dès les années 1920, son père l'avait expédié dans le vignoble familial à Bordeaux ; ce jeune scientifique doué pour la publicité allait peut-être savoir que faire du vénérable Château-Mouton-Rothschild. Le cru avait surtout besoin d'un bon dépoussiérage, ce qui signifiait, dans le cas présent, d'appliquer des techniques modernes pour rehausser tant la qualité que la réputation du fameux vin [11]. Philippe ne considéra la tâche accomplie que quand il eut amené les autorités à changer la classification traditionnelle du Mouton. Alors second, il fut reconnu premier cru, ce qu'il était sans aucun doute devenu.

Lorsque la branche Henri de la famille Rothschild fut enfin prête à recueillir les bénéfices du Mouton ressuscité, la dépression des années 1930 était en train de tuer le commerce du vin. Philippe prit l'affaire en main. Il créa un nouveau vin de Bordeaux, en écho à l'élégant Mouton-Rothschild, tout au moins par le nom ; en fait, son Mouton-Cadet était un mélange de moindres vins. Mais le nom sonnait bien, et recouvrait un produit que n'importe qui ou presque pouvait s'offrir. Il entreprit dans le même temps d'acheter des vignobles voisins, commençant en 1933 par le château d'Armailhacq.

En ce temps-là, même les plus grands vins étaient confiés à des négociants pour leur distribution. Philippe décida de mettre lui-même le sien en bouteille, une pratique qui se généralisa par la suite pour les grands crus. Il allait numéroter ses bouteilles et faire décorer ses étiquettes par des artistes contemporains renommés. Avant la fin de sa vie, Philippe était devenu une célébrité, rôle que reprit volontiers sa fille et héritière, actrice à la Comédie-Française sous le nom de « Philippine Pascal ».

Et il allait rendre son vin célèbre. Dans cette région, où les vignobles rivaux des Rothschild sont voisins, une sommité en matière de vins découvrit un des résultats de la croisade de Philippe : on associe habituellement le nom Rothschild au Mouton de Philippe et une lettre simplement adressée aux Rothschild arrivera automatiquement au Château-Mouton, comme si les autres Rothschild, plus discrets, ne cultivaient pas l'élégant Lafite depuis plus d'un siècle[12]. Un autre connaisseur, faisant la tournée des vignobles bordelais, fut frappé par le contraste entre les champions du marketing de Mouton et les propriétaires plus sobres du Château-Lafite, le vin du Grand Baron et de ses descendants. Visiter Lafite après Mouton, disait-il, « c'était comme entrer au monastère ».

Bien entendu, ces vignobles Rothschild se concurrençaient et Philippe n'était pas du genre à prétendre le contraire. On racontait qu'il versait du Château-Lafite à ses invités, en prenant soin de le servir avec un curry[13].

C'était uniquement sur les questions de vins que la solidarité familiale pouvait se laisser troubler par la rivalité commerciale. La branche d'Henri semblait fort éloignée des Rothschild banquiers, mais, dans les années 1920, James Nathaniel de Rothschild, le frère aîné de Philippe (que son père Henri préférait appeler « James Henri »), après avoir été pilote de chasse au-dessus de la Serbie pendant la Grande Guerre, trouva un emploi à la banque de la rue Laffitte. En 1928, à l'âge de trente-deux ans, ce James était administrateur de la Compagnie du chemin de fer de l'Est, appartenant aux Rothschild[14].

La famille cultivait également des liens avec l'autre côté de la Manche. A Paris, en 1924, Édouard apprit que la demeure ancestrale des Rothschild dans la Judengasse de Francfort — humble maison du ghetto — avait sérieusement besoin d'être réparée. Le coût, d'après le rapport des agents Rothschild à Francfort, devait s'élever à quelque 4 000 marks-or. Il transmit le devis à ses « chers cousins » de Londres, qui consentirent à partager le poids de la restauration de ce souvenir matériel des débuts de leur famille. La maison est celle qui fut restaurée en 1925. Elle demeura sur pied jusqu'aux bombardements de la Seconde Guerre mondiale, qui anéantirent la vieille ville de Francfort.

En 1925, on découvrit également que les employés de l'ancienne banque Rothschild de Francfort, qui, lors de la fermeture, en 1901, avaient été repris par une autre banque avec la promesse d'une retraite à laquelle avaient contribué les Rothschild, étaient maintenant maltraités, la banque les ayant licenciés sans préavis ni compensation. Londres et Paris convinrent d'honorer cette dette familiale[15].

Même un Rothschild en colère pouvait servir le bien public. Adèle, fille de Meyer Carl et veuve de Salomon James, fils du Grand Baron, refusa de laisser ses biens à sa fille unique, Hélène, qui avait épousé un aristocrate hollandais non juif. L'héritage comprenait un élégant hôtel rue Berryer, à Paris ; Adèle préféra le léguer à l'administration des Beaux-Arts, pour en faire un centre culturel, baptisé Fondation Salomon de Rothschild [16]. (Parmi les premiers visiteurs, le président de la République Paul Doumer y fut assassiné par un fou en 1932.)

Mais c'était l'altruisme et la solidarité qui impressionnaient le plus Élisabeth de Gramont, une demi-Rothschild suffisamment éloignée pour observer la famille et son respect de la hiérarchie, qu'elle interprétait comme le « sens israélite du patriarcat », et en être touchée. Elle était fille d'un duc et allait en épouser un autre. Elle était donc qualifiée pour exprimer sa conviction que les Rothschild étaient sans égal dans leur style grandiose et leur goût de l'opulence, comme dans leur disposition à consacrer des sommes inépuisables au sauvetage d'un membre de la famille qui avait commis de « coûteuses erreurs » [17].

Guy de Rothschild, fils d'Édouard et de Germaine, né le 21 mai 1909, est le premier membre de la branche des banquiers qui nous offre une image précise de ce qu'était la vie d'un jeune Rothschild français ; c'est aussi grâce à lui que nous connaissons le mieux son père, tellement effacé. Si peu agressif qu'ait pu paraître Édouard, il est clair qu'il n'avait aucune intention de laisser son unique fils survivant vivre tranquillement de ses rentes. (Édouard et Germaine avaient eu un premier fils, nommé Alphonse en l'honneur de son grand-père, qui était mort d'une crise d'appendicite à l'âge de quatre ans et demi, quand Guy n'avait que dix-huit mois.)

Il devait paraître bien différent des autres enfants, ce jeune Guy : un chauffeur le conduisait à l'école ! Mais lui-même savait bien qu'on ne le gâtait pas car l'organisation de ses journées suivait une discipline quasi militaire. « L'obligation de travailler, de passer les examens, d'avoir un métier, de respecter la religion était permanente [18]. »

Son enfance fut marquée par la magie de Ferrières, qui comprenait non seulement le parc et les étangs, mais les labyrinthes du sous-sol, dont les couloirs menaient aux quartiers des domestiques, à la buanderie et à la lingerie, aux caves à vins et à bien d'autres lieux enchanteurs. Guy bénéficia également de l'heureuse promiscuité des temps de guerre — la Grande Guerre éclata quand il avait cinq ans. Ses cousins Alain et Élie, Diane et Cécile venaient parfois partager le refuge du château, en particulier lorsque les Allemands s'approchèrent de Paris avec leur énorme canon, surnommé la Grosse Bertha.

En temps de guerre comme en temps de paix, un enfant pouvait fréquenter l'univers fascinant des domestiques, et il n'y avait pas moins de trente personnes pour rendre la vie agréable et facile aux nobles habitants de Ferrières : des maîtres d'hôtel, des lingères, des femmes de chambre et des femmes de ménage, des gens chargés d'apporter le bois et d'entretenir les feux ; cinquante autres personnes s'occupaient des jardins et du parc. Les invités du week-end amenaient leurs propres domestiques : chauffeurs et valets de chambre, chargeurs de fusils pour la chasse. « Il y avait également un membre du personnel dont l'unique fonction était de préparer les salades, se souvenait Guy. Mon père, palais délicat, avait dû trouver un jour une salade particulièrement à son goût, et sans doute avait-il décidé que l'auteur de cette réussite serait désormais le préposé à l'assaisonnement ! » Un autre membre du personnel, une Anglaise, avait été engagée expressément pour confectionner des *muffins,* des *scones* et des *buns,* qu'adorait Édouard, dont la mère, Leonora, était une Rothschild anglaise. (Grâce à sa propre mère et à sa nurse d'importation, Guy avait parlé l'anglais avant même d'apprendre le français ; et son père renforçait ce programme en s'adressant à lui également en anglais.)

Après l'armistice de 1918, Ferrières retrouva sa vocation de résidence d'automne de la famille. En octobre, cependant, pendant la saison de Longchamp, Édouard assistait à toutes les courses auxquelles participaient ses chevaux et, dans ce cas, restait coucher à Paris. Pendant la saison de la chasse, les parents de Guy ne passaient à Paris que le milieu de la semaine.

Les jours de semaine, au château, Édouard travaillait, étudiant les dossiers dont il avait la charge à la Banque de France ou à la Compagnie du Nord, dossiers qu'on lui apportait régulièrement de Paris. Il jouait au golf l'après-midi, et Germaine rejoignait parfois son mari sur le parcours. Il arrivait que des voisins viennent pour la cérémonie du thé. Les parents de Guy avaient également leurs œuvres et diverses obligations au village. « Mais en réalité ils n'avaient pas grand-chose à faire, jugeait-il avec le recul. Sans doute trouvaient-ils du plaisir à sentir la vie s'écouler lentement. »

Apparente contradiction avec l'éthique du travail qu'Édouard inculquait à son fils, de même que la tenue de campagne d'Édouard ne semblait pas correspondre à son choix d'une résidence d'automne. Comme le raconte Guy, « s'habiller campagne », pour son père, « ne signifiait nullement abandonner ses éternels cols cassés, ces cols que l'on ne porte plus aujourd'hui qu'avec l'habit ».

Pour Guy enfant, et pendant ses premières années d'école, Ferrières représentait tout de même des contraintes et des obligations, une « existence codifiée ». Avant les années de lycée, ce fut le règne des nurses, avec des horaires fixes pour la promenade à pied, pour la bicyclette, pour l'équitation. La vie ne devint tolérable qu'à l'époque du lycée, lorsque, pendant les jours de congé ou les vacances, il put participer aux plaisirs des adultes, notamment aux fabuleuses parties de chasse (il avait reçu très tôt un fusil d'enfant). Il pouvait également accompagner ses parents au golf ; ce fut sa mère qui lui enseigna la façon de tenir ses clubs. La promenade même devenait intéressante, quand elle avait lieu en compagnie d'adultes et non de nurses. Les terres du château contenaient un enclos de daims, d'oiseaux rares et même de singes. Il y avait un potager, un verger. Lorsque la famille séjournait à Paris, un attelage — et par la suite un véhicule motorisé — apportait chaque jour de Ferrières un chargement de fruits et de légumes frais. Les écuries étaient assez vastes pour contenir cent chevaux : certains qu'on pouvait monter, d'autres pour le travail de la ferme et des chevaux de trait d'abord attelés à des voitures ou des charrettes et ensuite utilisés pour la chasse.

Pendant la saison, on passait les week-ends à Chantilly, ce paradis des cavaliers, qui était aussi celui de la famille pour Pâques et pendant les mois de juillet et de septembre ; Édouard y avait fait construire un manoir de style médiéval, dans l'esprit du grand restaurateur Viollet-le-Duc. C'est là que Guy apprit qu'un futur propriétaire d'écuries devait s'y connaître en chevaux. La famille se repliait toujours à Deauville au mois d'août, Édouard partageant son temps entre le célèbre champ de courses et le haras familial situé à proximité, à Meautry. « Nos chevaux nous suivaient dans nos déplacements, raconte Guy, de Ferrières à Paris, de Paris à Chantilly et même jusqu'à Dieppe ou Dinard. »

A Paris, dans la demeure de la rue Saint-Florentin où Talleyrand avait reçu le tsar Alexandre I^er^, la chambre du jeune Guy, au dernier étage, donnait sur la place de la Concorde, que se partageaient alors les voitures à cheval et les automobiles ; il avait également vue sur la tour Eiffel. « Il y avait une “ foule ” de domestiques, ce qui n'était pas aussi rare à l'époque, précisait Guy, car le travail de maison constituait l'une des principales ressources pour la main-d'œuvre. » Quand ses parents rentraient d'une soirée en ville, il y avait toujours un maître d'hôtel en livrée qui les attendait et une femme de chambre pour aider sa mère. Ses sœurs — Jacqueline, plus jeune de deux ans, et Bethsabée, de cinq — partageaient le sentiment de révolte de Guy contre l'excès de protection que leur infligeaient leurs parents. Toutes deux devinrent allergiques au luxe et construisirent leur vie le plus loin possible de l'orbite familiale. Jacqueline fut mariée deux fois, la seconde au violoncelliste Grégor Piatigorsky. Quant à Bethsabée, divorcée après la mort d'un enfant en bas âge, elle s'attacha à la célèbre chorégraphe Martha Graham et fonda une compagnie de danse en Israël.

Tout Rothschild qu'il fût, Guy fréquentait un lycée d'État, pour y acquérir l'éducation démocratique qu'avait également reçue son père. Cela ne signifiait pas que, en entrant en sixième, il dût être comme tous les autres garçons de son âge, car non seulement il était chaque jour conduit par le chauffeur, mais un valet de pied l'accompagnait également et venait le chercher à midi, pour le ramener à pied à la maison, l'exercice de la marche étant considéré comme fort salutaire. Le principe d'un strict encadrement venait de sa mère et non de son père ; plus tard, Guy lui demanda ce qu'elle avait craint. « Sans doute, je craignais que tu ne sois violé ! » répondit-elle alors. Il se souvenait également de son inquiétude le jour où il partit seul pour la patinoire, à l'âge de dix ou douze ans. « Alors, lui demanda-t-elle à son retour, tu n'as pas rencontré de dames ? Car, tu sais, elles pourraient ne pas savoir que tu es encore un petit garçon ! » Dès qu'il le put, Guy convainquit son chauffeur de garer la voiture à bonne distance du lycée.

Cette surveillance créait un sentiment d'insécurité, le convainquant qu'il était incapable de se débrouiller seul. A tel point qu'une fois où personne n'était venu le chercher, il pria un professeur de le raccompagner chez lui. Il reçut un jour la permission de rendre visite à des amis, à Dinard, et ceux-ci l'emmenèrent au cinéma, à une soirée. Il commit l'erreur d'en parler à sa mère et ne fut plus jamais autorisé à retourner chez ses hôtes bretons.

On lui trouva les meilleurs répétiteurs pour tenter d'améliorer ses notes, qui étaient médiocres. L'un d'eux fut par la suite un haut fonctionnaire au ministère de l'Économie et un autre, René Fillon, devint directeur des compagnies Rothschild, économiste distingué et conseiller du gouvernement. Guy passa facilement le baccalauréat, mais il ne se sentait guère intégré à la vie scolaire ; c'était en partie le fait de sa propre réserve, il le savait bien. C'était aussi dû aux petites humiliations qui marquaient sa vie, comme l'obligation de porter encore des culottes courtes quand tous ses camarades étaient passés au pantalon long.

Il célébra son dix-huitième anniversaire le jour où l'avion de Charles Lindbergh se posa au Bourget, après sa traversée solitaire de l'Atlantique. Guy regarda de sa fenêtre le triomphal défilé du héros américain en voiture décapotable, sous les applaudissements d'une foule en délire. Désormais, il pouvait assister aux soirées mondaines de ses parents (la première fut un dîner en l'honneur de Raymond Poincaré).

Les dîners de ce type semblaient interminables ; ils commençaient par un bouillon clair, puis un potage plus épais, on servait ensuite des œufs ou du poisson, puis du gibier, des viandes rôties, des viandes froides et des salades, pour finir par deux desserts, du fromage, des fruits, accompagnés de vins blancs et rouges, de vins doux au dessert, de liqueurs digestives... « J'aimerais être ailleurs », lui chuchota sa mère en anglais la première fois, juste avant d'entrer dans la salle à manger au bras de M. le président Poincaré.

A l'époque, il n'existait pas d'école spécifique pour se préparer à la carrière des affaires. Guy s'inscrivit à la Sorbonne et à la faculté de droit et obtint de bons résultats dans les deux établissements. Désormais, les restrictions imposées à sa liberté seraient dues à sa charge de travail.

Quand vint le moment d'effectuer son service militaire et de choisir son arme, il donna sa préférence à la cavalerie et se retrouva dans la fameuse école de Saumur. Il termina avec le grade de sous-lieutenant. Par la suite, son unité fut affectée aux engins motorisés et il en goûta les charmes lors de deux périodes d'entraînement avant le début de la guerre, en 1939. Il appréciait assez d'être traité comme tout le monde (autrement dit, traité à la dure) pendant les longs mois d'entraînement intensif, avec lever matinal au son du clairon et toilette à l'eau froide. Mais il obtint ensuite le droit de louer une chambre d'hôtel en ville et de disposer d'un peu de temps, à la fin de chaque journée, pour prendre un bain chaud et dîner seul ou avec des amis, avant de regagner la chambrée. Chaque week-end, un chauffeur des Rothschild venait le chercher et le conduire à Ferrières, pour la chasse. Guy rentrait à Saumur le dimanche avant minuit[19].

# 20
# L'apprentissage de Guy

C'était une bien mauvaise époque pour entrer dans la banque, comme le ressentit à juste titre Guy de Rothschild en franchissant le portail massif du 19 rue Laffitte, à l'automne 1931. La veille même (où l'on avait célébré *Yom Kippour,* l'un des jours les plus sacrés de la religion juive), le Royaume-Uni avait annoncé la dévaluation de la livre. Libéré de ses obligations militaires, Guy était là pour apprendre ; fils du principal directeur, Édouard (qui partageait la propriété avec son oncle Edmond et son cousin Robert), il était tout à fait nouveau dans l'affaire de famille. Mais ce qu'il savait parfaitement, c'était qu'il entrait en religion, dans un temple de la finance[1].

Ce n'était en fait pas le pire moment, car les Rothschild — en France et pratiquement partout ailleurs — étaient sortis indemnes de la première décennie de l'après-guerre. Le jugement d'un historien de la famille, publié en Allemagne en 1928, était encore valable quand il parut en 1930 dans une traduction française que Guy allait lire. Le comte Egon Cesar Corti écrivait : « Actuellement, et après un siècle et demi environ d'existence de leur banque, les Rothschild sont encore solidement établis. Leur richesse et leur nom sont connus du monde entier. Il est vain de prétendre chiffrer leur fortune, car son montant ne cesse de varier et ne saurait être estimé[2]... »

Guy allait recevoir un apprentissage ordonné et méticuleusement conçu. Le collaborateur auquel son père l'avait confié, son premier assistant, se montrait patient avec lui. L'homme lui lisait à voix haute les journaux du matin, en commentant les événements susceptibles d'aff[illegible] ter les affaires de la banque. Sur le plan pratique, ce collab[illegible] enseignait au prince héritier de vingt-deux ans comment lire les [illegible] de la Bourse et les livres de comptes. Guy fut chargé de rédi[illegible] (l'un de ses correspondants était un certain cardinal Pa[illegible] Pie XII, alors chargé des finances du Saint-Siège, et [illegible] compte — comme tant d'autres grands de ce monde [illegible] Frères).

Il rencontrait à chaque pas des souvenirs [illegible]

occupaient toujours les beaux hôtels anciens achetés ou construits par le Grand Baron James, aux numéros 19, 21 et 23 de la rue Laffitte. Le centre de la banque demeurait le « grand bureau », cette pièce immense avec ses cinq fenêtres sur rue, entre lesquelles se trouvaient de grandes tables servant à chacun des associés. Curieusement, ces tables étaient placées perpendiculairement au mur percé de fenêtres, de sorte que les associés étaient assis les uns derrière les autres. Chacun d'eux pouvait, le cas échéant, se retirer dans un bureau privé, mais les affaires quotidiennes de la banque se traitaient dans cet espace très public. Sur chacun des bureaux, Guy remarqua une batterie de boutons, branchés de manière à pouvoir appeler un collaborateur de haut rang ; il y avait également des téléphones, mais le père de Guy utilisait surtout le sien pour communiquer avec ses directeurs, et non pour être en contact avec le monde au-delà de la rue Laffitte.

En dehors du grand bureau, la banque assumait son siècle. Et pourtant, les rites continuaient d'être respectés. Les huissiers arboraient la jaquette. Il y avait une cérémonie de fin d'année, au cours de laquelle chaque employé attendait son tour pour recevoir une poignée de main de chacun des associés, ainsi que des étrennes appropriées dans une enveloppe contenant aussi la notification du salaire de l'année suivante. Bien entendu, Guy savait qu'il existait, dans cette austère institution, des bureaux particuliers pourvus de tapis et de canapés en cuir, aux murs tendus de velours ; les privilégiés avaient même l'usage d'une salle à manger privée. Cette partie de la banque datait de l'époque de la reine Hortense, mère de Napoléon III, et le Grand Baron y avait établi sa résidence[3].

Les archives ont gardé … nnonce faite par Édouard à ses cousins étr… ste un an après l'entrée de Guy … procuration lui permettant de … ifiait pas qu'il fût un associé — … nse de Louis von Rothschild, … bien que quand il [Guy] sera … temps seront devenus plus … actuellement pour la maison …

… furent parmi les premiers … tte. Si incroyable que cela … situation apparemment … ue, social et démographi… Grande Guerre, la crise … res du pays. Wall Street … que s'était propagée sur la plupart des autres places financières... Était-ce dû à l'importance décroissante de la France sur les marchés mondiaux ? Car le fait est qu'une année entière après l'ébranlement du monde dû aux vacillements de New York, les Français jouissaient encore d'une relative prospérité, avec un excédent budgétaire, une réserve d'or en progression à la Banque de France, des niveaux d'emploi satisfaisants et un secteur industriel raisonnablement sain, dont la compétitivité s'était trouvée consolidée, comme prévu, par la dévaluation de 1928.

La France était en fait profondément affectée par l'effondrement universel, mais elle ne le savait pas encore. Les Français allaient devoir attendre encore un peu pour percevoir le déclin du commerce extérieur, le déficit des paiements, la chute de la production, la crise bancaire. L'une des causes évidentes du malheur des Français était l'incapacité où se trouvait l'Allemagne de payer les réparations de guerre, et la compréhension progressive, chez les alliés de la France, du fait qu'en exigeant ce paiement on tuerait la poule aux œufs d'or[5].

Cependant, même la faillite d'une banque dans un pays lointain pouvait affecter la santé économique de l'Europe, confirmant l'effondrement du crédit, et donc l'impossibilité de faire du commerce ; ce fut, hélas, la banque de Louis. Car s'il existait encore une famille Rothschild à Vienne, un seul et unique membre de cette famille gouvernait l'établissement bancaire et les compagnies industrielles (tandis que ses frères se consacraient au jeu). Et c'était Louis, « le grand seigneur le plus moelleusement, le plus intouchablement accompli que la Famille eût jamais produit », ainsi que le décrivait Frédéric Morton, Viennois de la génération suivante et biographe des Rothschild[6]. Là allait précisément résider le problème : amener Louis le grand seigneur à écouter autrui.

Tandis que l'essentiel de l'activité des Rothschild de Vienne se concentrait dans la banque familiale, S. M. Rothschild und Söhne, ils contrôlaient la principale institution financière du pays, l'Osterreichische Kreditanstalt für Handel und Gewerbe, qui était quasiment un trésor national. A tel point qu'au début d'octobre 1929 — trois semaines avant le vendredi noir de Wall Street — le gouvernement autrichien informa Louis que la principale entreprise de crédit immobilier du pays, la Bodenkredit-anstalt, était en cessation de paiements et que sa chute serait « catastrophique ». Les Rothschild étaient donc purement et simplement priés de la reprendre, et de la fusionner avec la Kreditanstalt. Louis ne vit aucune possibilité de dire non à son pays, et il dut même accepter sans guère avoir eu le temps d'examiner les comptes de l'entreprise moribonde.

De Paris, Édouard lui affirma qu'il avait eu raison d'accepter. « Grâce à ton esprit de décision et à ta courageuse attitude, écrivit-il à Louis le 18 octobre, tu as sauvé la place de Vienne et tu as évité des événements qui auraient pu être très graves et très sérieux pour ton pays et qui auraient eu certainement une répercussion sur d'autres places et sur d'autres marchés. » Il espérait encore que Louis pourrait sauver de la faillite la plus grande banque autrichienne de prêts immobiliers[7].

Mais ce n'était pas seulement la banque de crédit immobilier, c'était l'Autriche post-impériale elle-même, réduite, qui avait des problèmes de crédibilité et de crédit. Le désastre autrichien fut le signal de départ d'une panique qui se propagea sur tout le continent, faisant chuter les banques dans toute l'Europe centrale. Louis, cependant, fut plus affaibli encore par l'échec d'une entreprise personnelle dans la lointaine Europe du Nord, l'Amstel Bank d'Amsterdam. Dès mai 1931, il était clair que rien ne pourrait plus empêcher la chute de la Kreditanstalt Il s'agissait désormais de sauver la banque Rothschild de Vienne, le nom de Rothschild et Louis lui-même. Car l'opinion publique et la presse réclamaient que le gouvernement désigne les coupables et les poursuive en justice. Pour sa part, Louis était prêt à se défaire de tous ses biens personnels et à utiliser en dépôt de garantie le joyau de la famille, les vastes aciéries de Vitkovice, en Tchécoslovaquie, qui appartenaient aux Rothschild depuis près d'un siècle[8]. Avant même que la poussière fût retombée, il fut inculpé et forcé de liquider ses biens personnels pour ne pas aller en prison. Déjà l'Autriche vivait dans l'ombre de sa turbulente voisine, l'Allemagne, où les nazis étaient au pouvoir ; « Vienne la Rouge » était leur cible. Mais Louis ne tenait pas davantage compte du nouveau contexte politique qu'il ne l'avait fait du contexte économique.

L'heure était venue de faire appel à la solidarité familiale, bien qu'aucun lien officiel ne rattachât plus les Rothschild français ni les Rothschild britanniques à leurs cousins autrichiens. L'aide allait venir tant de Paris que de Londres, sous forme d'espèces : des prêts à taux d'intérêt fort bas, pour un total de 8 millions de dollars. De l'argent, oui, mais aucun soutien de garantie à Louis ni d'adhésion à ses méthodes[9].

Un document révélateur nous permet de saisir les émotions des Rothschild de Paris. Au printemps 1933, Édouard prenait des vacances d'hiver dans sa villa de Cannes. Mais il devait tout de même faire face à cette crise qui ne se décidait pas à disparaître. Il se tourna vers le sage de la famille, l'oncle Edmond, âgé de quatre-vingt-sept ans, pour solliciter ses conseils. Edmond griffonna une réponse, qu'un collaborateur d'Édouard, à Paris, lui lut au téléphone (l'heure est indiquée : 19 heures, le 28 mars). Edmond recommandait de ne pas inviter le baron Louis à Paris, bien que, s'il était décidé à venir, on ne pût évidemment pas l'en empêcher. Même si, grâce à leur prêt, les Rothschild français avaient désormais un intérêt matériel à voir Louis sauvé, ils ne devaient pas non plus, selon, Edmond, envoyer quelqu'un de Paris à Vienne pour contrôler les comptes. « Cela est très dangereux parce que cela donne l'idée d'ingérence ou d'appui de la maison de Paris, insistait Edmond. Ce qui se passe à la maison de Vienne ne nous regarde pas. Nous lui avons fait une avance, c'est une question d'honneur pour elle de la rembourser. [...] Cette question d'honneur a toujours été dans nos familles le point de vue dominant. Il n'y a qu'à se rappeler la vente de l'argenterie. » Là, Edmond évoquait la légendaire vente de l'argenterie familiale par son père, le baron James, lorsqu'il avait été menacé par la crise financière qui avait accompagné la révolution de 1848. « La maison de Vienne ne nous regarde pas » : ainsi Edmond résumait-il son avis, et on pouvait presque entendre tonner sa voix. « En résumé, moi, comme étant l'un des chefs de la maison de Paris, je ne veux pas donner d'argent, pas un sou de plus. »

Cela en disait long sur le respect manifesté à Paris envers Louis le dépensier, l'imprudent. Dans une communication téléphonique de Cannes, le lendemain matin de bonne heure, Édouard exprima ses propres craintes. Manifestement, les Rothschild de Vienne étaient sur la voie du désastre. Louis était entêté, refusait tout conseil concernant la réduction de ses dépenses ou la vente de ses titres pour faire face à ses obligations immédiates. Édouard et ses associés allaient bientôt apprendre, par leurs propres sources, que Louis avait déboursé beaucoup trop pour sauver la Kreditanstalt ; il aurait bien mieux fait de quitter Vienne. Les poursuites contre lui s'étaient soldées par un non-lieu mais, avec le pouvoir croissant des nazis en Allemagne, ses problèmes ne faisaient que commencer. S'il ne réduisait pas ses dépenses, il allait devoir commencer à vendre ses biens, mais cela signifiait tout de même que, d'ici un ou deux ans, il redemanderait de l'argent à Paris et à Londres.

Les cousins français trouvèrent un peu de réconfort dans un rapport publié le 23 septembre 1933 dans le *Frankfurter Allgemeine Zeitung* — après tout, une publication allemande six mois après la prise du pouvoir par Adolf Hitler. Le journal annonçait la donation des domaines des Rothschild de Vienne au gouvernement autrichien, en échange de quoi Louis était absous de toute responsabilité dans les difficultés de la Kreditanstalt et de Dutch Amstel. Ces problèmes étaient réglés, d'après cet article étonnamment bienveillant, par la réduction volontaire de la fortune et des dépenses de Louis. Un emprunt avait permis une opération de sauvetage, qui comprenait le remboursement des titulaires de dépôts et le règlement de toutes les faillites de sociétés qui avaient suivi en cascade l'effondrement de la banque. A ce jour, les Rothschild de Vienne avaient fait face à tous leurs engagements, n'ayant de dettes importantes qu'envers des banques étrangères affiliées (dont les Rothschild de Paris et de Londres faisaient sûrement partie). En conséquence, concluait le quotidien de Francfort, le crédit de la banque de Vienne était tout à fait rétabli.

Mais les Rothschild français entendaient un tout autre son de cloche par leurs propres sources dans la capitale autrichienne. En décembre

1933, un informateur les avertit que, si les nazis prenaient le pouvoir en Autriche, ils exploiteraient certainement l'affaire de la Kreditanstalt. Il recommandait de faire sortir Louis d'Autriche, peut-être sous un prétexte de santé, et Louis pourrait passer l'hiver dans la résidence d'Édouard à Cannes [10]. Cependant, Louis resta, sauvant sa banque et sa réputation ; il remboursa même Paris et Londres avec une partie de ses avoirs en Europe centrale, y compris les aciéries de Vitkovice [11]. Il était toujours là à l'arrivée des nazis.

Quelque rassuré qu'eût pu être Guy de Rothschild à la lecture du livre du comte Corti, la banque française, telle qu'elle lui fut révélée lors de son long apprentissage, ne laissait aucune illusion. Il jugea De Rothschild Frères plus proche d'un « secrétariat familial » que d'une banque active. Elle gérait — mais à quel prix ? — un certain nombre de comptes privés ; elle était toujours prête à souscrire, loyalement, aux emprunts d'État. Mais c'était tout.

En un mot, de l' « immobilisme » pur, selon le propre terme de Guy. Toutefois, cet immobilisme n'avait pas affecté la réputation d'honnêteté et de solidité de la banque. Même dans les investissements industriels de la famille — car, depuis Alphonse, la banque était lourdement engagée dans les chemins de fer, dans les mines partout où c'était possible, dans la production et la distribution électrique, de même que dans le pétrole —, la banque ne prenait plus l'initiative, mais se contentait de gérer ce qu'elle possédait déjà. Royal Dutch, dont les Rothschild partageaient le sort dans les années 1930, en tant que principaux actionnaires, était un bon exemple. Les bénéfices pétroliers périclitaient au rythme du déclin de l'activité économique mondiale. C'est ce qu'annoncèrent les grands directeurs de Royal Dutch-Shell à un émissaire des Rothschild en mars 1932 et il le rapporta à Édouard : « Les prix sont mauvais partout et, à quelques rares exceptions près, on ne gagne d'argent nulle part [12]. »

Il y avait maintenant un nouveau visage rue Laffitte, celui de René Mayer, le premier d'une série de directeurs hautement compétents et très bien payés, à qui serait déléguée une certaine autorité, sinon le pouvoir, des propriétaires de la banque. Ces recrues allaient offrir des talents d'organisation et une variété d'expérience que la famille ne pouvait pas trouver dans ses propres rangs. Et les nouveaux directeurs pouvaient être très bons ; certains d'entre eux devinrent presque aussi célèbres que les Rothschild eux-mêmes. Le premier de cette espèce, René Mayer, allait par la suite devenir ministre des Finances, puis président du Conseil et, plus tard encore, directeur de la toute nouvelle Communauté européenne du charbon et de l'acier (précurseur de la Communauté européenne). Il avait été engagé par Édouard. Dans la France d'après la Seconde Guerre mondiale, le fils d'Édouard, Guy, engagerait un nouveau directeur extérieur à la famille, Georges Pompidou, qui ne quitterait la banque que pour devenir Premier ministre de Charles de Gaulle, puis président de la République.

Fils d'un homme d'affaires, ayant reçu une formation en lettres et en droit semblable à celle de Guy, et même apparenté aux Rothschild par sa mère, René Mayer avait été maître de requêtes au Conseil d'État avant d'entrer chez les Rothschild, à l'âge de trente-trois ans. Il n'était pas un novice. Il commença au Chemin de fer du Nord, fut nommé directeur d'un certain nombre de compagnies industrielles des Rothschild et, quand il fallut négocier avec le gouvernement du Front populaire en 1936, Mayer fit face ; il avait alors le rang aussi bien que l'expérience nécessaires. Parallèlement, Guy fut nommé secrétaire du comité de direction de la Compagnie du Nord, un emploi aux obligations limitées, mais qui offrait une fenêtre sur le vaste monde des affaires et des marchés de capitaux. Il reçut une petite compagnie à diriger tout seul, TEM (Travaux électriques des métaux), qui fabriquait des accumulateurs électriques. Il ne rapporterait guère d'argent à la famille, mais il pouvait apprendre des choses fort utiles dans le domaine de la gestion industrielle. En 1936, Édouard donna un quinzième de ses parts de l'affaire familiale à son fils et en fit son jeune associé.

Quant à De Rothschild Frères, il ne s'y passait toujours pas grand-chose, au grand regret de Guy. Édouard, Robert et leurs associés avaient l'apparence de banquiers, mais les grandes aventures étaient toutes derrière eux. La banque paraissait être le miroir d'une France dormante. « Rien ne semblait bouger, rien ne semblait devoir changer, rien ne semblait possible politiquement ou économiquement » : ainsi Guy évoquait-il ces années d'apprentissage. « La France était déjà vieille et fatiguée. » Mais Guy de Rothschild se sentait jeune [13].

Le problème résidait en partie dans le précieux franc d'Édouard. Dans les premières années de dépression, les tentatives gouvernementales de maintien de la valeur du franc Poincaré entraînèrent des politiques déflationnistes donnant la préférence à la prudence sur l'expansion, privilégiant les réductions budgétaires et les bas prix à une époque où l'on avait grand besoin de dynamisme industriel. La France ne tarda pas à prendre du retard non seulement sur ses alliés, mais sur la nation qu'elle avait vaincue, l'Allemagne [14]. Ce qu'un *New Deal* pouvait faire — dévaluer le dollar pour privilégier la consommation —, les vieux administrateurs de la France n'osaient pas. L'économie stagnait, le chômage s'accroissait. La France était mûre pour une grande secousse.

Darryl F. Zanuck porta la saga des Rothschild au cinéma en 1934. *The House of Rothschild* (adaptation d'une pièce de théâtre par Nunnally Johnson), dans lequel jouaient, entre autres, George Arliss dans le rôle de Mayer Amschel, puis de son fils Nathan, Loretta Young, Boris Karloff, Robert Young et Alan Mowbray, fut sans succès candidat à l'oscar du meilleur film. Cette version fantaisiste du rôle de la famille dans la défaite de Napoléon, puis dans la lutte contre l'antisémitisme, fut projetée pratiquement dans le monde entier, mais pas en France; Édouard et sa famille mirent tout en œuvre pour l'éviter. Ils continuaient à faire en sorte qu'on parle et qu'on écrive le moins possible sur les Rothschild (et la loi française sur le respect de la vie privée soutenait leurs efforts) [15].

Cependant, leur existence même semblait provoquer des réactions ; le seul fait d'être un Rothschild valait un gros titre en première page. Ainsi, quand Marlene Dietrich vint à Paris, en 1933, la correspondante du magazine *The New Yorker,* Janet Flanner, décrivit la célèbre actrice comme « la belle du bal du baron de Rothschild, ou [elle] l'aurait été si elle avait consenti à danser avec n'importe quel autre époux que le sien [16] ». Quel baron de Rothschild ? Édouard ? Robert ? Henri ? Peu importait, sans doute, à un public souvent obligé de se contenter d'un « baron de ».

On ne pouvait guère non plus être bien secret sur les champs de courses. Édouard le réservé — le plus souvent désigné par ce terme anonyme « baron de » — était une célébrité, ne fût-ce qu'à cause de sa passion pour les chevaux, son choix judicieux en matière de jockeys et de montures. C'était l'âge d'or des écuries d'Édouard, dont la star était le poulain Brantôme, vainqueur de la « Triple Couronne », qui désignait les trois principaux événements hippiques pour les chevaux de deux ans. Brantôme allait bientôt remporter le prix de l'Arc de Triomphe tant convoité et les cinémas présentèrent un court métrage intitulé *Brantôme, cheval invincible.* Des années plus tard, quand il mourut, un journal titra en première page : « BRANTÔME DE ROTHSCHILD EST DÉCÉDÉ. »

Guy grandit donc dans la proximité de cette écurie respectée, l'une des plus anciennes de France. Édouard possédait quelque quatre-vingts poulinières et quatre-vingt-dix chevaux entraînés à courir, dont la plupart avaient deux ou trois ans. Il remporta trois fois le prix de Diane et deux fois celui de l'Arc de Triomphe. Le fils d'Édouard aurait peut-être préféré grandir sur un terrain de golf, mais il se faisait un devoir de suivre son père aux écuries. Bien souvent, maintenant, le Rothschild dont on voyait la photo à la page des sports était Guy [17].

Il s'habituait très facilement aux mondanités parisiennes, surtout la vie nocturne et les cafés, un verre au Fouquet's après les courses, le café de Paris ou le Pré-Catelan pour un vrai repas. Il y avait aussi les inévitables soirées officielles que se donnaient entre eux les gens de la haute société, requérant le port de l'habit, même pour les plus jeunes héritiers…

Ce fut par sa mère qu'il apprit que la « charmante Alix » avait perdu son mari. Alix Schey de Koromla avait déjà vingt-six ans, mais Guy en

Mayer Amschel reçoit le prince-électeur Guillaume IX (dans une scène imaginée par un artiste inconnu). Photo Roger-Viollet.

Où tout a commencé : la maison de Mayer Amschel dans la rue aux Juifs du ghetto de Francfort. Photo Roger-Viollet.

James de Rothschild (portrait anonyme de l'École anglaise). Collection Rothschild.

La baronne James de Rothschild, portrait par Ingres. Collection Rothschild. Photo Roger-Viollet.

Château de Ferrières vers 1884. Paris, Bibl. nat. de France.

Le journal d'Édouard Drumont attaque Alphonse de Rothschild, 1895. Photo Kharbine/Édimedia.

Portrait-pamphlet attaquant le grand baron James de Rothschild. Paris, Bibl. nat. de France.

Caricature anti-Rothschild. Paris, Bibl. nat. de France. Photo Édimedia.

Alphonse de Rothschild en 1898, portrait à la une d'une revue financière. Paris, Bibl. nat. de France.

Baron Édouard de Rothschild avec un cheval gagnant. Photo Roger-Viollet.

Alphonse de Rothschild salue Léopold II de Belgique (comtesse Léonora à gauche). Photo *L'Illustration*/Sygma.

Gustave de Rothschild en 1904. Photo *L'Illustration*/Sygma.

Edmond de Rothschild (1845-1934). Collection Rothschild.

Le baron Henri de Rothschild en 1911. Photo Roger-Viollet.

Le baron Maurice de Rothschild. Photo Roger-Viollet.

Le même, vu par Barrère lors des attaques au sujet de sa campagne électorale. Paris, Bibl. nat. de France.

Reichsmarschall Goering présente le fruit de ses pillages à Hitler. Paris, Bibl. nat. de France.

Le baron Philippe de Rothschild au Grand Prix d'Espagne (1929). Photo Keystone.

Le même, dans ses vignes à Mouton-Rothschild. Photo Ian Berry/Magnum.

Le baron Edmond de Rothschild (né en 1926) avec sa femme Nadine. Photo Archive Photos.

Le même, aux sports d'hiver (à droite, avec lunettes). Photo Roger-Viollet.

Guy de Rothschild, le Premier ministre Georges Pompidou, et le Grand Rabbin lors d'une cérémonie au mémorial du Martyr juif inconnu. Photo Keystone.

Le baron Guy de Rothschild et sa femme Marie-Hélène. Photo B. Barbey/Magnum.

Guy et David de Rothschild. Photo Archive Photos.

Le baron Alain de Rothschild. Photo Archive Photos.

Éric de Rothschild. Photo M. Deville/Gamma.

Mariage du baron Nathaniel et Nili de Rothschild en 1975 (à gauche des mariés : les parents de Nathaniel, le baron Élie et sa femme Liliane). Photo Keystone.

Mariage du baron David de Rothschild et Olimpia Aldobrandini (1974). Photo Keystone.

De gauche à droite : Élie, Guy et Alain de Rothschild à la banque. Photo B. Barbey/Magnum.

David et Olimpia de Rothschild. Photo H. Gruyaert/Magnum.

avait maintenant vingt-huit et attendait toujours l'épouse idéale. Issue d'une vieille famille hongroise, née Goldsmith-Rothschild par sa mère, elle vivait en Allemagne quand son premier mari mourut. Elle avait une fille de cinq ans, Lili. Guy avait trouvé une femme avec qui il pût vivre. L'été suivant leur première rencontre, ils se fiancèrent dans le domaine familial d'Alix, près de Bratislava. Puis ils se marièrent à Paris à la fin de décembre 1937 et s'embarquèrent à destination de New York, à bord du *Queen Mary,* pour leur lune de miel [18].

Edmond, le sage de la famille et leur ancêtre à tous, s'éteignit le 2 novembre 1934 ; il avait quatre-vingt-neuf ans. L'ancienneté de sa présence pouvait donner à penser qu'il avait dirigé la banque [19]. En réalité, son opinion avait compté surtout en temps de crise, mais il avait depuis longtemps abandonné toute activité quotidienne. Pratiquement aveugle pendant les dix dernières années de son existence, il était accompagné partout par « sa fidèle lectrice », car il continuait à s'intéresser au monde [20].

Vivant, il n'avait guère pesé sur les Rothschild banquiers ; sa mort créait un problème. Des années auparavant, le fils d'Edmond, James Armand, sujet et résident britannique, avait cédé ses parts de la compagnie française à son père, dont l'unique héritier banquier était désormais Maurice (il y avait également sa fille Miriam mais, suivant la tradition et les statuts des Rothschild, elle n'était pas partie prenante dans l'affaire). Maintenant, à la disparition d'Edmond, le turbulent et rebelle Maurice contrôlait un tiers du capital de De Rothschild Frères, ses partenaires étant Édouard et Robert. Il y avait une division analogue des parts du château Lafite, sauf que le tiers d'Edmond restait réparti entre ses fils Maurice et James Armand (Jimmy pour tous [21]).

Visiblement, tant dans sa vie privée de play-boy que dans sa vie publique si peu conventionnelle, Maurice n'avait guère le profil d'un associé Rothschild. (Il aurait fait fuir les clients qui partageaient le goût de la banque pour la discrétion [22].) Il devint nécessaire de lui racheter ses parts, décision dont Maurice lui-même pouvait constater le bien-fondé, même si la façon et le moyen de rompre les liens créèrent entre les cousins des frictions qui durèrent toute leur vie. On ne tint pas compte du fait pourtant manifeste que pas un seul jour de sa vie Maurice n'avait participé à l'administration de la compagnie. Peut-être unique dans la saga des Rothschild est le tour violent que prit la rupture.

Le problème, bien sûr, consistait à déterminer comment partager équitablement les actifs, car Maurice allait recevoir sa part pour partie en espèces et pour partie en actions dans des sociétés contrôlées par Rothschild. L'une des pommes de discorde était la Compagnie agricole de Lukus, au Maroc. Cette activité, reconnut Maurice dans une lettre à ses « chers cousins » datée du 10 août 1936, avait été développée par Édouard et Robert — « depuis que mon pauvre père, accablé par la maladie et par l'âge, a dû vous laisser la direction unique de la rue Laffitte, tout en contribuant, bien malgré lui, pour un tiers à une dépense de plus de quatre-vingts millions effectuée en ces quelques dernières années dans cette exploitation agricole marocaine ». Ses « chers cousins » avaient fixé pour Lukus un prix qu'il trouvait contestable : « Vous êtes certainement de bonne foi, mais vos évaluations pèchent par excès de modestie. » Rejetant une estimation qui aurait représenté « un nouvel avantage, aussi injustifié, à votre profit » et après dix-huit mois d'efforts pour réconcilier leurs points de vue divergents, il prit la spectaculaire décision de faire appel à ses avocats. Un Rothschild attaquait d'autres Rothschild !

Dans cette affaire historique, l'assignation du plaignant évoquait précisément l'histoire de l'entreprise, rappelant le souhait du Grand Baron James que « les trois branches issues de lui y fussent toujours représentées ». Et c'était ainsi que, jusqu'à sa mort, Edmond avait été un associé de la banque, malgré son grand âge et sa mauvaise santé, « uniquement dans la pensée d'y assurer l'entrée du seul de ses enfants qui fût en état d'y représenter sa lignée, M. Maurice de Rothschild ». La plainte de Maurice soulignait que, jusqu'à la mort de son père, pas plus Édouard que Robert n'avaient exprimé la moindre objection à une éventuelle association avec lui, et ils avaient ainsi profité jusqu'à la dernière minute du capital fourni par le vieil Edmond, y compris l'investissement au Maroc. C'était seulement après la disparition d'Edmond en novembre 1934, que les cousins avaient refusé de considérer Maurice comme un associé. Dans un esprit de conciliation familiale (écrivait l'avocat de Maurice), le fils d'Edmond avait consenti à la liquidation de sa part de la compagnie. Mais l'accord conclu en juillet 1935 n'avait pas réglé la question de cette coûteuse entreprise marocaine, la Compagnie agricole de Lukus, qui appartenait presque entièrement à la banque.

La procédure s'éternisa et parvint même dans les pages d'une feuille à scandales, qui prit parti, décrivant ainsi Maurice : « Mélange d'une intelligence réelle, extrêmement vive et s'adaptant à tout, d'une mauvaise foi absolue et surtout d'une muflerie sans égale. » Le journaliste lui prêtait cette remarque sur son cousin Henri : « Que voulez-vous, c'est un homme qui a de la veine, il a perdu ses parents de bonne heure[23] ! » Les parties concernées acceptèrent un arbitrage, qui fixa la somme d'argent que verseraient Édouard et Robert à Maurice. L'accord fut signé le 26 septembre 1939, trois semaines après la déclaration de guerre. Les trois cousins — Édouard, Robert et Maurice — se déclarèrent satisfaits, reconnaissant « leur désir commun de maintenir entre eux les traditions familiales[24] ».

# 21
# Les deux cents familles

Le 6 février 1934, Guy de Rothschild se tenait à sa fenêtre, place de la Concorde, et regardait l'histoire se faire. En fait, le 6 février des historiens n'était que la manifestation finale, l'apogée d'une succession d'attaques d'une gravité croissante contre le gouvernement républicain que symbolisait la Chambre des députés, située de l'autre côté de la Seine. Dans un climat de tumulte social, c'était la droite, et non la gauche, qui avait l'initiative. La raison en était l'explosion de l'affaire Stavisky. Alexandre Stavisky, escroc financier, était un juif qui semblait bénéficier d'appuis haut placés ou, tout au moins, d'amis tolérants. Un rassemblement d'extrémistes — membres de l'action française, anciens combattants de droite, mouvements de jeunesse proto-fascistes — avait répondu à l'appel pour marcher sur ce qu'ils considéraient comme un Parlement corrompu.

Personne ne doutait que la manifestation serait violente. Les protestataires vinrent équipés. « La police tirait, les gens hurlaient, des mouvements de houle agitaient cette foule en panique qui essayait de courir d'un côté à l'autre de la place, observa Guy de sa fenêtre. La police à cheval chargeait les manifestants. Les émeutiers jetaient sous les pattes des chevaux des billes métalliques qui les faisaient glisser et tomber. D'autres, encore plus fous, essayaient de couper les jarrets des chevaux avec des rasoirs[1]... » Finalement, la foule fut arrêtée avant d'avoir pu franchir le pont de la Concorde. Mais lorsque l'immense place retrouva son calme, on dénombra 17 morts, dont un policier, et 2329 blessés, dont 1664 parmi les forces de l'ordre[2]. Si la Chambre des députés demeura inviolée, il s'y produisit tout de même certains événements, dont la démission précipitée du chef de gouvernement radical-socialiste Édouard Daladier, qui ouvrait la voie aux conservateurs, tout aussi impuissants à guérir ce qui invalidait la France.

Bien curieuse période... Car si les Rothschild étaient hostiles aux extrémistes de droite, ils faisaient cause commune avec un autre mouvement de droite qui partageait leur anticommunisme, leur dévotion à Dieu et à la patrie : les Croix-de-Feu. Le paradoxe était que ce groupement presque mystique d'anciens combattants représentait tout à la fois l'extrême et son contraire. Sous la direction charismatique du lieutenant-colonel François de La Rocque, blessé et décoré pendant la Grande Guerre, les Croix-de-Feu avaient été l'une des organisations à appeler leurs troupes à descendre dans la rue le 6 février. Contrairement aux autres, La Rocque et ses disciples refusèrent d'attaquer le siège du gouvernement légitime et quittèrent le terrain quand le désordre se propagea. Pour cette raison, La Rocque allait devenir un paria pour l'extrême droite (comme il l'était déjà pour les communistes)[3].

La grande majorité des milieux d'affaires voyait dans les Croix-de-Feu une force du bien ou, au pis, un contre-feu à l'agitation extrémiste. Le colonel de La Rocque travaillait depuis longtemps pour un grand industriel, Ernest Mercier, qui était lié aux Rothschild par le biais de leurs investissements dans la production électrique. Les communistes vouaient pareillement La Rocque et les extrémistes fascistes aux gémonies. Pourtant, à partir de cette année-charnière 1934, le mouvement des Croix-de-Feu fut invité, malgré la violente opposition des Juifs de gauche[4], à participer aux cérémonies de commémoration des anciens combattants juifs, célébrées sous l'égide du Consistoire central et du consistoire de Paris.

Cette situation paradoxale alimenta les critiques acerbes des communistes, dont le quotidien *L'Humanité* titra : « Le colonel de La Rocque aux ordres des banquiers Rothschild et Finaly. » Il s'agissait d'Horace Finaly, le bouillonnant financier juif qui avait fait de la Banque de Paris et des Pays-Bas l'agressive institution qu'elle était maintenant.

Les communistes français trouvaient facile de lier La Rocque à Ernest Mercier, et Ernest Mercier aux Rothschild. Mais l'organe du Parti accusait également la haute banque d'être derrière la tentative de coup d'État du 6 février. Les Rothschild et les Finaly étaient favorables à une politique déflationniste, notait *L'Humanité,* impliquant une réduction des salaires et des retraites. « Ils voulaient cette politique de misère pour retrouver leurs profits anciens et s'assurer des profits futurs encore plus élevés. » Et La Rocque était supposé diriger leurs troupes d'assaut[5].

A cette époque, les fascistes français, imitant leur modèle allemand, épouvantaient leurs troupes par des histoires d'alliance avec les bolcheviques redoutés de l'Union soviétique. Les extrémistes de droite étaient certainement aussi surpris que les communistes de voir cet anticommuniste particulièrement virulent, le colonel de La Rocque, trouver normal de partager le podium avec les Juifs les plus voyants. L'opposition réelle vint du camp juif. Car certains Croix-de-Feu étaient plus extrêmes que d'autres antisémites et manifestaient leurs sentiments.

Lorsque La Rocque arriva, le 14 juin 1936, à la synagogue de la rue de la Victoire, pour participer à une cérémonie commémorant les anciens combattants, une foule rassemblée dans la rue protesta bruyamment contre sa présence. A l'intérieur, La Rocque se tenait au côté du rabbin Jacob Kaplan et du président du consistoire de Paris, Robert de Rothschild. « [...] Au-dessus des partis, déclara Kaplan à l'assemblée, il y a la France, au-dessus des confessions particulières, il y a Dieu. Pour tout ce que nous avons en commun de plus cher, l'ancien combattant que je suis vous adjure, mes frères, de faire triompher autour de vous l'union sacrée. » Ce devait être la dernière cérémonie de ce genre[6]. Trois jours plus tard, le cabinet de Front populaire de Léon Blum incluait le mouvement de La Rocque parmi les milices privées bannies par décret.

L'assaut idéologique contre les « deux cents familles » qui étaient censées dominer la France souffrait de la même ambiguïté. Pour les militants socialistes, pour les radicaux-socialistes modérés qu'inquiétait la prédominance du monde des affaires et de la haute finance, dénoncer cette oligarchie paraissait une question de justice sociale. La première mise en cause précise fut faite le 28 octobre 1934 par Édouard Daladier, à un congrès radical-socialiste (neuf mois après sa démission du 6 février) : « Deux cents familles sont maîtresses de l'économie française et, en fait, de la politique française. Ce sont des forces qu'un État démocratique ne devrait pas tolérer [...]. L'influence des deux cents familles pèse sur le système fiscal, sur les transports, sur le crédit. Les deux cents familles placent au pouvoir leurs délégués. Elles interviennent sur l'opinion publique, car elles contrôlent la presse[7]. »

Les « deux cents familles » devinrent vite un cri de ralliement, aisément assimilé par les communistes et leurs alliés, les syndicats. Il fut également adopté par l'extrême droite, y compris les militants antisémites, car on pouvait prouver que bien des familles ainsi désignées étaient juives (ou presque aussi détestables : protestantes). Et l'extrême gauche partageait évidemment avec l'extrême droite une cible facile : les Rothschild.

Il existait une explication simple à ce chiffre de deux cents. Selon les statuts de la Banque de France, institution fondée par Napoléon Ier, sa direction était assurée par des fonctionnaires, nommés par le gouvernement mais sous le contrôle de ses actionnaires privés : le conseil des régents. Composé de quinze personnes, dont douze choisies parmi les principaux actionnaires, ce conseil participait à une assemblée générale, elle-même composée des deux cents actionnaires les plus importants. Cela suffisait amplement à fonder un mythe[8].

Un mythe dont les chiffres variaient : certains réformateurs sociaux estimaient ces familles au nombre de cent (plutôt que deux cents). *L'Humanité* attribuait la responsabilité des malheurs du pays à vingt-cinq familles. L'outrancier Louis-Ferdinand Céline, brillant et fou, écrivait en 1937 dans *Bagatelles pour un massacre :* « On parle des deux cents familles, on devrait parler des cinq cent mille familles juives qui occupent la France. » Un an plus tard, dans *L'École des cadavres,* il surenchérissait : « Pas plus de deux cents familles que de beurre au train, une seule réelle omnipotente internationale famille : la famille juive, la grande féodalité internationale qui nous rançonne, nous abrutit, nous détrousse, nous tyrannise [9]. » Une génération entière subissait l'influence de la thèse troublante de Georges Bernanos, *La Grande Peur des bien-pensants,* dont il avouait qu'elle s'inspirait de l'antisémite professionnel Édouard Drumont et qui dénonçait la « secrète complicité de la République et des banques [10] ».

Exposant de manière un peu plus rationnelle le point de vue des anarchistes de droite, le numéro de mars 1936 du *Crapouillot* était consacré aux « deux cents familles », citant nommément 203 personnes qui représentaient 57 familles et détenaient 1312 sièges au conseil d'administration des principales sociétés. Quelque 300 noms se retrouvaient régulièrement dans les annuaires d'affaires : c'étaient ces gens-là qui contrôlaient la vie intellectuelle du pays, la presse, la philanthropie, et même les Églises, écrivait *Le Crapouillot.* « Quand l'archevêque de Paris, le grand rabbin et le président du consistoire des Églises réformées participent en commun dans les manifestations d'Union sacrée, les Deux cents se frottent les mains : ils songent à de bonnes élections, au conformisme obligatoire. »

Mythe qui rappelait les polémiques de Toussenel et de Drumont au XIXe siècle ; mythe qui allait alimenter l'incrédulité des paranoïaques qui formaient les troupes de choc des mouvements extrémistes durant les années de dépression, puis pendant l'occupation allemande. Dans une autre publication de 1936 — une dénonciation de la « féodalité financière » par le Parti communiste —, un certain Augustin Hamon proclamait que, malgré toutes les apparences, les Rothschild étaient plus forts que jamais en France ; ils s'efforçaient seulement de paraître décadents par souci de camouflage. Ce Hamon voyait même une supercherie dans les votes progressistes de Maurice de Rothschild au Sénat, où il siégeait depuis 1929 (Maurice avait approuvé le pacte franco-soviétique). Et il concluait : Rothschild « tient les leviers de commande de toute l'économie française » [11].

Puis, soudain, le mythe devint un slogan politique porteur, tandis que les gouvernements conservateurs, impuissants dans le maelström de la dépression globale, étaient chassés par les élections du printemps 1936. Ils cédaient le pouvoir à une coalition radical-socialiste soutenue par les communistes, un gouvernement dirigé par l'idéologue du Front populaire Léon Blum, présentant une « plate-forme d'action commune » qui appelait, entre autres choses, à « la libération de l'État du joug de la féodalité financière en établissant la souveraineté de la nation sur la Banque de France par la déchéance du conseil de la régence » [12].

Dans un libelle pour la campagne électorale diffusé par le Comité de vigilance des intellectuels antifascistes, le pamphlétaire Francis Delaisi (dont la première attaque contre l'oligarchie bancaire datait de 1910) annonçait que les deux cents familles pouvaient ouvrir la porte au fascisme. Cependant, la crise économique les avait affaiblies ; on pouvait encore les battre. « Il y a encore une Bastille à prendre [13]. »

« Vous avez dû voir aujourd'hui les résultats des élections françaises, écrivait Robert, cousin et associé d'Édouard, à leurs cousins anglais le 4 mai 1936. Je regrette d'avoir à dire qu'elles sont fort insatisfaisantes... » Il prévoyait « des jours, des semaines, des années difficiles, car tous les ciels — intérieurs, financiers et extérieurs — sont terriblement noirs » [14].

« La réforme de la Banque de France est votée par 430 voix contre 111 », proclamait *L'Humanité* en première page, le 17 juillet, évoquant le vote de la veille à la Chambre des députés du Front populaire. « " Arracher aux régents, mandataires des 200 familles, la maîtrise de la Banque, c'est une œuvre de salut public ! " déclare notre camarade Berlioz en apportant au projet les suffrages des communistes. »

Visiblement, cette décision immédiate du cabinet de Léon Blum était appréciée. L'élan initial des députés du Front populaire avait simplement été de nationaliser la Banque, en reprenant les actions privées contre une indemnisation, mais cela ne serait jamais passé au Sénat, plus conservateur. Telle qu'elle fut finalement votée, la loi abolissait le conseil de régence, où Édouard de Rothschild avait été premier parmi ses pairs, et le remplaçait par un conseil où les actionnaires étaient largement noyés parmi les experts du gouvernement et des institutions quasi gouvernementales. L'assemblée générale de la Banque de France, jusqu'alors limitée aux « 200 », était désormais ouverte à chacun des 40 000 actionnaires [15].

Le Sénat approuva la réforme par 190 voix contre 74 ; l'un des sénateurs qui votèrent avec le Front populaire était Maurice de Rothschild [16].

La coalition de gauche connut un an plus tard son premier échec sérieux, quand le Sénat refusa à Léon Blum les pleins pouvoirs pour réorganiser les finances du pays. Un nouveau cabinet dirigé par le radical-socialiste Camille Chautemps, avec Léon Blum au poste de vice-président du Conseil, poursuivit les objectifs du Front populaire, mais avec moins de conviction. Toutefois, la réorganisation des chemins de fer privés constituait l'une de ses priorités. La nationalisation fut décrétée, grâce aux pleins pouvoirs refusés à Léon Blum mais accordés à son successeur Camille Chautemps, le 30 juin 1937. Il était autorisé à « réduire le déficit des chemins de fer par des relèvements de tarifs et par la coordination des transports[17] ». La mesure affectant les chemins de fer fut signée le 31 août, juste avant l'expiration des pleins pouvoirs de Chautemps.

Le Front populaire faisait valoir que, sous tutelle privée, les performances des chemins de fer avaient été insuffisantes pendant ces dernières décennies. Il s'agissait d'améliorer leur efficacité en éliminant le gaspillage de matériel et le doublement de certains services, et de faire des économies de gestion. Désormais, les sept réseaux existants, parmi lesquels la Compagnie du Nord des Rothschild, étaient subordonnés à une société publique, la Société nationale des chemins de fer.

Cette réforme ne pouvait guère atteindre davantage les propriétaires privés que ne l'avait déjà fait la dépression consécutive à la Grande Guerre. Depuis des années, ils subissaient des déficits, causés en grande partie par l'obligation de gérer les réseaux suivant les règlements gouvernementaux. Leur malheur n'avait fait que croître et embellir sous le Front populaire, avec des réformes sociales telles que les augmentations de salaires obligatoires, la semaine de quarante heures et les congés payés. Le déficit annuel global des sept compagnies, avec leurs 90 000 kilomètres de voies ferrées et leurs 500 000 employés, s'était élevé à près de 4 milliards de francs en 1936 ; il allait être de presque 6 milliards en 1937. Si les Rothschild et leurs confrères propriétaires étaient maintenant obligés de transférer leurs actifs à la nouvelle SNCF, ils se débarrassaient en même temps de leurs passifs. Et ils y gagnaient plus qu'ils n'y perdaient[18]. Un résultat attribué en partie au talent de René Mayer, directeur chez les Rothschild, et à sa familiarité avec les cercles industriels et gouvernementaux les plus restreints.

Effectivement : en paiement du matériel et de l'immobilier, la Compagnie du Nord reçut un gros paquet d'actions de la SNCF, tandis qu'un directeur de confiance de Rothschild siégeait au conseil de la nouvelle compagnie. Le Nord devint une formidable société financière, fort rentable. « La haute banque avait repassé à moindres frais à l'État l'encombrant et coûteux secteur des transports par voie ferrée, observait avec une note d'ironie un admirateur critique des Rothschild. Cela n'empêchait pas, on le comprend, les chefs de la maison de ressentir la nationalisation comme une spoliation. Après tout, ils se jugeaient en quelque sorte chassés de chez eux. Mais il est probable que, le temps aidant, ils ont été à même de juger des avantages que peuvent offrir certaines nationalisations[19]. »

« Le règne des magnats du rail est terminé, proclama l'organe du Parti socialiste, *Le Populaire,* dans un éditorial accompagnant l'annonce de la création de la SNCF. L'exploitation des chemins de fer de France par des compagnies privées prend fin[20]. »

Dans la turbulence des années 1930, la dépossession ne pouvait pas toujours et partout se négocier ; et la chute n'était pas toujours douce pour les spoliés. En Autriche, où les pressions de l'Allemagne nazie voisine avaient maintenant pris le ton de l'intimidation, Louis von Rothschild travaillait sans relâche à sauver ce qui pouvait l'être des biens familiaux, en prévision de la reddition totale de son pays à Hitler. Les propriétés épargnées comprenaient les aciéries de Vitkovice, dans la Tchécoslovaquie encore libre, transférées dans des mains britanniques grâce à des complicités. Des avocats autrichiens combattaient les menaces juridiques et fiscales qui pesaient sur Rothschild und Söhne, encore vulnérable après le désastre de la Kreditanstalt ; la malchance vint encore compliquer l'imbroglio, quand un avocat engagé par Louis avoua qu'il avait corrompu des fonctionnaires autrichiens et commis divers autres actes illégaux au service des Rothschild. Pour éviter de nouvelles poursuites, il fallut donc engager un autre avocat, qui obtint que les poursuites contre le premier avocat soient abandonnées (et même que les tentatives de chantage de ce dernier et d'un ancien employé de la Kreditanstalt échouent).

Il semblait que Louis dût finalement s'en sortir indemne. Puis, en mars 1938, rassuré par l'évidente indifférence des démocraties occidentales, Adolf Hitler saisit un prétexte pour faire franchir la frontière à ses armées, fit arrêter le chancelier et déclara l'Autriche province du Reich. Louis de Rothschild fut appréhendé. Relâché un an plus tard, grâce aux efforts de ses cousins français, il allait pouvoir les rejoindre à Paris, abandonnant tout, même l'argenterie de famille, aux mains des nazis[21]

## 22

# Les Rothschild en guerre

La menace croissante que représentait Hitler, de plus en plus évidente pour les gens avisés (parmi lesquels figuraient certainement les Rothschild), suscitait dans la famille française des sentiments contradictoires. Les Rothschild furent évidemment des anti-hitlériens de la première heure, mais ils trouvaient également tentant de chasser l'Allemagne de leurs pensées, comme si ce que faisaient les nazis ne pouvait affecter les Français, ni même les Juifs français.

Les Rothschild partageaient ce point de vue avec bien d'autres Juifs conservateurs, membres comme eux de la riche classe dominante au sein de l'Association consistoriale des israélites de Paris (ACIP), porte-parole officiel de la communauté juive. Cependant, l'afflux massif de réfugiés d'Europe centrale avait produit une nouvelle génération de groupes plus militants, dont les chefs étaient disposés à élever la voix contre la menace nazie. Ils ne reçurent en cela aucun soutien de l'ACIP, dont les dirigeants (en particulier les Rothschild) jugeaient inopportune toute protestation publique[1].

Les Juifs français soupçonnaient souvent les nouveaux venus d'être la cause des réactions antisémites des Français non juifs. Ce point fut exposé clairement par le baron Robert de Rothschild, cousin d'Édouard et président du consistoire de Paris, dans un discours prononcé à l'assemblée générale du consistoire, en mai 1935 : « Avec la crise qui fait rage en France [...] est née une xénophobie qui dégénère trop facilement en antisémitisme. Nous qui [...] sommes chargés de défendre les intérêts de la communauté israélite, nous alertons nos coreligionnaires, récemment immigrés et encore trop insuffisamment familiarisés avec la mentalité et les coutumes françaises, de ce danger. Il est essentiel que les éléments étrangers s'assimilent au plus vite aux éléments français. Jusqu'à ce qu'ils s'adaptent, jusqu'à ce qu'ils soient naturalisés et qu'ils aient accompli leur service militaire... »

Apparemment, le baron avait ajouté un commentaire, qui fut omis des minutes officielles de l'assemblée mais répété dans la presse yiddish : « Les immigrés comme les invités doivent savoir se tenir et ne pas trop critiquer [...] et s'ils ne se trouvent pas bien ici, ils n'ont qu'à s'en aller [2]. » Le discours du baron provoqua des protestations véhémentes ; on allait le reprocher à la famille entière [3].

Soixante ans plus tard, avec tout ce que nous savons du nazisme et tout ce que nous ne savons pas du besoin désespéré qu'avaient les Juifs français de prouver leur patriotisme, les reproches faits à Robert paraissent bien durs. Dans le contexte des années 1930, quand le danger immédiat semblait venir de l'intérieur plutôt que de l'extérieur, la principale préoccupation était l'intégration. C'est ainsi qu'en cette époque où florissaient les groupes militants d'extrême droite les dirigeants de la communauté juive accueillirent volontiers la création d'un mouvement juif qui prendrait sa place parmi les autres. Le baron Robert suggéra même un nom pour le groupe : plutôt que « Ligue des israélites patriotiques », dont il craignait qu'on ne conclue que certains Juifs n'étaient pas patriotiques, il proposait « Ligue des patriotes israélites ». Le choix final allait être « Union patriotique des Français israélites » [4].

Robert, alors âgé de cinquante-trois ans, était devenu président du consistoire de Paris en 1933, l'année de l'accession de Hitler au pouvoir ; il succédait à son oncle Edmond. (Édouard, qui avait soixante-cinq ans, demeurait président du Consistoire central, suivant la tradition du Consistoire... et des Rothschild.) Loin de tourner le dos à l'histoire, dès juin 1933 Robert avait encouragé la création d'un Comité national de secours aux réfugiés allemands victimes de l'antisémitisme. Comme les statuts du Consistoire limitaient ses activités aux domaines religieux et culturel, ce Comité national pouvait entreprendre des actions ou apporter son soutien à des groupes autonomes, et c'était ce qu'il faisait. Insistant sur la neutralité idéologique, le baron Robert manœuvrait son organisation à l'écart des groupes partisans. L'accent était mis sur le secours matériel aux malheureux qui arrivaient : accueil d'urgence, secours médical, nourriture, mise en ordre des papiers d'identité, logements permanents pour ceux qui trouvaient du travail, formation professionnelle pour ceux qui n'en trouvaient pas. Au cours de sa première année d'existence, le Comité enregistra quelque 11 000 réfugiés et en secourut 1 894. L'essentiel de l'aide financière provenait de la communauté juive française, mais aussi de ses parentes anglaises et américaines.

L'opération n'allait pas se dérouler en douceur. Car les immigrants, dépourvus de tout, arrivaient dans un pays qui sombrait chaque jour davantage dans la stagnation économique. L'une des tâches du Comité national de secours consistait à convaincre l'opinion publique et les autorités que les réfugiés pouvaient représenter un enrichissement pour la France, et non un poids mort. Il devint plus nécessaire que jamais, de l'avis de la direction du Consistoire, de préserver le Comité de secours de l'infiltration des communistes, qui s'en seraient servis pour leurs objectifs de propagande et en auraient ainsi compromis l'efficacité. En 1934, l'hostilité de l'opinion publique envers les réfugiés était déjà si forte que le gouvernement ne pouvait plus leur offrir de résidence permanente.

Ce fut alors que Robert laissa paraître son exaspération, car il aurait été bien utile que les réfugiés se donnent plus de mal pour ressembler à tout le monde et agir comme la majorité des gens. (D'après les souvenirs de la famille, Robert se démenait tellement pour obtenir des certificats d'immigration en Palestine que Chaïm Weizmann lui-même, le sionisme incarné, craignait qu'il n'allât trop vite ; désormais, Robert était lui-même sioniste *de facto*.)

En 1936, le Comité national de secours fut remplacé par le CAR, Comité d'assistance aux réfugiés, également sous la présidence de Robert. Il prit de plus sous sa responsabilité un nouveau Centre de documentation et de vigilance (CDV), qui devint le bras agissant de la communauté juive, partageant les bureaux (et le personnel) du Consistoire. Cette époque vit l'éclosion de groupes antifascistes, juifs et non sectaires. Contrairement à la Ligue internationale contre l'antisémitisme (LICA), plus combative et dont les rangs étaient largement fournis par les émigrés, le CDV fit savoir que son action, « pour être efficace, [devait] rester discrète ». Il rassemblait des informations sur les mouvements et les individus antisémites, publiait des rapports et encourageait la contre-propagande par d'autres groupes. (La LICA dénonça par exemple la participation de La Rocque et de ses Croix-de-Feu à une cérémonie commémorative dans une synagogue, qui indiquait, selon elle, de la part du Consistoire, « une nette préférence pour la droite ».)

Mais le vrai danger venait évidemment de l'étranger, menaçant l'existence même des Juifs, et pas seulement en Allemagne. Après l'explosion de violence antisémite qui commença le 9 novembre 1938, lors de l'infâme nuit de Cristal, où des brutes nazies incendièrent des synagogues et attaquèrent des Juifs, sous le prétexte de venger le meurtre d'un attaché de l'ambassade d'Allemagne à Paris, le Consistoire se hâta d'organiser un Groupement israélite de coordination, d'aide et de protection. Les réticences à l'égard des manifestations publiques furent abandonnées. Le Consistoire entreprit des actions plus visibles, associées à des pressions sur le gouvernement (cet effort fut en partie responsable de l'interdiction, en avril 1939, des incitations à la haine raciale). Désormais, la communauté juive établie, malgré tout son conservatisme, était bel et bien engagée dans la surveillance des mouvements antisémites et la formation aux sports de combat des scouts juifs, qu'elle envoyait dans les rues arracher les affiches antijuives ou harceler les vendeurs de publications antisémites. La guerre avait commencé avant la guerre[5].

Avec le recul, tout peut paraître évident. En fait, pendant l'ère nazie, la Palestine ne semblait guère être une alternative viable pour la masse des Juifs européens. Face à l'hostilité des Arabes, les Britanniques empêchaient d'une poigne implacable toute immigration en Terre sainte. Les archives Rothschild montrent jusqu'où étaient prêts à aller ceux qui prenaient en main le sort des victimes de Hitler. On y trouve une lettre de Robert de Rothschild, datée de janvier 1939, communiquant à ses cousins de Londres la proposition d'acheter au Brésil 50 000 hectares dans le Mato Grosso encore sauvage « dans un but de colonisation ». Plus tard cette année-là, les Rothschild de Paris prièrent ceux de Londres d'étudier un projet d'établissement des Juifs en pleine Afrique, dans une plaine de la haute vallée du Nil, au Soudan, entre Malakal et Bor. « Naturellement, c'est un projet qui implique des capitaux énormes, mais si ce que [le partisan du projet] dit est vrai, ce serait un immense territoire, pour le moment sans aucune population, et où les Juifs pourraient organiser entre eux une importante colonie. »

Il y avait également des cas particuliers. De Paris à Londres (la lettre est d'Édouard ou de Robert), le même mois : « Je joins une note sur une petite réfugiée allemande qui est à Londres, malade. Elle est sœur et fille d'une vieille famille d'excellents musiciens, et nous veillons sur le frère, qui part pour l'Amérique dans un jour ou deux [...]. Je ne me rappelle plus le nom de votre monsieur de haute stature qui s'occupe de vos affaires pour les réfugiés, mais voudriez-vous avoir l'obligeance de lui confier cette affaire avec ma plus chaleureuse recommandation[6] ? »

En mars 1939, six mois avant l'attaque de la Pologne par Hitler, Germaine de Rothschild, la femme d'Édouard, ouvrit une vieille maison en bordure du domaine de Ferrières, le château de La Guette, de style médiéval, pour accueillir des enfants réfugiés. La folle violence de la nuit de Cristal s'était déchaînée quatre mois plus tôt ; les parents, les frères et sœurs aînés de ces enfants — environ 130 — avaient été emmenés dans des camps de concentration. Puis, en mai 1940, à la veille de l'entrée des Allemands à Paris, ils furent évacués à La Bourboule, où allait également se réfugier la banque Rothschild ; la baronne y avait loué tout un hôtel pour ses protégés. Les plus jeunes des enfants furent inscrits à l'école primaire, les plus grands dans des écoles de formation professionnelle des villes alentour ou placés dans des familles. Quelques garçons parmi les plus âgés furent envoyés dans la Drôme, où les gendarmes les trouvèrent lors de la rafle nationale des Juifs en août 1942. Ils furent internés, puis sauvés de la déportation par leurs professeurs.

Bien après le départ d'Édouard et Germaine de Rothschild pour les États-Unis, l'œuvre de La Bourboule fut poursuivie par d'autres ; plus de trente adultes périrent à son service. Comme l'occupation allemande se prolongeait, les enfants furent dispersés, cachés, parfois sous de fausses identités. Certains furent pris sous la protection des quakers de l'American Friends Service Committee. D'autres parvinrent à gagner la Palestine. Pour autant que l'on sache, dix enfants, tous âgés de plus de quinze ans, furent envoyés dans des camps et un survécut. Mais le sort de vingt autres jeunes pensionnaires de La Guette demeure un mystère à ce jour[7].

Il est manifeste que les Rothschild étaient aussi peu préparés à ce qui attendait la France que l'immense majorité des Français (et de leurs dirigeants). Janet Flanner, correspondante à Paris du *New Yorker,* décrivait le sénateur Maurice de Rothschild, dont on pouvait penser qu'il suivait de près les affaires européennes. A la veille de la guerre, la journaliste le rencontra au « plus grand bal costumé de l'été », donné par le comte Étienne de Beaumont. Les invités arboraient des costumes inspirés de Racine (dont on fêtait le tricentenaire), et Maurice était « costumé en Bajazet ottoman », avec les célèbres diamants de sa mère sur son turban, et à sa large ceinture « les précieux joyaux de la Renaissance qui appartiennent à la collection Cellini de sa famille »[8].

Il devait être frustrant, pour les antisémites professionnels et autres agitateurs, de voir les Rothschild si calmes, si peu préparés à abandonner leur paisible mode de vie. Pour les extrémistes, il fallait que les Rothschild fussent des propagateurs de guerre, même si tout démontrait le contraire. C'est ainsi qu'en première page du quotidien *L'Action française,* toujours stupéfiant, le propagandiste Charles Maurras dénonçait les personnalités françaises qu'il jugeait va-t-en-guerre ; l'une de ses cibles portait un nom « trois fois fameux dans notre histoire ». « Fameux comme juif. Fameux comme argentier. Fameux comme désignant, jusqu'ici, un certain genre de Juiverie et de Banque, plus ou moins incorporés au sol national. »

Dans l'optique très particulière de Maurras, les Rothschild avaient « pris feu » à propos de Juifs « molestés » — l'expression est de lui — en Allemagne. Tandis que Robert présidait des comités d'aide, son cousin Édouard « ne cess[ait] de vomir des injures contre les traîtres, les menteurs, les incapables », c'est-à-dire ceux, au gouvernement, qui refusaient de suivre le parti de la guerre.

Le lendemain, Maurras poursuivit sa campagne contre les Rothschild et la « guerre juive » en déclarant que sa première salve avait ébranlé la rue Laffitte. Dans un numéro suivant, l'éditorialiste semblait contredire sa propre thèse, en décrivant les Rothschild comme franquistes et antirépublicains en Espagne, à cause de leurs intérêts miniers dans ce pays ; ils ne changeaient de camp, expliquait-il, qu'à cause de la persécution des Juifs par Hitler. Jusqu'à six mois auparavant, Édouard et Robert s'étaient montrés raisonnables, tandis que leur cousin Maurice collaborait avec le Front populaire et les communistes[9].

L'été 1939, Guy de Rothschild s'attendait à la guerre. Se préparant, en juillet, à passer de longues vacances hors de Paris, il passa une matinée, à la banque, à trier ses papiers, faisant des piles séparées pour les documents « à évacuer » et ceux « à jeter » ; il détestait l'idée d'exposer aux yeux ennemis sa vie professionnelle ou privée. Son épouse Alix relevait d'une fausse couche et ils avaient décidé de partir en croisière le long des côtes corses. Ce fut là qu'il apprit par la radio le rapprochement entre Staline et Hitler. En essayant de téléphoner à Paris, du port, il découvrit que seules les communications officielles étaient possibles. Cette nuit-là, ils revinrent sur le continent, par Saint-Tropez. Le couple trouva là une Rothschild fort obligeante, Cécile, la fille de Robert, qui les ramena en voiture jusqu'à Paris. Le lendemain même, d'après ses souvenirs, il découvrit son numéro sur une affiche annonçant la liste des offficiers appelés pour la mobilisation générale [10].

Pour le moment, les aînés de la famille Rothschild ne pouvaient rien faire d'autre qu'attendre, car la « drôle de guerre » se déroula presque sans combats, de septembre 1939 jusqu'à la fin du printemps 1940. Ce fut seulement à ce moment-là qu'Édouard et Germaine quittèrent le territoire français, avec leur seconde fille, Bethsabée ; ils se rendaient à New York, où les rejoignit ensuite Robert (qui, lors du précédent conflit, avait reçu trois citations pour bravoure), avec sa femme Gabrielle et leurs filles Diane et Cécile. Le fils d'Édouard, Guy, était en service actif au front, de même que ses cousins Alain et Élie, fils de Robert. Alain, qui venait de recevoir en janvier le pouvoir de signature à la banque [11], après son vingt-neuvième anniversaire, fut appelé le 20 août, en qualité d'officier, à rejoindre le premier groupe de reconnaissance d'un corps d'armée en garnison à Compiègne. Quand les Allemands envahirent la France, au mois de mai suivant, il reçut une citation pour son courage au combat dans les Ardennes, lors de la tentative d'obstruction de l'offensive-surprise des Allemands. Gravement blessé en Belgique trois jours plus tard, il fut capturé et passa les quatre années suivantes dans un camp de prisonniers de guerre en Allemagne [12]. Quant à Élie, jeune officier de cavalerie, il fut également capturé sur le front du Nord-Est. Les deux frères allaient se retrouver en captivité en octobre 1944, dans un camp pour prisonniers de guerre, dans les environs de Lübeck [13].

La guerre surprit Henri de Rothschild en Suisse, où il vivait depuis qu'il avait contracté une mystérieuse maladie, en 1935, lors d'une croisière vers la Chine. Ensuite, les médecins changèrent d'avis et l'envoyèrent au Portugal, où il fut soigné pour dépression et mena à Lisbonne une existence modeste (d'après les souvenirs de sa petite-fille Nicole, alors âgée de seize ans). L'inlassable Henri, âgé de soixante-huit ans quand les Allemands envahirent la France, ne pouvait évidemment pas rester inactif en exil, non plus qu'il ne pouvait poursuivre ses expériences médicales ou écrire des pièces frivoles. Il prit donc la plume et entreprit de relater l'histoire de la famille Rothschild en France. Quand Nicole le rejoignit, elle tapa son manuscrit à la machine. Henri, cet homme si public, aurait certainement été bien étonné d'apprendre le sort de son ouvrage. Aucune bibliothèque des Rothschild n'en possède aujourd'hui un exemplaire, non plus que la Bibliothèque nationale [14].

La mobilisation trouva le second fils d'Henri, le bouillonnant Philippe, à Arcachon sur un yacht, avec sa femme Lili et leur fille Philippine. Il se hâta de regagner Paris, servit dans l'aviation et se trouvait à l'hôpital, avec une jambe cassée (accident de ski, et non d'avion), quand les Allemands envahirent la France [15].

Seul Guy, dans ses souvenirs, nous montre les obligations quotidiennes d'un Rothschild en guerre. Dans les mois qui précédèrent le début des combats, il servit dans un régiment attaché à une division légère mécanique, qui comprenait également quelques chars lourds, une brigade de blindés légers, de l'artillerie et deux régiments de dragons. Mais c'était une division entièrement composée de réservistes, donc équipée en dernier. Quand l'équipement arriva enfin, il se révéla inadéquat, consistant en mitrailleuses et fusils mitrailleurs de modèles déjà anciens ; et il n'y avait pas de canons antichars. Attaché à un peloton motocycliste, Guy attendit plusieurs semaines l'obtention d'une moto réglementaire, munie d'un side-car ; mais quand il la reçut, le moteur en était imprévisible. Le vieux lieutenant, un ancien de 1914-1918, tomba malade et il échut à Guy de prendre le commandement provisoire de l'escadron de dragons, qui était composé de deux pelotons, d'un équipage de mitrailleuse et d'un bureau administratif — 200 hommes en tout.

Huit mois de drôle de guerre s'achevèrent précipitamment, dans la nuit du 9 au 10 mai, quand les troupes de Hitler franchirent les frontières de la Belgique neutre et des Pays-Bas, pour prendre la direction du cœur industriel et minier du nord-est de la France. Dans les jours qui suivirent, une seconde percée se fit plus au sud, dans une région jusqu'alors jugée impénétrable, traversant une rivière réputée infranchissable. Les meilleures troupes françaises furent aussitôt expédiées en Belgique avec leurs alliés britanniques, suivant un plan qui paraissait logique au haut commandement allié. Mais elles se retrouvèrent très vite encerclées ; la bataille de France était pratiquement terminée.

Les Français, y compris les soldats et surtout les officiers, furent lents à comprendre l'étendue du désastre. La division de Guy avait été envoyée sur le front du Nord-Est ; le 10 au matin, elle était cantonnée dans un petit village près de Cambrai. La sonnerie du réveil fut brutale. Ordre était donné d'entrer en Belgique ; en traversant un village bombardé, elle vit pour la première fois des victimes de guerre.

Les missions étaient irréalisables : tenir, avec des forces minimes et un armement inadéquat, des lignes en butte à l'assaut de forces immensément supérieures, sous un ciel envahi de stukas ennemis aux sirènes hurlantes. Les ordres semblaient incompréhensibles, jusqu'au moment où Guy se rendit compte qu'on se déplaçait d'une position de repli vers une autre, souvent sans combattre. Les communications étaient rudimentaires ; pendant toute la campagne du nord-est de la France, jamais il ne vit une seule radio. S'il y avait une logique dans les ordres qu'on leur donnait, elle consistait à organiser la retraite de manière à ralentir l'avance ennemie.

Il y avait tout de même aussi des moments de combat intense. Ainsi, le 26 mai, Guy reçut l'ordre d'attaquer, face aux canons ennemis ; parti avec cent trente-cinq hommes, il n'en avait plus que quarante au retour. Deux de ses sous-officiers furent tués pendant qu'ils parlaient avec lui. La retraite même fut dangereuse, sous le feu de l'adversaire. Lorsqu'un médecin auxiliaire se présenta à lui, avec ordre de soigner les blessés sur le terrain, Guy lui interdit d'y aller car il se serait fait tuer sans avoir pu aider personne. Plus tard, ce médecin, qui dans la vie civile était le poète communiste Louis Aragon, lui dédicacerait un de ses livres : « A Guy de Rothschild, à qui je dois la vie. » Guy reçut également une citation à l'ordre de l'Armée : « Le 26 mai a contre-attaqué à la tête de son escadron sous le feu violent de l'ennemi. »

Cette phase de la guerre s'acheva pour Guy à Dunkerque. Ayant reçu l'ordre d'y rassembler ses hommes, il roula, puis marcha pendant vingt-quatre heures d'affilée. Dans la nuit du 1er au 2 juin, les survivants de son groupe traversèrent la Manche sur un destroyer britannique et parvinrent à Douvres. Les soldats valides furent aussitôt renvoyés en France pour continuer la lutte, Guy et ses hommes par Brest et Évreux, en Normandie. Il y retrouva sa femme dans leur maison de campagne et lui montra la croix de guerre gagnée dans les dunes de Dunkerque. Puis il retourna à l'action : une succession de retraites au sud de Paris, pour découvrir parfois que ses hommes avaient été rattrapés par les troupes allemandes, qui avançaient plus vite. La guerre était terminée [16].

Les défricheurs d'archives, en tournant les pages de la correspondance toujours révélatrice entre les Rothschild de Paris et leurs « chers cousins » de Londres, trouveront là bien peu de signes d'inquiétude non plus que d'indications sur d'éventuelles précautions, au cours des mois précédant l'attaque-surprise de Hitler. Ici, le 18 janvier 1940, le patriarche Édouard s'apprête à envoyer de l'argent à l'université hébraïque de Jérusalem ; là, le jeune Alain renouvelle sa carte de la British Automobile Association. Là encore, toujours en janvier, Édouard demande le remplacement de plantes achetées au Royal Seed Establishment de Reading, en Angleterre : « Comme je vous l'ai dit, mon jardinier m'assure qu'on ne pourra sauver que dix à quinze de ces plantes, et j'espère qu'en disant cela il est pessimiste. »

La seule indication d'une guerre en cours apparaît dans la correspondance par laquelle le lieutenant Guy et le sous-lieutenant Élie renouvellent leurs abonnements, l'un à une revue britannique, l'autre à *Punch, Rire* et *Esquire*[17].

Édouard et ses associés firent toutefois le nécessaire avant la fin de cette guerre. Dans la mesure du possible, les biens de la famille furent transférés à l'étranger, sur des comptes qui, par précaution, n'étaient pas spécifiquement identifiés comme appartenant aux Rothschild. Pour protéger les clients de la banque qui n'étaient pas de la famille, leurs actifs furent placés dans des banques situées dans des régions de France qui paraissaient plus sûres, par crainte, se souvint Guy, non pas de l'invasion allemande — car les banquiers Rothschild se refusaient à croire que Paris pût tomber —, mais d'éventuels bombardements[18].

Un témoignage sur ces transferts apparaît grâce à une affaire judiciaire d'après-guerre. Dès 1939, Édouard avait expédié le trésor de famille le plus facile à transporter — les précieuses actions pétrolières de Royal Dutch — dans une banque de Montréal. Après la chute de Paris, en juin 1940, des banquiers experts dans l'interprétation de la loi bloquèrent tout simplement le compte : la France étant occupée, il s'agissait donc de possessions ennemies ! Dès lors, Édouard, sa femme et la jeune Bethsabée, réfugiés à New York, vécurent littéralement sur les bijoux de famille qu'Édouard portait dans une sacoche lorsqu'il s'était envolé pour les États-Unis.

Après la guerre, lorsqu'elle fut enfin disposée à restituer à Rothschild ce que Rothschild lui avait confié, la banque canadienne factura 22 000 dollars de droits de garde à Édouard. Il refusa de payer, intenta un procès et le gagna[19].

Ces bijoux de famille n'avaient assurément rien de bien secret. Ils firent l'objet d'un gros titre dans le *New York Times,* près d'un mois après la chute de Paris : « LES ROTHSCHILD APPORTENT 1 000 000 DE DOLLARS DE BIJOUX. Un membre de la célèbre famille de banquiers arrive par Clipper avec sa femme et sa fille. » Une photo montrait Édouard à l'aéroport La Guardia, avec Germaine et Bethsabée, « portant une sacoche contenant des bijoux évalués à 1 000 000 de dollars ». L'article décrivait le baron comme un « homme de soixante-dix ans, frêle, à l'air fatigué », qui « se tenait à l'écart des journalistes et refusait de parler politique, finance, économie ou tout autre sujet. » Il se contenait d'affirmer qu'il était content de se trouver sur le sol américain, et il évoquait seulement sa première visite, un demi-siècle auparavant. Quand ils se rendirent compte de ce que transportaient les Rothschild, les inspecteurs de la douane emmenèrent Édouard et Germaine dans une salle privée. Quelqu'un laissa filtrer l'information qu'il s'agissait de « pièces de musée ». Mais les journalistes observèrent que le baron portait toujours sa sacoche en quittant l'aéroport[20].

# 23
# Vichy

Les banques arrivèrent dans la région de Vichy avant le maréchal Pétain. En effet, dans la perspective d'une éventuelle occupation de Paris par les Allemands et sur le conseil de la Banque de France, les principales institutions financières de la capitale avaient transféré leur direction et tout ce qu'elles avaient pu emporter de papiers et d'actifs vers l'Auvergne. La région paraissait plus sûre et elle était généreusement équipée pour l'accueil des visiteurs, grâce à la profusion d'hôtels construits en des temps plus heureux pour la clientèle des sources thermales. La Banque de France, pour sa part, choisit Châtelguyon. Le 14 juin, jour de la chute de Paris, De Rothschild Frères fut officiellement transféré à La Bourboule, ville de 2 700 habitants, jusqu'alors plus connue pour ses eaux que pour ses banques. L'établissement alloué aux Rothschild était le Grand Hôtel, classé par le guide *Michelin* comme « d'un bon confort moyen ». Sur soixante-sept chambres, deux seulement étaient dotées d'une salle de bains.

Philippe Pétain s'était emparé du dernier gouvernement de la Troisième République, dans sa retraite de Bordeaux. Un armistice fut signé le 22 juin dans la forêt de Compiègne, abandonnant aux Allemands le contrôle de Paris et du nord de la France, ainsi que des côtes de la Manche et de l'Atlantique. Le gouvernement Pétain, libre en apparence, demeurait en principe maître du reste. Ce gouvernement-là choisit Vichy pour capitale car c'était une ville d'eaux, largement pourvue d'hôtels[1].

Le régime de Vichy, autoproclamé État français pour se distinguer de l'ancienne République, fut immédiatement infesté d'idéologues et de mouvements profascistes qui n'avaient jamais pu accéder au pouvoir dans une France libre de choisir ses dirigeants. L'une des doctrines qu'ils avaient en commun était l'antisémitisme. Dès le 23 juillet 1940, Pétain, signant royalement : « Nous, maréchal de France, chef de l'État français », décréta : « Tout Français qui a quitté le territoire métropolitain entre le 10 mai et le 30 juin [...] sera regardé comme ayant entendu se soustraire aux charges et aux devoirs qui incombent aux membres de la société nationale. » Autrement dit, en partant, ils avaient renoncé à leur citoyenneté française. Les biens de ces personnes allaient être placés sous séquestre, pour être vendus dans un délai de six mois, le fruit de la transaction étant destiné à alimenter le Secours national du régime de Vichy[2]. Pour caractériser ceux qui avaient quitté le territoire métropolitain, la presse française pro-allemande utilisa un mot que le décret n'avait pas employé : « désertion »[3].

Bien évidemment, la plupart de ceux qui avaient émigré avant l'invasion allemande étaient des Juifs inquiets du sort qui les attendait dans une France dominée par les nazis. Ce fut manifeste quand la radio du gouvernement de Vichy identifia les personnes dont les biens allaient être saisis. La presse collaborationniste, à Paris, en profita pour titrer : « Une première liste de fuyards juifs est publiée à Vichy. »

Les Rothschild étaient évidemment sur cette liste, notamment Édouard et Robert, mais l'article de première page, au lieu de mentionner ces banquiers discrets, préférait mettre en vedette l'intrépide sénateur des Hautes-Alpes, Maurice, qui avait effectivement siégé au Parlement, à Vichy, lorsque les pleins pouvoirs avaient été votés à Pétain, et qui les lui avait refusés. Bien que n'en étant pas un, il était cité parmi les banquiers[4]. En septembre, un décret publié à Paris nomma les Rothschild dont les biens seraient saisis : Édouard, Robert, Henri, Philippe, Maurice[5]. Une vieille liste de leurs propriétés immobilières à Paris — près de cent immeubles — parvint entre les mains de la presse collaborationniste[6]. La chasse était ouverte. Un certain docteur Carl Rasche, agent de l'occupant nazi en Tchécoslovaquie, était en route pour Paris afin de récupérer les dossiers des Rothschild concernant leurs investissements étrangers et déterminer ainsi à qui appartenaient les aciéries de Vitkovice[7]. Grâce aux procès des crimes de guerre à Nuremberg, son laissez-passer fut retrouvé. A La Bourboule, pendant ce temps, Guy de Rothschild organisait discrètement le transfert de ce qui pouvait être sauvé des derniers actifs de la banque à un établissement ami, la Société générale[8].

Guy n'était pas cité parmi les « déserteurs », bien sûr. Même les collaborateurs les plus fanatiques se devaient de respecter, tout au moins au début de l'occupation allemande, un officier français décoré. Guy pouvait donc vivre à sa guise, tout au moins dans la zone dite « libre », contrôlée par Vichy. Il s'y rendit dès sa démobilisation, improvisant un parcours d'une ville à la suivante, changeant de train cinq ou six fois, pour trouver à son arrivée une banque de fortune, avec des employés demeurés fidèles et même quelques membres de la famille[9]. L'un d'eux était le fils d'Henri, James, également sauvé à Dunkerque, puis démobilisé avec le grade de commandant de l'armée de l'air[10]. La fille de James, Nicole, était là et y demeura aussi longtemps que la famille. Cet endroit lui paraissait affreusement morne, bien que convenable et même assez sain ; les heures de loisirs étaient occupées à des jeux de société[11].

Guy trouvait le village charmant, situé comme il l'était sur un torrent et entouré de montagnes aux contours arrondis. Mais le climat était rude : pluvieux en ce premier été, puis trop froid en hiver[12]. A l'automne, la femme de Guy, Alix, qui l'avait attendu à New York, reprit le Yankee Clipper pour Lisbonne. Guy la rejoignit à la frontière espagnole et la ramena avec lui dans leur retraite auvergnate[13].

A La Bourboule, commodément isolée de Vichy par 100 kilomètres de routes de montagne, Guy entreprit d'organiser ce qui restait de l'empire familial. Mais la banque n'avait évidemment pas grand-chose à faire en ce lieu[14]. A Paris, les immeubles de la banque avaient été confisqués par le gouvernement de Pétain à l'usage du Secours national. Une équipe squelettique avait pu rester, sous l'autorité d'un directeur de confiance de la banque Rothschild, Georges Marin-Darbel, qui faisait tout ce qu'il pouvait pour tenir informé le siège transféré. Quand c'était nécessaire, Guy et Marin-Darbel faisaient appel à des passeurs pour transmettre des messages de part et d'autre de la ligne de démarcation, messages succincts et le plus souvent discrets (désignant les Allemands, par exemple, comme les « nouveaux amis »). Des employés non juifs de la banque Rothschild prirent discrètement contact avec des compagnies amies, dont les directeurs consentirent à racheter pour les préserver des titres appartenant à la famille, afin de les restituer plus tard, quand la situation le permettrait. Guy parvint à utiliser les derniers fonds de la banque au versement des indemnités pour le personnel mis à la retraite, à une époque où cette démarche était encore volontaire, et non obligatoire[15].

Avec le recul, ces premières semaines d'occupation allemande et d'instauration du régime de Vichy paraissent encore supportables, bien que Vichy eût en juillet, par décret, ôté leur nationalité aux citoyens juifs. Le 27 septembre 1940, la première ordonnance allemande concernant les entreprises juives imposait l'apposition d'un insigne spécifique, identifiant toute société juive comme telle. Le 18 octobre, les nazis publiaient une seconde ordonnance, instituant la nomination d'administrateurs pour prendre le contrôle de toute entreprise juive. Précédant toute demande allemande, Vichy avait publié le 3 octobre son fameux statut des Juifs, une ordonnance signée par le vieux héros des Français, Philippe Pétain, ainsi que par Pierre Laval, l'amiral François Darlan et sept autres ministres. Prenant soin de définir les Juifs (toute personne ayant trois grands-parents juifs, ou deux seulement en cas de conjoint juif), cette ordonnance les excluait du gouvernement, de l'enseignement, des forces armées, des entreprises subventionnées par l'État, de la presse et du cinéma, et fixait des quotas à l'accès des Juifs aux autres professions. Le 2 juin 1941, une deuxième loi bannissait les Juifs des activités bancaires, boursières, immobilières, publicitaires, ainsi que de diverses autres jugées sensibles. Vichy avait déjà créé cette institution inique, le commissariat aux Questions juives, qui avait pour objectif de coordonner les activités antijuives, notamment en identifiant les Juifs et les biens ou entreprises leur appartenant. Les banques restées à Paris furent placées sous l'autorité d'administrateurs provisoires. Et, dans le but adroit de laisser les industries et les professions se purger elles-mêmes, les banques et autres institutions furent obligées de créer des comités d'organisation. En novembre 1940, le comité de la banque — pompeusement nommé Comité d'organisation professionnelle des banques — n'eut aucune réticence à identifier les Rothschild comme Juifs [16].

Tout cela sous les acclamations d'une espèce nouvelle, le collaborationniste français, thuriféraire des nazis, qui dominait désormais la totalité de la presse à Paris, une presse contrôlée et, le cas échéant, subventionnée par les autorités d'occupation. Ainsi *Paris-Soir* n'était plus qu'un ersatz de journal créé par les Allemands, un clone du vrai quotidien *Paris-Soir,* lequel, replié dans le centre de la France, continuait de paraître sous la direction de l'équipe d'avant-guerre. Les Rothschild privés de leur citoyenneté française ? Un encadré, en première page du *Paris-Soir* contrefait, annonçait : « Ainsi les Rothschild cessent d'être français ! Mais l'ont-ils jamais été [17] ? »

Un journal collaborationniste parisien, dont le titre indiquait tout le programme — *Au pilori* — se spécialisa dans la dénonciation des Juifs et autres Français susceptibles de ne pas sympathiser avec la cause collaborationniste. Un article sur les Rothschild commençait ainsi : « Le Juif, étant un être nauséabond et puant au sens propre du mot, se plaît à salir, à souiller tout ce qui le dépasse ou ne se tient pas à croupetons devant lui [18]. »

En octobre de cette première année d'occupation allemande, dans un article intitulé « Infiltration judéo-maçonnique anglaise en Chantilly-Île-de-France », *Au pilori* dénonçait nommément des parents et amis des Rothschild qui continuaient à vivre dans la région parisienne, notamment à Chantilly et alentour, où (affirmait l'auteur) les mairies elles-mêmes étaient encore sous leur influence (et sous celle des services secrets britanniques et des francs-maçons). On peut imaginer que les fonctionnaires et autres personnes visés dans l'article furent soumis à un examen particulièrement minutieux de la part des autorités allemandes et françaises [19]. Quelques semaines plus tard, le même journal consacra toute une page à des « révélations effarantes », alléguant que la famille des banquiers avait poussé à la guerre contre Hitler pour en tirer un profit personnel [20].

La notion même des « deux cents familles » était utilisée à bon escient par les extrémistes, dont la doctrine était maintenant officiellement approuvée. Ainsi pouvait-on lire dans *Je suis partout,* sous la plume de

Robert Brasillach : « Demeurons assurés que de l'autre côté de l'Atlantique et non plus de la Manche, Juifs et Maçons des grands trusts et des grandes banques spéculent sur l'action intérieure des innombrables agents qu'ils entretiennent à Vichy, à Paris, partout[21]. »

La situation aurait pu être autrement terrible si certains facteurs n'avaient pas joué en défaveur de la persécution. Le premier était le fanatisme même de nombreux responsables de la « nazification » ou de la « vichysation », qui les empêchait de convaincre les Français honnêtes. Un autre facteur, fort sérieux d'emblée, était le conflit entre les autorités d'occupation allemande, pressées non seulement d'identifier les biens des Juifs mais encore de s'en emparer, et les Français de Vichy, désireux de priver les Juifs de leurs biens, mais pour conserver ces biens aux mains des Français, en France. Il en résultait un feu croisé d'ordonnances et une véritable empoignade pour les morceaux les plus tentants.

Un troisième facteur, inattendu, entrait en ligne de compte. Certains Français occupant des postes officiels n'étaient ni vichystes ni pro-Allemands. Ils continuaient à aimer leur pays et faisaient tout ce qu'ils pouvaient pour retarder ou faire échouer les mesures injustes, arbitraires, antidémocratiques et racistes qui se prenaient à Vichy ou à Paris. Guy de Rothschild patienta pendant ces premiers mois d'occupation où les décrets se succédaient : l'un privant son père de sa nationalité, l'autre créant une catégorie de seconde classe pour les Juifs. Il décida de rester, de tenir bon pendant la tempête ; et il ne tarda pas à s'apercevoir que seule une minorité adhérait vraiment à la nouvelle idéologie. Il n'était pas un paria.

Lorsqu'il avait rejoint Alix à la frontière espagnole, il avait découvert qu'elle ne partageait nullement ce qu'elle considérait comme ses illusions ; pour elle, les Français étaient désormais l'ennemi. Pourtant, elle dut être impressionnée lorsqu'un gendarme français, à un barrage routier, déclara à Guy après avoir examiné ses papiers : « C'est un grand honneur pour moi de rencontrer un membre d'une famille si célèbre et si respectée ». En déjeunant dans une auberge, sur la route, ils découvrirent que le personnel et les clients étaient occupés à écouter à la radio les Français libres de Londres.

Plus tard, il affirma n'avoir jamais rencontré personne qui se fût déclaré pro-allemand, et cela en dépit de ses séjours occasionnels à Vichy (alors à huit heures de train de La Bourboule, avec deux correspondances, dont l'une fort longue).

Le fonctionnaire de Vichy chargé de l'application des nouveaux décrets à la banque Rothschild de La Bourboule dicta un long document que Guy put lire, grâce à l'obligeance de la secrétaire, qui changea les carbones à chaque page pour les lui remettre ensuite. Il découvrit ainsi un rapport neutre, rédigé par quelqu'un visiblement soucieux de ne pas faire de zèle. Ce fonctionnaire facilita en fait la vente des actifs financiers de la banque à des acheteurs amis, qui allaient ainsi les garder jusqu'à leur rétrocession à la famille[22].

A Paris, les Allemands cherchaient à donner l'impression que la vie continuait comme avant, dans les théâtres et les cinémas, les restaurants et les cabarets — car il n'existait pas, pour les nazis, de meilleur moyen d'exploiter l'industrie et l'agriculture françaises à leur profit que de maintenir la nation en équilibre. Envisagé par les autorités, le projet de rouvrir un champ de courses était compliqué par le fait que la plupart des bons chevaux appartenaient aux Rothschild et à diverses autres personnalités dont les biens avaient été confisqués. Quelqu'un suggéra d'enregistrer les écuries au nom de l'administrateur chargé de la gestion des biens saisis[23]. Les vins eux-mêmes, fierté des Français autant que des Rothschild, ne furent pas épargnés, car les châteaux Lafite et Mouton étaient évidemment des actifs tangibles. Pis encore, le port stratégique de Bordeaux ainsi que l'intérieur des terres constituaient un territoire que les Allemands avaient placé sous leur contrôle direct dans l'accord d'armistice. A Lafite, par exemple, une cinquantaine d'officiers et de soldats allemands étaient logés dans le château de famille, dont le fidèle personnel conservait les meilleurs vins à l'abri. Le comptable falsifia les registres pour transférer la propriété de la plupart des vins des Rothschild dépouillés de leur citoyenneté et de leurs biens aux Rothschild plus jeunes qui avaient combattu sous les couleurs françaises et étaient prisonniers de guerre en Allemagne.

Des légendes naissaient, comme celle qui avait entouré l'occupation de Ferrières par Bismarck et son Kaiser en 1870. L'une de ces légendes voulait qu'un officier supérieur allemand, qui avait été négociant en vin dans la vie civile, eût sauvé du pillage les meilleures bouteilles, en avertissant les officiers allemands cantonnés à Lafite et à Mouton que l'hédoniste suprême qu'était leur chef, le maréchal Goering, les voudrait certainement pour son usage personnel. Puis, quand les Allemands s'apprêtèrent à confisquer Lafite parce que l'un des propriétaires déclarés, Jimmy, fils d'Edmond, était sujet britannique, Vichy protesta, rétorquant que c'était un bien de l'État car, les principaux propriétaires ayant quitté le pays et donc renoncé à leur citoyenneté, leurs biens avaient été légalement confisqués par le gouvernement français[24].

Quand ils commencèrent à organiser méthodiquement des rafles pour déporter massivement les Juifs vers les camps de la mort, les nazis se penchèrent sur les institutions philanthropiques des Rothschild et entreprirent d'arrêter les patients de l'hôpital Rothschild par catégories : avocats, commerçants, etc. Au début, ils laissèrent tranquilles les tuberculeux, ne fût-ce que pour se protéger eux-mêmes ; mais ils revinrent plus tard à la charge et les déportèrent, eux aussi[25].

Aujourd'hui, on s'étonne devant les preuves de la véritable guerre des gangs qui se déroulait entre Vichy et les nazis à propos du butin juif. Ainsi cet avis daté du 17 septembre 1940, signé par le maréchal Wilhelm Keitel, commandant en chef de la Wehrmacht, et adressé au chef des forces d'occupation allemandes en France, l'informant des ordres donnés par Hitler, qui stipulaient que toute possession de valeur appartenant à l'ennemi (et les Juifs allemands qui quittaient la France étaient considérés comme tels) devait être saisie et mise à la disposition de la Gestapo. Tout transfert de propriété à l'État français ou à des personnes privées était déclaré inopérant et illégal, en particulier les biens trouvés au domicile d'Édouard de Rothschild, rue Saint-Florentin[26]. La réponse de Vichy fut un décret signé par Pétain le 5 octobre 1940, donnant à l'administration de l'Enregistrement, des Domaines et du Timbre, dépendant du ministère des Finances, la responsabilité de veiller sur les possessions saisies[27]. Il est avéré que les pillards nazis se bousculèrent pour emporter le butin. C'est ainsi qu'un rapport de la *Feldpolizei,* daté du 13 octobre 1940, décrit un raid sur la banque Rothschild, où les policiers découvrirent qu'un officier d'un service allemand baptisé *Devisenschutzkommando* tenait déjà la place. Ils entreprirent néanmoins de poser les scellés sur tous les dossiers et registres comptables qu'ils purent trouver[28].

Les archives de l'horrible commissariat général aux Questions juives sont bourrées d'énigmes. Les possessions juives avaient été identifiées, les administrateurs nommés ; puis rien ne se passa. Propriété, hôtel particulier ou résidence de campagne n'étaient pas démolis, vendus ou transférés, et cela en dépit du zèle et du fanatisme de ce grand inquisiteur du XX^e^ siècle. Ces avoirs appartenaient à un Rothschild : ils devaient changer de main — mais tout restait en l'état.

Cette aberration semble avoir souvent été la conséquence d'un ralentissement administratif. Le chercheur est amené à se demander si ce ralentissement était délibéré ; il finit par le croire. Il devine que l'homme qui traînait ainsi les pieds devait être le directeur des Domaines. Les Rothschild qui ont survécu au régime de Vichy confirment cette supposition.

Maurice Janicot n'était pas le seul fonctionnaire intègre qui fût resté à son poste pendant les années de guerre, mais il était particulièrement honnête. Ces fonctionnaires-là s'efforcèrent, par exemple, de repérer les directeurs Rothschild qui, n'étant pas juifs, pouvaient être nommés administrateurs « officiels » des biens séquestrés ; on était sûr qu'ils les géreraient en douceur, sans les vendre trop vite. Le château Lafite bénéficia de ce type de protection, de même que les immeubles de la banque de la rue Laffitte[29]. Né le 3 septembre 1889, cinquante ans jour pour jour avant la déclaration de guerre de la France à l'Allemagne, Janicot avait passé sa licence en droit avant d'entrer, à l'âge de vingt ans, au ministère des Finances, où il avait été nommé directeur des Domaines pour la région parisienne, en novembre 1937. Il avait commencé sa carrière dans ce service et il y prit sa retraite, sans recevoir la moindre promotion à la Libération ni le moindre remerciement pour son comportement sous l'autorité allemande. Jamais il ne désobéit à la loi ; il se contenta de l'appliquer pour protéger au lieu de punir. Guy de Rothschild le comprit fort bien : quand ils firent connaissance, après la guerre, Janicot serra Guy sur son cœur et Guy reconnut en lui un authentique gaulliste[30].

# 24
# Goering

Pour des gens censés être omniscients et qui, dans l'imaginaire de leurs ennemis, figuraient parmi les maîtres secrets du monde, les Rothschild avaient été bien naïfs au sujet des nazis. Édouard et Robert, patriotes têtus, avaient refusé de croire que l'Allemagne pût envahir la France, même après l'offensive-surprise du 10 mai 1940, et ils n'avaient donc pas fait grand-chose pour cacher leurs plus précieuses possessions, leurs inégalables collections d'art. Comme on l'a signalé, ils semblaient toutefois craindre les dommages d'éventuels bombardements, ce qui avait conduit Édouard à faire entreposer des trésors artistiques inestimables dans son domaine de Reux, en Normandie, près de Pont-l'Évêque. C'est là que les Allemands les trouvèrent, déjà emballés, prêts à emporter. Comme Ferrières était jugé sûr, du point de vue des risques de bombardement par la *Luftwaffe,* toutes les œuvres qui s'y trouvaient étaient restées accrochées aux murs, posées sur des meubles ou des socles, où les Allemands purent les inspecter à leur aise. Heureusement, dans le salon des tapisseries, les précieux tableaux de François Boucher avaient été recouverts de toiles qui les protégeaient du soleil et, pendant toute l'Occupation, les Allemands crurent qu'on les avait retirés[1].

En étudiant les documents disponibles — qui incluent les messages échangés par Hitler et ses principaux lieutenants —, on est presque tenté de dire que les Allemands avaient surtout envahi la France pour ses chefs-d'œuvre. L'art devint assurément un objectif prioritaire, et les Allemands avaient déjà acquis une certaine expérience dans le pillage des pays occupés. Le représentant diplomatique de Hitler à Paris était Otto Abetz, qui, grâce à une carrière d'ami de la culture française avant la guerre, connaissait son affaire. Le Führer l'avait tout spécialement désigné pour repérer les pièces de valeur qu'on pouvait cataloguer comme propriété d'ennemis dans le but de se les approprier. Dans une directive au commandement militaire allemand, le 1er juillet 1940, Abetz ordonna le transfert des œuvres les plus précieuses à l'ambassade allemande, dans le vaste hôtel particulier du 78, rue de Lille, qu'avait naguère acheté un roi de Prusse pour son confort personnel. Dès le 16 août, l'ambassadeur de

Hitler avait mis sur pied une équipe d'experts pour examiner et estimer les « objets d'art publics, privés et surtout juifs ». Le Führer lui-même, secondé par son ministre des Affaires étrangères, Joachim von Ribbentrop, déciderait personnellement des œuvres qui resteraient en France et de celles qui seraient emportées en Allemagne [2]. Les acquisitions du gouvernement français serviraient à négocier un accord de réparations ; celles des Juifs français deviendraient allemandes, point final.

C'est alors que commença avec Vichy une guerre sur le papier concernant l'attribution du droit de piller les maisons juives. Mais les Allemands détenaient déjà le butin. Ils parcoururent en bottes, arme à la ceinture, la maison d'Édouard de Rothschild, rue Saint-Florentin, et ils se rendirent à Ferrières. Durant ces premiers mois de l'Occupation, les vainqueurs prirent ce qui leur plaisait dans les maisons des Rothschild et d'autres Juifs riches, parmi lesquels quelques grands marchands d'art parisiens [3]. C'était seulement quand les biens se trouvaient profondément cachés dans la zone de Vichy que le gouvernement de Pétain pouvait mettre la main dessus avant les Allemands : « Tarbes, 26 septembre. La police a découvert dans un local privé d'une propriété du baron Maurice de Rothschild [...] un stock important de tapisseries anciennes, d'objets d'art et de monnaies d'or, évalués à 350 millions, que l'ancien député des Basses-Alpes avait fait évacuer de Maisons-Laffitte, par camions, au début de juin. Ils ont été saisis [4]. »

Pour laisser place à d'autres activités dans l'ambassade d'Allemagne, on installa au Louvre les peintures et sculptures pillées. Cela arrangeait les conservateurs du Louvre car ils espéraient avoir ainsi l'occasion d'inventorier le butin. Mais, dès la fin d'octobre 1940, les salles disponibles au Louvre ne pouvaient plus accueillir les objets — meubles et tapis, aussi bien que peintures et sculptures — qui arrivaient par centaines, directement expédiés après le pillage.

Il se trouvait un bâtiment vide à proximité, le musée du Jeu de paume, à l'angle des jardins des Tuileries et de la place de la Concorde (juste en face de chez les Rothschild, rue Saint-Florentin). Et c'est ainsi que ce pavillon construit pour l'exercice d'un jeu de balle et par la suite transformé en vitrine des arts étrangers contemporains devint un tombeau d'œuvres volées, où des experts s'affairaient à les trier, avant de les expédier en Allemagne [5].

Un curieux personnage avait entre-temps fait son entrée en scène : Alfred Rosenberg. Il était l'intellectuel favori de Hitler, le théoricien fou de sa croisade antijuive et antibolchevique. A l'âge de quarante-sept ans, cet homme dérangé portait le titre de « délégué du Führer pour la surveillance de l'instruction et de l'éducation intellectuelle et doctrinale du Parti national-socialiste ». Il s'était porté volontaire pour rechercher dans les pays occupés les documents présentant une valeur historique, mais, sur un ordre spécifique de Hitler du 17 septembre 1940, sa compétence était étendue à l'art et aux bibliothèques. Cette mission entraîna la création de l'*Einsatzsab,* le commando spécial de Rosenberg chargé de débusquer les œuvres d'art appartenant à des Juifs[6].

Armé de la confiance de son Führer, Rosenberg n'était pas homme à laisser échapper un objet convoité. Dans une note destinée à ses propres dossiers, enregistrant sa conversation du 16 septembre avec Hitler, il soulevait la question de savoir si la décision de Vichy visant à confisquer les œuvres d'art des Rothschild au profit du gouvernement français devait prévaloir. Rosenberg estimait que les biens des Rothschild étant juifs, ils appartenaient désormais à l'Allemagne. « La famille Rothschild est une famille juive ennemie et toutes leurs machinations pour sauver leurs possessions devraient nous laisser froids. » Rosenberg ajoutait que Hitler partageait entièrement son avis ; rien ne devait donc les empêcher de tout prendre aussitôt que possible[7]. Le lendemain arriva l'ordre du commandant en chef de la Wehrmacht, Keitel, confirmant les droits de propriété des Allemands et concluant : « Le *Reichsleiter* Rosenberg est autorisé à transporter en Allemagne les objets qui lui semblent précieux et à les mettre en sécurité. Le Führer s'est réservé pour lui-même la décision de leur future attribution[8]. »

Une trêve provisoire intervenait sur le champ de bataille, mais le combat se poursuivait dans les salons parisiens, cependant que les hommes du commando de Rosenberg, assistés par la police allemande de sécurité, le *Sicherheitsdienst,* et, le cas échéant, par la police française, apportaient par camions entiers leur butin au Jeu de paume. Avant même qu'ils eussent terminé, 79 grandes collections juives avaient été pillées. En tout, 203 collections furent saisies, pour un total de 21 903 pièces, parmi lesquelles des chefs-d'œuvre de Rembrandt et de Rubens, de Vermeer, de Frans Hals, de Goya et de Velázquez, sans parler du peintre allemand Cranach ou des Anglais Gainsborough et Reynolds[9].

Imaginons le saisissement d'un homme de Vichy, un fonctionnaire du commissariat général aux Questions juives, face à l'ampleur du pillage des objets d'art que sa propre organisation avait espéré s'approprier ; il se trouve qu'un exemplaire du rapport de ce fonctionnaire anonyme a survécu. Il y évoque la quantité raflée dans les châteaux Lafite et Mouton, propriétés des Rothschild, le butin trouvé rue Saint-Florentin et dans un coffre de la famille à la Banque de France de Nevers, ainsi que la découverte des collections repliées à Reux, en Normandie. Et il n'y avait pas qu'Édouard et sa proche famille, bien sûr. Il y avait aussi Henri, dont le château de La Muette avait été vidé par les Allemands ; Maurice, pillé au 41 de la rue du Faubourg-Saint-Honoré et au château d'Armainvilliers, en Seine-et-Marne, sans parler des œuvres d'art et des actions trouvées dans son coffre, à la Banque de Paris et des Pays-Bas. Il y avait Robert, dépouillé au 23 de l'avenue de Marigny, Philippe (fils d'Henri), Eugène (frère de Louis de Vienne).

Le commissariat général rapporta avec indignation comment procédaient les Allemands, pillant sans permettre aux administrateurs nommés par Vichy d'inventorier ce qui était emporté — et bien souvent (comme dans les châteaux du Bordelais) malgré les protestations des inspecteurs des Domaines et même du préfet local.

En conséquence, le Jeu de paume servait désormais à entreposer des trésors qui, de l'avis de Vichy, lui revenaient de plein droit, puisqu'ils avaient été confisqués à des Juifs déchus de leur citoyenneté. Pourtant, Vichy n'avait aucun moyen de savoir ce qu'il advenait de ces objets. L'auteur du rapport en concluait que les Français devaient réclamer un inventaire des possessions saisies et leur restitution[10].

Aucune chance. — A cause d'un seul bonhomme. Naguère séduisant héros de guerre, as du combat aérien, aujourd'hui drogué, Hermann Goering, ce *Reichsmarschall* dont la corpulence offrait une cible idéale aux caricaturistes, était néanmoins très proche de Hitler et exerçait un peu de son autorité. Habitué à une vie facile, il avait tendance à confondre ses biens et ses intérêts personnels avec ceux du Troisième Reich. Son arrivée solennelle au musée du Jeu de paume, maintenant bourré à craquer de chefs-d'œuvre, semble appartenir davantage à la fiction qu'à l'histoire.

On a cependant un témoin crédible de cette scène : jeune femme employée au Jeu de paume à l'époque où il était encore un lieu d'exposition, Rose Valland avait occupé un rôle de premier plan dans l'emballage et l'expédition des œuvres vers des refuges, et elle travaillait maintenant au milieu de soldats casqués et bottés et de policiers en uniforme brun orné de croix gammées. Les Allemands commencèrent à y entasser leur butin le 31 octobre 1940 ; dès le 3 novembre, le Jeu de paume à l'abandon était devenu l'un des plus grands musées du monde, les murs couverts de chefs-d'œuvre et le sol de tapis inestimables. Le choix des peintures pouvait sembler disparate, mais tout était bon. Les meilleures provenaient de chez Édouard de Rothschild.

Rose Valland regarda Goering entrer, habillé, à sa grande stupéfaction, de vêtements civils, avec un long manteau et un chapeau à bord cassé. Il était accompagné de son expert personnel, ainsi que d'officiers de l'*Einsatzstab* de Rosenberg et de la *Luftwaffe,* tous en uniformes flamboyants. Goering regarda tout. Rose Valland se rendit compte par la suite que cette visite, en fouettant l'appétit de Goering, avait changé l'histoire et l'orientation de la politique nazie de l'art en France.

Le maréchal du Grand Reich, titre qu'il s'était lui-même attribué, passa la journée entière au Jeu de paume, mais il n'avait pas tout vu ; la place manquait pour étaler la totalité des tableaux saisis. Il resta donc à Paris et revint deux jours plus tard au musée, pour examiner le reste. Visiblement ravi de ce qu'il voyait, il commentait ses œuvres favorites, consultait les autorités. Il apprécia particulièrement *Le Pont de Langlois à Arles* de Van Gogh, un portrait de l'infante Margareta-Teresa provenant de l'atelier de Velázquez, *La Fillette au Bouddha* de Fragonard, *La Table de travail* de Bonnard (nous le savons parce que ces pièces furent rapidement emballées et expédiées à son intention[11]). C'était réglé : Alfred Rosenberg et son commando avaient désormais un client prioritaire en la personne du *Reichsmarschall*[12].

Avant de quitter Paris, Goering dicta et signa un ordre confirmant les nouvelles dispositions. Les œuvres confisquées à des Juifs et maintenant entreposées au Jeu de paume seraient attribuées en fonction de leur qualité : les meilleures seraient réservées à Hitler ou « serviraient à compléter les collections du maréchal du Reich » (c'est-à-dire de Goering lui-même). D'autres pièces, des livres rares aussi bien que des œuvres d'art, seraient mises de côté pour être données, à la discrétion de Rosenberg, à des universités allemandes ; d'autres encore iraient enrichir les musées allemands. La confiscation des possessions juives devait se poursuivre, sous la responsabilité d'Alfred Rosenberg, en liaison avec les forces d'occupation allemandes[13].

Hitler avait spécialement réclamé un tableau légendaire, *L'Astronome* de Vermeer, qui montrait un savant plongé dans la contemplation du globe et dont certains spécialistes pensaient qu'il s'agissait là d'un autoportrait de Vermeer. Le 13 novembre, Rosenberg adressa un message secret et personnel à Martin Bormann, l'un des lieutenants de Hitler, pour lui annoncer qu'il avait trouvé le tableau dans la collection des Rothschild[14]. « *Heil Hitler !* » L'inestimable tableau était dans la famille depuis l'époque d'Alphonse[15].

Si la rapacité des nazis exaspérait au plus haut point les autorités françaises impuissantes à l'empêcher — affectant autant les idéologues de Vichy qui auraient voulu spolier eux-mêmes les Juifs français que les patriotes français qui cherchaient en vain à freiner le pillage —, elle excitait également des jalousies entre les Allemands eux-mêmes. Un document de l'époque nous révèle les dimensions qu'avaient prises ces rivalités dès les premiers mois de l'Occupation. Le 21 novembre, dans une lettre personnelle à Rosenberg, qui était en principe responsable de toutes les confiscations d'objets d'art, Goering l'avertissait que d'autres se targuaient d'avoir le même droit que lui, en particulier le ministre des Affaires étrangères, Ribbentrop. Et si Goering exerçait actuellement une priorité, il voulait que Rosenberg comprenne bien que c'était grâce à lui, le *Reichsmarschall,* que tant d'œuvres dissimulées par les Juifs avaient pu être retrouvées ; il avait consacré des sommes non négligeables à payer des informateurs et des inspecteurs de la police judiciaire française. Goering rappelait à Rosenberg qu'il possédait lui-même l'une des plus importantes collections privées d'Allemagne, sinon même d'Europe, une collection rassemblant des primitifs allemands, hollandais et flamands, des maîtres hollandais du XVII^e^ siècle et des Français du XVIII^e^, ainsi que des œuvres italiennes. Un jour, cette collection serait léguée à l'État, disait-il, et le Führer approuvait ses intentions.

Maintenant, Goering projetait d'acheter certains tableaux confisqués à des Juifs, en particulier des œuvres d'artistes qui ne figuraient pas encore dans sa collection ; le prix serait fixé par un expert français. Il ne s'agissait que d'un nombre limité de tableaux, assurait-il à son camarade — quinze en tout [16]. « *Heil Hitler !* »

New York était devenu un point de ralliement pour les Rothschild pourchassés et dépossédés. Les biens qu'ils étaient parvenus à sortir de France étaient maintenant bloqués pour empêcher les Allemands de s'en emparer (même Vichy jouissait d'un privilège sur ces biens car l'État français de Pétain avait décrété la saisie des propriétés des Rothschild et les États-Unis avaient toujours un ambassadeur à Vichy). Pour leur part, les Rothschild vivaient en Amérique comme des poissons hors de l'eau, en partie à cause de leur réticence persistante à mener de vraies opérations financières dans le Nouveau Monde. Ils décidèrent finalement de recruter un jeune ressortissant hollandais, Peter Fleck, pour les aider à établir un secrétariat à New York, afin de coordonner les tentatives de récupération de leurs fonds bloqués. Entre autres choses, ils possédaient dans Amsterdam occupée une petite banque qui détenait une réserve d'or aux États-Unis. Fleck parvint à obtenir la restitution de l'argent [17].

A leur arrivée à New York, avec la sacoche désormais célèbre qui contenait un million de dollars en bijoux, Édouard, sa femme et leur fille cadette Bethsabée se mirent directement en route pour un village du nord de l'État de New York, où leur fille aînée, Jacqueline, s'était établie un an auparavant, avec son mari Gregor Piatigorsky. Quand Édouard et Germaine en repartirent pour s'installer dans un appartement à Manhattan, Bethsabée, qui avait vingt-six ans, prit pour la première fois un appartement indépendant. Bethsabée trouvait l'attitude de son père fort réservée à l'égard de New York, même s'il était reconnaissant d'avoir pu y trouver refuge. Il n'y avait guère de travail qu'il pût y accomplir, mais il pouvait utiliser son titre de président du Consistoire pour représenter les Juifs français et parler en leur nom. Bethsabée suivit des cours à Columbia University, puis travailla quelque temps dans une usine chimique, dans le New Jersey, avant de rejoindre les Forces françaises libres à Londres [18].

Robert de Rothschild ne survola pas l'Atlantique. Il s'embarqua sur un petit navire conçu pour cent quatre-vingts passagers et transportant dix fois plus de réfugiés, pour atteindre la côte britannique le 20 juin, moins d'une semaine après la chute de Paris. Parmi ses compagnons de voyage se trouvaient le célèbre dramaturge Henry Bernstein et sa compagne Ève Curie (fille de Pierre et Marie Curie). De Grande-Bretagne ils s'embarquèrent tous les trois sur un vrai paquebot à destination de Montréal, où ils arrivèrent au début d'août. Plus tard, comme ils se trouvaient tous à New York et que Robert se lamentait d'avoir perdu sa citoyenneté, Bernstein le réconforta : « Qu'importe, c'est un peu comme si l'on vous demandait de rendre votre carte au casino de Vichy. » Ce mot d'esprit fut publié dans Paris occupé par le journal antisémite *Je suis partout* (mais en omettant perfidement « Vichy », ce qui déformait le sens de la phrase) [19].

Le turbulent Maurice, qui avait été l'un des rares parlementaires à voter non à Pétain lorsque la République avait succombé à Vichy, effectua apparemment un voyage mouvementé vers la liberté. Un article du *New York Times,* faisant état de son arrivée dans un port d'Écosse le 8 juillet, le décrivait comme hébété ; il semblait souffrir d'une blessure à la tête [20]. Il gagna Montréal à bord du même bateau que son cousin Robert ; cette fois, le *Times* le décrivait « nerveux et ébranlé » mais négligeait de mentionner l'aspect ou l'état des autres passagers [21]. Il avait laissé derrière lui son ex-épouse Noémie, et leur fils Edmond, âgé de treize ans. Mais leur village de Megève leur assurait le meilleur refuge possible en France. Cependant, le splendide domaine de Maurice, à Pregny, en Suisse, offrait une meilleure protection encore. Ils allaient y passer les années de guerre, vivant sur les maigres fonds que Maurice avait laissés pour l'entretien du domaine. Dans ses premières années d'exil, ce dernier ne vécut pas beaucoup plus confortablement, dépendant de ce que pouvait lui envoyer de Londres son frère Jimmy [22].

Les fils de Robert, Alain et Élie, restèrent en captivité en Allemagne, mais leur lignée allait sans aucun doute se perpétuer car, le 3 octobre 1940, un fils d'Alain naquit de l'autre côté de l'Atlantique, où sa femme (née Mary Chauvin du Treuil et convertie au judaïsme pour son mariage) s'était réfugiée. En apprenant la nouvelle, Alain tenta — mais sans succès — de s'évader. L'enfant reçut le prénom d'Éric, inspiré par la première lettre envoyée, de son camp de prisonniers, par Alain à sa femme, dans laquelle il expliquait que c'était une paire de jumelles offerte par son ami Eric Warburg qui avait fait ricocher une balle allemande visant sa poitrine ; il l'avait reçue dans le bras (Eric Warburg serait une seconde fois son bienfaiteur, en mai 1945, quand, officier dans l'aviation américaine, il participerait à la libération du camp de Lübeck, où Alain et son frère Élie étaient détenus) [23].

Surpris alors qu'il préparait une évasion de son camp d'officiers, le bouillonnant Élie avait été transféré dans la redoutable forteresse de Colditz, dont la haute sécurité était réservée aux prisonniers difficiles, mais également éminents. Cette prison se révéla encore plus dure que ne pouvait s'y attendre Élie : un officier français à la tête échauffée, déversant des torrents de clichés de l'Action française, se jeta un jour sur un camarade officier qui était juif (et qui se trouvait être Robert Blum, fils de Léon). D'autres officiers intervinrent et, pour arrêter l'échauffourée, il fut décidé que les deux antagonistes seraient confinés dans des sections différentes du château. Les Allemands profitèrent de l'occasion pour isoler les officiers juifs et Élie n'entendit aucune protestation parmi ses camarades de détention[24].

Le fils d'Henri, James Henri, avait aidé à préserver ce qui pouvait l'être de la banque familiale à La Bourboule. Après l'interdiction faite aux Juifs par Vichy d'avoir une activité bancaire, il emmena sa famille dans la sécurité relative de Cannes, alors aux mains des forces italiennes d'occupation, qui ne suivaient pas à la lettre la politique des Allemands et de Vichy concernant les Juifs. C'est là que sa fille Nicole, adolescente de seize ans, profita de l'occasion pour échapper à la vie familiale et aller voir son grand-père Henri à Lisbonne.

Mais les parents de Nicole voulaient qu'elle revienne, et peu importait que ce fût dans la France de Vichy ; Guy de Rothschild l'en informa quand il arriva à Lisbonne, en novembre 1941, pour s'envoler à destination de New York, à bord du Clipper. Elle retourna docilement à Cannes. Peu de temps après, son père quitta la maison pour gagner l'Espagne par la côte. Sa femme Claude (née Dupont) suivit le même chemin une semaine plus tard, avec leurs filles Nicole et Monique. James Henri franchit les Pyrénées sain et sauf et attendit sa famille au rendez-vous prévu, à Barcelone. Les femmes n'eurent pas autant de chance. Du côté français de la frontière, elles s'arrêtèrent dans un hôtel de Font-Romeu, Claude empruntant le nom de la compagne d'Henri, Marthe Régnier, en attendant qu'un guide leur fasse franchir clandestinement les Pyrénées. (Un jour, en quittant sa chambre, Nicole trouva sa sœur Monique occupée à jouer au ping-pong avec un officier allemand ; elle était championne de France junior.) Elles cheminèrent près d'une semaine sur de rudes sentiers de montagne où d'autres étaient morts de froid ou avaient été arrêtés par la police des frontières et, quand elles finirent par arriver du côté espagnol, elles furent arrêtées pour avoir voulu poursuivre leur voyage sans autorisation. James Henri les retrouva alors qu'elles passaient quarante-huit heures en détention dans une prison de Barcelone. Ensuite, ils rejoignirent l'Angleterre et de Gaulle.

James Henri trouva sa voie toute tracée dans les Forces françaises libres. Sa femme Claude, l'une des premières à atteindre Bayeux après le débarquement en Normandie, était officier de liaison entre les forces américaines et britanniques. Elle accompagna les armées de libération jusqu'à Paris et même au-delà, et termina la guerre avec le grade de capitaine et trois cent cinquante-cinq femmes sous ses ordres. Quant à Nicole, tout juste âgée de dix-huit ans, elle entra d'abord dans l'armée britannique, pour passer ensuite dans l'armée de l'air des FFL. Elle atterrit à Utah Beach peu après les premières vagues de troupes américaines, le 6 juin, et termina la guerre avec le grade de lieutenant. Après la libération de Paris, elle apprit qu'une des femmes soldats dont elle devait assurer l'entraînement était Bethsabée, la sœur de Guy, qui avait dix ans de plus qu'elle[25].

L'accusation de désertion, prétexte de Vichy pour arrêter Philippe, l'autre fils d'Henri, n'avait, dès le début, guère été crédible. Philippe s'était cassé la jambe et avait obtenu un congé de convalescence. Il se trouvait dans le protectorat du Maroc, alors sous l'autorité de Vichy, quand il fut appréhendé. Un camarade aviateur, Pierre Mendès France, était incarcéré dans la même prison, sous le coup de la même accusation ; tous deux devaient être transférés en France pour passer en jugement. Là, les charges contre Philippe de Rothschild finirent par être abandonnées après de longs mois (mais il eut le temps d'ajouter à son œuvre une suite de poèmes de prison). Il recouvra même sa nationalité française. Mendès France n'eut pas la même chance. Bien qu'il eût lui-même gagné le Maroc dans l'espoir d'y poursuivre la guerre, il fut jugé pour désertion en mai 1941 et condamné à six ans de prison. Six semaines plus tard, il s'évadait et parvenait à gagner l'Angleterre, afin d'offrir ses services à la Royal Air Force.

En novembre 1942, déterminé à parvenir en Grande-Bretagne pour être prêt à se battre au moment voulu, Philippe, âgé de trente-neuf ans, supplia sa femme de l'accompagner. Des amis résistants les avaient accueillis dans le château de Marzac, en Dordogne. Lili ne voulait pas entendre parler de quitter la France. « Pourquoi faire le fanfaron, prendre des risques superflus ? lui répondait-elle. Tu n'en reviendras pas vivant. » Née comtesse Élisabeth Pelletier de Chambure, elle n'était jamais devenue juive ; elle se croyait en sécurité.

Il partit sans elle. Arrêtée à Chalon-sur-Saône sous l'accusation d'avoir tenté de franchir la ligne de démarcation avec un faux laissez-passer, Lili n'allait pas échapper au destin. Elle était une Rothschild. Les nazis l'expédièrent donc dans le camp tristement célèbre de Ravensbrück, d'où elle ne revint pas. Cette Rothschild non juive fut l'unique membre de la famille française portant ce nom à mourir en déportation[26].

# 25

# La France sans les Rothschild

Dans une note adressée à l'un de ses collègues de l'infâme commissariat aux Questions juives, Yves Regelsperger, qui portait le titre exaltant de directeur de l'aryanisation économique, s'enquérait de savoir si d'autres possessions privées, outre celles des Rothschild, appartenaient conjointement à des Juifs déchus de leur citoyenneté (comme Édouard de Rothschild) et à d'autres encore, ayant conservé le statut de citoyen français (comme Guy de Rothschild, fils d'Édouard) : « J'attacherais du prix à recevoir votre réponse le plus tôt possible, afin que je puisse donner aux Autorités d'Occupation tous apaisements sur les conditions dans lesquelles s'opère la liquidation des biens de la famille Rothschild et que je sois en mesure de couper court aux insinuations tendancieuses selon lesquelles ses membres bénéficieraient d'un régime de faveur au regard de la législation concernant les Juifs[1]. »

Ce document donne à entendre que même un fonctionnaire consciencieux et dévoué à la cause antisémite devait s'inquiéter de l'opinion, non tant publique que des pamphlétaires qui lançaient leurs dénonciations sous l'œil bienveillant des autorités d'occupation. Car, même absents, les Rothschild étaient des cibles. Leurs chevaux eux-mêmes demeuraient Rothschild : le journal parisien *Au pilori* l'exprimait en réclamant, en mars 1941, que les « écuries juives » soient liquidées. L'auteur de l'article écrivait avec indignation : « Avec la belle saison et les grandes épreuves qui s'annoncent, l'écurie de Rothschild vient de reparaître à peine camouflée [...]. C'est l'entraîneur de l'écurie [...] qui est porté comme propriétaire [...]. Mais quand un cheval de cette écurie pointe à l'arrivée, le public crie comme d'habitude : " Rothschild a gagné ! " »

Un mois plus tard, *Au pilori* pouvait annoncer que sa campagne avait été efficace : quatre des quarante-quatre chevaux Rothschild allaient être vendus aux enchères ; mais pourquoi seulement quatre, et « les moins bons[2] » ?

Un pamphlet sur les « Juifs de France », dû aux experts Henry Coston et Jean-Louis Vannier (pseudonyme d'un journaliste qui allait survivre à l'épuration et devenir un écrivain de renom dans la France libérée), feignait de servir d'« aide-mémoire » au commissariat aux Questions juives dans son œuvre méritante, tout en notant que le présent commissaire n'avait pas été « le premier [...] à dénoncer Rothschild comme le chef, non pas d'un, mais de *tous* les ministères qui se sont succédé en France depuis 1875 jusqu'en 1940[3] ».

Aujourd'hui, en observant la persistance des préjugés dans son propre pays, où la quasi-totalité des Juifs a disparu dans les camps de la mort, l'écrivain polonais Josef Hen a exprimé sa fascination pour ce phénomène d'antisémitisme florissant en l'absence de Juifs. La France sous domination allemande était dans une situation analogue. Du fait d'un fascisme local qui n'aurait pas pu connaître un tel essor sans l'Occupation, le discours antisémite était au moins aussi violent pendant les années de domination allemande qu'avant la guerre.

Un stupéfiant article visant des personnalités spécifiques pour les « clouer au pilori » (précisément dans *Au pilori*) concentrait le tir sur Édouard de Rothschild, sans trouver de mal à dire de lui car il avait été « l'élégant, le mondain et le bienfaiteur de la bande ». Mais, ajoutait l'auteur de l'article, son comportement bénin n'avait été qu'un « attrape-nigaud ». Jusqu'à ses courses de chevaux, qui n'avaient été honnêtes qu'à des fins de publicité ; un propriétaire de moindre envergure aurait pu trafiquer les courses pour gagner 50 000 francs, mais qu'était-ce que 50 000 francs pour un Rothschild ? On entendait des gens dire : « Rothschild m'a sauvé de la ruine, ce n'est pas un Juif comme les autres. » Les Rothschild avaient fui, concluait *Au pilori,* pour échapper au pogrom. Mais ils envisageaient de revenir et, comme ils étaient encore riches, les magistrats du commissariat général aux Questions juives étaient « prêts à toutes les amabilités pour eux[4] ». (Comme tant d'autres journaux collaborationnistes de Paris occupé, *Au pilori* jugeait les institutions de Vichy trop douces pour les Juifs et les démocrates ; la Gestapo s'y prenait mieux.)

L'une des stars de cette galaxie antisémite était évidemment Louis-Ferdinand Céline, auréolé de sa formidable réputation de romancier. Maintenant, dans les colonnes d'*Au pilori,* il accusait Pétain en personne d'être un laquais des Rothschild. Céline s'inquiétait que les Français fussent trop pro-Juifs. Comment lutter contre cela[5] ? *Au pilori* battit ses propres records de vilenie et prouva par là même son influence, en attaquant la baronne Philippe de Rothschild (Élisabeth de Chambure, connue dans la famille sous le nom de Lili), qui, selon eux, se montrait partout à Paris. « A quand le camp de concentration pour cette égérie de feu la Troisième ? » Le journal proclamait que, mariée au cours d'une cérémonie juive, elle devait être considérée comme juive aux termes du droit français et allemand. (Le mariage, précisait obligeamment *Au pilori,* avait eu lieu le 22 janvier 1935, au château de La Muette, à 11 heures du matin[6].)

Les journalistes d'*Au pilori* obtenaient ce qu'ils réclamaient : nous avons déjà vu que Lili fut déportée et mourut à Ravensbrück. On ne trouvait plus de Rothschild en France ? La campagne pouvait s'orienter vers leurs lieux de refuge : « Lorsque les troupes allemandes pénétrèrent en France (signalait l'auteur d'un pamphlet publié cette année-là), la tribu des Rothschild, prise de panique, a émigré aux USA. Le fait, en lui-même, serait sans importance et l'on ne pourrait que se réjouir du départ de ces requins juifs, qui ont fait tant de mal à la France, mais la qualité du chef de la tribu des Rothschild, que les Juifs reconnaissent comme Prince d'Israël et chef incontesté du judaïsme, donne à son installation aux États-Unis une importance capitale, en raison des circonstances actuelles[7]. »

Cependant, des têtes moins échauffées poursuivaient méthodiquement leur œuvre de pillage. Le 4 février 1941, le *Reichsmarschall* Goering était de retour à Paris, muni de photographies des tableaux qu'il convoitait. Sa sélection personnelle et les œuvres destinées au Führer furent transportées à bord de son train spécial, après avoir fait l'objet d'une estimation, largement sous la cote, par un expert français terrorisé. La plupart furent expédiées dans les grands coffres noirs que les Rothschild avaient utilisés pour l'emballage de leurs précieuses collections. En mars, Goering revint chercher de nouveaux trésors. Il s'agissait désormais d'une opération de routine, la sélection et l'emballage se déroulant derrière les portes bien gardées du Jeu de paume. Les tableaux de Philippe de Rothschild avaient été découverts dans les caves de la Société générale d'Arcachon par un commando allemand spécialisé dans les recherches financières et qui fit également main basse sur les bijoux de famille des Rothschild, cachés dans les bureaux de la Banque de France à Angoulême et à Nevers, ainsi qu'à la Banque de Paris et des Pays-Bas. Cela n'en valait pas vraiment la peine, car Goering se contenta d'un bref coup d'œil à l'amoncellement de pierres précieuses et ne retint que six des trois cents pièces offertes à son inspection[8].

Ce fut un Alfred Rosenberg, tout fier, qui, le 20 mars 1941, rédigea un rapport à l'adresse de son Führer, annonçant l'accomplissement de la mission de pillage qu'il avait commencée en octobre. Un train de vingt-cinq wagons avait été chargé des œuvres les plus précieuses, tableaux, meubles, tapisseries, joyaux et autres objets d'art, représentant le meilleur des collections des grandes familles juives, des galeries juives les plus connues. Rothschild, Seligmann, Bernheim jeune, Halpen, Kahn, Veil-Picard, Wildenstein, David-Weill, Lévy-Benzion. Cette précieuse cargaison fut livrée à Neuschwanstein, véritable château de conte de fées dressé au sommet d'une montagne au cœur de la Bavière, construit par le roi fou Louis II en souvenir des mondes perdus et légendaires. Mais au fond de ce royaume irréel, un commando d'experts nazis tout à fait pragmatique ouvrait les caisses et sortait les tableaux... Rosenberg informa également son Führer que des peintures encore plus précieuses, appartenant essentiellement aux Rothschild et sélectionnées par Goering à l'intention de Hitler, avaient été expédiées à Munich dans deux trains de marchandises spécialement équipés et placées dans un abri anti-aérien sous la propre résidence officielle du Führer[9].

Les dossiers, longtemps tenus secrets et désormais accessibles, du commissariat aux Questions juives nous montrent quelles difficultés on pouvait rencontrer quand on s'efforçait d'accomplir consciencieusement sa tâche de spoliateur. Prenons le cas de l'écurie d'Élie de Rothschild, sous-lieutenant de réserve, détenu dans un camp de prisonniers de guerre, à Neuilly. Le commissariat avait dûment mis l'écurie en vente, mais aucun acheteur ne se manifestait. On tenta de la vendre aux enchères, personne ne proposa de l'acquérir. Élie récupéra tout simplement ses biens en mai 1945[10]. La maison du frère aîné d'Élie, Alain, prisonnier de guerre comme lui, située rue du Cirque, à Paris, faisait également l'objet d'un flot de notes et mémoires ; elle fut finalement mise en vente... et ne trouva pas d'acquéreur. Alain revint s'y installer après la libération de Paris. Il avait droit d'attaquer l'administrateur provisoire nommé par Vichy, pour les dégâts commis ; mais l'administrateur avait évidemment disparu, comme semblent l'avoir fait la plupart de ces individus[11].

Il y avait également la question du fils de Maurice, Edmond, alors âgé de quinze ans mais propriétaire en titre de biens considérables, dont son père conservait l'usufruit. Mais même si les possessions de Maurice, appartenaient désormais au Secours national, selon la loi de Vichy, comment vendre un usufruit quand la nue-propriété ne pouvait être cédée ? Le jeune Edmond était recensé comme résidant à Megève, bien qu'il eût certainement franchi la frontière suisse à Pregny. L'administrateur désigné par Vichy pensait pouvoir contourner la difficulté, à condition d'être aussi nommé administrateur de l'usufruit de Maurice et de le monnayer. En fait, aucun des biens du jeune Edmond, qui comprenaient un hôtel particulier sur l'avenue Foch, ne fut vendu[12].

Et ce n'était pas là le cas le plus difficile. Que dire de la sœur cadette de Maurice, Miriam Caroline, âgée de cinquante-sept ans en 1941 et propriétaire du château de Bailgu, face au bois de Boulogne ? Le commissariat aux Questions juives avait un administrateur sur place, un homme qui fut ensuite renvoyé car jugé peu fiable ; avant de partir, il avait établi une estimation très élevée de la maison et décidé que seul le gouvernement pouvait se permettre de l'acheter. La municipalité fit une offre, très inférieure à la valeur fixée par l'administrateur (dont la rémunération dépendait du montant du bien qu'il administrait). Le temps passait. En septembre 1943, la préfecture de Paris s'en mêla, pour annoncer curieusement que la vente de la propriété de Miriam à une autorité publique comme la Ville de Paris était « de toutes les solutions possibles celle qui ménage[ait] le moins de difficulté possible pour l'avenir ». Ce qui semblait être une façon de suggérer que Vichy et les nazis ne seraient pas toujours là. La maison ne fut jamais liquidée ; l'avenir fut effectivement ménagé.

Cependant, dans le monde irréel du commissariat aux Questions juives, on avait le loisir de poursuivre des fantasmes jusqu'à leur ultime développement. L'hôtel particulier de Miriam, avenue Foch, fut mis en vente le 20 juin 1944, soit deux semaines après le débarquement allié sur les plages de Normandie, qui allait évidemment affecter les transactions immobilières de la capitale dans un avenir extrêmement proche. Une veuve acheta la maison, mais la vente ne pouvait devenir effective qu'après l'homologation légale du transfert de propriété. L'administrateur, qui n'allait pouvoir recevoir ses honoraires qu'après le changement de main effectif du bien, fut pris de panique ; il savait que la procédure durait des mois. Une autre demeure de Miriam fut vendue mais, après la Libération, l'acquéreur malheureux consentit volontiers à la restituer [13].

Dans une « note verbale », à la fin de février 1941, Vichy protesta une nouvelle fois contre la préemption allemande des œuvres d'art et des certificats d'actions des Rothschild et contre le pillage récent d'horloges et d'argenterie rue Saint-Florentin [14]. Accélérant toujours l'allure, le commando Rosenberg, sur ordre de Berlin, envoya une unité de la police secrète rue Laffitte, pour mettre la main sur les archives de la famille Rothschild ; il ne fallut pas moins de 760 caisses pour les contenir [15].

Vichy élevait protestation sur protestation ; les Allemands ne voulaient rien savoir. Mais le *Reichsleiter* Rosenberg lui-même comprit la nécessité d'expliquer ce que faisaient les nazis, après une requête officielle du commissariat aux Questions juives. Les seuls biens confisqués étaient juifs, déclara Rosenberg. Les Juifs et les francs-maçons avaient provoqué la guerre ; en conquérant la France, l'armée allemande avait libéré le peuple français de l'influence de la « juiverie internationale ». Il y avait eu signature d'armistice, reconnaissait-il, mais les Allemands ne considéraient pas que les Juifs y fussent inclus [16] !

La survivance d'une banque Rothschild, sans Rothschild et même sans actifs, demeurait un objet de litige. Le dernier jour de mai 1941, le brave Maurice Janicot, qui, en plus de ses fonctions de directeur des Domaines de la Seine, avait été nommé administrateur provisoire de De Rothschild Frères, s'efforça de clarifier les ambiguïtés (ou peut-être d'embrouiller tout le monde) dans un rapport destiné au commissariat aux Questions juives. Il expliquait que la banque, désormais transférée officiellement à La Bourboule, appartenait à trois associés : Édouard (avec quatorze trentièmes), Robert (avec quinze trentièmes) et Guy (avec un trentième). Mais les parts d'Édouard et de Robert étaient sous séquestre, tandis que la banque conservait un gérant juif en la personne de M. Guy de Rothschild, qui dirigeait les activités au jour le jour sous le contrôle d'un administrateur-séquestre. Comme la banque se trouvait actuellement dans la zone sous contrôle de Vichy, l'administrateur — Janicot lui-même — ne pouvait pas la liquider. En effet, De Rothschild Frères n'était plus propriétaire d'un seul immeuble en zone occupée, puisque la rue Laffitte avait été réquisitionnée par le Secours national et le mobilier d'origine partagé entre l'institution dépendant de Vichy et les autorités d'occupation. La banque possédait bien encore des actions, des valeurs mobilières et des traites, mais sa seule activité consistait à laisser de vieux clients retirer leurs fonds. « Aucun de ces employés n'est juif[17] », concluait le rapport.

Mais M. Guy l'était. Et, dans les quarante-huit heures qui suivirent la signature du rapport de Janicot, le gouvernement de Darlan promulgua le nouveau statut des Juifs, avec la signature « P. Pétain » en haut de la page. Le décret sembla déclencher un regain d'activité à la banque, assurément plus un symbole qu'une valeur, désormais.

Les Allemands ne tardèrent pas à avoir un « spécialiste Rothschild » à Paris. Presque narquoisement, Maurice Janicot annonça qu'il renonçait à son rôle, désormais vide de sens, d'administrateur de la banque Rothschild. Les Allemands refusèrent. Janicot insista car, aux termes du décret du 2 juin signé par Pétain, Guy de Rothschild ne pouvait plus exercer les fonctions de gérant et la société cessait donc d'exister faute de direction. Comment, dans ces conditions, Janicot pouvait-il encore en être l'administrateur ? On pouvait désigner un liquidateur, et Janicot acceptait ce rôle, voilà tout.

Les Allemands ne voulaient rien savoir. Ils avaient nommé Janicot et eux seuls pouvaient le destituer de sa fonction. C'est ainsi qu'Yves Regelsperger, du commissariat aux Questions juives, réaffecta Janicot à la banque, sous sa propre autorité, avec la responsabilité spécifique des actifs de Guy. Mais comme De Rothschild Frères avait disparu en l'absence d'un gérant légal et que les Domaines contrôlaient les parts d'Édouard et de Robert, soit vingt-neuf trentièmes du total, il ne restait guère d'autre choix que de liquider la société. Cependant, aucun Juif n'étant plus lié à la banque, la procédure d'aryanisation ne pouvait pas s'appliquer. On imagine la consternation, les mains qui se tordaient ou frappaient les fronts[18]. Répondant à un citoyen qui s'inquiétait de la prétendue impunité des Rothschild — sujet de véhémentes protestations dans la presse collaborationniste —, le commissariat déclara qu' « à son grand regret » il n'avait pas reçu la responsabilité des possessions de la famille Rothschild : « Cette famille ayant perdu la nationalité française, les Domaines ont été chargés de la liquidation de leurs biens[19]. » Et tout cela à une époque où l'on n'avait pas de Rothschild sous la main à persécuter !

Ce qui était sûr, c'est qu'il n'y avait plus rien à faire pour Guy de Rothschild, dernier à être demeuré en France. Il était resté à La Bourboule après la publication de l'interdiction d'exercice de la profession bancaire par les Juifs et pendant l'essentiel des partages litigieux entre les Allemands et Vichy, entre le commissariat aux Questions juives et les bons Français des Domaines. Ses principaux collaborateurs souhaitaient voir Guy demeurer encore en France, persuadés que le pire était derrière eux, mais Guy jugeait qu'il ne lui restait plus grand-chose à faire dans la zone de Vichy et qu'il pouvait accomplir bien davantage ailleurs.

Il put obtenir des visas américains pour sa femme et lui-même grâce à l'amitié portée à ses parents par Eleanor Roosevelt, l'épouse du président (car les États-Unis, à l'époque, reconnaissaient encore le gouvernement de Vichy). Mais les Français en âge de servir sous les drapeaux n'étaient pas autorisés à quitter la France. La règle aurait sans doute pu être contournée pour un Juif, mais l'amiral Darlan (qui avait remplacé Pierre Laval à la tête du gouvernement de Pétain) craignait la charge symbolique du nom de Rothschild et qu'une faiblesse de sa part ne soit aussitôt remarquée.

Le problème fut résolu progressivement. Guy et Alix passèrent au Maroc, alors contrôlé par Vichy et où la famille avait encore des activités. Là, Guy apprit que Pierre Pucheu, qu'il avait connu dans le monde des affaires, était désormais ministre de l'Intérieur du gouvernement de Vichy. En accordant les visas de sortie, Pucheu ajouta un message verbal à l'intermédiaire chargé de leur obtention : « Les Juifs ont fait beaucoup de mal à mon pays, mais Guy a toujours été un bon citoyen ; s'il peut refaire sa vie ailleurs, je suis heureux de le laisser partir. » Les Guy de Rothschild passèrent en Espagne en octobre 1941, puis de là au Portugal, pour s'envoler à bord du Pan American Clipper à destination de New York[20].

Le 27 octobre, la presse attendait à l'aéroport La Guardia l'arrivée de Guy et d'Alix de Rothschild. Un journaliste écouta Guy s'efforcer d'expliquer la persistance de la popularité de Pétain et le citait ainsi : « Il comprend parfaitement le peuple français et jouit d'un passé glorieux. Comprenez-moi bien, se hâta-t-il d'ajouter, c'est le Maréchal qui est populaire, et non son gouvernement. » Par la suite, il devait affirmer que les journalistes, influencés par les hostilités qui déchiraient les exilés français, avaient déformé ses paroles[21].

Pour la première fois depuis cent vingt-cinq ans, il n'y avait plus de Rothschild en France. Cela ne semblait pas avoir d'importance pour les illuminés : les Rothschild étaient toujours un bon sujet pour l'antisémitisme sans les Juifs... et c'est ainsi qu'un certain Jean Péron ajouta un nouveau livre à la liste des pamphlets anti-Rothschild, pour conclure, de manière inattendue, que la famille n'était plus aussi influente que naguère : « Nous ignorons l'activité politique des Rothschild pendant la guerre de 1914-1918 et celle de 1939. Une chose est certaine : les Rothschild ont déserté la France au moment de ses malheurs et cela suffit à prouver qu'ils n'étaient nullement attachés à notre pays par de profondes racines et que seule la question d'argent les y maintenait[2]. » Si cet auteur ingénu avouait une certaine ignorance, d'autres, plus hardis, étaient disposés à y suppléer. Ainsi ce tract publié un peu plus tard dans Paris occupé : « Pendant la guerre de 1914-1918, alors que nos soldats souffraient dans les tranchées [...], les Rothschild accumulaient les profits[23]. »

Les très riches archives du commissariat général aux Questions juives confirment qu'on pouvait bel et bien faire carrière comme délateur de Juifs, même en leur absence. Car la lutte pour les biens de ces âmes disparues se poursuivait, entre le combatif Commissariat et les prudents Domaines[24]. A un moment, le commissariat crut avoir trouvé un riche butin en s'emparant de certificats d'actions au nom du baron Edmond, découverts dans les caves du Crédit lyonnais à Paris. Puis l'enquête fit apparaître que le baron était décédé en 1934 et que les actions devaient donc appartenir à son fils Maurice (en fait, le « baron Edmond » concerné était vraisemblablement le fils de Maurice, qui vivait alors en Suisse)[25].

Les Allemands crurent aussi découvrir quelque chose. Après l'entrée en guerre des États-Unis, les autorités d'occupation considérèrent que, puisque Édouard et Robert — dont les parts représentaient vingt-neuf trentièmes de la banque Rothschild — vivaient désormais en Amérique, leurs possessions étaient devenues « propriété ennemie » ; elles appartenaient donc à l'Allemagne[26].

L'équipe du commissariat général dut sûrement connaître des moments embarrassants. Que faire des hôpitaux de bienfaisance gérés par les fondations Rothschild ? Aux Domaines, Maurice Janicot pensait avoir trouvé une réponse simple : puisque la famille Rothschild ne détenait aucun droit de propriété sur la maison de convalescence de la Fondation Alphonse de Rothschild à Chantilly ni sur l'hôpital de la Fondation Rothschild rue Picpus, qu'on laisse ces établissements tranquilles ! Le commissariat n'en était pas aussi sûr. Peut-être pourrait-on transférer l'institution de la rue Picpus, dont les patients étaient essentiellement juifs, sous le contrôle de l'Union générale des israélites français, que dirigeait Vichy. Et quant à celle de Chantilly, puisqu'elle accueillait des patients sans considération de religion, on n'avait qu'à procéder à son aryanisation. Le dilemme continuait de préoccuper les juristes et les experts financiers du commissariat. (Leurs comptes rendus étaient parfois dactylographiés au dos du papier à en-tête du *Journal de Mickey,* que publiait une compagnie appartenant à des Juifs, et donc réquisitionnée.)

On envisagea de dissoudre la Fondation Alphonse de Rothschild pour placer son centre de convalescence sous l'autorité de l'Assistance publique. Le ministre de la Santé publique, ne souhaitant visiblement pas être mis en cause, chercha alors des prétextes pour reporter la décision. Finalement, il fut convenu de s'en tenir au *statu quo.* Mais, en juillet 1944, un mois avant la libération de Paris, le commissariat se préoccupait encore de mettre la main sur les biens substantiels de la Fondation Rothschild, qu'ils croyaient aux mains d'un homme qui avait travaillé pour « le Juif Rothschild » (la nouvelle et ignoble désignation des victimes du commissariat)[27].

L'Occupation n'avait pourtant pas encore touché le fond de l'absurdité. Pour cela, il allait falloir l'entrée en scène d'un individu singulier, le docteur Alexis Carrel. Né français en 1873, il était allé aux États-Unis, où il avait reçu le prix Nobel de médecine pour ses travaux et recherches sur les vaisseaux sanguins et la transplantation d'organes. Dans les années précédant la Seconde Guerre mondiale, il avait choqué les âmes sensibles par un livre, *L'Homme, cet inconnu,* suggérant aux savants d'accélérer la sélection naturelle. Mais puisqu'on ne pouvait pas éliminer les faibles (même si l'on pouvait cesser de les protéger), on pouvait fort bien renforcer les forts : « C'est en fortifiant les forts que l'on apportera une aide effective aux inférieurs. » C'était ainsi qu'une nation pourrait obtenir une « aristocratie non héréditaire ». Sa solution était l'eugénisme[28]. (L'aviateur Charles Lindbergh, le héros d'antan, était le disciple et collaborateur de Carrel.)

Il n'était donc pas bien surprenant que le docteur Carrel crût avoir trouvé sa place dans l'Europe nouvelle, et surtout dans la France pétainiste. Avec la bénédiction de l'Allemagne et le soutien de Vichy, il allait enfin pouvoir donner à ses théories une forme institutionnelle. Sa Fondation française pour l'étude des problèmes humains fut proclamée établissement public le 17 novembre 1941, par un décret du maréchal Pétain. Il expliquait dans la revue de la fondation le genre de travail qu'il entendait mener : « Beaucoup d'immigrants, on le sait, ont été admis en France. Les uns sont désirables, les autres ne le sont pas. La présence de groupes d'étrangers indésirables du point de vue biologique est un danger certain pour la population française. » Le « bon docteur » comptait bien régler le problème posé par ces étrangers-là[29].

En attendant, il pensait avoir trouvé le moyen de se procurer un laboratoire. Il existait au cœur du quartier universitaire de Paris un superbe bâtiment parfaitement équipé pour la recherche : l'Institut de biologie physico-chimique fondé et financé par Edmond de Rothschild. Les autorités allemandes, avec lesquelles Carrel était en contact, ainsi que ses amis de Vichy avaient dû l'avertir que cette institution faisait actuellement l'objet d'intenses discussions[30].

Naturellement, le commissariat général aux Questions juives soutint le docteur Carrel, même si les archives montrent que ses meilleurs enquêteurs échouèrent dans leur recherche d'une « influence juive » à l'institut[31]. En effet, les savants juifs avaient depuis longtemps disparu de ses laboratoires, de même qu'un certain nombre de non-Juifs, entrés dans la Résistance. (L'un au moins de ces chercheurs fut pris par les Allemands et envoyé dans un camp.) Mais, jusqu'à l'arrivée d'Alexis Carrel, il avait régné une sorte de *modus vivendi :* le nom des Rothschild avait disparu de la façade, du cachet et des en-têtes de l'institut, et le personnel respectait les ordres du Reich en ne menant aucune activité hostile. (Un chercheur allemand qui était entré à l'institut Rothschild avant la guerre, sous le prétexte d'être un réfugié anti-nazi, montra soudain son vrai visage ; il devint le représentant officiel des autorités d'occupation dans les laboratoires ex-Rothschild.)

La mainmise allait néanmoins avoir lieu. Le 12 juin 1942, le préfet de la Seine signa l'ordre de réquisition « pour les besoins de la Nation » — en fait, pour les besoins de Carrel. Les scientifiques protestèrent contre la fermeture d'une institution scientifique aussi importante, dont les activités en cours comprenaient la conception d'un vaccin contre le typhus, en collaboration avec l'Institut Pasteur, et des recherches sur la fabrication de l'insuline. Carrel courut à Vichy consulter Pétain et revint avec une proposition : il renoncerait aux laboratoires si l'Académie des sciences le requérait. Il espérait en effet devenir membre de l'Académie, vœu qui fut rapidement exaucé. L'attaque suivante fut l'œuvre de l'affreux commissariat, qui bloqua les fonds attribués à l'institut ex-Rothschild par le Chemin de fer de l'Est, sous le prétexte (encore) que l'institut était juif.

Le commissariat cherchait toujours, au printemps 1944, un moyen de fermer l'Institut de biologie physico-chimique dans le but de l'offrir à l'université de Paris. Le conseil d'administration de l'institut se réunit le 6 juin 1944, alors même qu'on apprenait la nouvelle du Débarquement, et décida de faire appel de la décision. On ne peut guère que spéculer sur ce qu'aurait ensuite entrepris le commissariat[32]. Plus tard, les défenseurs de Carrel se sont réjouis qu'il n'eût pas été poursuivi après la guerre pour collaboration avec l'ennemi. En fait, il fut suspendu de ses fonctions et son institut fut modifié pour entreprendre des activités plus pragmatiques. Il mourut le 5 novembre 1944, moins de trois mois après la libération de Paris et avant le début des procès d'épuration[33].

# 26

# La liquidation des liquidateurs

D'après les souvenirs de Guy sur l'année passée à New York, ce fut une période fructueuse en contacts et en amitiés, tant avec des Américains qu'avec des compagnons d'exil. Il vivait néanmoins dans un état d'impatience et cherchait un soulagement dans les nouvelles parvenant des forces françaises libres. La « prudence Rothschild » aurait dû l'orienter vers le général Henri Giraud, l'un des authentiques héros de la défaite. Mais il pensait avec son cœur plus qu'avec sa tête, et son choix se porta donc sur le rival de Giraud à la direction de la Résistance, le tout nouveau général Charles de Gaulle.

Ses parents avaient une situation confortable — à condition d'oublier le mode de vie d'avant-guerre des Rothschild. Édouard ne s'était jamais habitué à l'exil. Un jour, comme un objet, posé trop près du bord d'une table, était tombé, Guy l'entendit observer : « Tu vois, Germaine, en France, il ne serait pas tombé. » Pendant quelque temps, Guy et Alix partagèrent l'appartement des parents de Guy ; ils s'installèrent ensuite à l'angle de la 102e Rue et de la 5e Avenue.

Un rayon de soleil illumina la grisaille de l'époque : un fils leur naquit le 15 décembre 1942. Ils l'appelèrent David René James. Les Alliés avaient déjà débarqué sur les côtes françaises de l'Afrique du Nord et le consulat français de New York était devenu celui de la France libre. La déclaration de naissance de l'enfant destiné à diriger la future génération des Rothschild français fut la première inscription dans le registre tout neuf des bébés nés de citoyens français.

Après une longue attente à New York, qu'il attribuait à la traditionnelle bureaucratie française, Guy fut soudain convoqué, en mars 1943, et informé d'avoir à être prêt sur l'heure. Il s'embarqua pour l'Angleterre, à bord d'un petit cargo chargé d'armes et de nourriture. Torpillé au milieu de l'Atlantique, le navire prit feu et Guy fut l'un des derniers à quitter le pont parmi les survivants récupérés par une corvette. Son ordre de mission, quand il le présenta aux gaullistes, à Londres, était maculé de mazout.

Il eut l'impression qu'on ne savait que faire des officiers et des hommes envoyés à Camberley, camp d'entraînement situé à une heure de train de Londres. En sa qualité d'officier formé au combat, Guy fut nommé instructeur, puis devint l'adjoint du responsable du camp. Le jour vint où, comme tous les autres officiers recrutés, il fut convoqué à Carlton Gardens, quartier général de la France libre, pour être présenté à son chef. Charles de Gaulle, ne put-il s'empêcher d'observer, resta de marbre en entendant le nom de Rothschild, ne s'animant que pour demander à Guy ce qu'il voulait faire. Servir et obéir aux ordres, répondit Guy. De Gaulle parut surpris ; ce n'était apparemment pas ce qu'il avait coutume d'entendre dire par ses volontaires. La rencontre déçut Guy et il attribua la froideur de De Gaulle à la nouvelle toute fraîche du décès accidentel d'un prestigieux officier, qui venait récemment de rejoindre les forces françaises libres.

Il n'allait pas y avoir de guerre, pour lui, avant quelque temps. Il fut envoyé à Londres après trois mois de séjour à Camberley et découvrit la rude réalité des raids aériens. Puis il reçut enfin son affectation à un corps de liaison créé pour garantir une présence gaulliste immédiate dans les territoires libérés, dès que les Alliés auraient établi leurs têtes de pont en Normandie, car de Gaulle craignait, bien plus qu'il ne redoutait les Allemands, que ses alliés et bienfaiteurs anglo-américains n'instituent un gouvernement militaire pour « occuper » la France. (Du point de vue de De Gaulle, les gaullistes représentaient déjà le gouvernement légitime du pays.) Guy se vit attribuer la responsabilité d'affecter les recrues françaises aux unités opérationnelles britanniques appropriées ; mais cela ne le faisait pas participer au Débarquement.

Il pensait qu'on allait lui confier une mission de renseignement, en liaison avec des mouvements français de résistance ; mais rien ne se passait. Plus tard, il apprit que son nom avait constitué l'obstacle. C'était le genre d'antisémitisme auquel il n'était que trop habitué : les gaullistes avaient été contents de trouver des recrues juives quand ils avaient eu besoin de main-d'œuvre ; mais maintenant, la victoire en vue, ils craignaient une réaction négative au fait que le mouvement des Français libres compterait trop de Juifs.

Guy entra enfin en France, attaché au général Pierre Kœnig, du Grand Quartier général interallié. Quelques jours plus tard, il était à Paris ; un Paris libéré, grouillant de partisans arborant des brassards et brandissant des mitraillettes. La capitale manquait d'électricité, de transports publics et même de nourriture. Rue Laffitte, il retrouva un directeur fidèle, René Fillon, qui était resté proche de la banque, pour préserver au mieux les intérêts de la famille. Fillon avait travaillé avec une équipe squelettique ; on pouvait même encore retrouver des employés à La Bourboule, dans l'ex-zone libre[1]. Le vieux général Giraud était un bon Français, et un brave. Il s'était évadé d'un camp de prisonniers en Allemagne, puis avait fui Vichy, mais il n'avait visiblement pas compris grand-chose à la nature de cette guerre. Quand, en novembre 1942, les Alliés libérèrent l'Algérie, ils laissèrent le pouvoir aux forces françaises libres, en la personne de Giraud. Ce fut lui qui prit la décision, annoncée le 14 mars 1943 dans un discours, de ne pas contredire Vichy : le décret Crémieux ne serait pas rétabli. Le fameux décret de 1870, du nom du Premier ministre de la Justice de la Troisième République, garantissait la nationalité française aux Juifs d'Algérie, il allait être l'éternelle bête noire des antisémites. Vichy ne perdit pas un instant pour abroger le fameux décret Crémieux. Selon le raisonnement de Giraud, ce décret avait créé une distinction entre Juifs et musulmans. De sa base new-yorkaise, le vieil Édouard de Rothschild, en sa qualité de président du Consistoire central des Israélites de France (et d'Algérie, comme il se fit un devoir de le préciser), exprima son regret concernant une décision qui « sucite un sentiment d'anxiété chez tous ceux qui ont été victimes des lois raciales et chez les malheureux êtres humains torturés par les nazis ». L'abrogation du décret Crémieux, soulignait-il, « prive arbitrairement et illégalement de leur nationalité des citoyens français, nés en territoire français, dont les ancêtres ont été des citoyens français ». Elle « prouve le désir de certaines personnalités importantes en Algérie de chercher à maintenir l'antisémitisme en Afrique du Nord... ». Et cela, avertissait-il, « aura des répercussions préjudiciables à la poursuite de la guerre ».

Giraud avait ses défenseurs américains, comme Sumner Welles, sous-secrétaire d'État, qui jugeait erroné le tableau présenté par le baron de Rothschild car le général Giraud avait aboli les lois raciales antijuives de Vichy. D'ailleurs, l'abrogation du décret de 1870 n'affecterait pas la citoyenneté des Juifs nés en France ou descendant de Juifs nés français. Le baron Édouard dut donc reprendre la plume. Visiblement, M. Welles et ses conseillers n'étaient guère plus informés sur ce qui se passait là-bas que ne l'avait été le vieux héros chevronné. Car Rothschild ne parlait pas des Juifs nés en France ; c'était le statut des Juifs nés en Algérie française qu'avait remis en question Giraud. « Le décret Crémieux appartient au tissu constitutif de la France au même titre que toute autre loi, insista-t-il. Le maintien de son abrogation, qui faisait partie des odieux décrets rétroactifs de Vichy, institue une discrimination haineuse entre des hommes de civilisation européenne, exclusivement fondée sur leur appartenance religieuse, et constitue un danger grave et permanent pour le présent et pour l'avenir[2]. »

Charles de Gaulle le comprit. Mais il n'arriva en Algérie, de Londres, qu'en mai 1943, et il avait alors d'autres priorités — en particulier, prendre la tête du mouvement de la France libre, dont il était alors réduit à partager la direction avec Giraud. Il entendit les griefs de la communauté juive et, dès le 20 octobre, il avait modifié la position des Français libres : enfin, Vichy était balayé. Peu après, le général Giraud renonça à la coprésidence du Comité français de libération nationale et disparut de la vie publique[3].

La restauration des Rothschild allait être un processus fort lent car la loi est la loi. Suivons le fil dans le *New York Times* : le 9 novembre 1944, deux mois et demi après la libération de Paris, le Conseil d'État restituait à Henri de Rothschild sa citoyenneté et ses droits civiques, lui permettant ainsi de réclamer ses biens confisqués par Vichy. La décision confirmait un ordre antérieur du gouvernement provisoire du général de Gaulle, maintenant fermement établi dans la capitale, visant à abroger les lois discriminatoires du régime de Pétain ; cela s'appliquait non seulement à Henri, mais encore à tous les Français privés par Vichy de leur nationalité[4].

Ce type de restauration était sans doute le plus facile. Mais que faire des confiscations byzantines, souvent contradictoires et intéressées, réalisées par les Allemands d'une part et les Français de Vichy de l'autre (et compliquées par la collaboration de nombreux Français avec les Allemands et contre Vichy) ? Et comment régler les cas de collaboration tacite de gens fort convenables au demeurant à la spoliation de leurs concitoyens ? Et l'exclusion des Juifs des professions bancaires par le décret de juin 1941 promulgué par Vichy ? Un historien, qui a fait des recherches dans ce domaine, s'est rendu compte que rien ne fut accompli à la Libération pour redresser cette injustice ou pour indemniser les employés de banque licenciés sans autre forme de procès sous le régime de Pétain. Pour sanctionner la collaboration institutionnelle, il aurait fallu condamner presque tout le monde ; ce qui, de l'avis des libérateurs, aurait bloqué le redressement économique de l'après-guerre. Les affaires et les hommes d'affaires n'allaient guère avoir à souffrir de ce qu'ils avaient fait ou laissé faire pendant les années d'occupation allemande[5].

Mieux encore, tout le monde avait été un gaulliste de la première heure, comme le découvrit Guy de Rothschild. Mais il se souvenait d'un épisode survenu lors d'un dîner, quelques jours seulement après la libération de Paris, à la fin d'août 1944 : un officier de la France libre découvrit un collaborateur de la Gestapo parmi les invités. Le collaborateur et sa femme furent priés de partir et durent passer entre les autres convives, solennellement alignés sur deux rangs. En sa qualité d'officier de liaison attaché aux forces alliées, doté d'un bureau à l'hôtel des Invalides, auprès du gouvernement militaire, Guy lui-même eut à traiter le cas d'un homme accusé de collaboration ; il l'invita à disparaître et, après un instant d'effarement, l'homme fila.

Il y eut des incidents moins nobles, comme la fois où un célèbre propriétaire de chevaux fut giflé en public, sur l'élégant champ de courses de Longchamp — et par une personne qui n'avait pas lieu non plus de se vanter de son comportement pendant la guerre. Dans une autre affaire,

Guy dut faire partie d'un jury d'honneur et entendre le cas d'un Juif qu'un autre Juif, survivant des camps, accusait d'avoir sauvé sa vie aux dépens d'un autre[6]...

Cet héritier Rothschild n'allait pas tarder à reprendre le rôle, naturel pour la famille, de porte-parole de la communauté juive. En décembre 1944, il se rendit aux États-Unis pour l'assemblée annuelle de l'American Jewish Joint Distribution Committee, fil de survie des communautés juives détruites dans l'Europe saccagée par Hitler. S'exprimant en tant que capitaine Guy de Rothschild, attaché au général Kœnig, maintenant gouverneur militaire de Paris, il décrivit la détresse de la communauté juive dans la capitale et remercia le Joint Committee pour les opérations d'aide et de secours qui avaient permis de sauver les vies de milliers de Juifs français[7].

Philippe de Rothschild, dont la femme était morte en déportation, n'allait pas tarder à découvrir les dégâts plus subtils qu'avait causés l'Occupation à son héritage. En sa qualité d'officier de liaison des Forces françaises libres auprès de la 2e armée britannique, il avait suivi les forces alliées sur les plages de Normandie. Dans Paris libéré, il apprit que le château Mouton familial servait à présent de quartier général aux Forces françaises de l'intérieur car une division allemande tenait une poche sur l'estuaire, au-dessus de Bordeaux. Encore en battle-dress et béret, il se rendit dans le Médoc et y découvrit des terrains saccagés et des maisons vides, dévastées. Mais son fidèle personnel l'entoura aussitôt — son vignoble avait été épargné. Pour procéder à une remise en état efficace, il allait devoir s'installer sur place avec sa fille unique, Philippine, désormais privée de sa mère. Il eut une illumination en voyant les constructions temporaires qu'on avait hâtivement érigées dans le parc pour loger les prisonniers allemands, sous la garde des FFI. Bientôt, avec la bénédiction des autorités, il mit les détenus au travail. Ils devaient démolir les abris provisoires, ôter les fils barbelés, réparer les voies d'accès, emporter les vieux canons. Ensuite, il leur fit construire un kilomètre de route entre Mouton-Rothschild et le château d'Armailhacq, qu'il avait acheté juste avant la guerre. Non loin de là, à Lafite, le clan Rothschild concurrent avait eu la même idée : des prisonniers allemands travaillaient la vigne.

Ce fut alors — une fois les gravats déblayés et le vignoble remis en état — que Philippe prit sa décision. Dans le passé, il avait dispersé ses énergies; désormais, il allait les concentrer. « Les Mouton valent une vie[8]. » La vraie bataille entre l'élégant Lafite et le Mouton, rude mais s'améliorant de jour en jour, était engagée.

Maintenant, la tâche ardue de repérage et de récupération du butin pillé par les nazis pouvait commencer. Il était possible de trouver la trace des transferts d'argent caché ou confisqué, des actions et titres liquides — avec quelques difficultés : il « suffisait » d'une armée de comptables et d'une recherche systématique dans tout le pays et même toute l'Europe. Les fidèles employés des Rothschild purent récupérer des biens confiés à des acheteurs bienveillants sous réserve qu'ils les restitueraient dès le retour des Rothschild. Il y eut le cas légendaire d'un membre du personnel qui se lança dans la tournée des cachettes, en des provinces reculées, pour reprendre ici et là des paquets de titres[9].

Les toiles de maîtres posaient un problème autrement plus ardu. Les dirigeants du Grand Reich s'étaient donné le plus grand mal pour mettre leur butin en lieu sûr ; les caches se trouvaient dans ces mêmes montagnes que les nazis avaient choisies pour dernier bastion. Remettre la main sur les œuvres perdues allait nécessiter l'établissement d'un inventaire rigoureux de ce qui manquait ; la restitution requérait que l'on retrouvât les propriétaires. Et tout cela devait attendre l'issue victorieuse de la guerre. Car, en effet, si le débarquement de juin 1944 sur les plages de Normandie fut suivi par la libération de la plupart des villes françaises, en août et en septembre, un hiver entier et plusieurs semaines du printemps allaient encore s'écouler avant la capitulation de Berlin et la victoire finale.

On ne perdit pas de temps. Une unité d'experts américains en antiquités et objets d'art avait accompagné les forces alliées à travers la Normandie, jusqu'à Paris. L'un des plus éminents parmi ces spécialistes était James J. Rorimer, alors âgé de trente-neuf ans, qui, dans la vie civile, était conservateur du département d'art médiéval du Metropolitan Museum de New York et de son annexe, le complexe des cloîtres qui, sur son escarpement rocheux, domine l'Hudson. A l'époque, Rorimer était un fonctionnaire des Monuments, Beaux-Arts et Archives, attaché aux forces alliées. A Paris, il prit immédiatement contact avec ses confrères des musées français, en particulier avec Rose Valland, femme efficace et obstinée qui appréciait cet Américain dénué de toute condescendance envers ses collègues de l'Hexagone.

Les conservateurs français avaient une requête urgente à soumettre à Rorimer : qu'il trouve un moyen d'écarter les tanks alliés des alentours du Louvre, où ils étaient regroupés, afin de ne pas attirer les bombes de la *Luftwaffe*. C'était en son pouvoir.

Cependant, les Français constituèrent de leur côté une Commission de récupération artistique, avec Rose Valland pour secrétaire, et installèrent ses bureaux au Jeu de paume, là précisément où les nazis avaient établi leur plaque tournante de pillage artistique. C'était une façon d'exorciser le souvenir de *Herr* Rosenberg et de son commando. La commission démarrait avec une dot modeste : quelques centaines d'œuvres mineures que Rosenberg n'avait pas jugées dignes d'être emportées. Elle entreprit de cataloguer les demandes des victimes du pillage nazi. La liste ne tarda pas à dépasser cent mille œuvres volées ! Le conservateur, Jacques Jaujard, put fournir à Rorimer une liste des entrepôts de l'*Einsatzstab* Rosenberg disséminés dans Paris [10].

Le problème immédiat consistait à faire en sorte que les armées en marche, tant françaises qu'anglo-américaines, se préoccupent de la protection des œuvres d'art volées, tout en traversant l'Allemagne au rythme de combats violents. En avril 1945, le lieutenant Rorimer fut affecté à la 7e armée américaine, qui s'apprêtait à entrer dans une région d'Allemagne regorgeant de trésors cachés. C'est ainsi qu'il eut le privilège de pénétrer les secrets du redoutable château de Neuschwanstein. « De la cour inférieure, où des soldats américains montaient la garde, nous gravîmes un interminable escalier jusqu'à une seconde cour, entourée sur trois côtés par les ailes de cette construction compliquée, devait-il raconter par la suite. La verticalité des montagnes environnantes se répétait dans la structure du château, de telle sorte qu'en passant d'une enfilade de pièces à une autre, on avait l'impression d'escalader un flanc de montagne. » Un gardien serviable produisit un énorme trousseau de clés et ouvrit une porte donnant sur une nouvelle volée de marches. Là, ils découvrirent une salle aux épaisses murailles percées de meurtrières et remplie jusqu'au plafond de caisses, portant chacune la marque bien reconnaissable du sceau de l'*Einsatzstab* Rosenberg. Un nouvel escalier en colimaçon menait à une autre chambre forte, également remplie de butin.

Rorimer découvrit que toutes les pièces de l'immense château, à l'exception de la salle du trône et de quelques autres chambres de cérémonie, étaient bourrées d'objets d'art volés. Derrière une lourde porte d'acier, bien camouflée, les visiteurs trouvèrent deux grands coffres contenant les collections de joyaux des Rothschild, des manuscrits rares et plus de mille pièces d'argenterie appartenant à la famille David-Weill, de la Banque Lazard. Rorimer parcourut les salles « comme en transe », rapporta-t-il plus tard, « en espérant que les Allemands avaient été à la hauteur de leur réputation d'ordre », car, faute d'inventaire, il aurait fallu vingt ans pour identifier tout ce trésor.

Il ne fut pas déçu. Le gardien-chef, qui était resté au château plus longtemps que Hitler au pouvoir, leur montra une aile du château dotée d'une entrée distincte. C'était le lieu de travail du commando de Rosenberg, avec son laboratoire photographique et ses salles d'archives contenant les inventaires saisis chez les collectionneurs eux-mêmes (parfois l'unique liste existante). Ce fut seulement le lendemain que Rorimer découvrit les fiches classées des 21 903 objets confisqués par les bons soins de Rosenberg. Il fit mettre les scellés sur ces pièces, avec un ancien sceau des Rothschild, « *Semper fidelis* ». Il apprit que plusieurs pillards se trouvaient encore dans le village attenant au château, en particulier l'un des hommes de main de Rosenberg, Bruno Lohse, qui avait également servi d'agent personnel à Goering. Lohse et plusieurs autres hommes de Rosenberg furent arrêtés par des agents de l'OSS (Office of Strategic Services), le service américain de renseignement, dont l'équipe juridique estima que les dossiers et les catalogues constituaient des preuves parfaites pour les futurs procès des criminels de guerre.

Mais ce n'était là que le butin de Rosenberg. L'heure était venue de se lancer à la recherche du plus fabuleux trésor : la collection de Goering, dont on ne pouvait deviner le contenu que d'après les comptes rendus des vingt visites du *Reichsmarschall* au Jeu de paume. Rorimer, devenu capitaine, pressentait que le repaire de Hitler à Berchtesgaden devait constituer la fameuse cachette, ne fût-ce qu'à cause de l'importance de ce site alpin dans la légende nazie. Il y entreprit donc ses recherches, sans le moindre indice sur les lieux où avaient été dissimulés les objets. Puis, quand il apprit la capture de Goering, il décida de l'interroger par l'intermédiaire de l'officier français qui le gardait et lui procurait les drogues et l'alcool nécessaires à sa sérénité. Il apprit ainsi que Goering avait effectué un dernier voyage à Berchtesgaden dans un train entièrement rempli de sa précieuse collection volée ; tout ce que savait Goering, c'est qu'on avait remisé les wagons dans des tunnels. On trouva ainsi le principal groupe de tableaux. Dans les jours qui suivirent, on en retrouva d'autres à l'intérieur d'une sorte de caverne en béton, dans les bois avoisinants. « Après tout, je suis un personnage de la Renaissance », déclara Goering pour justifier son comportement auprès de l'officier français qui l'interrogeait de la part du capitaine Rorimer.

Peu après, Rose Valland, qui s'était fait entre-temps affecter à l'état-major de la 1re armée du général Jean de Lattre de Tassigny et était chargée de la récupération des objets d'art dans le secteur libéré, obtint l'approbation des Américains pour inspecter les entrepôts de l'*Einsatzstab* afin de repérer les œuvres volées en France. Elle put même les faire rapatrier sans atermoiements bureaucratiques. Plus de 1 400 caisses furent ainsi réexpédiées sans avoir été ouvertes et triées une nouvelle fois — poétique justice — dans les salles du Jeu de paume. En examinant les dossiers de l'*Einsatzstab* Rosenberg, on put établir que la principale source du pillage avait été la famille Rothschild, avec 3 978 pièces prélevées en 9 lieux différents[11].

Miraculeusement, même si cela demanda plusieurs années, presque tout fut restitué. En effet, tout avait repris sa place sur les murs, dans les vitrines et sur les socles avant la mort d'Édouard, en 1949[12]. Le mérite en revient pour une large part à un expert parisien, Pierre André, à son épouse, Marie-Noëlle, et à leurs collaborateurs. La maison André avait été fondée en 1859 et le grand-père de Pierre André avait aidé le Grand Baron James à commencer sa collection. Comme les Rothschild avaient déjà vendu leur maison d'avant-guerre, rue Saint-Florentin, qui était devenue une annexe de l'ambassade américaine, Édouard et Germaine s'installèrent provisoirement rue Georges-Berger, en bordure du parc Monceau, où leurs œuvres leur furent retournées ; Pierre André ouvrit les caisses et établit le catalogue. La plupart des meubles et autres objets d'art nécessitaient des réparations (le mobilier se trouvait être la spécialité d'André).

Les André se rendirent compte que certains tableaux n'avaient pas été restitués, en particulier un Watteau et un Rosa Bonheur. Comme Marie-Noëlle exprimait son regret de cette perte, le baron Édouard observa : « Oh ! vous savez, on laisse toujours des plumes. » Quand les Rothschild quittèrent le parc Monceau pour une belle maison qu'Édouard avait héritée de sa sœur Béatrix, au 19 de l'avenue Foch, Marie-Noëlle remarqua qu'il avait exposé en bonne place une photographie d'un GI brandissant *L'Astronome* de Vermeer [13].

Ce ne fut pas le Jeu de paume mais son jumeau, le pavillon de l'Orangerie, surplombant la Seine et la place de la Concorde, qui servit de cadre au dernier épisode de l'affaire du pillage. De juin à août 1946 s'y tint une exposition publique, « Chefs-d'œuvre des collections privées françaises retrouvées en Allemagne... ». « Voici l'aboutissement d'une affreuse et admirable aventure, annonçait la préface. C'est de ce beau jardin des Tuileries que les œuvres d'art étaient parties, c'est ce même jardin calme et tranquille de Le Nôtre qu'elles retrouvent aujourd'hui. » Les visiteurs n'allaient pas apprendre les noms des possesseurs des œuvres exposées mais, quand un tableau avait été sélectionné pour Hitler ou pour Goering, le fait était précisé. Aucune mention d'un quelconque intérêt de la part de Hitler et de Goering pour le *Portrait de la baronne Betty de Rothschild* par Ingres, mais il figurait parmi les tableaux volés par l'*Einstazstab* et récupérés [14].

# 27

# La reprise

Quand la foule du paddock prit conscience de l'identité de l'homme qui s'approchait, il y eut un moment de confusion, puis une ovation. C'était Édouard de Rothschild ! Il pouvait bien incarner le diable pour les amateurs avides de théories sur la conspiration, pour les extrémistes, de droite comme de gauche. Aux yeux des gens ordinaires des champs de courses, il n'était qu'un honnête homme doublé d'un excellent éleveur. Que pouvait-on dire de plus [1] ?

Diverses vignettes restent d'Édouard dans ses vieux jours, toujours aussi impérieux, aussi « rothschildien », même s'il était réduit au fauteuil roulant. Irascible avec les infirmières qui se relayaient auprès de lui avenue Foch, le baron n'admettait pas qu'on le mît au lit. Il réclamait d'aller à la chasse, et il se retrouvait à Ferrières, en fauteuil roulant et entouré comme par miracle de nuées de faisans [2].

Mais rue Laffitte c'était autre chose, Édouard devait céder la place. Même un homme habitué à être le premier parmi ses pairs pouvait comprendre cela. En décembre 1945, âgé de soixante-dix-sept ans, il fit venir ses notaires et transmit suffisamment de parts à Guy — techniquement, il les lui vendait — pour en faire son associé à la banque. Le mois suivant, le cousin Robert, lui-même âgé de soixante-six ans, transféra la moitié de ses parts de De Rothschild Frères à ses deux fils, Alain et Élie. En fait, Édouard allait survivre à ce cousin pourtant plus jeune car, après le décès de sa femme au début de 1945, Robert se retira en Suisse et y mourut à la fin de 1946, léguant à ses deux fils le reste de ses actions [3].

D'autres changements se firent jour dans l'immédiat après-guerre. Dans la loi, tout d'abord, qui imposa sous la Quatrième République réformiste que les institutions financières se définissent soit comme banques d'affaires, soit comme banques de dépôts, les règles étant différentes selon le cas. Peut-être fut-ce le mauvais choix, mais les associés n'en virent pas d'autre : ils optèrent pour la banque d'affaires. Cette décision, alors qu'à l'évidence les Rothschild n'étaient pas très actifs dans les transactions d'affaires, renforça la conviction générale que

De Rothschild Frères n'était qu'un holding familial qu'on ne pouvait guère prendre au sérieux dans le monde des affaires[4].

Le nouvel homme à la barre était déterminé à changer cette image. Cependant, Guy de Rothschild, qui célébra son trente-sixième anniversaire en mai 1945, premier mois de paix, était pleinement conscient de ses insuffisances. Il n'avait reçu aucune formation professionnelle, rien qui ressemblât à Harvard Business School. Et son apprentissage dans la vieille banque assoupie des années 1930 n'avait certes rien de comparable avec un bon diplôme. Faute d'avoir l'expérience qui lui dicterait le moyen de réaliser ce qu'il souhaitait faire, il adopta une approche pragmatique pour tenter de métamorphoser le holding familial en affaire véritable. Ce fut seulement plus tard, bien plus tard, qu'il acquit la conviction que, dans le monde des affaires d'aujourd'hui, il était indispensable de grandir. Ses cousins et lui-même mirent alors en commun tous les actifs existants pour constituer cette nécessaire masse critique[5]. En juin 1946, conformément à l'obligation légale de réévaluer les actifs compte tenu de la dépréciation du franc, le capital nominal de la banque fut relevé de 50 à 250 millions de francs (quelque 96 millions d'aujourd'hui)[6].

Guy comprit bien des choses dès cette première année à la tête de la banque. Cela apparaît clairement dans une note qu'il communiqua à ses associés en janvier 1946. Il commençait par évoquer le climat « anticapitaliste » qui régnait en France et dans le reste de l'Europe libérée. Cela se manifestait dans le pays par des nationalisations de grandes entreprises et des lois de plus en plus restrictives pour les sociétés anonymes. Les problèmes de la France étaient encore aggravés par la faiblesse chronique du franc, qui, en 1946, ne représentait plus qu'un quarantième de sa valeur de 1941. Il craignait que l' « incapacité endémique » du pays ne finisse par mener à l'abolition des banques privées.

Mais pour le moment, disait Guy, la famille devait choisir : soit accepter la réduction de son statut, auquel cas les enfants de la génération actuelle devraient simplement apprendre un métier et devenir peut-être chimistes ou fermiers. « Ou bien ne laissons pas perdre cet actif immense qu'est notre nom. » Sa proposition : que quelques Rothschild restent en France, pour ne pas abdiquer, et que d'autres aillent s'établir aux États-Unis afin de construire une vraie maison Rothschild. « Vivre en France comme un gros retraité est un but médiocre. Faire en Amérique une banque Rothschild est une tentative digne du meilleur des cinq messieurs de Francfort... »

Finalement, ce fut l'inertie qui l'emporta. Guy allait rester en France, ses cousins Alain et Élie aussi. Ils construiraient ou reconstruiraient leurs maisons et leurs entreprises, pour la plus grande gloire des Rothschild. Ces premières années de l'après-guerre furent inévitablement consacrées à l'évaluation des dommages et au règlement des problèmes quotidiens. Plus tard, avec le recul, Guy songea qu'il lui aurait été très profitable, dans cette phase initiale de sa direction, d'avoir auprès de lui un collaborateur expérimenté pour le guider dans le développement de la banque. Ses meilleurs cadres, les plus sûrs de tous, manquaient eux-mêmes de qualification. Dans les jours qui suivirent la libération de Paris, la compagnie dut se contenter d'un sous-sol pour loger la demi-douzaine d'employés qui avaient survécu à l'Occupation car le Secours national de Vichy occupait encore les pièces principales, au-dessus. De Rothschild Frères servait alors une poignée de clients, mais ses actifs n'en faisaient guère une banque d'affaires [7].

Édouard de Rothschild mourut le 30 juin 1949. Sa disparition fit l'objet d'un rite qui avait déjà accompagné plusieurs décès dans la famille. Ce rite voulait que la mort d'un Rothschild banquier demeurât secrète pendant quelques heures, tandis que ses proches se défaisaient discrètement de gros paquets d'actions à la Bourse : Royal Dutch, par exemple, et De Beers. Cet écoulement de titres avait pour effet immédiat de faire baisser les prix, de sorte qu'à la fin de la journée la valeur des actifs du défunt, et donc de l'impôt sur son héritage (en particulier sur 720 millions de francs de Royal Dutch, un peu plus de 100 millions d'aujourd'hui), avait considérablement diminué.

Ce déversement d'actions était une pratique classique et tolérée, comme le savait le fils et principal héritier d'Édouard. Cela ne représentait pas suffisamment d'argent pour causer un scandale ou entraîner une enquête [8].

Un autre décès avait touché la famille dans l'immédiat après-guerre : celui d'Henri, en octobre 1946. Il laissait de l'argent, ce que James Henri allait apprécier. Il léguait également les fabuleux vignobles Mouton à Philippe, le fils qui, mieux que le père, avait su les faire prospérer [9]. Mais la légendaire collection de livres et manuscrits de son père, à laquelle Henri avait personnellement contribué de manière non négligeable, fut donnée à la Bibliothèque nationale, dont elle allait constituer désormais l'un des trésors [10].

En la personne de Philippe, Henri avait assurément créé un homme public à sa propre image. Lorsqu'un journal parisien osa parler de régates et de coupes sans évoquer les siennes, la lettre de Philippe à la rédaction la rappela à l'ordre : « Je tiens à vous dire combien j'ai été surpris de ne pas y voir figurer mon nom. Il me paraît impossible que vous ignoriez mon importante participation à la barre de mes bateaux (et parfois de ceux de mes amis) aux régates de l'entre-deux-guerres. Pendant quinze ans mes *Cupidon* ont en effet participé à près d'un millier de régates dont ils ont gagné bien plus de la moitié [11]... »

Quant à Guy, il hérita également de son père la direction de la communauté juive du pays. Mais dans la France moderne, cette antique institution connue sous le nom de Consistoire n'avait plus la même importance. Une organisation de secours établie sur le modèle de l'American Joint Distribution Committee serait incontestablement plus utile aux victimes de la guerre. Ce fut le Fonds social juif unifié (FSJU), rassemblant religieux et athées, sans considération d'appartenance politique. Après sa fondation sous les auspices d'un ancien résistant, Guy en assuma la présidence et la conserva pendant des années, tandis que l'aide fournie les premières années à ceux qui avaient souffert de l'hitlérisme fut consacrée progressivement aux Juifs d'Afrique du Nord qui immigraient massivement. Dans son double rôle de président du Consistoire et du FSJU, Guy assumait sa responsabilité d'aîné des Rothschild. Porte-parole des Juifs français, il défendait aussi Israël en péril, sans pour autant devenir sioniste (autre tradition des Rothschild). Comme Guy hésitait à se déclarer sioniste, le nouveau chef du gouvernement d'Israël, David Ben Gourion, lui demanda de but en blanc s'il envisageait d'élever son fils en Israël. Et Guy répondit franchement qu'il n'en avait pas l'intention[12].

Sa femme Alix, Hongroise née en Tchécoslovaquie, était assurément plus croyante que lui. Parmi ses œuvres philanthropiques, qui comprenaient une aide au talent créateur et la fondation du musée de l'Homme à Paris, il y avait l'Aliah des jeunes, un mouvement qui encourageait l'établissement de colons en Israël. Dans l'univers Rothschild, dont les frontières coïncidaient à peu près avec celles de la Normandie, c'était Alix et non Guy qui était devenue maire du petit village de Reux, près de Pont-l'Évêque, où les Rothschild avaient une propriété. Le château et ses dépendances avaient subi de graves dommages après le Débarquement ; Guy et Alix entreprirent les travaux de longue haleine que nécessitait la remise en état des granges, des haras, des paddocks, du pressoir et des caves. Ils attaquèrent la réfection du manoir endommagé en dernier et firent en sorte de l'embellir par rapport à ce qu'il avait été avant la guerre (en supprimant, par exemple, des ajouts fin de siècle).

Guy avait hérité de son père la passion des chevaux, de l'élevage et des courses. En prenant la succession d'Édouard, il assuma donc également le rôle de premier éleveur de France. Il fit ses débuts à l'automne 1949, quelques mois après la mort de son père (il fallait continuer, les chevaux devaient être maintenus à l'apogée de leur forme, faute de quoi ils n'auraient plus rien valu). Mais Guy reconnut qu'il s'était senti intimidé en arrivant au paddock de Longchamp, dans sa nouvelle fonction de patron de l'écurie Rothschild. Deux de ses chevaux couraient pour un prix. Celui sur lequel il ne comptait pas gagna ; la confiance lui revint. Au cours de la saison qui suivit, il eut plus de pertes que de gains. Finalement, et toujours avec un cheval auquel il ne croyait pas, il remporta le prestigieux Grand Prix de Paris, puis un autre et un autre encore. Les couleurs des Rothschild, qui avaient paru éliminées par les nazis et leurs complices français, terminèrent la saison à la première place, additionnant plus de victoires dans les courses classiques que n'en avait connu une seule écurie depuis des années[13].

En 1952, une feuille de chou publia, dans une dénonciation de la « ploutocratie française », un *Who's Who* de la dynastie Rothschild, dans lequel sept des seize lignes consacrées à Guy concernaient son élevage, avec les noms de ses chevaux vedettes et la devise de la maison : « Prendre la tête et gagner. » De manière peut-être malveillante, l'auteur anonyme ajoutait : « Guy de Rothschild est, au moins nominalement, le chef actuel de la banque Rothschild[14]. » Et il était vrai qu'on voyait plus souvent les noms et les visages des Rothschild dans les rubriques mondaines et sportives que dans les petits caractères des pages financières[15]. Comme le disait modestement Guy : « La notoriété d'un cheval rejaillit parfois sur son propriétaire. » Le plus célèbre de ses écuries de Meautry allait être Exbury, né d'une poulinière achetée en Angleterre et d'un étalon élevé sur place. Un mois après la victoire d'Exbury au prix de l'Arc de Triomphe, Guy eut les honneurs de la couverture de *Time Magazine*[16].

En la personne de ses cousins Alain et Élie, Guy avait des associés qui, s'ils n'étaient pas plus compétents que lui en matière de finance, avaient, chacun à sa manière, une forte personnalité. Le fils aîné de Robert, Alain, avait trente-sept ans quand il entra à la banque, en 1947, après avoir passé un an à New York. Dans la tradition Rothschild, il allait trouver sa place en représentant la banque dans les conseils d'administration des sociétés contrôlées par la banque. Tout le monde s'accorde à dire qu'Alain était banquier à contrecœur, et presque plus absorbé par les affaires de la communauté juive que par son travail[17].

De sept ans son cadet, Élie, considéré par ceux qui le connaissaient comme ayant la plus forte personnalité parmi les Rothschild de la banque, se vit attribuer un vieux rossignol familial, le PLM (ligne de chemin de fer Paris-Lyon-Marseille), qu'il entreprit de transformer en une société de voyages dotée d'une chaîne internationale d'hôtels et de restaurants. Il allait également se voir confier la responsabilité du château Lafite, dont il assuma la restauration après les saccages de la guerre, ainsi que le redressement financier, après des années de pertes considérées d'un œil indulgent[18]. Peut-être nourrissait-il toutefois trop d'ambition pour son vin, car le Rothschild viticulteur rival, Philippe, se plaignit par la suite que les relations de bon voisinage jusqu'alors entretenues entre Mouton et Lafite eussent disparu avec Élie, aussi farouche défenseur de son château que Philippe du sien[19].

La transformation de l'ancienne banque du Grand Baron James — banque qui, dans un passé très récent, avait été traitée comme un paquet de bons titres attachés par un ruban et gardés dans un tiroir — devenait maintenant possible. Plus tard, Guy reconnut que, du vivant d'Édouard, il n'aurait pas pu agir comme il était nécessaire de le faire, de peur de choquer le vieil homme. Il commença par récupérer les titres disséminés dans des banques amies pendant l'Occupation.

Cette opération fut très instructive. En effet, il apprit ainsi que si la banque elle-même n'avait eu qu'un faible volume d'affaires entre les deux guerres, la famille détenait des actifs importants dans plusieurs sociétés et en était même parfois le principal actionnaire. La première de ces sociétés était, bien sûr, la Compagnie du Nord, la grande aventure ferroviaire du baron James, et même si le Front populaire avait nationalisé les chemins de fer, la compagnie du Nord contrôlait encore des actifs considérables, notamment dans les industries minières et pétrolières. C'était une société cotée en Bourse, dont le capital était largement dispersé et qui représentait une force potentielle. Guy découvrit autre chose encore : les Rothschild étaient demeurés muets, même dans les sociétés dont ils étaient les principaux actionnaires. Là encore, la timidité d'Édouard en affaires était en cause car il redoutait, si quelque chose tournait mal, qu'on n'en fasse porter la responsabilité financière aux Rothschild. Lorsque le jeune Jacques Getten, dont le père était l'un des directeurs de la Compagnie du Nord, trouva, grâce à ce dernier, un emploi dans une société de transports nommée Saga, il ignorait que ce fût une compagnie Rothschild, puisque son président n'était pas membre de cette famille ; en ce qui le concernait, la Compagnie du Nord avait des intérêts financiers dans Saga, voilà tout. Cinq ou six ans plus tard, quand on vint recommander à Saga d'ouvrir un compte chez De Rothschild Frères, la réaction de Getten fut immédiate : en quoi cela les concernait-il[20] ? Suivant le même principe, la banque ne gérait pas les portefeuilles de ses clients, Édouard étant convaincu que « si le client gagne, il trouve cela normal et, s'il perd, il dira : " Rothschild m'a ruiné " ».

Discrètement, car la nouvelle politique était entrée en vigueur avant le décès d'Édouard, les compagnies appartenant à la banque transféraient leurs liquidités chez De Rothschild Frères, tandis que les membres de la famille y apportaient les comptes de leurs propres sociétés. Maintenant, la banque disposait d'un capital actif. Elle créa un département de crédit documentaire ; mieux, en s'équipant pour gérer les portefeuilles et les ordres de Bourse, elle percevait les commissions de courtage. Une fois sa banque revitalisée, Guy ne tarda pas à s'engager dans de nouvelles activités, dont certaines dérivaient des restrictions d'après-guerre. Par exemple, il aidait les clients à investir à l'étranger sans avoir à exporter des francs, à une époque de strict contrôle des devises. Guy allait faire de la banque Rothschild l'une des premières à entrer dans l'ère informatique en envoyant l'un de ses directeurs étudier chez IBM.

Le vrai grand changement survint quand Guy prit la succession de son père à la présidence de la Compagnie du Nord. Aussitôt, une bataille de pouvoirs éclata entre les Rothschild et l'actionnaire minoritaire. Guy se rendit compte que les Rothschild n'étaient pas certains de gagner, car les actions étaient disséminées parmi un large public. Le conflit fut résolu, mais Guy savait désormais que la place de Paris attendait de voir ce qu'il valait ; il allait devoir faire la preuve de son autorité. Le plein contrôle allait lui échoir en 1953, lorsque la nouvelle législation lui permit de constituer un fonds d'investissement, la Société d'investissement du Nord, par laquelle des actifs familiaux purent être injectés dans de grandes compagnies comme Royal Dutch, le Nickel et Peñarroya. Dès lors, étant les principaux actionnaires de SI Nord, les Rothschild pouvaient s'en servir pour d'autres investissements, tandis que SI Nord rapportait à la banque des commissions et des revenus[21].

Désormais, Guy et ses cousins avaient le choix de leurs stratégies. Comme par le passé, la banque était en mesure de prendre de nouvelles initiatives et les Rothschild, individuellement, pouvaient engager leur capital et assumer le risque ; ils pouvaient aussi, lorsque c'était souhaitable, s'unir à des partenaires extérieurs pour certains investissements. Maintenant, avec la Société d'investissement, cet instrument apparemment magique, la famille pouvait se procurer de l'argent frais pour des investissements importants — pour le plus grand bien du public aussi bien que des Rothschild.

La SI Nord démarra avec une dot de 4 milliards de francs, représentant les investissements industriels de la banque, ainsi que des actifs appartenant personnellement à Guy, Alain et Élie dans de grands groupes comme De Beers, la Compagnie française des pétroles et Le Nickel. S'y ajoutaient plus de vingt participations internationales provenant du portefeuille de la Compagnie du chemin de fer du Nord : entre autres, les mines et les chemins de fer belges, les mines du Congo belge, des parts de la Banque ottomane, de Royal Dutch Shell et même d'une Société française de pénicilline. « Comment ne pas songer que la fortune de l'Angleterre a été due à son charbon ? » déclara Guy lors d'une assemblée générale de la SI Nord en mars 1957. « Il n'est pas interdit d'imaginer que la mise en valeur des récentes découvertes pourrait, sur vingt ans, donner à notre industrie un nouvel élan qui la porte au premier plan de l'Europe »[22]. En 1964, un peu plus de dix ans après sa création, les actifs de la SI Nord — répartis dans 116 entreprises différentes, dont 15 absorbaient 40 % du total — étaient évalués à 19,6 milliards de francs[23].

Avec le recul, Guy de Rothschild considérait que 1955 avait marqué le début des investissements français intensifs en Afrique du Nord pour exploiter le pétrole et les matières premières, à la veille de la décolonisation. Il tirait une fierté toute particulière d'une initiative qu'il avait eue personnellement : l'exploitation d'une mine de fer en Mauritanie, qui nécessitait d'abord que l'on construisît une voie ferrée — une vieille habitude des Rothschild — pour relier la mine à un port maritime situé à 600 kilomètres. Quelques bonnes années précédèrent heureusement une succession de catastrophes : les cours du fer chutèrent précipitamment, puis un gouvernement africain issu de l'indépendance toute neuve nationalisa la mine. Le développement de l'exploitation des puits de pétrole du Sahara était vivement encouragé par le gouvernement français et les Rothschild souscrivirent fortement à ce programme. Mais les actifs de leur compagnie Francarep (« rep » pour « recherche », « exploitation », « pétrole ») furent, là aussi, nationalisés quand l'Algérie obtint son indépendance. Les investissements de la société dans l'exploration pétrolière allaient désormais concerner d'autres régions de l'Afrique, ainsi que la mer du Nord, l'Italie, et elle se consacrerait également à l'exploitation des phosphates en Floride.

Entre 1955 et 1962, les associés créèrent sept sociétés d'investissement dans le pétrole et diverses autres matières premières, qui succombèrent presque toutes à la nationalisation. Finalement, les capitaux de ces sociétés d'investissement allaient être regroupés avec les propres fonds de la Compagnie du Nord, qui, à la fin des années 1970, étaient évalués à environ la moitié des fonds de la Banque de Paris et des Pays-Bas ou 60 % de ceux de la Compagnie de Suez — deux géants français contemporains[24].

En ce temps-là, aucun des Rothschild de la banque n'aurait accordé plus qu'une pensée fugitive à leur cousin Maurice, le play-boy sénateur absent, l'homme dont leurs pères avaient acheté le départ, puis qu'ils avaient affronté devant la justice. Il était loin de leurs yeux et de leurs pensées depuis la guerre. Mais l'exil involontaire de Maurice aux États-Unis l'avait servi. En 1942, alors qu'il avait soixante-deux ans et vivait moins bien qu'il ne l'aurait souhaité, il commença à fréquenter les marchés financiers, en particulier celui des matières premières. Il se familiarisa avec ce marché et aiguisa son flair, empruntant pour acheter des matières premières au plus bas et revendant vite quand les cours montaient. C'était assurément bien autre chose qu'un jeu, et le souvenir des investissements familiaux, en particulier l'intérêt de son propre père, Edmond, pour les matières premières dut certainement l'aider à parier juste. On était en pleine guerre, et non plus à l'époque de la dépression. A court terme, que les cours fussent hauts ou bas, les matières premières stratégiques comme le cuivre et l'étain étaient des investissements en or massif et c'était l'essentiel comme il allait par la suite l'expliquer à son fils Edmond. Son analyse portait aussi sur les mines de diamants, et il y plaça également de l'argent.

En dix ans, ce Rothschild déjà riche par héritage devint un milliardaire grâce à son propre talent. A son retour des États-Unis, il élut domicile non point dans la France ruinée mais dans la Suisse opulente : Pregny était une de ses maisons, après tout. La légende familiale le décrit traitant ses affaires depuis son élégante demeure en bordure du lac, une autre « folie », conçue par Joseph Paxton, au milieu d'inestimables trésors artistiques. Il travaillait étendu sur son lit, entouré de cinq téléphones, ses secrétaires étant relégués dans un petit pavillon situé sur l'immense domaine.

Les riches s'enrichissent. Avec son colossal héritage et la fortune amassée aux États-Unis, Maurice avait montré l'exemple ; il allait léguer ses biens et ses méthodes — sans oublier son inexpugnable forteresse de Pregny — à un fils qui ferait beaucoup parler de lui [25].

Dans les années 1950, l'arrivée de Georges Pompidou dans la banque de Guy constitua un événement. Pompidou allait devenir le magicien extérieur à la famille dont les Rothschild d'après-guerre avaient toujours su qu'ils avaient besoin, même si, au début, il était loin d'être un banquier expérimenté. Né en 1911 dans le Cantal, d'un père instituteur, il était destiné à devenir professeur de littérature. Tout en travaillant pour les Rothschild, il publia d'ailleurs une anthologie de la poésie française. Pompidou avait quitté son poste dans un lycée pour se mettre au service du général de Gaulle à la Libération, effectuant dans la fonction publique une carrière brève mais brillante [26].

Mais il était insatisfait, et René Fillon, directeur chez Rothschild, le savait : il en parla à Guy ; seul manquait le créneau adéquat. Comme Fillon insistait, Guy invita Pompidou, le trouva « sympathique, à la fois pudique et déterminé ». Plus tard, quand Pompidou fut tiré de sa relative obscurité pour devenir Premier ministre du général de Gaulle, puis président de la République à son tour, on assista à une véritable prolifération d'études sur le caractère de ce garçon venu d'Auvergne, dont les qualités personnelles avaient suffi à lui faire surmonter toutes les barrières sociales.

A cette époque, Guy de Rothschild ne pouvait pas encore savoir qu'il avait déniché l'homme qu'il lui fallait, à l'instar de son père trouvant René Mayer une génération plus tôt. Cependant — et c'était aussi une différence entre les générations —, Mayer était juif et lointainement apparenté, alors que Pompidou n'était ni l'un ni l'autre. Mais Guy allait lui donner sa chance. Une société était alors en difficulté dans le groupe Transocéan. Elle avait été créée après la guerre pour procéder à des échanges commerciaux sous une forme de troc, ne requérant pas l'exportation de devises françaises, alors très strictement réglementée. Lorsque Pompidou entra dans la compagnie, au début de 1954, le type d'activités qu'exerçait Transocéan était devenu moins rentable. Pompidou fut chargé de s'en occuper. La nouvelle recrue de Guy l'accompagna dans un voyage en Afrique concernant Saga, la société de transports maritimes à laquelle Transocéan était affiliée. En un tournemain, Pompidou conçut un plan pour régler les problèmes de la filiale ; Guy lui en confia la direction.

Pompidou n'était guère familier des affaires financières et commerciales avant de rencontrer Guy, mais il s'y mit très vite. L'occasion se présenta pour lui quand, René Fillon ayant quitté la firme pour entrer dans la politique, le directeur engagé pour le remplacer dans la gestion des affaires courantes de la banque démissionna. En ces temps où la gestion n'était pas encore une science, il semblait de bonne politique de se fier à l'apprentissage sur le tas d'hommes dotés d'une bonne formation générale. Pompidou devint directeur de De Rothschild Frères, investi d'une autorité de plein droit. Désormais, Guy de Rothschild et lui tenaient ensemble la barre.

Leurs relations se développèrent au-delà de la sphère professionnelle. C'était une première dans la tradition des Rothschild, qui avaient toujours dressé de hauts murs autour de leurs châteaux et de leurs hôtels particuliers, maintenant une glorieuse séparation entre la banque et leur vie de famille. Plus tard, la presse populaire allait attribuer cette amitié non dissimulée entre Guy de Rothschild et Georges Pompidou à l'ambition sociale de cet Auvergnat arriviste et de sa voyante épouse. On cita des propos de Guy, décrivant Pompidou comme un mélange de bon vivant et de Julien Sorel, ce héros de Stendhal qui, issu d'un milieu modeste, surmontait par l'intrigue et l'hypocrisie l'obstacle de sa basse extraction (mais ce n'était sûrement pas ce que Guy avait voulu dire). Cette même presse attribuait aux Rothschild des motivations troubles, en particulier une intention de rapprochement avec de Gaulle[27].

En fait, devait reconnaître Guy de Rothschild, cette amitié était associée à un changement dans sa propre existence. Il s'était remarié et sa nouvelle épouse avait eu tôt fait de reconnaître les qualités de Pompidou au cours d'un week-end de chasse à Ferrières. Désormais, les deux couples allaient se retrouver régulièrement à Ferrières, à Deauville ou à la montagne pour les sports d'hiver.

Le remariage de Guy n'était pas passé inaperçu ; ce fut même le scandale Rothschild de l'époque. Le divorce d'avec Alix, très aimée et admirée, tout d'abord, fit grand bruit. Puis le coup de foudre de cet homme de quarante-six ans pour l'éblouissante Marie-Hélène de Zuylen de Nyevelt Van de Haar, âgée de vingt-cinq ans et elle-même divorcée d'un certain comte François de Nicolay, choqua. Elle était de surcroît catholique et n'avait nulle intention de se convertir : voilà qui était une vraie première dans l'histoire des banquiers Rothschild (bien que le grand-père de Marie-Hélène eût épousé une Rothschild, une autre Hélène, fille de l'arrière-grand-oncle de Guy, Salomon).

Le mariage « de l'eau et du feu », allait-on dire, mais Guy pouvait faire observer, avec le recul, que cette union avait tenu. « Adepte d'une vie tranquille et même casanière, entre bureau et golf, discipline et devoirs, j'ai épousé la fantaisie, le désordre, l'imprévisible[28]. »

Pour l'amour de Wally, le prince de Galles avait renoncé à un empire.

Ce Rothschild s'inclina devant l'inévitable et devint le premier des fils aînés à démissionner de la présidence du Consistoire central, institution suprême du judaïsme français, tout en restant à la tête du Fonds social juif unifié. Bien qu'élevé suivant les préceptes de la religion juive, il n'était pas croyant. Il savait que le mariage hors de la foi juive, au temps de ses parents, avait constitué la pire des transgressions ; et ses Mémoires trahissent bien son inquiétude face à la perte d'identité juive chez les enfants issus d'unions mixtes[29]. Marie-Hélène avait déjà un enfant, Philippe de Nicolay, élevé dans la religion catholique. De son union avec Guy naquit le 27 décembre 1957 un autre fils, Édouard Étienne Alphonse, qui allait grandir dans la foi de ses pères[30].

# 28

# Les banques Rothschild

L'époque était loin où, sous la protection des Allemands, les malintentionnés pouvaient donner libre cours à un antisémitisme facile. Les temps étaient devenus durs pour les pamphlétaires. Dans l'ère post-hitlérienne, comme la vérité se faisait jour sur les dimensions de la terreur nazie, il était peu politique et il devint rapidement illégal en France de donner libre cours au racisme. Mais le fanatisme n'était pas mort ; et la plupart des fanatiques avaient échappé aux efforts désordonnés des épurateurs de l'après-guerre.

Ainsi *Le Crapouillot,* naguère l'enfant chéri des anarchistes et des iconoclastes, transformé en organe de l'extrême droite, publia en 1952 une nouvelle version simplifiée et déformée de l'histoire des Rothschild, évoquant les vociférations antisémites d'Adolphe Toussenel (mais sans oser les répéter) et dénonçant l'arrogance des Rothschild (mais pas le fait qu'ils fussent juifs), tout en trouvant un moyen de définir l'affaire Dreyfus comme une stratégie mise au point par les Juifs français pour combattre l'antisémitisme. [...] Ils ont plus que jamais la main dans toutes sortes d'affaires », observait l'auteur sur les Rothschild, comme surpris de voir la famille reprendre ses affaires. « Ils en ont même créé ou accaparé un certain nombre de nouvelles [1] ». Encourageantes nouvelles pour les Rothschild, s'efforçant, dans l'immédiat après-guerre, de sauver ce qui pouvait l'être.

Dans une diatribe apparemment copiée sur celles d'Édouard Drumont, un polémiste, Henry Coston, visiblement gêné par les limites imposées, était néanmoins disposé à affirmer, en 1955 : « Toute l'économie française est dominée par la banque Rothschild [2]. » Le même Henry Coston revenait trois ans plus tard à la charge : « Faut-il vous rappeler que si notre République a un président, elle a aussi [...] un roi, M. de Rothschild, et qu'il se trouvera plus aisément un pamphlétaire pour insulter l'hôte de l'Élysée que pour dénoncer les trafics du magnat de la rue Laffitte ? » Il ne proposait aucune preuve de ces « trafics » et, là encore, le moratoire contre les invectives antisémites ôtait bien du venin à son livre. Au mieux, Coston pouvait évoquer un « financier cosmopolite », euphémisme qui allait beaucoup servir dans les décennies suivantes [3].

Guy de Rothschild n'était pas vraiment roi de France, sa banque ne dominait pas réellement l'économie française, mais les associés semblaient tenir la situation bien en main. Ils procédèrent à plusieurs augmentations de capital successives, tels des écureuils accumulant leur moisson dans le creux de l'arbre, Guy, Alain et Élie reversaient leurs bénéfices dans un trésor commun. Jacques Getten (fils et petit-fils d'anciens directeurs de la banque, Pierre et Maxime Getten) se souvenait d'avoir été appelé rue Laffitte peu après l'arrivée de Georges Pompidou. Il était alors directeur général de la filiale Saga, spécialisée dans les transports, mais Pompidou voulait qu'il prenne la direction financière de la banque elle-même. Pompidou lui exposa la stratégie qu'il mettait au point pour la banque d'affaires, qui allait tout faire sauf prêter des capitaux. Elle contrôlerait tous les investissements en cours de la Compagnie du Nord, tout en procédant à de nouvelles opérations. La France entrait dans une ère industrielle inédite, fondée sur la transformation des matières premières de ses lointaines possessions, et la banque Rothschild comptait bien participer pleinement à cette aventure.

Par la suite, Getten devait évoquer l'agréable surprise qu'avaient provoquée le charme et l'urbanité du nouveau venu, et la fascination exercée par cette intelligence qui ne se manifestait qu'avec tact. Le baron Guy, estimait Getten, était tout le contraire de Pompidou : extrêmement froid, froideur probablement due à un grand fond de timidité. Paradoxalement, il paraissait plus intéressé par l'industrie minière que par la banque ; Getten supposait que c'était parce que, né banquier, il n'avait rien à faire pour le devenir [4]. Pompidou et les Rothschild présidaient une réunion chaque matin à 10 h 20 et tout se décidait dans cette instance. Plus tard, quand cette banque très privée finit par créer un département de crédit, n'y furent acceptées comme clients que des personnes déjà connues de la société, et toutes les acceptations ou les refus de prêts se décidaient à la réunion de 10 h 20.

L'harmonie des opérations de la rue Laffitte — et, bien sûr, du monde extérieur — fut rompue en mai 1958, lors de la crise algérienne, qui provoqua l'effondrement de la Quatrième République. La France ressentait le choc de la guerre d'indépendance menée sur ce qu'elle avait jusqu'alors considéré comme sa propre terre, ce territoire algérien conquis et colonisé plus d'un siècle auparavant et où plus d'un million de Français vivaient à présent, travaillant à côté de la population indigène musulmane. L'opinion française ne tarda pas à être coupée en deux par les événements, tandis que des officiers supérieurs annonçaient qu'ils ne renonceraient jamais à l'Algérie française, quoi que Paris pût ordonner. Un seul chef intrépide pouvait les mater ; pour éviter la guerre civile, la République fit appel à Charles de Gaulle et, ce faisant, accepta ses conditions. L'ancien chef de la France libre accepta de sortir de sa retraite pour diriger le gouvernement, puis présider à la rédaction d'une nouvelle Constitution assurant à l'exécutif un pouvoir renforcé. Avant que l'année fût écoulée, le président du Conseil, Charles de Gaulle, était président de la Cinquième République.

Le 1er juin, Georges Pompidou devint directeur de cabinet de De Gaulle. Pénétrant dans le bureau de Guy de Rothschild pour l'informer de son départ de la rue Laffitte, Pompidou l'assura qu'il n'avait nulle intention d'entrer dans la politique. Une fois bien affinés les grands principes de la Cinquième République gaulliste, il comptait revenir au secteur privé. Il était aussi entêté que de Gaulle, précisa-t-il.

Et il tint parole. De retour rue Laffitte après six mois consacrés à la naissance d'une nouvelle république, il reprit aisément la vie de banquier, devenant, grâce au soutien et aux relations des Rothschild, une créature mondaine presque aussi publique que Guy lui-même. Ce qui ne l'empêchait pas, Guy le savait, de voir régulièrement le général de Gaulle et de lui servir à l'occasion de conseiller secret. (Pompidou confia à Rothschild qu'il enjoignait souvent à l'impétueux général de se calmer.) Mais, dès le début de 1959 et jusqu'en avril 1962, date à laquelle il devint le Premier ministre du Général, Pompidou consacra toute son énergie à la banque ; Guy en était convaincu, au point même qu'il renonça à la présidence du filon familial, la Société d'investissement du Nord, au profit de Pompidou[5].

La carrière de Pompidou fournit un riche matériau à ceux qui étudient les relations entre gouvernement et capital privé — sujet pour lequel les Rothschild ont souvent servi de principal exemple. C'est ainsi que l'historien marxiste Jean Bouvier et ses disciples ont beaucoup insisté sur la façon dont la nouvelle Cinquième République, avec Pompidou au côté de De Gaulle, vola au secours du Nickel, cette grande société minière des Rothschild en Nouvelle-Calédonie, dont le président-directeur général était René Mayer, vieux serviteur fidèle de la famille. Malgré son monopole sur les marchés français, Le Nickel était mis en difficulté par la baisse de la demande, qui entraînait l'effondrement des cours mondiaux. La société avait procédé à de nouveaux investissements dans l'espoir de surmonter les obstacles mais, avant d'en récolter les fruits, elle avait besoin d'aide. Le Nickel obtint la subvention nécessaire à l'écoulement de sa production aux nouveaux cours, inférieurs, du marché. Le régime gaulliste changea la valeur du franc, supprimant deux zéros de l'ancien franc pour en faire un nouveau, et la décision de fabriquer des pièces d'un franc en nickel pur ne pouvait certes pas faire de mal à La Nouvelle-Calédonie[6]...

Par la suite, quand les États-Unis interdirent l'importation du nickel français et de ses dérivés parce que la société Le Nickel achetait une partie de ce métal à Cuba — dont les mines étaient exploitées avec l'aide des Soviétiques –, cette décision fut interprétée en France comme une vengeance contre de Gaulle et sa politique étrangère hostile à l'OTAN[7].

Les deux fils du baron Edmond moururent en 1957. James Armand, universellement connu sous le pseudonyme de Jimmy, disparut le premier, en mai. Ce Rothschild français devenu anglais, membre du Parlement, turfiste renommé, avait été doté d'une extraordinaire fortune grâce non seulement aux biens d'Edmond, mais encore à ceux de ce Rothschild autrichien qui était mort en Angleterre sans héritier. Plus anglais que les Anglais, avec son monocle et son habillement sévère, il avait aussi été le successeur spirituel de son père en soutenant financièrement les implantations en Palestine[8].

En septembre, ce fut au tour de son frère Maurice ; il avait soixante-seize ans. En gérant judicieusement ce qu'il avait hérité, y compris l'énorme fortune d'Edmond, fils benjamin du Grand Baron (une « fortune du XIXe siècle », comme on allait l'appeler), Maurice était devenu le plus riche de tous les Rothschild. Son fils Edmond, âgé de bientôt trente et un ans, était son unique héritier. Maurice mourut en Suisse et son fils, résident suisse, n'allait avoir aucun impôt à payer sur la succession. Edmond II avait grandi à Paris, où ses grands-parents paternels avaient fait en sorte que sa mère divorcée et lui-même ne manquent de rien : hôtel particulier donnant sur le Bois, myriade de domestiques[9]. Il fréquenta ensuite l'université de Genève, et obtint également une licence à la faculté de droit de Paris.

Le jeune Edmond n'avait jamais été associé aux affaires de son père ; et sa biographe, son épouse Nadine, décrit sa jeunesse dans une maisonnée où l'argent n'était pas censé exister. Lors de ses séjours à Megève, il avait simplement pensé que le luxueux hôtel d'Arbois et son téléphérique appartenaient au directeur de l'établissement, puisque sa mère n'avait jamais mentionné qu'elle en fût propriétaire. Sans formation spécifique aux affaires, il était allé travailler pour son cousin Guy à l'âge de vingt-trois ans, faisant son apprentissage de l'import-export dans la société Transocéan (au fonctionnement si difficile que Guy allait par la suite la confier à Georges Pompidou), pour le compte de laquelle il voyagea en Amérique latine[10]. Sa seconde femme se souvenait qu'il avait laissé les objets d'art de son père dans les caisses où celui-ci les conservait depuis la guerre et, quand il les ouvrit enfin, il se trouva à la tête d'une des plus magnifiques collections du monde, avec les legs de son grand-père Edmond, de son père Maurice, de sa tante Julie et de sa tante Miriam, sœur de son père – solide incitation à les accroître encore.

Dès l'âge de vingt-quatre ans, à Buenos Aires, le jeune Edmond éprouva l'envie de se lancer dans les affaires pour son propre compte. Il revint peu après à Paris pour se faire la main dans le négoce international, mettant à profit ce qu'il avait appris à Transocéan. Puis, à vingt-sept ans, il créa sa propre banque, la Compagnie financière. Car il avait décidé de ne pas suivre la voie habituelle des membres de la famille, que les investissements avaient transformés en industriels, en gestionnaires de mines et de compagnies de transport. Quant à lui, il allait financer les entreprises des autres, encourageant des débuts, fournissant des capitaux à des sociétés déjà constituées. Il s'agissait principalement de procurer de l'argent à des moyennes entreprises, puis de réduire l'investissement lorsqu'elles pouvaient s'autofinancer ou attirer d'autres investissements.

La Société financière aida ainsi le Club Méditerranée, l'un des grands coups de ses débuts (elle détenait, à un moment donné, 42 % de son capital). Elle échoua avec Inno-France, qui démarra comme un nouveau type de grand magasin à prix réduits [11]. Les entreprises de la Compagnie financière n'avaient pas besoin d'être des puits de pétrole ; et, généralement, ce n'en était pas. C'étaient de ces solides participations comme De Beers et les mines de diamants. L'une de ces nouvelles entreprises devint le principal hebdomadaire de télévision en France, une autre le plus grand fabricant de jouets ; une troisième vendait du vin par correspondance et une autre encore des crèmes glacées. Il y avait aussi cette affaire familiale presque sentimentale et extraordinairement lucrative : la continuation et l'extension de l'entreprise d'hôtellerie de sa mère. Sans oublier l'histoire d'amour de la famille avec Israël, qui, du temps de ce second Edmond, prit souvent la forme de sérieuses affaires financières. L'une des entreprises qu'il lança s'appelait Israel General Bank [12].

Cette histoire d'amour familiale avait sauté une génération. L'épouse et biographe d'Edmond, Nadine, souligne qu'Edmond fit en Israël le pèlerinage que son père Maurice n'avait jamais fait. Là, le chef du gouvernement, David Ben Gourion, lui expliqua que ce qu'il pouvait faire de plus utile pour Israël, c'était créer des emplois [13].

Son second mariage, avec Nadine (après un premier échec), prouvait qu'il pouvait être aussi peu conformiste que l'avait été son père, et même bien davantage, dans le choix d'une épouse. Nadine était née dans le Nord industriel, d'une mère ouvrière dans l'industrie textile et d'un père inconnu. Elle avait grandi dans la pauvreté, travaillé en usine, vécu dans des chambres de service et été domestique pour arrondir ses fins de mois. Son joli visage et sa ligne élancée la sauvèrent : elle fut successivement modèle pour un peintre, danseuse dans un corps de girls de music-hall et starlette (parfois même fort dévêtue).

Lorsque Nadine Lhopitalier — Tallier à la scène — rencontra Edmond, elle avait vingt-huit ans et lui trente-trois, et il était marié. Elle raconte dans ses Mémoires qu'elle était enceinte de sept mois et demi et confinée au lit lorsque le maire du XVI^e^ arrondissement vint chez eux, ceint de l'écharpe tricolore, pour célébrer leur mariage.

« Il va me falloir épouser une jeune fille de la bonne société juive », lui avait un jour dit Edmond. Elle ne pouvait pas changer son origine sociale, mais sa religion si ; après avoir suivi un enseignement à la synagogue, elle reçut la bénédiction du grand rabbin. Et leur fils Benjamin, né le 30 juillet 1963, fut élevé dans la tradition juive. La vie familiale se déroulait à Pregny, sur le lac Léman, ainsi qu'à Armainvilliers, le domaine de Maurice à l'est de Paris, et dans un hôtel particulier fort honorable, rue de l'Élysée, construit sur mesure derrière une façade intacte du second Empire [14].

De même que son grand-père avait bouleversé la tradition Rothschild et contrarié ses frères par la profondeur de son engagement envers la Palestine, Edmond II devint un porte-parole non officiel de l'État juif, ne craignant pas d'aller plus loin que les Juifs conservateurs, mais soucieux de se montrer français avant tout. De son côté, Nadine devint présidente de la WIZO (Organisation internationale des femmes sionistes). En juin 1967, confronté à l'hostilité arabe sur toutes ses frontières, à des attaques de guérilla et à un développement croissant des forces ennemies, Israël prit l'offensive à titre préventif — la guerre des Six Jours —, chassant l'Égypte du désert du Sinaï, les Syriens des hauteurs du Golan et les Jordaniens de la rive occidentale du Jourdain et de Jérusalem. L'État juif se ménageait ainsi des frontières sûres et défendables, mais il portait un coup sérieux au soutien international dont il avait bénéficié et s'attirait la condamnation du président de Gaulle parce que « agresseur ». Avant que les six jours fussent écoulés, Edmond et son cousin Alain, président du Consistoire, étaient en Israël. Edmond fut l'un des premiers civils à approcher du mur des Lamentations, après qu'il fut devenu accessible aux Juifs, ce qui n'était pas le cas depuis la création de leur État.

De retour en France et sans tenir compte de l'opinion du général de Gaulle, Edmond lança, en sa qualité de président de la commission d'action financière du Comité de coordination des organisations juives de France, un appel à ses coreligionnaires, exprimant sa « fierté immense » pour les faits d'armes d'Israël et ajoutant : « La victoire militaire a été une victoire du peuple juif isolé dans un monde hostile ou indifférent. [...] Cette victoire doit être consolidée. Elle ne pourra l'être que par le seul peuple juif. [...] Chaque Juif doit apporter sa contribution. [...] Il est dit dans la Loi juive que chacun doit donner au moins 10 % de ses revenus... » La position d'Edmond ne fut pas du goût de tout le monde. « Non, je n'appartiens pas au " peuple " juif, protesta un lecteur dans une lettre à la presse. Comme la plupart des Juifs français, j'appartiens au peuple français... » A Pregny, Edmond établit un Institut pour la paix au Moyen-Orient ; il espérait en particulier établir des relations commerciales normales entre Israël et ses voisins [15]...

Pendant la guerre des Six Jours, lorsque Charles de Gaulle vilipenda publiquement ce qu'il considérait comme l'agression israélienne, Georges Pompidou était son Premier ministre. En avril 1962, le Général l'avait littéralement sommé de quitter la banque et il allait occuper cette fonction jusqu'en 1968. Les Pompidou dînèrent chez les Rothschild le lendemain de cette nomination et la femme de Guy déclara : « Je ne sais pas pourquoi, mais j'ai le pressentiment que nous ne serons plus jamais ensemble comme aujourd'hui. » Et, en effet, Pompidou ne serait plus jamais banquier.

Le départ de Pompidou porta un coup sévère à la banque car il s'y était chargé de responsabilités de plus en plus importantes et s'apprêtait à en assumer davantage encore. Il n'y avait personne pour prendre sa place et Guy ne se donna même pas la peine de chercher quelqu'un, certain d'avoir lui-même désormais l'expérience et l'équipe nécessaires pour aller de l'avant dans le développement à long terme des intérêts Rothschild [16].

Mais la présence des Rothschild par l'entremise de Pompidou dans le saint des saints du gouvernement n'échappa pas à leurs détracteurs. *Le Canard enchaîné* l'exprima dans deux encadrés, placés de part et d'autre du titre, en première page :

| R.F.<br>République Française | R.F.<br>Rothschild Frères [17]. |
| --- | --- |

*L'Humanité* titra : « Le directeur de la banque Rothschild a formé son gouvernement. » A l'extrême droite, *Aspects de la France* accusa de Gaulle d'avoir livré la nation à la « finance apatride [18] ». Plus tard, quand Pompidou fut élu président de la République, en 1969, un éditorialiste de *L'Humanité* proclama : « Avec l'ancien commis des Rothschild à l'Élysée, la Banque demeure au pouvoir [19]. » La « Banque » peut-être, mais pas les Rothschild, qui allaient souvent avoir l'occasion de déplorer l'hostilité du régime de Pompidou à l'égard d'Israël.

Après la mort de Pompidou, en 1974, Guy de Rothschild tenta d'expliquer son attitude. Il avait été l'ami des Juifs, insista Rothschild, et même d'Israël. A l'appui de son affirmation il expliqua que lorsque de Gaulle avait décrété l'embargo contre Israël, pendant la guerre des Six Jours, Pompidou avait fait ce qu'il avait pu pour en retarder l'application. Mais il n'avait jamais compris le côté passionné d'Israël, s'attendant toujours à voir ce pays neuf avoir « un comportement de vieille puissance ».

Les deux hommes entretinrent leur relation d'amitié pendant que Pompidou était Premier ministre, déjeunant une fois par mois au bureau de Guy de Rothschild, non à la banque mais dans l'immeuble plus discret de la compagnie Peñarroya, place Vendôme, ou à la résidence officielle du Premier ministre, à l'hôtel Matignon. Il arrivait que les Pompidou retrouvent les Rothschild à Ferrières comme autrefois, pour un week-end. Cela devint plus compliqué quand Pompidou occupa la suprême position que la Cinquième République avait créée pour son président ; les entretiens en tête à tête devinrent rares, Ferrières était désormais exclu. Ils se rencontraient plutôt lors d'une chasse présidentielle ou à l'occasion d'une réception à l'Élysée[20].

Mais la banque de l'après-guerre était désormais bien lancée et ses actifs industriels se développaient comme prévu. L'une de ses réussites fut le regroupement de toutes les activités minières des Rothschild en une seule unité, une véritable multinationale française, bien partie pour devenir l'une des plus grandes du pays ; ils l'appelèrent Le Nickel à cause de sa composante la mieux connue. Les sociétés comprenaient Rio Tinto, qui, après la Seconde Guerre mondiale, avait ajouté à l'exploitation du cuivre celle de l'uranium, du plomb, du zinc et même des émeraudes, menant ses opérations en Amérique du Nord et du Sud, en Australie et en Afrique (alors qu'en fait l'activité principale et originelle de Rio Tinto était en cours de liquidation dans une Espagne franquiste où se faisait jour un nationalisme croissant). Peñarroya avait également démarré en Espagne avec le charbon, et se diversifiait en France, en Italie, en Afrique du Nord et au Brésil avec le plomb et le zinc et au Chili avec le cuivre. Les Rothschild avaient commencé à investir dans le nickel de Nouvelle-Calédonie en 1884 et s'étaient engagés dans des opérations minères dans les années 1920 ; Le Nickel, pierre angulaire des investissements miniers des Rothschild, manifestait l'importance maintenant accordée à ces opérations.

Quand Peñarroya eut besoin de restructuration, en 1962, et que Georges Pompidou, affecté à cette tâche, se fit « enlever » par de Gaulle, Guy de Rothschild en devint le président. C'était une nouveauté pour lui, cette responsabilité quotidienne d'une compagnie cotée en Bourse, bourrée d'ingénieurs à des postes de direction et employant des milliers de personnes à travers le monde[21].

Les affaires américaines furent lancées pendant les années 1960, sous la forme d'une banque distincte, créée à partir d'activités déjà en place. La nouveauté de l'entreprise résidait dans l'association à égalité avec N. M. Rothschild, de Londres. Ainsi commença une grande amitié. Cette association donna naissance à la banque d'investissement des cousins de New York, Inter, connue sous le nom de Rothschild Inc., puis à une seconde banque à Zurich et, enfin, à de nombreuses succursales partout dans le monde où cela paraissait logique[22].

Même un expert pouvait s'embrouiller dans cette prolifération d'investissements Rothschild. A la fin de 1965, pour la première fois, la Commission française de contrôle des banques publia le bilan de la banque Rothschild et les économistes se jetèrent dessus. Ce qui surprit dans la colonne des actifs, totalisant 421,5 millions de francs (soit quelque 2,6 milliards de francs d'aujourd'hui), fut la proportion d'effets, la quasi-absence de titres. « Voilà une banque d'affaires qui semble se conduire comme une banque de dépôts de la Belle Époque. » Ses actifs plaçaient la banque parmi les plus petites en France, nota un économiste. Par comparaison, le Crédit lyonnais faisait état d'actifs totalisant environ 20 milliards de francs (disons 125 milliards d'aujourd'hui). Puis l'économiste semble s'être ressaisi : « On comprend bien que la banque Rothschild n'est qu'une fraction du groupe Rothschild[23] ». Certes.

En fait, les Rothschild n'avaient guère besoin d'être tellement grands. Après un siècle et demi de légende, ils auraient aussi bien pu faire faillite qu'ils auraient encore alimenté le mythe. Henry Coston reparut, avec un nouveau livre intitulé *Le Retour des deux cents familles,* mais proclamant que les Deux Cents ne formaient plus qu'une seule famille car ils étaient désormais tous liés entre eux par mariage[24].

Lorsqu'un romancier, dont les livres avaient tous remporté un succès de scandale, décida de se concentrer sur les Juifs, il inventa un cousin Rothschild qui accompagnait les principaux personnages de son histoire dans les mondes de la haute société et de la politique en précisant toujours qui était ou n'était pas juif. Le livre de Roger Peyrefitte insinuait que des chrétiens connus, y compris d'infâmes antisémites, étaient en vérité juifs, alors que, bien au contraire, certains le paraissant ne l'étaient pas. Ainsi Georges Pompidou avait un nez à rendre jaloux un Juif et des orteils crochus tout comme ceux des Juifs, ce qui avait précisément (disait l'un des personnages) attiré les Rothschild. Le héros du livre, Georges Sarre (sosie du romancier), avait décidé d'étudier les Juifs en portant une attention particulière aux Rothschild et à leurs richesses, qui leur avaient permis d'acheter tout et tout le monde (l'ensemble présenté sous une forme prétendument laudative).

Bien entendu, en répétant un siècle et demi de calomnies sur les Rothschild, souvent pour feindre d'en nier la véracité, ce livre est une véritable anthologie anti-Rothschild. Les Rothschild, songe le héros de Peyrefitte, sont « le seul pouvoir permanent qu'il y ait en France ». Et ils parviennent toujours à s'insinuer dans les bonnes grâces de ceux qu'ils paupérisent, y compris celles du pape à Rome[25].

# 29

# Le grand changement

Obstinément convaincu que l'importance en taille serait un facteur déterminant dans le monde des affaires de l'après-guerre, Guy de Rothschild porta son attention sur la banque familiale. Car si les activités industrielles et minières de la Compagnie du Nord continuaient à se développer dans les années 1960, la banque elle-même semblait piétiner, et c'était pourtant elle qui importait le plus aux Rothschild. La légendaire banque était sous-employée. Il semblait bien exister un moyen de créer une croissance rapide sans pour autant sacrifier la raison d'être de la famille : transformer la banque d'affaires en banque de dépôts, à laquelle une clientèle triée sur le volet serait invitée à confier ses capitaux (qui seraient profitablement employés). Cela signifiait ouvrir des succursales non seulement à Paris, mais aussi dans les centres d'affaires régionaux les plus prometteurs.

La mutation de la banque se déroula parallèlement à celle des locaux traditionnels de la famille car les belles maisons anciennes de la rue Laffitte n'offraient à De Rothschild Frères que 4000 mètres carrés d'espace de bureaux, sur un terrain qui aurait permis la construction d'un immeuble fonctionnel représentant une surface quadruplée. Les cousins firent fièrement appel à l'un des plus célèbres cabinets d'architectes des États-Unis, Harrison and Abramowitz, afin de remplacer les bâtiments historiques de l'ancienne banque par une construction moderne. La France était en pleine croissance et les Rothschild respectaient la tradition, pensait Guy, en avançant avec leur temps.

Ils annoncèrent la nouvelle en grande pompe. L'année 1967 s'y prêtait, avec la célébration du cent cinquantième anniversaire de la fondation de la banque Rothschild française. A la fin d'avril, la presse fut invitée dans le grand bureau (qu'un journaliste décrivit comme « le grand salon aux boiseries tristes ») et, quand tout le monde fut assis, Guy fit son apparition, « comme un acteur après le lever du rideau », raconta-t-il par la suite. Il était accompagné de ses deux cousins associés, Alain et Élie, et même du solitaire Edmond, pour souligner la solidarité de la famille et l'importance de l'événement.

A dater du 1er janvier 1968, annonça Guy, De Rothschild Frères allait devenir une société anonyme sous le nom de Banque Rothschild, et bénéficierait d'une forte augmentation de capital de la part de la Compagnie du Nord, qui – avec ses 20000 actionnaires – détenait désormais près de 70 % de la banque et devenait le pivot du groupe. La Banque Rothschild se transformait en banque de dépôts car, expliquait le baron Guy, « aujourd'hui plus que jamais, il est reconnu par tout le monde que les banques ne peuvent se développer et ne peuvent rendre des services qu'en collectant de plus en plus d'épargnes liquides auprès d'une clientèle de plus en plus nombreuse et de plus en plus diffuse. [...] Se contenter d'un petit nombre de gros clients ne fait plus l'affaire et nous ne voyons, je le répète, aucune autre réponse à l'impératif de l'expansion que le développement de la banque commerciale ».

S'il tournait le dos à la banque d'affaires, précisait-il, c'était qu'en vérité Rothschild n'en avait jamais été une au sens strict du mot, créant des affaires pour les revendre ou achetant des compagnies en difficulté pour les remettre à flot. Il ne pensait pas que la banque d'affaires fût une activité pour les Rothschild ou même pour l'époque. Seule la Banque de Paris et des Pays-Bas était structurée de manière à manœuvrer des entreprises industrielles : « Elle le fait avec un talent que l'on admire mais qu'on ne pourrait utilement copier », ajouta-t-il.

A l'inévitable question qui jaillit de l'assistance, le baron Guy, le futur président du conseil d'administration de la nouvelle banque, répondit publiquement que les cousins associés conserveraient une importante minorité d'actions, ainsi qu'une « minorité de blocage » tout à fait satisfaisante dans la Compagnie du Nord, devenue maison mère [1].

Lorsque les statuts furent modifiés pour correspondre à la structure de société anonyme, Guy de Rothschild y inséra une clause spécifiant que la banque ne porterait le nom de Rothschild qu'aussi longtemps qu'un Rothschild y jouerait un rôle déterminant. Clairvoyance [2] ?

Un monde neuf et prometteur semblait s'ouvrir à Guy de Rothschild, qui avait obtenu la masse critique qu'il voulait. Plus tard, il en verrait les défauts. Épris de l'idée que l'épargne constituait la clé de l'accumulation de capitaux, il avait mal déchiffré le véritable avenir de la banque : financement de sociétés, fusions et acquisitions [3]. Cependant, l'aspect positif de la transformation de la banque fut souligné après la première année d'exercice, lors de l'assemblée générale des actionnaires de la Compagnie du Nord, laquelle était donc devenue « l'organisme centralisateur et animateur de toutes les activités financières et industrielles où se trouvent engagés les Rothschild », pour citer le rapport du conseil d'administration. Tout d'abord, le capital était passé de 52,8 millions de francs au début de 1967 à 335 millions à la fin de 1968. Ensuite, le bilan montrait une activité multipliée par dix (approchant les 5 milliards de francs d'aujourd'hui). Cette expansion, qui faisait de la Compagnie du Nord l'une des plus grandes sociétés dans son domaine d'activités, allait maintenant permettre une « diversification équilibrée », ainsi qu'une plus large participation du public.

Mais certes pas sans garanties, et du meilleur ordre. « Les Rothschild apportent la plus grosse participation unitaire, leur crédit et leur nom et, chaque fois qu'ils le peuvent, leurs connaissances des affaires nationales ou internationales, concluait le rapport, rassurant. La responsabilité qu'ils assument en refusant ainsi l'anonymat, ils la prennent tout d'abord vis-à-vis de vous, afin de l'exercer en associés, c'est-à-dire avec votre concours, et dans l'intérêt commun. »

Les filiales de la Compagnie du Nord étaient organisées par secteurs. Parmi les institutions financières, par exemple, elle contrôlait à la fois la Banque Rothschild, avec un résultat de 37 millions de francs (environ 205 millions d'aujourd'hui), et l'Amsterdam Overseas Corporation à New York (56,3 %), une institution financière dotée de 80 millions de dollars d'actifs. Dans les mines et la métallurgie, il y avait des actions minoritaires dans Peñarroya et Le Nickel (qui centralisait désormais la totalité des opérations minières du groupe). C'était une compagnie pétrolière, Socantar, qui rapportait le plus au groupe, avec près de 17 milliards de francs (en valeur d'aujourd'hui) de chiffre annuel. Et bien d'autres encore, y compris la Compagnie auxiliaire du Nord, résidu de la Compagnie du chemin de fer du Nord du Grand Baron[4] !

Sur le papier, le groupe était bien parti. Au début de 1968, la Compagnie du Nord — avec Alain de Rothschild au poste de président et Guy à celui de président du comité exécutif — s'apprêtait à procéder à une augmentation de capital pour financer des acquisitions. Mais il y avait d'un côté la théorie et de l'autre la pratique. A Paris, le mois de mai fut l'occasion d'un de ces bouleversements historiques particuliers parce que imprévisibles, où les ouvriers, frustrés de rester exclus de la prospérité générale, rejoignirent la révolte spontanée des étudiants, qui voulaient apporter de l'air frais dans l'enseignement et dans le monde qui les attendait. La révolution, si l'on peut utiliser ce terme, du printemps 1968 provoqua la fermeture des usines et des services publics, la paralysie des transports et du système bancaire. Pourtant, ses statuts obligeaient la Compagnie du Nord à communiquer ses résultats aux actionnaires à la fin de juin. « Tous les calculs dont je viens de vous donner l'essence ont été faits, je vous le rappelle, dans un monde en apparence stable, comportant des valeurs bien établies », déclara Guy, s'adressant à l'assemblée générale comme aurait pu le faire son arrière-grand-père James au printemps de 1848, sauf que le Grand Baron n'avait pas de comptes à rendre à des actionnaires. Mais comme toutes les compagnies françaises devaient être affectées par les événements de

Mai, « la valeur relative des unes et des autres reste donc inchangée »[5].

A l'automne, dans une interview accordée à une revue d'affaires, le baron Guy reconnut que les événements du printemps l'avaient traumatisé, comme ils avaient bouleversé tous les chefs d'entreprise ; ils avaient tous eu l'impression de vivre le Jugement dernier. Guy se rendait compte que les jeunes cadres et le personnel éprouvaient une certaine frustration quand ils n'étaient pas consultés, ou même informés, sur les problèmes des sociétés pour lesquelles ils travaillaient. Il était d'avis de favoriser l'émergence des jeunes générations, pourvu qu'on préservât l'idée que l'expérience demandait du temps, ce qui expliquait que l'on eût encore besoin des « moins jeunes ». Il ne fallait pas non plus oublier que le pouvoir était désormais largement aux mains de directeurs qui n'avaient aucun capital investi dans l'affaire ; ainsi les compagnies Rothschild, par exemple, n'appartenaient plus exclusivement aux Rothschild. Le pouvoir de la famille provenait à présent « d'un patrimoine moral, d'un crédit pour ainsi dire incorporel et, je ne crains pas de le dire, d'une tradition ».

En tout cas, il était bien mauvais prophète, lorsqu'il affirma au journaliste qui l'interviewait : « Pour tout dire, je serais étonné qu'on dépossède les Rothschild au nom de la justice et de l'égalité[6]. »

Mais, pour le moment, les conséquences économiques de Mai paraissaient surmontées. En 1969, la Banque Rothschild connut une année prospère, avec un bénéfice de 20 % sur le capital. Selon la nouvelle organisation, Guy était président, Alain et Élie vice-présidents. Parmi les administrateurs figurait un Rothschild anglais, Evelyn, dont la mère était française et dont l'association avec ses cousins parisiens allait durer et même se développer avec le temps. Bien que la nouvelle banque de dépôts n'eût ouvert qu'une poignée de succursales, celles-ci se trouvaient en des lieux soigneusement sélectionnés, et les dépôts affluaient ; la banque était également active en Bourse, négociant avec succès des titres et des devises. Un nouveau fonds commun de placement avait été créé sous le nom irrésistible de Rothschild-Expansion[7].

Au début de 1970, tout semblait donc en place pour conserver une vitesse de croisière — tout, sauf l'économie. Avant même que la hausse vertigineuse des prix du pétrole au Moyen-Orient, en 1973, ne mette en état de choc l'économie mondiale, les grandes nations industrielles avaient commencé à ressentir les effets d'une étrange conjugaison d'inflation monétaire et de dépression du marché, phénomène ensuite baptisé « stagflation »[8]. La banque rénovée survécut, prospéra même, grâce à un nouveau fonds de SICAV lancé parallèlement à Rothschild-Expansion[9].

Néanmoins, personne ne considérait la nouvelle banque comme un défi lancé aux géants. « On ne peut comparer la puissance de la Banque

Rothschild de 1850 avec celle de la Banque Rothschild de 1972, précisa Élie de Rothschild lors d'une interview. Il n'y avait pas à l'époque de Paribas, de Crédit lyonnais, de BNP. Nous étions les premiers. Aujourd'hui, nous ne sommes pas assez bêtes pour prétendre être autre chose que ce que nous sommes, les quinzièmes [10]. »

Et même si des prévisions prudentes et intelligentes pouvaient faire de rien quelque chose en matière de manipulation d'argent, il n'y avait pas grand-chose à espérer dans le domaine des matières premières sur les marchés mondiaux face à la chute de la demande (par exemple, concernant le nickel). Les activités minières et industrielles des Rothschild suivirent donc la tendance générale de l'économie, qui était à la baisse en France et pratiquement partout ailleurs.

Tout le monde voulait se dégager des investissements dans les matières premières, y compris un industriel américain que Guy de Rothschild avait trouvé dans les années 1960, quand on accroissait la production de nickel en Nouvelle-Calédonie. Henry Kaiser, fils de ce magicien de l'industrie qui avait construit les innombrables *liberty-ships* du Débarquement, pendant la Seconde Guerre mondiale, s'était alors associé avec les Rothschild pour construire une grande usine à Nouméa. Maintenant, dans l'austérité des années 1970, les dirigeants de Kaiser Aluminium, alarmés par les demandes sucessives de capitaux de la société Le Nickel alors que les marchés chutaient, souhaitaient se retirer, et il fallut racheter leur part.

Pour se procurer l'argent nécessaire, Guy de Rothschild dut se défaire, en 1973, de quelques bijoux de famille — des minéraux, en fait — en vendant 50 % de la société Le Nickel à une compagnie contrôlée par l'État. Un nouveau groupe, Imétal, fut créé pour coiffer les activités minières des Rothschild, le principal actionnaire (avec 20 %) étant la Compagnie du Nord. Dans la vision de Guy de Rothschild, Imétal n'était pas une simple opération de holding ou un moyen de limiter les pertes, mais un instrument d'expansion.

Riche en liquidités grâce à la vente de la moitié de la compagnie Le Nickel, Imétal pouvait se mettre en quête de nouveaux investissements, moins dans les matières premières, cette fois, que dans l'industrie de transformation, et pourquoi pas dans cette *terra incognita,* les États-Unis ? les Rothschild bénéficiaient là des compétences de leur filiale new-yorkaise, New Court Securities, et celle-ci, en collaboration avec la banque d'investissements Kuhn Loeb, ne tarda pas à trouver des candidats adéquats. Il en résulta une OPA sur une entreprise métallurgique de Pittsburgh, Copperweld, qui produisait des tubes d'acier, des alliages spéciaux. Ce fut l'une des premières OPA hostiles, sinon même la première, menée par une compagnie étrangère. Après des affrontements déplaisants devant les tribunaux et même dans la rue — avec les protestations des syndicats, aux cris de : « *Frenchies, go home !* » —, le baron sortit vainqueur du combat. C'était un achat de 80 millions de dollars, un cadeau de choix à déposer dans les souliers d'Imétal. Guy de Rothschild fut bientôt en mesure d'y ajouter une tranche de 25 % du Lead Industries Group, holding britannique, suivie d'une part majoritaire du plus grand producteur privé d'uranium en France. Dans la chaîne d'Imétal, Le Nickel demeurait le maillon faible, même s'il luttait pour la seconde position parmi les producteurs mondiaux. Peñarroya était au premier ou second rang mondial pour le plomb. Mais les années 1970 connaissaient une réduction de l'activité économique, due aux hausses successives du prix du pétrole et à un dollar américain chroniquement faible. Marquée par un pessimisme qui régnait universellement, la conjoncture économique n'allait permettre la pleine réalisation d'aucun projet [11].

Il fallut procéder à diverses restructurations, notamment l'abandon d'intérêts dans la Générale alimentaire (vendus à un allié de toujours des Rothschild, James Jimmy Goldsmith), dans le groupe pétrolier Antar et dans l'industrie de construction [12]. Mais le visage offert au public arborait toujours un large sourire. Cinq ans après la réorganisation de la compagnie, il était clairement établi que, toute banque de dépôts qu'elle fût, la Banque Rothschild avait la ferme intention de développer ses activités dans le sens d'une banque d'affaires [13].

Cependant, la question de sa taille — jugée insuffisante — continuait de hanter la banque (et le monde des affaires à l'affût). Techniquement, la Banque Rothschild était toujours un établissement de dépôts et, qui plus est, de petites dimensions. (Il circulait des rumeurs de fusions avec d'autres banques privées, et même avec la Compagnie financière en pleine expansion du cousin Edmond [14].) En 1975, la Banque Rothschild entra pour deux tiers dans Discount Bank France, filiale du groupe Générale occidentale de Jimmy Goldsmith — un ajout bien modeste, puisque Discount ne représentait en taille qu'un quart de Rothschild. A cette acquisition succéda l'absorption de Stern, de la Société continentale de banque, de la Compagnie européenne de banque (américaine) [15]...

Néanmoins, tout cela restait de l'ordre du patchwork. Les changements qui auraient dû être décisifs intervinrent en 1978. D'abord, David, le fils de Guy — le « dauphin » — apparut sur le devant de la scène. A l'âge de trente-cinq ans, il devenait directeur général de la Banque Rothschild, avec pour adjoint son cousin Nathaniel, le fils d'Élie, âgé de trente-deux ans. La première tâche publique de David fut ingrate : expliquer les résultats décevants de la banque pour l'exercice 1977, avec des bénéfices chutant de 20 millions de francs, l'année précédente, à 8,5 millions. « Il n'y a pas impunément crise économique », déclara-t-il sans ambages. On avait assisté à une rapide croissance de la charge salariale, ainsi que des frais généraux ; la banque comptait maintenant vingt et une agences, mais l'expérience avait montré qu'il fallait quatre ou cinq ans à une nouvelle agence pour figurer dans la colonne des bénéfices. Pour le reste, le gouvernement avait resserré le crédit, la clientèle d'affaires avait réduit ses dépôts à cause de la crise générale.

Pis encore, le directeur général prévoyait que l'année en cours serait tout aussi décevante. Il n'y aurait donc plus de croissance pour l'instant, en tout cas pas en France. Le moment était venu de tirer le meilleur parti de ce qu'on avait, dans l'espoir de pouvoir redresser la situation d'ici à la fin de la décennie [16].

La suite logique de cette analyse allait apparaître dès l'automne, lorsque fut annoncée une décision aussi spectaculaire que la transformation de 1967 : la Banque Rothschild allait absorber sa propre maison mère, la Compagnie du Nord. C'était la conséquence non seulement de la faiblesse de la banque, mais encore de pertes graves dans les opérations de la Compagnie du Nord, dues au ralentissement quasi universel de l'économie. Comme devait l'expliquer David à la presse, la fusion de la Compagnie du Nord et de la banque familiale donnait à cette dernière une base financière plus solide, relevant le capital de 250 à 800 millions de francs (soit quelque 2 milliards de nos francs actuels). On entendit des sceptiques affirmer que la restructuration transférait simplement des investissements discutables de la Compagnie du Nord à la Banque Rothschild, au risque de faire chuter la cotation de cette dernière. Dans le *New York Times,* un correspondant fit état de rumeurs selon lesquelles « les Rothschild français [avaient] des problèmes », répétant ce commentaire d'un banquier français selon lequel « presque toutes les grandes décisions d'affaires qu'ils avaient prises depuis dix ans étaient mauvaises » [17]. Vue sous l'angle de la famille ainsi attaquée, la fusion était l'unique solution : concentrer les forces, permettre de nouvelles synergies.

Cela se justifiait également sur le plan fiscal car les coûts généraux de la Compagnie du Nord venaient en déduction des dividendes, tandis qu'à la banque ils seraient considérés comme des frais avant impôts. Enfin, cela plaçait le nom des Rothschild sur le grand tableau de la Bourse [18].

Ce qu'il leur fallait, c'était le temps d'étudier la nouvelle situation, de faire un examen serré des coûts, de remplacer les dirigeants quand cela se révélerait souhaitable, car ils disposaient désormais de la masse critique nécessaire. Il ne leur fallait que du temps, mais ils n'allaient pas l'avoir.

En observant cette cascade d'événements peu après leur déroulement, un auteur spécialisé dans les questions d'affaires ne trouvait que le mot « déclin » pour définir non seulement l'entreprise familiale, mais encore la famille. « La fortune personnelle de celle-ci, sur laquelle plane le plus grand mystère, est gravement entamée. » Pour étayer la thèse du « mystère », on cherchait des événements patents, comme l'abandon par

Guy du grand château de Ferrières et la vente d'une partie des œuvres d'art et des meubles anciens du château. Ou la cession du vaste hôtel particulier d'Alain, en face du palais de l'Élysée (et qui devint une résidence pour les invités du président de la République). Puis, après la mort de la mère de Guy, la vente de la grande maison sur l'avenue Foch (qui allait accueillir l'ambassade d'Angola) [19].

Ces liquidations signifiaient sûrement quelque chose, de même que l'abandon par d'autres milliardaires du monde occidental de leurs châteaux et de leurs yachts (en ce temps-là, ils trouvaient facilement des acheteurs dans les pays producteurs de pétrole). Il était également vrai qu'on changeait de génération et que la nouvelle envisageait d'autres façons de dépenser son argent.

Mais il faut replacer l'abandon de Ferrières dans son contexte. Après la guerre et son remariage, Guy de Rothschild et son épouse Marie-Hélène avaient restauré les grands salons du château et rendu la maison plus habitable qu'elle ne l'avait jamais été, grâce à la modernisation des équipements. Mais dans les années 1970, mauvaises décisions dans le domaine des affaires ou non, même les Rothschild pouvaient estimer que la possession d'un Ferrières devenait déraisonnable ; le statut de leurs fermiers — leurs fermiers ! — était depuis longtemps anachronique. Et comment transmettre une « folie » de Paxton à la génération suivante ? Qui paierait les droits de succession, qui voudrait les assumer ? La grande maison, avec son vaste domaine, fut donnée — et non vendue — à la chancellerie des universités de Paris. Cette institution à but non lucratif devait l'utiliser comme centre d'études et de conférences, sous le nom de Fondation Marie-Hélène et Guy de Rothschild (aujourd'hui, on peut louer un ou plusieurs salons pour des mariages ou des films d'époque). Le baron et la baronne de Rothschild conservèrent suffisamment de terres pour accueillir une demeure de moindres proportions, qu'ils firent construire à leur goût. (Une autre parcelle du domaine originel du Grand Baron James appartenait à Edmond de Rothschild, arrière-petit-fils de James [20].)

Et puis ils avaient toujours le château de Meautry, un manoir du XV$^{e}$ siècle avec son haras, à 3 kilomètres de Deauville et de sa plage, plus près encore du champ de courses, du terrain de golf, peuplé d'invités pendant l'été et de jeunes chevaux toute l'année. (La première femme de Guy, Alix, avait conservé Reux, à quelques kilomètres de là, jusqu'à sa mort ; ce fut ensuite la maison de campagne de David et de sa famille [21].) Puis, en 1975, lorsque Guy fut parvenu à convaincre Marie-Hélène qu'ils n'avaient nul besoin de conserver ce véritable dinosaure qu'était le château de Ferrières, elle découvrit que le prestigieux hôtel Lambert, à la proue de l'île Saint-Louis, cherchait un acquéreur. C'était un autre monument, construit au cœur même de Paris par les architectes du château de Versailles ; Voltaire, qui y avait vécu, le qualifiait de palais pour un roi philosophe. En termes plus pratiques, il était largement assez grand pour toute la famille, et même pour la vaste collection d'œuvres d'art qu'avait entreprise Alphonse et que la mère de Guy avait conservée avenue Foch jusqu'à sa mort ; les tableaux récupérés en Allemagne, comme *L'Astronome* de Vermeer et la *Baronne Betty* d'Ingres, figuraient parmi ces trésors. L'hôtel Lambert possédait tous les atouts pour devenir une autre grande maison de la dynastie Rothschild. L'achat effectué, il fallut une année entière pour le restaurer et l'aménager, afin que Marie-Hélène puisse y donner ses grandes soirées[22].

Les Edmond de Rothschild ne vivaient pas non plus vraiment dans la gêne dans les années 1970, tandis qu'ils allaient et venaient entre leur hôtel particulier de la rue de l'Élysée, à côté du palais présidentiel, et leur château du bord du lac Léman. L'une des fêtes de Nadine à Pregny, se souvenait-elle plus tard avec fierté, attira des invités d'aussi loin que les États-Unis : le sénateur Edward Kennedy, Audrey Hepburn, Gloria Swanson, Yul Brynner, Gregory Peck et plus de princes issus de monarchies disparues qu'on ne peut l'imaginer[23].

En 1979, Guy eut soixante-dix ans, l'âge de la retraite ; il quitta donc la présidence de la banque, et ce fut Élie qui lui succéda — le plus jeune, à soixante-deux ans, de leur génération. (Guy avait également été le président de son cher Imétal, mais là son successeur fut choisi en dehors de la famille[24].) Le frère aîné d'Élie, Alain, célébra son soixante-dixième anniversaire en janvier 1980 et, peu après, renonça aux quelques fonctions qu'il avait conservées (il était président de la filiale Discount Bank). Il présidait alors non seulement le Consistoire central, mais encore le Conseil représentatif des institutions juives de France (CRIF), un organisme plus récent et qui s'exprimait avec plus de liberté que ne le pouvait le Consistoire, tenu par la tradition. Il allait renoncer à la présidence du Consistoire en 1982, mais demeurer à la tête du CRIF jusqu'à ce qu'un infarctus l'abatte, lors d'une visite à New York, cet automne-là[25].

Les Rothschild cultivaient tous la vigne. Dans la France de l'après-guerre, récession ou non, la nourriture et les vins qui l'accompagnaient étaient devenus une affaire sérieuse. Pour un Rothschild, c'était également une tradition et pour ainsi dire un sport. C'est ainsi qu'en 1972 Edmond — déjà partiellement propriétaire du légendaire Château-Lafite familial — décida d'acheter un vignoble et de le développer. Il jeta son dévolu sur une vigne modeste, dans une zone de production prometteuse, Listrac, dans la région du Médoc, et il se lança comme il le faisait toujours en tous domaines : patience, compétence et amorçage de pompe. Vers le milieu des années 1970, quand l'optimisme ne courait pas les rues, il dépensait sans compter l'argent provenant en partie de sa part des bénéfices du Château-Lafite. Il démarra avec 76 hectares de terre en friche et leur en ajouta 56 autres en 1979. De ses efforts naquit Château-Clarke, dont le propriétaire promettait de ne pas chercher à atteindre le statut de grand ni même de second cru. Il produisit un honnête cru bourgeois pour les classes moyennes et consacra une attention considérable à son marketing. Presque aussitôt, il se tailla une part de roi dans les exportations. « Je me suis lancé un peu à l'aventure, raconta-t-il à un journaliste qui l'interviewait. Personne en France n'avait encore reconstitué une propriété. » Il avouait avoir été impressionné par la façon dont on créait les vins de Californie, à coup d'investissements et de technologie ; il voulait faire pareil.

S'il avait commencé par rechercher la quantité, Edmond changea d'objectif à la fin de la décennie. Désormais, son meilleur vin serait diffusé sous le nom de Château-Clarke et le reste sous le vocable plus ordinaire de Haut-Médoc. Mais l'ambition se décelait. Un journaliste remarqua les initiales « CR » au-dessus de la grille d'entrée du domaine d'Edmond à Listrac ; cela semblait préparer le terrain pour l'apparition ultérieure d'un Château-Clarke-Rothschild [26].

Tandis que son cousin Edmond partait de zéro, l'irrépressible baron Philippe atteignait l'objectif de toute sa vie : en 1973, son Château-Mouton-Rothschild bénéficia d'une révision de la classification des vins de Bordeaux remontant au milieu du XIXe siècle et, second cru, rejoignit Château-Lafite au rang des premiers. C'était sans doute un motif d'orgueil pour l'héritier d'Henri de Rothschild et certainement un avantage sur le marché [27]. Avant la fin de la décennie, il avait surpassé jusqu'à sa propre réputation quant aux relations publiques, en traversant l'Atlantique pour trouver l'équivalent le plus proche de son Médoc bien-aimé, les vignobles de Napa Valley, en Californie. Un contrat, dont l'établissement prit deux ans, unit un célèbre viticulteur de Napa Valley, Robert Mondavi, au baron Philippe ; leur association allait produire un vin rouge de grande qualité, bénéficiant, disaient-ils, des « techniques classiques de Bordeaux et de la technologie actuelle de la Californie ». La première production de ce nouveau vin, baptisé Opus One, fut prête à être mise en bouteille en 1979. L'étiquette reproduisait les profils stylisés de Robert Mondavi et du baron Philippe [28].

En comparaison de la révolution viticole produite par Philippe l'ancien et du défrichage intensif d'Edmond le jeune, l'activité de l'autre vignoble Rothschild, le Château-Lafite du Grand Baron, semblait à peine perceptible dans la décennie pré-Mitterrand. Toutefois, une nouvelle génération prenait la relève, le baron Élie cédant sa place de représentant de la famille à son neveu Éric, fils d'Alain. Château-Lafite allait se réveiller.

# 30
# La folie Mitterrand

La nationalisation a souvent été le fruit de la colère et de la vengeance, exprimées par la saisie pure et simple de la propriété privée et des moyens de production, le plus souvent sans compensation pour les propriétaires. C'est ce qui s'est produit en Russie après la révolution d'Octobre et dans les pays d'Europe centrale tombés entre les mains de Staline après la défaite de l'Allemagne nazie. Dans une république comme la France, la nationalisation implique une négociation et une juste compensation (sauf quand elle constitue une punition, comme ce fut notamment le cas après la Seconde Guerre mondiale pour les usines Renault, que ses dirigeants avaient mises au service des autorités allemandes).

Dans l'esprit des théoriciens socialistes, les cibles idéales de la nationalisation sont les propriétés des exploiteurs capitalistes enrichis aux dépens de la classe ouvrière. Par l'intermédiaire de l'État, la classe ouvrière s'approprie leur richesse, représentée en partie par des biens tangibles comme les usines et les mines. Les timides tentatives du Front populaire dans les années 1930 ont été reléguées dans l'ombre par les exploits du gouvernement de libération qui, sous l'autorité de Charles de Gaulle, a procédé à la nationalisation systématique des grandes banques et compagnies d'assurances, ainsi que des entreprises de production et de distribution de l'énergie ; la plupart de ces sociétés sont encore dans le secteur public aujourd'hui.

Les réformateurs de l'après-guerre étaient des idéalistes, mais pas nécessairement des socialistes. En 1981, la France a élu son premier président socialiste, soutenu par un Parlement sur lequel il pouvait compter. Pendant toute la décennie précédente, l'économie avait été marquée par la morosité et les résultats décevants des dirigeants de l'industrie ; le président Valéry Giscard d'Estaing, élu pour sept ans en 1974, ne fut pas reconduit en 1981 à cause de son apparente impuissance face à la dépression économique. Le Parti socialiste, soutien de François Mitterrand, remporta la majorité absolue aux élections législatives qui suivirent l'élection présidentielle, ce qui assurait au nouveau président toute latitude pour mettre en œuvre sa politique.

Les « cent dix propositions » du candidat Mitterrand reprenaient de nombreuses mesures formulées dans le programme commun de la défunte Union de la gauche, conclue en 1972 entre Mitterrand et Georges Marchais, le secrétaire général du Parti communiste, et rompue en 1977. Le programme commun contenait une promesse vibrante en cas de succès aux élections législatives de 1973 : « Dès le début de la législature, un seuil minimum de nationalisation sera franchi. Cette politique de transfert à la collectivité doit donc viser d'emblée l'ensemble du secteur bancaire et financier et les groupes et entreprises industrielles qui occupent une position stratégique vis-à-vis des secteurs clés de l'économie [1]. »

En 1980, Mitterrand répéta sa promesse de nationalisation des « secteurs clés de l'économie », parmi lesquels « la totalité du secteur bancaire et financier, et notamment les banques d'affaires et les principaux holdings financiers... » [2]. Cet engagement était réitéré dans la plate-forme électorale du futur président de la République [3].

Idéologie impeccable, d'une admirable logique. Dans la pratique, la mise en œuvre d'un tel programme exigeait une véritable armée de dirigeants compétents, capables de reprendre la direction des entreprises nationalisées ; à une époque de ralentissement économique, il aurait fallu des fonds incalculables — des fonds que les capitalistes privés eux-mêmes n'avaient pas pu trouver — pour faire redémarrer l'économie et garantir sinon la croissance, du moins une stabilité suffisante pour maintenir l'emploi à son niveau du moment. Et si les socialistes décidaient de reprendre, pour tenter de les remettre à flot, des sociétés privées qui survivaient à peine, avec des résultats régulièrement déficitaires, cela risquait de détourner l'argent de l'État des objectifs urgents et des investissements économiques prometteurs.

Avec le recul, Guy de Rothschild attribua les nationalisations de 1981 à la « maladie de gauche » du pays. Il est certain que, d'un point de vue strictement économique, s'attaquer aux Rothschild n'avait guère de sens (« la banque était si petite, elle pesait si peu [4] »). Plus concrètement, le rapport annuel de la Banque Rothschild pour 1980 — l'année précédant la victoire socialiste — montrait bien à quel point la situation était mauvaise. Le contexte international était défavorable et, même si la France se défendait mieux que la plupart des autres pays industriels, les augures étaient sombres : un déficit croissant du commerce et un produit national par habitant en déclin. La banque avait connu un développement extrêmement réduit, freiné par de sévères restrictions du crédit. Le chiffre d'affaires hors taxes du groupe passa néanmoins de 925 millions de francs en 1979 à 1,3 milliard (équivalant à environ 2,6 milliards de francs d'aujourd'hui), provenant pour deux tiers de l'exploitation bancaire proprement dite, exercée par la Banque Rothschild et ses filiales, la Compagnie européenne de banque, Discount Bank et Nord Financier. La banque mère faisait état de dépôts dépassant 3,4 milliards de francs (6,8 milliards d'aujourd'hui), ce qui la plaçait au dixième rang des banques de dépôts en France. Et pourtant, allait observer Guy de Rothschild par la suite, il y avait encore beaucoup à faire, ne fût-ce que pour surmonter les effets de la pire crise économique qu'eût connue la France depuis quarante ans [5].

Le portefeuille industriel de la banque comprenait alors une participation de 20 % dans Imétal (qui, malgré les pertes continues de la société Le Nickel, affichait des bénéfices), 35 % de Francarep (pétrole), 63 % de Saga (transports), 37 % de PLM (hôtels et restaurants), 24 % du groupe agro-alimentaire CEGF (Compagnie des entrepôts et gares frigorifiques).

L'assemblée générale des actionnaires à laquelle David de Rothschild, président de la banque, devait soumettre son rapport annuel avait été fixée au 27 mai 1981. C'était dix-sept jours après l'élection du président, dont le programme prévoyait la nationalisation du crédit. « Aujourd'hui, conclut David, je déplore avec vous que la simple annonce d'une menace d'étatisation se soit traduite en quelques jours par une baisse de 40 % de la valeur de votre titre [6]. »

Préparant ses lecteurs à ce qui les attendait, *Le Monde* précisait que les banques privées représentaient en France 13 % des ressources et 16 % du crédit fourni par la totalité des banques. Si l'on omettait les institutions d'État telles que la Caisse d'épargne, ces pourcentages s'élevaient à 20,9 % et 25,4 %. L'article mentionnait la Banque Rothschild et la Compagnie financière d'Edmond de Rothschild, mais en les situant au bas de l'échelle [7].

Il était clair que l'option de la nationalisation serait fondée, au moins en partie, sur la notion de dimensions. Les Rothschild risquaient d'être pris au filet uniquement à cause de leur décision, trois ans auparavant, de fusionner la banque familiale avec les holdings industriels de la Compagnie du Nord ; cette décision pouvait-elle être inversée ? Était-il possible de séparer la banque des holdings industriels, comme par le passé [8] ? Pas si les communistes obtenaient gain de cause. Le quotidien du Parti, *L'Humanité,* ne tarda guère à donner son interprétation des événements : « LES ROTHSCHILD MANŒUVRENT. Ils projettent de regrouper les avoirs de leur banque et d'une de leurs filiales pour se faire grassement indemniser et mettre à l'ombre la fortune du groupe [9]. »

Le journaliste faisait allusion à une réunion du personnel de la banque au cours de laquelle David de Rothschild avait exposé un programme visant à créer deux compagnies, l'une pour la Banque Rothschild et les filiales financières comme la Discount Bank, l'autre pour les holdings industriels qui, depuis 1978, appartenaient à la banque. De l'avis des communistes, qui n'avaient manifestement pas lu les sombres rapports annuels, la famille cherchait à protéger de la nationalisation la « richesse intrinsèque » de ses holdings industriels, laissant le gouvernement nationaliser « un réseau bancaire quasi démantelé », et ainsi « détourner la lettre et l'esprit » de la loi[10].

Le temps allait manquer pour restructurer. Et quand la loi de nationalisation fut présentée au Parlement, il devint clair que le critère de sélection allait être le montant des actifs d'une banque (le chiffre finalement retenu fut d'un milliard de francs en dépôts) ; cela aurait facilement pu être autre chose. Quand le critère retenu fut annoncé, la Banque Rothschild se trouva candidate de fait à la nationalisation, tandis que Lazard Frères (ami notoire des socialistes) ne l'était pas[11].

La bataille parlementaire fut spectaculaire. S'ils manquaient de voix, les conservateurs avaient par contre de l'obstination, et ils déposèrent un nombre record d'amendements (1 000) pour bloquer le projet de loi ; les socialistes eux-mêmes se divisaient en minimalistes et maximalistes, le Premier ministre, Pierre Mauroy, demeurant ferme dans son intention de nationaliser 7 grands groupes, 2 compagnies financières (Paribas et Suez) et 36 banques (finalement 39).

Au sein du gouvernement, certains trouvaient le projet de loi trop généreux et l'on citait ce secrétaire d'État demeuré anonyme : « Tous ces milliards auraient dû être servis aux chômeurs[12] ! » Le 13 octobre, alors même que l'Assemblée nationale entamait l'examen du projet de loi de nationalisation, un sondage révéla que 50 % des Français s'y déclaraient favorables (29 % y étaient opposés)[13]. Défendant cette mesure, le Premier ministre Mauroy dénonça le « manque de civisme choquant » de certaines banques d'affaires, dont les dirigeants manifestaient une « mentalité d'émigrés ». Ce n'était pas les Rothschild qu'il visait[14]...

Par contre, c'était bien d'eux que parlaient les communistes. « Tout un symbole », proclamèrent-ils en annonçant la nationalisation de la Banque Rothschild, bien qu'elle n'eût guère été parmi les grands candidats à la nationalisation[15]. « Les banques privées ne représentent qu'environ un quart du secteur bancaire en France, depuis que les grandes institutions ont été nationalisées par le gouvernement du général de Gaulle en 1945, précisait le correspondant de l'austère *Times* de Londres. Mais, en dépit de leur importance limitée, elles tiennent une place sinistre dans la mythologie politique socialiste et communiste[16]... »

Le projet dans son entier fut approuvé le 26 octobre 1981 par 332 voix contre 154. Mais le Conseil constitutionnel ne donna son avis qu'en janvier, requérant une révision du projet de compensation des compagnies nationalisées sur la base de la valeur des actions à la fin de 1980 et des dividendes distribués pour l'exercice de cette même année, avec un supplément de 14 % pour la dépréciation monétaire. Le Parlement se réunit aussitôt pour amender son texte et la loi fut signée le 11 février 1982 à 17 h 34[17].

La réaction de la famille fut exprimée par Guy de Rothschild dans son testament, intitulé « Adieu Rothschild » et publié à la une de la presse, quelques jours seulement après le premier vote parlementaire [18]. L'amertume demeura. Elle ne put que s'accroître lorsque le gouvernement nomma, pour le représenter à la banque, l'un des directeurs de longue date de Rothschild, Michel de Boissieu, qui sympathisait avec les socialistes [19]. Plus tard, quand la jeune génération Rothschild s'engagea dans de nouvelles activités financières et industrielles, les doctrinaires les plus ardents auraient encore voulu les en empêcher, comme si l'on pouvait nationaliser les gens [20].

Comme la rentabilité de Rothschild était alors médiocre et que partout les valeurs étaient à la baisse, l'indemnisation (payée en obligations d'État, faciles à encaisser) fut inférieure à ce qu'elle aurait pu être, mais ce n'était guère la faute du gouvernement [21]. En tout, elle se montait à près de 450 millions de francs (700 millions d'aujourd'hui), ce que David de Rothschild reconnaissait être un règlement juste, mais pas nécessairement une « bonne affaire ». La famille ne devait recevoir que 35 % du total, représentant sa participation dans la Banque Rothschild [22].

Les cyniques proclamaient que bien des victimes du programme commun s'étaient fort bien débrouillées. Selon un banquier, « Vernes, Rothschild, Union européenne, Worms étaient en faillite virtuelle. Tous ces gens ont fait une très bonne opération. Le gouvernement était tellement pressé de faire passer sa loi qu'il n'a même pas demandé d'audit des sociétés [23] ». Pour leur part, comme leurs actions avaient chuté, les Rothschild n'auraient certainement pas vendu à ce moment-là s'ils avaient eu le choix. Être contraint par la loi de le faire, cela représentait tout de même une singulière injustice [24].

Des années auparavant, Guy de Rothschild avait introduit une clause de sauvegarde dans les statuts : faute d'un Rothschild à sa tête, la banque ne pourrait pas conserver le nom de Rothschild. En fait, le gouvernement aurait pu ne tenir aucun compte de cette clause, la loi de la nation ayant le pas sur celle de l'entreprise. Mais les pouvoirs publics s'inclinèrent devant le vœu des Rothschild : la nouvelle banque établie comme l'ancienne rue Laffitte s'appellerait désormais Compagnie européenne de banque (du nom de cette compagnie, d'origine américaine, spécialisée dans l'équipement industriel et l'immobilier commercial, rachetée par Guy et ses cousins dans l'euphorie qui avait suivi leur transformation de 1967) [25].

L'un des actifs que Guy de Rothschild regrettait le plus était son cher Imétal, développé au fil des ans grâce aux intérêts miniers de la famille dans de vastes contrées et qui était assuré de croître encore quand la situation s'améliorerait. Car si Imétal n'était pas nationalisé, le gouvernement s'emparait aussi des parts de la banque dans cette société et de diverses activités et entreprises industrielles qui avaient fusionné avec la banque quelques années auparavant. Les membres de la famille en possédaient des actions à titre privé et celles-ci ne pouvaient pas leur être enlevées, mais ils ne les contrôlaient plus[26].

Des années plus tard, lorsqu'il fallut à Imétal le type de compétence que pouvaient apporter les Rothschild, ses propriétaires privés invitèrent la famille à entrer au conseil d'administration. David de Rothschild y vit un « vrai retour » (c'est le seul de ses holdings d'avant 1981 auquel la famille demeure liée actuellement)[27].

Il y a des moments, dans la saga Rothschild, où l'observateur voudrait arrêter la pendule et poser des questions. L'une en particulier, évidente, concerne le drame de leur dépossession. Pourquoi la famille n'avait-elle pas prévu le risque et, par exemple, morcelé le groupe en unités plus petites ? Pas nécessairement en 1981, sous la menace et sous les yeux de leurs ennemis parvenus au pouvoir, mais dix ans plus tôt, quand les socialistes et les communistes avaient divulgué leurs ambitions ? D'autres avaient pris des mesures anticipées, qui n'avaient certes pas toujours été couronnées de succès, mais le jeu n'en valait-il pas la chandelle ?

Guy de Rothschild était fataliste. Ayant déjà connu les nationalisations du Front populaire, quand la Compagnie du Nord avait constitué la principale cible et que sa direction avait fourni l'infrastructure de la future SNCF, il était convaincu que la nationalisation était comme un acte de Dieu ; et l'on n'essaie pas de se protéger d'un acte divin. En outre, Mitterrand n'était guère en position de favori pour les élections de 1981 ; les paris des gens bien informés s'étaient portés sur Giscard d'Estaing (et, en effet, Mitterrand n'avait pas tant gagné ces élections que Giscard ne les avait perdues). Après quoi, il avait été trop tard pour séparer la banque de ses actifs (Guy et sa famille n'auraient pas disposé des liquidités nécessaires — et les eussent-ils eues que le gouvernement aurait certainement pris des sanctions)[28].

En fait, si la banque familiale n'avait pas fusionné avec le holding du Nord en 1978, le gouvernement se serait tout de même approprié la Banque Rothschild et, avec elle, sa tradition et sa raison d'être, abandonnant à la famille ses intérêts industriels, voués à suivre le déclin des marchés mondiaux. « Somme toute, estimait Guy, nous aurions perdu l'essentiel pour garder l'accessoire[29]. »

Le fils de Guy de Rothschild, David, héritier de la direction de la banque, avait également réfléchi à l'imminence de la nationalisation. Il estimait, lui aussi, qu'ils n'avaient pas eu le temps de réagir, que la situation financière du groupe en déclin ne permettait guère d'envisager des contre-mesures agressives. Quoi qu'il en soit, lorsqu'un événement aussi considérable se produit, on se trouve paralysé psychologiquement ; et l'on est certainement tenté d'attendre de voir comment les choses évolueront[30]. Quant au cousin et associé de David, Éric de Rothschild, fils d'Alain, il n'avait pas cru que le nouveau gouvernement s'attaquerait aux Rothschild ; pourquoi s'en prendre à une entreprise familiale quand il y avait tant de géants alentour ? Il se rendait bien compte, lui aussi, que si la famille avait cherché une échappatoire, par exemple en isolant ou en vendant des filiales sans une solide raison financière, cela aurait soulevé un tollé. Et si l'on considérait la situation de ces filiales, il aurait été déraisonnable même d'essayer[31].

A l'époque de l'élection de Mitterrand, la Banque Rothschild était dirigée par un directoire composé de David, de son cousin Nathaniel (fils d'Élie) et du fidèle Jacques Getten. (Peu après la victoire des socialistes, Getten, qui n'était pas le premier de sa famille à travailler pour les Rothschild et n'allait pas être le dernier, rédigea pour la première fois de sa vie un *curriculum vitae.* Mais il ne souhaitait évidemment pas quitter les Rothschild s'ils voulaient le garder auprès d'eux, s'ils avaient besoin de lui ; et ce fut le cas.) A mesure que la lointaine menace semblait prendre corps, les trois hommes décidèrent d'agir comme si elle allait vraiment se réaliser.

Examinant leurs actifs disponibles, ils concentrèrent leur attention sur un holding existant, Paris-Orléans (PO), l'un des circuits par lesquels la famille contrôlait la banque. Puis, quand le passage de la loi de nationalisation parut inéluctable, ils utilisèrent PO pour constituer un établissement financier intitulé PO Gestion et qui, sans être une banque, en avait certaines attributions. Ils avaient six ou huit mois devant eux ; ils s'activèrent discrètement. Après la nationalisation, PO, en tant que détenteur reconnu de participations dans la banque, reçut sa part de l'indemnité (quelque 7 ou 8 %). Il y avait donc de l'argent, désormais. Et une activité de base qui serait le noyau d'un développement ultérieur[32].

Ils écartèrent l'idée de créer une banque commerciale car cela eût requis des investissements de capitaux considérables. Mais l'établissement d'une banque d'affaires était dans leurs moyens car celle-ci n'avait nul besoin de consentir des prêts ni d'ouvrir de succursales, non plus que d'avoir des guichets à la disposition d'une clientèle de personnes privées. Point n'était besoin d'une infrastructure bien lourde pour développer une activité de conseil financier auprès d'entreprises ou de gestion de capitaux (en commençant par ceux de la famille et des amis proches, puis ceux de loyaux clients fermement décidés à suivre les Rothschild partout où ils iraient). David de Rothschild prenait pour exemple la Banque Lazard : « Elle montre qu'en choisissant bien ses créneaux, une petite banque peut rendre de grands services — tout en réalisant de substantiels bénéfices[33]. »

Ils ne firent pas appel à des directeurs de l'ancienne banque de la rue Laffitte, ni même à des clients : ils voulaient des visages neufs.

Et Guy de Rothschild fit à nouveau sa valise, rassembla ses papiers et s'envola pour New York : nouvel exil américain pour préparer des jours meilleurs. Si, en France, la famille portait les stigmates des « vaincus », les États-Unis représentaient un territoire vierge, où tout était possible. L'une de ces possibilités consistait à prendre la société d'investissement, petite mais raisonnablement prospère, que les Rothschild français dirigeaient en association avec leurs cousins britanniques et à en faire une vraie banque[34].

En collaboration avec Evelyn, qui dirigeait NM Rothschild à Londres, Guy de Rothschild transforma New Court Securities en Rothschild Incorporated. Ils recrutèrent une célébrité de Wall Street, Robert Pirie, âgé de quarante-sept ans, que le *New York Times* décrivait comme un « truculent avocat new-yorkais spécialisé dans les OPA ». Et Rothschild Inc. démarra. Petite tout d'abord, en tout cas par les capitaux, mais avec un Pirie « plus grand que nature » pour président et quelques clients également « plus grands que nature », comme cet investisseur « vorace » qu'était sir James (Jimmy) Goldsmith, ou encore Robert Maxwell, qui échappait à toute définition. D'emblée, Pirie eut carte blanche car ses mandants étaient convaincus d'avoir choisi la personne qu'il leur fallait. David de Rothschild voyait en lui « un homme à la main verte... »[35].

Quant à Pirie et ses collaborateurs, ils comprenaient bien le capital que représentait pour la nouvelle banque le nom de la famille. « Quand nous étions encore New Court, les gens nous demandaient souvent nos bilans ou notre capitalisation, observait Wilbur Ross Junior, chargé des finances de la société. Mais je ne me rappelle pas quand on nous l'a demandé pour la dernière fois. Avec le nom de Rothschild, les gens sont en confiance[36]. »

Guy de Rothschild attribuait l'esprit combatif des jeunes Rothschild au désir de relever un défi : d'autres banques familiales avaient survécu, pourquoi pas la leur ? Pourquoi auraient-ils dû choisir l'exil pour exercer leur profession ? Quand la loi de nationalisation entra en vigueur, en 1982, David de Rothschild n'avait pas encore quarante ans ; Éric, fils d'Alain, était de deux ans son aîné. Ils étaient désormais associés à égalité, David assumant la direction parce qu'il avait davantage d'expérience.

Bien que né à New York pendant la guerre, David avait effectué sa scolarité à Paris, après la Libération. Il se rappelait que, dès l'école primaire, la seule mention de son nom lui valait des remarques sarcastiques et des sourires ironiques de la part des autres enfants. « Il est plus facile d'avoir affaire à des adultes, affirma-t-il lors d'une interview. Car ils savent que même si on s'appelle Rothschild, nous ne sommes pas différents des autres. Nous avons deux mains, deux yeux, deux jambes[37]. » Il fréquenta des lycées publics : Janson-de-Sailly, à Paris, puis (lorsqu'il alla vivre avec sa mère à Reux, près de Pont-l'Évêque), le lycée de Deauville et enfin le lycée Carnot, à Paris, pour la terminale. Après le baccalauréat, il fit ses études à l'Institut des sciences politiques de Paris, où il choisit l'orientation économique ; plus tard, il devait décrire sa formation universitaire comme des « études modestes ». Après avoir effectué son service militaire en Afrique, dans le cadre de la coopération, il entra dans les affaires familiales. Il devint par la suite directeur de la société Le Nickel, puis directeur général de la Compagnie du Nord[38].

Son cousin Éric avait vécu à New York jusqu'à l'âge de sept ans, après quoi son père Alain avait décidé que c'était en France qu'il voulait résider. Mais l'enfant allait tout de même avoir un parcours international, commençant par une *prep school* en Angleterre, passant ensuite dans un lycée parisien (Janson-de-Sailly), avant d'aller étudier à l'École polytechnique de Zurich. Il était prévu de tout temps qu'il rejoindrait ensuite la banque familiale ou l'une de ses filiales. Il démarra dans la société de transport Saga, où il passa plusieurs années, avant d'entrer à la banque proprement dite. Il figurait également au conseil d'administration de la banque Rothschild de Londres, en remplacement de Guy. Il était chargé du financement des sociétés depuis les années 1970, quand les anciens de la banque ne voyaient pas l'intérêt des fusions ou des acquisitions. Il retourna ensuite à Saga en qualité de président et Guy lui attribua le mérite du redressement de la compagnie. Après la nationalisation, les dirigeants nommés par le gouvernement demandèrent même à Éric de rester jusqu'à ce que Saga et les autres entreprises industrielles aient été vendues (Saga passa à Suez).

La nouvelle banque familiale était prête à démarrer, Éric était ravi de prendre part à l'aventure. (Il reçut un peu moins de 50 % des parts, étant donné qu'une participation minoritaire était réservée au demi-frère de David, Édouard, issu du second mariage de Guy de Rothschild avec Marie-Hélène[39].)

Ils auraient pu avoir un troisième partenaire. Nathaniel, le fils d'Élie, avait trente-six ans quand la guillotine s'abattit sur la Banque Rothschild. Il avait conçu la nouvelle compagnie avec Éric et David, partageant leur rancœur à l'égard de ce que l'on faisait de leur héritage. Mais, de même que son père, « Natty » était une nature obstinée, qui s'exprimait avec un solide franc parler ; diplômé de Harvard Business School, il était très américain, doté de ce que la presse d'affaires décrivait, comme un « style d'entrepreneur ambitieux ». Il partit pour les États-Unis gérer, en qualité de coprésident, les 50 % de Rothschild Inc. qui appartenaient à la famille, puis il se sépara de ses cousins en 1984. On le retrouva soudain allié à un autre Rothschild réfractaire, Jacob (rival de son cousin Evelyn), qui dirigeait son propre empire financier, séparé de la banque familiale traditionnelle de Londres.

La rupture de Natty avec la famille, son alliance avec Jacob constituaient « davantage un divorce qu'un simple changement de situation », confia à la presse un ancien cadre de Rothschild Inc. [40]. Il ne tarda pas à reprendre sa liberté, pour devenir l'unique propriétaire et directeur de Nathaniel Rothschild Holdings, qui gère des sociétés clientes ou lui appartenant en propre à partir d'une base new-yorkaise [41].

# 31
# Edmond et les autres

« Juifs sous Pétain, parias sous Mitterrand, ça suffit. » La réaction, violente et tranchée, de Guy de Rothschild à la saisie de la banque familiale par le gouvernement n'allait pas s'oublier rapidement, non plus que sa décision de quitter la France. En tournant les projecteurs sur un autre Rothschild, le fils non conformiste de Maurice, qui avait été lui-même un original au sein de la famille, une revue d'affaires titra : « UN ROTHSCHILD DANS LA FRANCE SOCIALISTE. Tous les Rothschild n'émigrent pas. Parmi ceux qui restent, Edmond nous dit pourquoi. »

Le pourquoi était évident : Edmond était tout à la fois citoyen français et résident suisse, payant des impôts dans les deux pays. « Mais il y a une grande différence ; en Suisse, on paie ses impôts parce qu'il faut équilibrer le budget [...] et non pas au nom de la justice fiscale ! On ne vous nationalise pas. On vous laisse investir où vous voulez [...] » Sa Compagnie financière, à Paris, n'était qu'une des composantes d'un empire contrôlé depuis le havre helvète, par l'intermédiaire de la Compagnie financière Benjamin et Edmond de Rothschild SA (fils d'Edmond et Nadine, Benjamin avait alors dix-neuf ans et poursuivait ses études aux États-Unis). En fait, deux holdings géraient les activités françaises, la Compagnie financière, à Paris, et la Société française des hôtels de montagne. L'objet de cette dernière dépassait en vérité assez largement le cadre des hôtels de montagne, des restaurants, des remontées mécaniques, car elle possédait également des élevages laitiers en Seine-et-Marne où le château d'Armainvilliers, propriété d'Edmond, constituait avec 2600 hectares de bois et de champs la plus grande exploitation agricole de la région. Quant aux activités vinicoles, il restait à Edmond sa création personnelle de Château-Clarke, et la part qu'il avait héritée de Château-Lafite.

Il avait pris grand soin, révéla-t-il lors d'une interview, de se concentrer sur des affaires ne requérant pas de gros capitaux... au départ. L'activité bancaire traditionnelle n'était pas envisageable en France à cause des limitations du crédit imposées par le gouvernement, d'où l'accent mis sur les services de conseil et sur son réseau international. En effet, après ce qui était arrivé à ses cousins en 1981, il envisageait de s'étendre en direction des Amériques et de l'Extrême-Orient plutôt qu'en Europe (où, d'après ses souvenirs d'enfance, un Juif était toujours suspect et où « jamais personne ne plaindra un Rothschild »). Néanmoins, le nom de la famille finirait bien par reparaître sur une plaque d'immeuble, dans une rue de Paris. Et il pourrait bien être précédé de son prénom, annonça-t-il (mais seulement si l'autre branche, celle d'Éric et David, y consentait)[1].

Une restauratrice d'art qui connaissait tous les Rothschild et rendait fréquemment visite à Edmond, à Pregny — son intérêt pour l'art ne s'était manifesté que tardivement, mais il avait alors appris très vite et n'avait pas tardé à transformer son château en une véritable caverne d'Ali Baba — déclara qu'il était le moins « rothschildien », le moins impérial du clan[2].

Il était assurément le plus carré dans ses déclarations, et pas seulement au sujet d'Israël et de son identité juive. Tout en affirmant sa solidarité avec les banquiers Rothschild dépossédés, il paraissait souvent amical envers les socialistes. L'un de ses directeurs, Henri Emmanuelli, était actif au sein du parti et devint par la suite député, puis ministre dans le gouvernement très militant de Pierre Mauroy (auteur des nationalisations). (Il sera ensuite trésorier du Parti socialiste, puis président de l'Assemblée nationale et, enfin, élu premier secrétaire du parti en juin 1994.) Quand les socialistes décidèrent de nationaliser les investissements américains dans la compagnie française d'informatique CII-Honeywell-Bull, ce fut Bernard Esambert, l'homme qu'Edmond de Rothschild avait placé à la tête de sa Compagnie financière, qui fut chargé de réaliser cette nationalisation. (Esambert avait été conseiller du président Pompidou pour la politique industrielle ; il n'était sûrement pas mitterrandiste.) Un autre cadre des Rothschild, Lisette Mayret, fut nommée présidente d'une autre compagnie nationalisée, la Banque Hervet, par le gouvernement socialiste[3].

Il semblait donc qu'il y eût un Rothschild de gauche. C'était justement le plus nanti de tous, et de beaucoup. En 1985, dans *L'Expansion,* la liste des cinquante Français les plus riches plaçait Edmond en quatrième position, avec une fortune estimée entre 2 et 2,5 milliards de francs ; Guy occupait la quarante et unième place, avec 600 à 650 millions[4]. Face au monde, les Rothschild étaient solidaires ; en privé, pas toujours. Edmond se tenait toujours à part. « Je suis le cadet de la branche cadette[5] », disait-il. C'était plus compliqué que cela. Son grand-père Edmond étant le plus jeune fils du baron James, les générations s'étaient décalées : Edmond II était l'arrière-petit-fils du Grand Baron, comme Guy, mais Guy avait déjà pris sa retraite ; David et Éric étaient des arrière-arrière-petits-fils. Sur l'arbre généalogique, Edmond avait la préséance.

La compagnie parisienne d'Edmond restait de dimension réduite pour une institution d'investissement. « Nous sommes une toute petite banque avec 4 milliards de francs de bilan », déclarait Bernard Esambert à la presse, à la fin de 1984. Cependant, sa clientèle se recrutait parmi l'élite car elle offrait des services high-tech, grâce auxquels elle croissait chaque année de 20 à 50 %[6]. En 1989, un annuaire de la finance et des affaires désignait Edmond comme président d'honneur de la Banca Tiburtina de Credito e Servizi, président de la Banca Privata à Lugano, de la Caesarea Development Corporation (vaste projet d'aménagement du rivage méditerranéen au nord de Tel-Aviv), de l'Israel General Bank et de l'Israel European Co. Il siégeait aux conseils d'administration de De Beers Consolidated Mines Ltd, du Club Méditerranée, de la Compagnie luxembourgeoise de télédiffusion, de Ferruzzi Agricola Finanziaria, d'Hachette, des Publications Filipacchi. La Compagnie financière Edmond de Rothschild à Paris (quand elle obtint enfin le droit d'utiliser le nom de la famille[7]) était liée à plus de cinquante banques, compagnies et fonds d'investissements[8].

Son épouse, Nadine, stimulée par l'exemple quotidien d'un inépuisable brasseur d'affaires, se lança dans l'écriture, adressant ses « recettes pour être une femme irremplaçable » à ses lectrices maîtresses de maison — voie assurée vers le succès[9]. Elle créa également sa propre marque de parfums d'ambiance, vendus sous forme de bougies, de vaporisateurs, de fleurs séchées, ainsi qu'une ligne de bijoux. Et Bordeaux lui inspira l'invention d'une cuvée spéciale de liqueurs pour dames[10].

David de Rothschild, le fils de Guy, se maria en 1974 — en dehors de sa foi comme l'avait fait son père. Le couple allait avoir deux filles, élevées dans la religion catholique, et un fils, Alexandre, né le 3 décembre 1980, qui serait confirmé dans la foi juive lors de son treizième anniversaire. Cette apparente apostasie ne créa pas de remous visibles car les Rothschild avaient depuis longtemps cessé d'exercer des fonctions officielles, sur le plan religieux, dans la communauté juive. Ce qui ne signifiait nullement que David n'eût pas l'intention de faire ce que la communauté attendait des Rothschild : une participation aux bonnes œuvres. Il remplaça son père à la présidence du Fonds social juif unifié, l'une des trois principales institutions communautaires (les deux autres sont le Consistoire, pour les affaires religieuses, et le Conseil représentatif des institutions juives, pour les questions politiques). Il devint président de l'Appel unifié juif de France, une organisation commune au FSJU et au Karen Hayesod israélien, organisme collecteur de fonds, ainsi que président de la Fondation du judaïsme français, qui sollicite des donations et des legs pour préserver l'héritage juif (et qui a restauré, par exemple, la synagogue historique de Carpentras)[11].

En février 1983, *Paris-Match* consacra une double page au genre d'informations dont son public raffolait. Il présenta une photo de famille de David de Rothschild avec sa femme Olimpia, fille du prince italien Aldobrandini, et leurs trois enfants : Lavinia, alors âgée de sept ans, Stéphanie, cinq ans, et Alexandre, deux ans. C'était à l'occasion de l'élection, sur les traces du baron James et de son fils Edmond, de David de Rothschild au Jockey Club, « le cercle le plus aristocratique et le plus fermé de France ». David dit au journaliste qui l'interviewait qu'il jugeait l'événement « tout à fait compatible avec [ses] activités financières et [ses] responsabilités dans la communauté juive de France ». Se sentait-il juif, Rothschild ou français ? voulait savoir le journaliste ; et il citait sa réponse : « Pour moi, Juif et Français, c'est la même chose. Au nom de Rothschild s'attachent un certain nombre de contraintes et de privilèges que j'essaie d'assumer. » Il pouvait être solidaire de sa famille et bon patriote tout à la fois. Et si certains membres de cette famille avaient choisi de quitter la France, lui-même était « attaché à la tradition et à la continuité », et c'était la raison pour laquelle il avait relevé le défi de reconstruire une maison Rothschild en France. En outre, il était maire de Pont-l'Évêque depuis six ans, et comptait se représenter[12].

Bientôt survinrent des nouvelles prometteuses. Après avoir établi leur nouvelle compagnie financière de poche, PO Gestion, dans un bureau situé au deuxième étage du petit immeuble de *Time-Life,* avenue Montaigne, les nouveaux associés David et Éric sollicitèrent le statut de banque d'affaires peu après la nationalisation de la firme familiale traditionnelle. Même si l'Association française des banques n'y voyait pas d'objection, les deux associés avaient néanmoins besoin de l'approbation du gouvernement, sans parler de la permission de mettre le nom de la famille sur la porte[13].

Une année allait encore s'écouler avant qu'ils ne reçoivent l'autorisation d'établir une vraie banque privée, répartie entre divers membres de la famille (44 %), le holding Paris-Orléans (21 %), N.M. Rothschild à Londres (12,5 %), la Compagnie financière d'Edmond de Rothschild (10 %), Rothschild Zurich AG (7,5 %) et une certaine Compagnie financière Martin Maurel (5 %). « Nous ne voulons pas refaire la Banque Rothschild, mais simplement redémarrer avec quelque chose d'autre, expliqua David, à savoir une maison axée sur des services financiers offerts à une clientèle d'entreprises, d'institutionnels, mais aussi de particuliers, l'activité de banque commerciale devant rester tout à fait marginale. »

C'est sous le nom de PO Banque qu'ils furent autorisés à se lancer. Car le gouvernement se montra intraitable : il n'y aurait pas de nouvelle banque portant le nom de Rothschild. « Nous n'avons pas pu obtenir une autorisation de ranimer le nom en même temps[14] », annonça David de Rothschild à la presse. La raison de son refus donnée par le gouvernement était la confusion qui aurait risqué de se créer entre une nouvelle banque de la famille Rothschild et l'ancienne, qui, nationalisée, se dénommait officiellement l'Européenne de banque, mais qu'on appelait encore souvent l'ex-Banque Rothschild. David de Rothschild avait déjà dû s'engager à ne faire aucune concurrence à l'Européenne de banque (qui était en déficit chronique depuis sa nationalisation)[15].

On savait que la gauche au pouvoir jugeait le retour de la famille « politiquement inacceptable »[16]. « Il n'est pas encore question que le nouveau-né s'appelle Banque Rothschild », observait le quotidien du Parti communiste, *L'Humanité,* manifestement inquiet de voir que la famille ne renonçait pas tout bonnement. « L'emploi en France bénéficiera-t-il de cette nouvelle venue ? La famille Rothschild n'a pas changé depuis la nationalisation. Son objectif demeure plus que jamais la recherche de la rentabilité financière maximale[17]... » Dans une timide tentative pour affirmer son identité, la nouvelle banque de David et Éric utilisait déjà les cinq flèches Rothschild dans son logo ; au-dessous de « PO Banque », on pouvait aussi lire « groupe Rothschild »[18].

Mais aucun gouvernement n'est éternel. Les élections législatives étaient fixées au mois de mars 1986 et les paris se portaient sur le centre droit. Les victimes des nationalisations de 1981 ne faisaient pas mystère de leur espoir d'un retour aux commandes des conservateurs et du droit à la propriété privée. En outre, David de Rothschild exprimait sans ambages, lors d'interviews, son intention d'acheter des parts des banques et des compagnies industrielles qui allaient être dénationalisées et revendues au secteur privé par le nouveau gouvernement, en utilisant des réserves de liquidités non seulement de PO Banque, mais encore de ses holdings cotés à la Bourse de Paris, Paris-Orléans et Francarep. Les Rothschild ne souhaitaient pas recréer un groupe industriel comme l'ancienne Compagnie du Nord, mais être « des investisseurs actifs dans quelques entreprises qui compléteraient leur activité bancaire ». En mai 1986, PO Banque gérait un fonds de clientèle s'élevant à quelque 400 millions de dollars, avec des actifs de 6 millions de dollars ; ses gains hors taxes pour 1985 étaient de 25 % de la valeur nette. « Nous sommes encore petits, déclara Rothschild au *New York Times,* mais l'objectif est de doubler le taux de bénéfice à 50 % d'ici 1988 », et cela en s'engageant davantage dans le financement de sociétés, les fusions et acquisitions et les opérations de marché[19].

L'opposition gagna en effet ; la privatisation fut à l'ordre du jour. Au côté du président Mitterrand se tenait à présent un Premier ministre conservateur, Jacques Chirac, dont le ministre de l'Économie et des Finances, Édouard Balladur, fut chargé d'inverser les effets des nationalisations de 1981-1982. Quant aux cousins Rothschild – David et Éric d'un côté, Edmond de l'autre, ils décidèrent de mettre en commun leurs ressources afin de pouvoir acquérir des parts dans les grandes compagnies qui allaient bientôt être rendues au secteur privé ; presque immédiatement, ils mobilisèrent un capital disponible de 750 millions de francs. Ils donnèrent à leur nouvelle société d'investissement le nom de Saint-Honoré-Matignon, en référence aux adresses respectives de leurs banques[20]. Dès octobre 1986, les cousins de l'avenue Matignon pouvaient annoncer qu'ils avaient obtenu l'autorisation d'utiliser à nouveau le nom de la famille : PO Gestion devenait Rothschild et Associés Banque. Bien entendu, le cousin Edmond de la rue Saint-Honoré pouvait appeler son établissement Compagnie financière Edmond de Rothschild.

Ils obtinrent également une sorte de réparation symbolique. Les deux compagnies Rothschild furent choisies, sur une liste de soixante-dix candidats, pour conseiller le gouvernement Chirac-Balladur sur l'une des plus grosses privatisations, celle de Paribas, la première banque d'affaires de France et peut-être d'Europe. Sa vente au public — quelque 19 milliards de francs d'actions — allait être la plus considérable transaction boursière jamais effectuée. Les cousins avaient soumis leurs offres à un comité officiel de sélection, connu dans la profession sous le sobriquet de « Concours de beauté ». Certains membres du comité souhaitaient-ils faire amende honorable ? C'est possible, même si, avec le recul, David de Rothschild ne croyait pas qu'on puisse prendre des décisions de cette importance pour des raisons sentimentales.

Quoi qu'il en soit, l'événement justifia ce gros titre dans un journal du matin : « LE COME-BACK DES ROTHSCHILD »[21]. Il allait paraître bien d'autres titres du même ordre en cette fameuse année 1986. La famille présentait un profil assez différent à présent : Guy était revenu de New York mais s'était retiré des affaires, et son cousin Élie avait choisi Londres pour sa retraite (ou semi-retraite car il se trouvait toujours une ou deux présidences disponibles pour un Rothschild vivant).

Les partenaires de la banque familiale reconstituée étaient au moins aussi rassurants que leurs prédécesseurs... et éminemment photogéniques. « De la nouvelle génération, notaient des journalistes de l'hebdomadaire *Le Point,* David et Olimpia, une Italienne admirablement belle et bien née, donnent une image bon chic bon genre, encore plus *low key,* pour employer cette langue particulière située quelque part entre le français et l'anglais que parlent volontiers les Rothschild[22]. »

Cet autre gentleman de bon ton, Éric, reçut chez lui, au château Lafite, où il remplaçait son oncle Élie à la tête du vignoble familial, la visite de l'expert en vins Cyril Ray. Éric était resté célibataire jusqu'à l'âge de quarante-quatre ans, puis avait épousé donna Maria-Beatrice Caracciolo di Forini ; issue de la famille ducale napolitaine, elle s'était convertie au judaïsme, comme l'avait fait la propre mère d'Éric[23]. Mais cela n'alla point sans foudre ni tonnerre car près de dix ans s'étaient écoulés depuis le mariage de David avec une Italienne catholique et la communauté juive française, de plus en plus dominée par des éléments orthodoxes et traditionnels, n'était plus aussi tolérante envers les Rothschild, ni aussi libérale quant au mode de vie des Juifs assimilés dans la France républicaine, que l'avaient été les dirigeants de la communauté d'antan. Maintenant, le conseil d'administration du Consistoire lui-même était pris pour cible. Un journaliste citait Éric de Rothschild : « On verra, une fois les cartes redistribuées, s'il y a encore de la place pour nous[24]. » Désormais, son principal rôle dans la communauté juive allait consister à présider le Comité d'action sociale israélite de Paris : qui dit Rothschild dit philanthrope.

Sans se laisser troubler, Éric et « Marie-Béatrice » (comme les Français allaient l'appeler) s'installèrent dans la maison qu'Alain de Rothschild, père d'Éric, avait fait construire en bordure des jardins de l'avenue Marigny (après la vente de l'hôtel particulier sur rue)[25]. David fut l'unique Rothschild banquier à rompre avec la tradition, en allant vivre sur la rive gauche (à quelques pas du palais et du jardin du Luxembourg).

Ce fut le choc de la nationalisation qui détermina Éric, à examiner de plus près, au nom de la famille, Château-Lafite et ses possibilités commerciales[26]. De cet examen sortit une société vinicole réorganisée, opérant sous le nom des Domaines Barons de Rothschild. Le cru vedette, Lafite, finançait depuis longtemps un second vin, vendu sous le nom de Moulin-des-Carruades ; celui-ci provenait des mêmes raisins, des mêmes terrains, mais de vins n'ayant pas douze ans d'âge, et les vignerons de Lafite ne pensaient pas qu'on pût obtenir ainsi une qualité vraiment supérieure.

Dès 1964, la famille avait acquis un autre vignoble, Château-Duhart-Milon, originellement classé quatrième cru. Il avait besoin d'améliorer son image et les Rothschild savaient y faire. Ces vins allaient sortir sous les couleurs des Domaines Barons de Rothschild : chacun, même s'il n'était pas le *nec plus ultra* du vrai gourmet, allait représenter ce que Cyril Ray appelait « le meilleur de sa catégorie ». En 1984, un Sauternes premier cru vint enrichir la collection, grâce à l'acquisition d'une participation majoritaire dans Château-Rieussec[27].

Avant la fin des années 1980, Éric et ses cousins avaient suivi l'exemple de leur concurrent, le baron Philippe, en procédant à un échange de participations entre les Domaines Barons de Rothschild et Chalone Inc., propriétaire de crus réputés dans la région de Salinas, en Californie[28].

Mais, bien entendu, le premier créateur d'un groupe vinicole avait été Philippe, qui, dans ses dernières années, vendait encore son personnage autant que son vin (l'un comme l'autre par l'entremise de la société Baron Philippe de Rothschild SA). Le célèbre Château-Mouton-Rothschild demeurait l'objet de sa fierté, mais il y avait aussi le plus modeste

Mouton-Cadet et, maintenant, un Château-Mouton-Baronne-Philippe (que la fille de Philippe allait commercialiser sous son nom originel de Château-d'Armailhacq). Philippe s'éteignit en 1988, à l'âge de 86 ans. Philippine, sa fille, reprit la gestion des vignobles Baron Philippe de Rothschild SA, qui représente encore aujourd'hui près d'une douzaine de vins différents, parmi lesquels un Clerc-Milon fort estimé[29].

Après le décès de sa mère et la liquidation de la succession du baron Édouard et de la baronne Germaine, Guy n'avait pas seulement donné Ferrières. Il fit sensation en faisant une dation du précieux Vermeer *L'Astronome* au Louvre, où il devint l'un des trésors les plus estimés de ce musée pourtant déjà très riche en chefs-d'œuvre. Il s'y mêlait évidemment une histoire de taxes sur l'héritage. Des négociations compliquées s'étaient déroulées avec le gouvernement, s'achevant par l'autorisation accordée aux Rothschild d'exporter et vendre deux Goya et un Frans Hals[30]. A l'époque de la dation du Vermeer, une revue d'art nota que, depuis un siècle, la famille avait donné 50 000 œuvres d'art à des institutions publiques (les illustrations accompagnant l'article en montraient quelques-unes, parmi lesquelles un dessin de Rembrandt et un superbe manuscrit enluminé, *Les Très Belles Heures de Notre-Dame,* qui avait été conçu pour le duc de Berry — un cadeau de Maurice à la France[31]). Dix ans plus tôt, une des sœurs de Guy, Bethsabée, avait offert au Louvre un Hans Memling, *La Fuite en Égypte,* tandis que l'autre, Jacqueline, avait donné *La Buveuse* de Pieter de Hoogh[32].

Presque chaque branche de la famille représentait une source majeure de bienfaisance, créant ou développant bien souvent de nouvelles œuvres. En 1986, la presse rapporta que, depuis 1982, quelque 40 millions de francs avaient été dépensés par la Fondation Rothschild, que présidait Éric. Sans compter 3 millions de francs versés chaque année pour des habitations à bon marché, par l'entremise d'une autre fondation Rothschild, que présidait David. Cette dernière activité gère environ 2 000 appartements à bas loyer, dont le revenu permet leur entretien et de nouveaux investissements, l'excédent servant à entretenir les propriétés de la communauté juive (notamment les écoles religieuses). De son côté, le baron Edmond consacrait annuellement 15 millions de francs à des œuvres comme la Fondation ophtalmologique Adolphe de Rothschild, l'un des trois grands hôpitaux privés de Paris (avec 230 lits, dont 18 en neurochirurgie, et plus de 1 000 consultations externes par jour). Il s'occupait également de l'institut de biologie de son grand-père, rue Curie (celui même qui avait failli tomber aux mains d'Alexis Carrel, le protégé de Vichy), un laboratoire universellement renommé. L'orientation de la philanthropie Rothschild était de plus en plus neutre sur le plan religieux, notait le journaliste[33].

Bien sûr, le progrès avait métamorphosé l'action caritative. Grâce aux découvertes de la médecine, le besoin de sanatoriums avait disparu ; les orphelinats se muaient en homes d'enfants, les patients naguère soignés dans des hôpitaux de bienfaisance privée étaient désormais couverts par la Sécurité sociale ou l'Assistance publique. Dès 1954, l'hôpital Rothschild de la rue Santerre avait été donné à l'Assistance publique, mais la Fondation Rothschild continuait à financer la circoncision religieuse dans la section maternité et à fournir une nourriture cachère aux Juifs pratiquants dans tous les hôpitaux de l'Assistance publique.

Les fils de Robert, Élie et Alain, avaient fait don du château familial de Laversine pour accueillir un centre de formation pour les jeunes. Par la suite, Alain allait fournir les fonds nécessaires à la création d'un centre psychiatrique spécialisé dans la prévention, à Paris, auquel fut ajoutée par la suite une unité de soins à domicile pour les enfants de moins de quatre ans. Par l'intermédiaire de leur fondation, la famille des banquiers avait agrandi les domaines de leurs maisons de retraite et de leur centre gériatrique (utilisant le château de La Guette, près de Ferrières, où la baronne Édouard avait installé une base d'accueil pour les réfugiés de l'Allemagne nazie). De son côté, en plus de ses œuvres scientifiques et médicales, Edmond créa un réseau de clubs pour adolescents de milieux défavorisés[34].

Bien qu'Edmond se rendît fréquemment en Israël pour ses affaires, et son fils Benjamin allait l'y suivre, une seule Rothschild, de toute la dynastie bancaire, s'établit en Terre promise. Bethsabée, la sœur de Guy, avait commencé par y faire des visites périodiques pendant la décennie qui suivit la guerre. Et un beau jour, Bethsabée adopta la forme hébraïque de son prénom et devint « Batsheva ». A New York, étant une grande amie et admiratrice de Martha Graham et de sa troupe, elle créa une Fondation Batsheva de Rothschild pour les arts et les sciences, afin d'organiser des concerts de compositeurs contemporains et, bien sûr, de financer les productions chorégraphiques de Martha Graham et d'autres compagnies de danse. La fondation avait aussi pour objet d'enregistrer sur la pellicule les chorégraphies de Martha Graham. En 1956, Batsheva fit même venir la célèbre danseuse en Israël.

Il semblait donc parfaitement naturel que cette Rothschild industrieuse poursuive son œuvre en Israël, en bienfaitrice de la musique, baroque et moderne, et de la danse. Une nouvelle Fondation Batsheva de Rothschild pour l'art et l'apprentissage vit le jour ; il y eut également une Batsheva Crafts Corporation, dans le même esprit. Avant d'en avoir terminé, il lui fallut encore créer deux fondations scientifiques, sans quoi elle n'eût pas été une vraie Rothschild (elle était elle-même diplômée de biologie à la Sorbonne).

Mais la danse perpétua son nom, comme les banques et le vin avaient immortalisé celui d'autres Rothschild. La Batsheva Dance Company fut constituée en 1964, avec Martha Graham comme conseillère artistique ; trois ans plus tard, Batsheva ouvrait un studio à Tel-Aviv, l'une des rares écoles à enseigner conjointement la danse moderne et classique. Cette école et sa troupe reçurent le nom Bat-Dor, « Bat » pour Batsheva et « Dor » pour Jeannette Ordman, le professeur de danse qui la secondait). Ce devint une activité à plein temps pour l'ex-Bethsabée bien qu'elle eût des occupations annexes, comme la fondation d'un Centre israélien de médecine de la danse, ouvert en 1985[35]. Une visite récente des studios, vastes mais spartiates, dans le centre de Tel-Aviv permit à l'auteur du présent ouvrage de voir cette femme énergique, courbée par l'âge, qui courait d'une pièce à l'autre, au milieu de jeunes femmes élancées travaillant à la barre.

# 32

# Les temps modernes

Certes, ils n'étaient pas les Lazard qui, pendant la majeure partie de ce siècle, régnèrent sur les territoires qu'avaient choisis les Rothschild de la nouvelle vague, mais ces Lazard, rois de la nouvelle haute banque, la banque de l'ingénierie financière, étaient des modèles qu'ils pouvaient suivre. Les messieurs de Lazard Frères (qui, désormais, étaient essentiellement les David-Weill) avaient prouvé qu'une dynastie bancaire pouvait prendre des associés extérieurs à la famille sans perdre son identité ni surtout sa propriété et son contrôle[1]. Leur système permettait à une institution établie de recruter des experts des nouveaux secteurs si prometteurs de la finance et de l'industrie ; là encore, sur le modèle Lazard, on pouvait mener des transactions de part et d'autre de l'Atlantique, de part et d'autre de la Manche. Les affaires modernes se faisaient ainsi et la banque moderne devait suivre. Si un « Jimmy » Goldsmith — sir James Goldsmith — était aussi à l'aise sur les marchés de Londres, de New York et de Paris, son conseiller financier et ami David de Rothschild se devait de l'être aussi.

A la fin des années 1980, quand Lazard gagnait plus d'argent que les Rothschild de Paris et de Londres réunis, on rapportait que Michel David-Weill avait dit : « L'erreur historique des Rothschild, c'est qu'ils n'ont jamais eu d'assise américaine, une assise que nous, chez Lazard, nous avons consolidée depuis plus de quarante ans. [...] Si l'on veut être champion, ou même semi-champion, New York est l'arène par excellence ». Et David de Rothschild s'autorisa à observer : « A l'avenir, il sera plus délicat pour Lazard d'améliorer ses profits que pour nous de combler notre retard[2] ! »

Il ne pensait pas vraiment que Rothschild en France pût dépasser l'entreprise à la tête de la profession. Mais David de Rothschild aimait à se dire qu'il travaillait pour le jour où, après sa retraite, il pourrait entendre un homme d'affaires américain en quête d'attache européenne, reconnaître : « Naturellement, Lazard est le plus grand, mais il y a *aussi* Rothschild. »

Dans une économie qui redémarrait, la voie de l'enrichissement rapide, pour le banquier comme pour le client, s'épelait OPA (offres publiques d'achat) et elle n'était pas nécessairement amicale. Dans ce domaine, l'allié des Rothschild Jimmy Goldsmith était un maître consommé. En octobre 1986, il fit les gros titres de la presse lorsqu'il l'emporta sur un puissant rival italien et parvint à acquérir le second groupe d'édition français, les Presses de la Cité ; il fut assisté en cela par les nouveaux Rothschild. Modestement, David allait donner à entendre que Goldsmith l'avait choisi par amitié. Les mécanismes bancaires étaient nécessaires à la mise en œuvre d'une OPA et Rothschild s'était contenté de fournir ces mécanismes. Mais c'était Goldsmith qui avait mené le jeu [3].

Une autre OPA, plus spectaculaire encore, se déroula deux ans plus tard à New York, sur une grande maison d'édition générale, Harcourt Brace Jovanovich, dont la famille propriétaire ne voulait absolument pas être déchue de son perchoir ébranlé et surtout pas par l'acheteur potentiel, l'un des plus flamboyants brasseurs d'affaires de son temps, un parvenu, Robert Maxwell. Agissant de sa base londonienne, par l'entremise de Robert Pirie, directeur de Rothschild à New York, Maxwell offrit 1,7 milliard de dollars pour Harcourt, somme incroyablement plus élevée qu'aucune offre jamais faite pour un bien similaire. Il s'ensuivit l'une des plus farouches bagarres de l'histoire de la finance, épicée d'échanges d'insultes publics. William Jovanovich, propriétaire de Harcourt, concocta alors ce qu'on appelait sur le marché une « pilule empoisonnée » : un moyen de décourager jusqu'aux plus téméraires des pirates financiers, enchérissant une OPA hostile. Cette pilule-là contenait une nouvelle émission d'actions pour 3 milliards de dollars, causant un endettement délibéré qui découragea Maxwell mais qui, par la suite, confirma la chute de Harcourt Brace Jovanovich, dont les propriétaires perdirent le contrôle au profit de leurs créanciers.

Maxwell ne tarda pas à reparaître en première page des journaux, traînant après lui Pirie et Rothschild Inc., grâce à une nouvelle OPA hostile sur un géant de l'édition, Macmillan Inc. Il était en compétition forcenée avec d'autres candidats acquéreurs (dont un « chevalier blanc », préféré par la propre direction de Macmillan). Les enchères se succédaient avec frénésie et la tactique de défense de la maison d'édition était très affinée, grâce aux conseils de Lazard Frères. Macmillan produisit sa propre version de pilule empoisonnée : il annonça son intention de vendre à l'acquéreur de son choix ses quatre filiales les plus rentables, au cas où l'enchère du chevalier blanc échouerait. Il s'agissait de priver le vainqueur — Maxwell — des « joyaux » de la compagnie. Maxwell engagea des poursuites pour manœuvre déloyale et gagna, emportant l'empire Macmillan pour un total de 2,6 milliards de dollars — une somme considérable, même pour lui. Pour leur assistance, les Rothschild reçurent 12 millions de dollars, leur plus gros gain jusqu'alors.

Rothschild Inc. — entreprise franco-britannique, dont l'enjeu était tellement important pour les Rothschild convalescents de Paris, sur les plans tant financier que symbolique — était maintenant très présente sur la place américaine. Maxwell n'était pas l'unique « prédateur étranger » sur sa liste de clients, grâce à l'inépuisable Pirie, dont la tactique consistait à convaincre des entreprises étrangères — surtout britanniques — qu'un certain nombre de compagnies américaines sous-évaluées étaient mûres pour une OPA. Il aida Jimmy Goldsmith à acheter Crown Zellerbach, le géant du bois, lors d'une autre OPA hostile qui fit, elle aussi, beaucoup de bruit. Il conçut également la stratégie de l'assaut mené contre SCM (anciennement Smith-Corona, fabricant de machines à écrire) par le Hanson Trust de Londres.

Au cours des quatre années qui s'achevèrent par l'acquisition de Macmillan par Maxwell, à la fin de 1988, Rothschild Inc. participa à des OPA pour une valeur de 19,4 milliards de dollars ; elle restait cependant considérée à Wall Street comme une joueuse mineure. Sir Jimmy expliqua au *New York Times* que la « faiblesse » de la banque Rothschild de New York était le manque de capitaux ; elle ne pouvait offrir que des services, après quoi ses clients devaient se tourner vers d'autres sources de financement[4].

Dès 1945, Lazard, alors dirigé par Pierre David-Weill, avait nommé associés-gérants trois de ses directeurs (en d'autres temps, il avait été difficile, même à un parent, jeune frère ou cousin éloigné, d'atteindre ce cercle restreint[5]). David de Rothschild ne cachait pas qu'en cherchant des directeurs susceptibles d'être cooptés comme associés il suivait l'exemple des Lazard. Le père de David, Guy, y reconnaissait la manière « américaine » — Goldman Sachs aussi bien que Lazard employaient effectivement cette méthode aux États-Unis, tandis que N. M. Rothschild, à Londres, pratiquait différemment.

C'était là une première pour les Rothschild, qui, en cent soixante-dix ans d'existence, n'avaient encore jamais accepté d'associé qui ne portât pas le nom de la famille.

Doter un haut directeur ou un expert du titre d'associé créait une stimulation et une identification à la compagnie qu'aucune rétribution financière n'aurait pu apporter. Cela donnait également au nouvel associé un statut professionnel et même social qu'il n'aurait pu atteindre autrement. Adoptant la structure juridique de société en commandite simple, les Rothschild de Paris n'allèrent pas aussi loin que les Lazard dans le partage de la propriété familiale avec des associés extérieurs. Les nouveaux associés-gérants — dont aucun n'apporte de capital dans la société — reçoivent un intérêt financier minoritaire, avec un droit aux bénéfices avant rémunération de la famille. (En tant que rémunération d'un capital, leurs dividendes sont imposés à un taux inférieur à celui d'un salaire.) La possession demeure fortement ancrée dans la famille, même s'il arrive que des partenaires se voient attribuer une part plus importante des bénéfices que leur pourcentage personnel du capital ne leur aurait value sous le régime d'une société anonyme. Les associés-gérants peuvent bloquer des décisions ou engager la compagnie, mais ils ne peuvent pas en ôter le contrôle à la famille[6].

La désignation du premier non-Rothschild n'est guère étonnante : ce fut Jacques Getten, qui avait littéralement grandi dans cette compagnie que son père et son grand-père avaient servie si loyalement et qui était financier des entreprises. Le second, par contre, était vraiment extérieur, et ce choix pouvait davantage surprendre. Car Jean-Charles Naouri n'était l'homme de personne. En effet, il allait être un associé-gérant Rothschild alors même qu'il entreprenait de créer une compagnie d'investissements en son nom propre, dans des locaux séparés et en totale indépendance des Rothschild.

Alors âgé de trente-huit ans, Naouri avait fait des études brillantes à Harvard et à l'École nationale d'administration. Il se fit tout d'abord remarquer comme directeur de cabinet du ministre socialiste Pierre Bérégovoy, ce qui ne troubla guère les Rothschild, pas plus d'ailleurs que l'inculpation de Naouri pour délit d'initié lors de la vente de la Société générale nouvellement privatisée. Loin de déplorer les activités extérieures de Naouri, dans sa propre société d'investissements nommée Euris — un holding ingénieusement structuré, de manière à pouvoir contrôler des parts importantes de compagnies solides comme l'Oréal, Canal+ et Carrefour, avec un placement initial relativement modeste —, David de Rothschild l'aida au contraire à la créer. La position de Naouri, dans la banque Rothschild ainsi qu'à la tête de sa propre compagnie d'investissements, signifie que Naouri se tourne prioritairement vers Rothschild lorsqu'il a besoin d'une banque, tandis qu'Euris est immédiatement informée quand les associés Rothschild repèrent un bon investissement : une relation décrite comme privilégiée, mais non exclusive[7].

Un autre associé-gérant des Rothschild, Jean-Claude Meyer, qui avait quarante-trois ans lorsqu'il entra dans la compagnie, au début de 1989, connaissait déjà bien la fonction. Il venait de chez Lazard Frères, où il occupait également le poste de gérant. Devenu associé-gérant résident de la banque Rothschild (ce que n'était pas Naouri), Meyer prit la direction des activités internationales, devenant vice-président de Rothschild Europe (son *alter ego* à Londres étant Russell Edey, directeur général — mais non associé — de N. M. Rothschild). Pour Jean-Claude Meyer, la vraie vocation de sa banque aujourd'hui est « M & A » (« *mergers and acquisitions* » dans la langue des banques, « fusions-acquisitions » en français), et il espère maintenir le rang de Rothschild et Cie — qui en 1993 était numéro deux après Lazard — au palmarès des fusions-acquisitions en France[8].

L'arrivée d'un autre personnage, durant l'été 1994, a fait sensation dans les milieux financiers. Cette fois il s'agit d'un associé-gérant de

Lazard — un partenaire —, Christian de Labriffe, quarante-sept ans, le premier banquier de son rang à avoir quitté Lazard avant la retraite. Cette banque perdait-elle du terrain ou Rothschild en gagnait-il? Labriffe déclarait : « Il ne s'agit d'ailleurs pas de faire de Rothschild et Cie un autre Lazard, mais de faire une maison tout aussi professionnelle avec sa propre personnalité [9]. »

Jusqu'à la fin de 1992, on pouvait dire que David était le seul Rothschild parmi la demi-douzaine d'associés à part entière, même s'il se trouvait être le premier d'entre eux par le rang et l'importance. C'est alors qu'est entré en scène son demi-frère Édouard, doté d'un MBA de la Graduate School of Business Administration de New York University. Il a travaillé quelque temps à la banque d'investissements Wertheim, à New York, puis a rejoint à Londres la société de son cousin Jacob. Ensuite, il a passé un certain temps dans une compagnie française, avant d'être mûr pour rejoindre la banque familiale, en 1987, à l'âge de trente ans.

Rothschild jusqu'à la moelle, Édouard s'est lancé dans l'élevage des chevaux, aux États-Unis et en Irlande aussi bien qu'en France (il a une écurie dans les haras de son père, à Meautry) ; il élève et fait courir ses chevaux, tout comme le faisait son grand-père Édouard et comme le fait son père Guy (mais pas David). Il toucha de l'or dès la première fois, en 1988, avec la pouliche Ochi Chornya, qui, cette année-là, remporta plusieurs prix en France et en Amérique. Il aime l'idée qu'il existe certaines similitudes entre les courses de chevaux et la banque d'investissements : dans le financement des sociétés, seul un coup sur cinq ou même sur dix sera payant, et il faut lancer cinq ou six chevaux dans la course pour avoir un gagnant. Dans un domaine comme dans l'autre, il s'agit d'apprendre à être bon perdant.

En tant que septième gérant-associé de la firme familiale, Édouard aura bien des occasions de mettre à l'épreuve son tempérament. Car le secteur qu'il a choisi, ou qu'on lui a choisi, est celui des fusions et acquisitions, et cela dans une phase alors récessive du cycle des affaires qui n'a guère été tendre pour ce type de transactions [10].

En un sens, le jeune Édouard diffère de tous les autres gérants-associés — à l'exception de David : il possède une part de l'entreprise. La famille contrôle la banque et ses autres intérêts en partie par le biais de PO (Paris Orléans SA), dont le président est son cousin Éric. Rothschild et Cie Banque, par exemple, appartient pour 40 % à PO, le reste (49 %) étant entre les mains de la famille (David, 15 % ; Édouard, 13 % ; Éric et les siens, 21 %), avec des participations minoritaires de la Compagnie financière du cousin Edmond (8 %) et des vieux amis et partenaires de la famille, la Compagnie financière Martin Maurel (3 %) [11]. Cependant, PO même détient 8,41 % de Rothschild Concordia Holding, mécanisme qui possède 51 % de Rothschild Continuation Holding, instrument du contrôle familial des banques et succursales Rothschild dans vingt pays. Directement ou par l'intermédiaire d'une société sœur, PO a en main près de 15 % des Domaines Barons de Rothschild, productions vinicoles de la principale branche Rothschild, ainsi que 43,84 % du groupe d'investissements SHM/Francarep (« SHM » représentant, bien sûr, Saint-Honoré-Matignon, l'association financière avec Edmond et sa Compagnie financière). Par l'entremise de SHM/Francarep, la famille gère un vaste éventail d'investissements dans le pétrole, l'immobilier, les minéraux et les matériaux de construction — ainsi que des participations dans d'autres groupes d'investissements engagés dans le Club Méditerranée, des revues, des compagnies d'assurances et les produits de luxe Hermès[12].

Tout cela constitue une liste impressionnante de présidences et de sièges de conseil d'administration. David et Éric, par exemple, siègent tous deux au conseil d'administration de N. M. Rothschild, à Londres ; David a des responsabilités dans la société Euris de Jean-Charles Naouri, ainsi que dans les entreprises Louis Vuitton et Veuve-Clicquot-Ponsardin, et Éric dans la compagnie d'assurances Fédération continentale et Warburg Brinckmann Wirtz[13].

Le succès frappa très tôt. En 1990, Rothschild (de Paris) trouva en Philip Morris un client très important qui souhaitait mettre en œuvre une OPA de 4,2 milliards de dollars sur le confiseur suisse Jacob Suchard. Pour le producteur de tabac et de produits agro-alimentaires, cette opération ajoutait les 3,9 milliards de dollars de revenus de Suchard aux 44,8 milliards de dollars perçus l'année précédente. C'était la plus vaste acquisition jamais réalisée en Suisse et la plus importante de l'année en Europe (bien que dédaigneusement décrite par un concurrent des Rothschild comme un « brillant accident de parcours »). Et, bien sûr, cette action rapprochait les Rothschild du sommet dans le domaine des fusions et acquisitions, les mettant très précisément, parmi les banques d'affaires françaises, en seconde position, derrière Lazard[14].

L'associé Rothschild qui géra l'acquisition se trouvait justement être cet ancien spécialiste des transactions transfrontières chez Lazard, Jean-Claude Meyer, qui réalisa la même année plusieurs autres « brillants accidents », notamment en aidant le groupe français Pinault à vendre ses papeteries Chapelle-Darblay au producteur de papier finnois Kymmene Oy. Dès ses premières années chez Rothschild, il organisa également l'achat de la chaîne suisse d'hôtels et de restaurants Mövenpick par un investisseur allemand et celui, par le groupe britannique d'hôtels-restaurants Forte, des restaurants d'autoroutes de la Société des wagons-lits.

David et ses associés n'auraient assurément pas qualifié la vente de Suchard à Philip Morris d'accident, même brillant. Au début des années

1990, conseiller British Airways pour l'achat de la plus grande compagnie privée d'aviation en France, TAT, et aider la famille Marone-Cinzano à céder ses parts majoritaires de Cinzano au groupe britannique Grand Metropolitan constituèrent des réussites tout aussi lucratives, alors que les économies de l'Europe occidentale avaient déjà recommencé à décliner. Ils aidèrent le groupe français des Chargeurs, déjà puissant dans le domaine de la laine, des textiles et des communications, à acheter Pathé Cinéma (pour 1,1 milliard de francs), organisèrent la vente de la société d'emballage de luxe Techpack à Péchiney, le géant de l'emballage [15]. Tous bénéfices encaissés, les Rothschild purent annoncer des bénéfices records pour 1990, se chiffrant à 57 millions de francs. L'année suivante fut tout à fait satisfaisante, mais les bénéfices atteignirent le niveau plus « normal » de 47,3 millions [16].

Les Rothschild français eurent à nouveau les honneurs des gros titres en tant que partenaires minoritaires de la première chaîne de télévision allemande diffusant exclusivement des informations (en association avec des géants comme le groupe Time Warner, numéro un mondial de la communication [17]. Par l'intermédiaire de leur filiale new-yorkaise Rothschild Inc., ils semblaient même prêts à assumer la gestion financière de tout un pays, comme naguère, par le biais d'un accord signé avec l'ancienne république soviétique du Kazakhstan, ayant pour but d'aider les dirigeants de cette nation cinq fois grande comme la France et devenue récemment indépendante à privatiser ses industries et exploiter en marché libre son pétrole et ses richesses minérales. Et si le rôle des Rothschild dans la privatisation de Paribas semblait une étape symbolique en 1986, que dire de l'annonce (durant l'été 1994) de leur désignation par le gouvernement français, de pair avec la Caisse nationale de crédit agricole, comme conseils sur la dénationalisation de la société symbole de toutes les grandes nationalisations : Renault ? En 1994 également, Rothschild et Cie a été engagé par la Caisse des dépôts et consignations en vue de la vente de ses réseaux câblés [18].

New York continue d'ouvrir bien des portes aux Rothschild français. Avec ses diverses activités de banque d'investissement, de financement de sociétés, de gestion d'actifs, de conseils en investissements et de financement de création d'entreprises, ainsi que dans l'immobilier, Rothschild Inc. constitue un outil fort attrayant pour des clients aux horizons également vastes. Historiquement, la branche française de la famille a toujours été la plus proche des activités américaines, si modestes fussent-elles. Aujourd'hui, la famille parisienne reste convaincue que New York représente pour elle un ancrage essentiel. On ne peut pas s'engager dans la banque d'investissement et ne pas être à New York [19].

Les temps changent, et pas toujours dans le meilleur sens. Si, dans le tumulte des années 1980, Rothschild Inc. a gardé la tête haute grâce aux ambitions de conseils d'administration portés aux acquisitions dans une économie surchauffée, bien des choses ont changé au début des années 1990, lorsque les nations industrielles sont entrées dans une phase de récession, accompagnée d'une marée de faillites. Un banquier d'affaires devait-il s'en inquiéter ? Car, soudain, une nouvelle possibilité apparaissait — signe des temps difficiles : la « restructuration », désignation discrète d'une opération de sauvetage conçue pour faire échapper les actionnaires aux erreurs d'un passé récent, notamment en traitant les conséquences de la faillite. Il fallait un nouveau type de compétence. Et c'est ainsi qu'un spécialiste des OPA comme Robert Pirie se trouvait désormais moins demandé que son collaborateur Wilbur L. Ross Junior, qui avait pour spécialité de négocier les recapitalisations des entreprises qui s'étaient laissé tenter par un endettement à intérêt élevé, à l'époque morte et enterrée des émissions désordonnées d'obligations à un taux élevé — les *Junk bonds* (les dirigeants d'entreprise avaient trouvé ce moyen pour se procurer de l'argent rapide, sans se préoccuper de ce que l'avenir pouvait réserver à ces financements hâtifs).

Très tôt, Ross lança Rothschild dans la course, en se portant au secours du promoteur new-yorkais Donald Trump, qui figurait souvent en bonne place dans la presse d'affaires — et parfois même en première page de la grande presse — avec ses opérations en cascade. Le problème concernait l'une des créations les plus spectaculaires de Trump, un complexe hôtelier de grand luxe, baptisé Taj Mahal ; en rééchelonnant ses dettes, Ross parvint à sauver le promoteur de la perte totale de tous ses biens (il retomba sur ses pieds avec 50 % du contrôle).

En 1991, on pouvait estimer que les honoraires de restructuration rapportaient environ 1,5 million de dollars par mois à Rothschild Inc. ; à titre personnel, Ross percevait de somptueux appointements, s'élevant au tiers de ces sommes. Ross et Rothschild travaillaient soit pour les propriétaires d'origine endettés, soit pour les créanciers, qui espéraient récupérer au moins une partie des investissements de l'époque de l'euphorie[20]. C'est ainsi que Ross, surnommé le « roi des restructurations[21] », représenta les créanciers sans garantie de la célèbre firme Drexel Burnham Lambert, dont certains courtiers (*brokers*) avaient fait fortune à leur détriment avec les fameux *Junk bonds.* L'affaire fut dévoilée quand un juge des faillites s'opposa au montant des honoraires fixés par Rothschild Inc. (et les réduisit de 261 000 à 100 000 dollars[22]).

Ces nouvelles orientations semblaient justifier un changement de direction et, vers le milieu de 1992, le pionnier Pirie fut remplacé au poste de président-directeur général de Rothschild North America et de sa filiale Rothschild Inc. par Gerald Goldsmith (sans relation avec sir Jimmy). Âgé de quarante-neuf ans et travaillant depuis dix ans pour Rothschild Inc., il en était alors administrateur délégué (après avoir commencé sa carrière chez le courtier E. F. Hutton à Wall Street[23]). Il s'agissait de donner à une autre forte personnalité les moyens de mettre en œuvre ses compétences[24]. Un an plus tard, Pirie renonça à toute fonction active dans la banque et en devint directeur non exécutif[25].

Avec ses cent quarante employés, Rothschild Inc., à New York, reste un petit poisson dans un grand étang. Pendant longtemps, Rothschild de New York a produit plus que sa part dans les fusions et acquisitions ; aujourd'hui, c'est une entité modeste dans tous les domaines où elle est active, à l'exception des restructurations, où elle occupe par contre une place enviable[26]. En entrant chez Rothschild Inc., au début de 1993, pour diriger les transactions transfrontières, Yves-André Istel indiqua clairement que l'expansion était à l'ordre du jour. Il fut cité, affirmant que « toute société déjà en activité à la fin des années 1980 a toutes les aptitudes requises[27] ».

Mais, pour le moment, ce ne sont encore et toujours que faillites. L'une des plus retentissantes fut celle de la dynastie de l'immobilier, Olympia and York, dont le déroulement suscita bien des angoisses à Londres, Toronto et New York (la compagnie mère, au Canada, fit faillite en mai 1992). La dette globale d'Olympia and York étant estimée à 12 milliards de dollars, tout ce qui était en jeu semblait disproportionné. Dans cette affaire, Rothschild Inc. représentait les créanciers d'Olympia and York, menacés de perdre leurs investissements. La solution négociée par Wilbur Ross au nom des détenteurs américains de titres représentait une forme de paiement : les actionnaires allaient recevoir un grand immeuble de bureaux dans le bas de Manhattan (au numéro 55 de Water Street), appartenant à la société ; en contrepartie, ils reprendraient l'hypothèque de 548,3 millions de dollars pesant sur l'immeuble[28].

La faillite de la National Gypsum Company, fabriquant de panneaux de revêtement, fut plus spectaculaire : l'amiante ayant été reconnu comme extrêmement nuisible pour la santé, une avalanche de poursuites judiciaires pour atteintes à la santé fit basculer Gypsum dans la faillite ; Wilbur Ross représentait pour Rothschild un groupe minoritaire de créanciers désireux d'élaborer un plan visant à sauver au moins en partie l'entreprise, tout en prenant des dispositions pour le règlement des dommages et intérêts[29]. La même année (1993), sur un autre front, Ross représentait les détenteurs d'obligations de la compagnie Mesa Inc., géant du gaz naturel, qui appartenait au magnat T. Boone Pickens. Face à de lourdes pertes à court terme et à des dettes à long terme de plus de 1 million de dollars, à un taux élevé, Pickens ne pouvait plus compter que sur la négociation d'une restructuration des échéances de

Mesa, tandis que la tâche de Ross consistait à faire en sorte que ses clients ne soient pas oubliés [30].

Des activités moroses, déprimantes par leurs implications. Mais qui prouvent que les banques ne sont pas réduites à fermer dans les moments difficiles.

33

# Les légendes Rothschild

A une époque où l'activité bancaire ne se résume bien souvent qu'à une comptabilité monotone, quand la majeure partie des décisions sont soumises à l'examen préalable de services juridiques, à l'enquête des législateurs, il est plus difficile que jamais à un homme d'affaires (si courageux soit-il) d'alimenter la légende, à moins qu'il ne soit tout disposé à se muer en célébrité médiatique, comme George Soros, Jimmy Goldsmith ou Robert Maxwell. Edmond, petit-fils d'Edmond, a réussi cependant ce tour de force. Moins transparent que le Grand Baron à son apogée, il est un personnage plus familier à ses contemporains. Il est certain que les pratiques des médias y sont pour une large part.

C'est ainsi qu'en 1992, quand la revue *Fortune* plaça Edmond sur sa liste de milliardaires (bien qu'à un rang modeste : il n'occupait que la deux cent deuxième position sur un total de 223 individus « valant » plus de 1 milliard de dollars), sa fortune était estimée à 1,1 milliard. La revue ajoutait avec un certain humour : « Le baron Ed *[sic]* évalue sa fortune personnelle aux alentours de 50 millions de dollars. Ce chiffre pourrait être exact, s'il ne représentait que les économies de son ancêtre Meyer Amschel en 1780[1]. » Manifestement, « Ed » avait choisi de garder un profil bas.

Mais était-ce bien vrai? Des anecdotes percent ou sont même répandues, notamment par Nadine, l'épouse d'Edmond. Dans un livre sur sa vie avec le baron, elle évoque leur résidence de la rue de l'Élysée, à Paris — l'ultime palais des Rothschild —, qui comprend « un lac tropical agrémenté d'une cascade de 3 mètres de haut et enserré dans une forêt de bananiers et de ficus », et cette révélation est dûment reprise dans une publication populaire sur les « nouvelles deux cents familles ». Le livre raconte qu'un jour, comme ils préparaient une grande réception à Megève, Edmond et Nadine de Rothschild, conscients de ne pas pouvoir loger convenablement leurs invités Rockefeller, avaient tout simplement acheté un chalet du voisinage; on y trouve également énumérées quelques autres propriétés, notamment à Quiberon, en Corse, à Ischgl, en Autriche, et à Césarée, sur la côte méditerranéenne d'Israël[2].

« Un Rothschild qui n'est pas riche, pas juif, pas philanthrope, pas banquier, pas travailleur et qui ne mène pas un certain train de vie, ce n'est pas un Rothschild ! » — ainsi était cité Edmond de Rothschild par un journaliste du quotidien *Le Monde*. « Riche, il l'est, ajoutait le journaliste, dix fois, peut-être cent fois plus que ses cousins. » Il était considéré comme l'homme le plus riche de France (mais était-il en France ?), capable de vivre sur les revenus de ses revenus. Le baron Edmond niait l'affirmation qu'il fût si riche que cela, reconnaissant toutefois que sa fortune dépassait 500 millions de dollars (chiffre dix fois plus élevé que celui qu'il avait cité à *Fortune*). Mais son avoir était si dispersé ! Comment évaluer tous les biens immobiliers, les œuvres d'art — par exemple, le Rubens du manoir de Pregny, cet inestimable domaine couvrant 17 hectares au-dessus du lac Léman ? Il y avait les fabuleuses réceptions parisiennes, les yachts qui sillonnaient la Méditerranée (et gagnaient des courses)...

Cet homme pouvait donner des millions de dollars d'un seul coup, par exemple à Israël entraîné dans une guerre. Il y était l'un des principaux investisseurs étrangers, et son Israel General Bank (gestion de fortunes et d'affaires) la plus solide de tout le pays. Outre un centre industriel à Césarée, qui s'étendait sur 500 hectares, il prévoyait la construction d'un centre commercial de 300 hectares, précisant que son grand-père Edmond avait acheté ces terres côtières non point à des indigènes arabes palestiniens, mais à des chrétiens orthodoxes et à l'Empire ottoman. Il lâcha au *Monde* quelques chiffres, comme les 5 milliards de francs français de chiffre d'affaires de sa Banque privée à Genève, générant 90 millions de francs de bénéfices. Il avait vendu ses intérêts dans la Bank of California en 1984, avec un bon bénéfice ; il avait également gagné beaucoup d'argent dans le développement du Club Méditerranée, mais il reconnaissait que les résultats de la chaîne Inno, en Belgique, étaient négatifs, ainsi que ceux de la Compagnie générale du jouet (et sa filiale américaine Heller), qui s'était déclarée en faillite en 1985, avec des pertes de 1 milliard de francs. Il avait tout payé, précisait le journaliste, et trouvé de nouveaux emplois pour la plupart des 1000 employés[3].

Sans être l'un des géants, la banque parisienne d'Edmond exploite quelques créneaux fort lucratifs, en mettant des SICAV très attrayantes sur le marché. Elle peut se targuer d'être l'un des leaders mondiaux dans le secteur des privatisations (classée en quatrième position, après trois banques britanniques), leader également dans le domaine des prestations de conseil, des fusions et acquisitions. Cette petite banque, dirigée par Bernard Esambert, saisit toutes les occasions pour s'agrandir dans toutes les directions. En 1990, par exemple, elle a absorbé les activités — et les bureaux — de la Chase Manhattan Bank à Monte-Carlo[4]. Avec un bilan total de près de 11,3 milliards de francs, elle annonçait 3,9 millions de francs de bénéfice net, provenant d'activités aussi diverses que l'ingénierie financière, les fusions et acquisitions, les marchés de devises, les crédits à l'exportation et les SICAV[5]. Elle a étendu ses conseils en privatisation aux nations nouvellement libérées de l'Europe centrale, notamment la Hongrie et la Tchécoslovaquie. Ses propres filiales comptent la Banque de l'Eurafrique, spécialisée dans l'immobilier, la compagnie AEP (commerce international), Knox Partners (établis à New York et spécialisés dans les fusions et acquisitions, l'ingénierie financière et les placements privés), Financière boréale (gestion de placements), Saint-Honoré Finance et Conseil (grâce à laquelle le groupe se trouve parmi les dix principales banques d'affaires dans le secteur des fusions et acquisitions en France).

Elle entretient, bien sûr, des liens privilégiés avec les autres banques du groupe Edmond de Rothschild, parmi lesquelles la Compagnie financière Benjamin et Edmond de Rothschild à Londres, la Banque privée Edmond de Rothschild à Genève et Fribourg, la Banca Privata Solari e Blum à Lugano, la Compagnie de trésorerie Benjamin de Rothschild (aussi à Genève), la Banque privée Edmond de Rothschild à Berlin, la Banque privée Edmond de Rothschild (océan Indien) à l'île Maurice et bien d'autres encore[6].

Elle est évidemment associée aux banques des cousins, Rothschild et Cie Banque à Paris, N. M. Rothschild and Sons à Londres. Lorsque David et Éric ressuscitèrent leur banque après la nationalisation, ils souhaitaient l'appeler Rothschild Frères comme dans le passé, mais cela ne plut pas à Edmond ; pour lui, le nom traditionnel ne pouvait revenir qu'à une banque où tous les frères, y compris lui-même, auraient été associés. Ils prirent donc le nom de Rothschild et Associés, puis, un peu plus tard, de Rothschild et Cie. Cependant, la participation d'Edmond pour 8 % dans la banque de David et d'Éric se veut un message : s'il existe en France des banques Rothschild distinctes et séparées, au moins sont-elles amies. (Rothschild España est une filiale commune à la Compagnie financière d'Edmond, N. M. Rothschild et Rothschild et Cie Banque, répartie également entre les trois banques mères.) David siège au conseil d'administration de la compagnie d'Edmond. Les deux banques parisiennes sont concurrentes dans de nombreux domaines (même si celle d'Edmond consent des prêts à l'industrie et pratique davantage la gestion de fonds, moins la prestation de conseil). Chacun s'efforce, de bonne foi, de ne pas piétiner les plates-bandes de l'autre. Ainsi, quand David et Éric décidèrent d'ouvrir une banque en Suisse, ils prirent soin de la domicilier à Zurich et non à Genève[7].

Bien naturellement, il existe des jalousies, et même des manœuvres pour obtenir des avantages stratégiques. Quelle famille ne connaît pas cela ? « Edmond et David : chacun pour soi », titre un journal financier. L'auteur de l'article concède à Edmond une position dominante dans le tout nouveau secteur du conseil en privatisation, mais ajoute que la banque de David et N. M. Rothschild à Londres représentent à elles deux un rival difficile (NMR étant le numéro un mondial de ce secteur très spécialisé, d'après une classification établie en 1992). On y note également qu'Edmond a resserré la structure de sa banque pour en faciliter la transmission à son fils unique, Benjamin (qui a étudié l'informatique et la communication dans une université de Californie et a envisagé un temps de devenir réalisateur de cinéma et de télévision). Comme Benjamin n'avait que trente ans en 1993, Edmond ne favorisait guère l'idée d'une alliance entre son fils et David, qui n'aurait pu se faire qu'à l'avantage de ce dernier, du fait de sa supériorité en âge. Si une alliance est presque impossible entre les branches d'Edmond et de David, par contre une rencontre d'intérêts semble plus probable entre Edmond et Jacob (Edmond ayant qualifié son cousin solitaire de Londres d'« homme le plus doué de la famille pour la finance »)[8].

Chaque nouveau Rothschild viticulteur doit se montrer plus opiniâtre que ses prédécesseurs pour imposer ses produits sur le marché. Avec les moyens dont il dispose et les possibilités de promotion que ces moyens lui permettent de mettre en œuvre, le baron Edmond a créé une sorte de révolution industrielle portant sur les vastes vignobles du château Clarke et des châteaux adjacents, Peyre-Lebade et Malmaison, l'ensemble représentant actuellement le second domaine du Médoc, avec 800 000 bouteilles par an. Dans une interview, Edmond déclarait que Philippe de Rothschild avait été contraint de réussir, étant donné que le vignoble de Mouton avait constitué son unique héritage. Il avouait qu'il avait lui-même pensé qu'un vin à prix modéré — son cru bourgeois de Château-Clarke — aurait aidé à accéder au marché américain. « Nous pensions que les Américains deviendraient des buveurs de vin », expliqua-t-il. C'était au contraire le reste du monde qui était devenu américain en perdant l'habitude de partager une bouteille de vin au dîner. « Aux États-Unis ou en France, les gens ne boivent plus autant de vin au déjeuner. Mon fils n'aurait jamais l'idée de boire du vin à midi. » Il s'inquiétait surtout pour les crus de Bordeaux car ils ne peuvent se boire, disait-il, qu'en accompagnement d'un repas et demandent à vieillir. « Aujourd'hui, les vins se boivent plus tôt, mais cela paraît inévitable car les restaurants, les hôtels et les sociétés ont besoin de rentrer dans leurs frais. » La plupart des nouvelles constructions, même en France, sont dépourvues de caves à vin. « Les problèmes de marketing vont être de plus en plus importants pour la vente du vin. »

D'où la création par le baron du Savour Club, société de vente par correspondance qu'il contrôle, mais sans en assurer la gestion courante. Il peut s'en servir pour lancer de nouvelles marques, telles que les Granges des Domaines Edmond de Rothschild, consistant en un mélange de vignes du Haut-Médoc qu'il a achetées dans les années 1970 ; il existe même un rosé Château-Clarke, mis en bouteille très tôt et commercialisé à un prix raisonnable. Par le biais du Savour Club, qui utilise largement son nom et son image, le baron Edmond peut également vendre des alcools (ainsi un Bas-Armagnac Réserve Edmond de Rothschild)[9].

Pourrait-il en être autrement ? Philippine, fille du baron Philippe, ne le pense manifestement pas car le marketing des produits Baron Philippe de Rothschild SA demeure vigoureux : il suffit de parcourir, dans une revue littéraire de Londres, la publicité pour un concours de dégustation de vins, dont les gagnants se voient promettre une visite exclusive des vignobles du baron Philippe (et tous les candidats des caisses de ce vin inventé de toutes pièces par le baron, Mouton-Cadet)[10].

Qualité de vin ou bonne promotion, toujours est-il qu'aux enchères les prix du Mouton de Philippe et de Philippine montent souvent plus haut que ceux du Lafite[11].

L'expert Cyril Ray — qui a précisément consacré un livre au Château-Lafite, décrit le Mouton comme un « vin plus riche, plus plein, plus dur » ; il cite l'*Encyclopaedia of Wines and Spirits* d'Alexis Lichine : « La forte proportion de cépages Cabernet-Sauvignon produit une maturation très lente, et beaucoup de corps. » Tandis que la prédominance de cépages Merlot dans le Lafite lui donne ce que Lichine qualifie de « grande finesse et douceur particulière » ; il est « ferme et pourtant délicat et souple, avec une légèreté qui se développe en vieillissant ». Ray trouve des amateurs de bordeaux qui préfèrent le Mouton et d'autres qui ne jurent que par le Lafite. (Il affirme avoir entendu dire à un amateur de Lafite : « Je n'aime pas le Mouton, parce que je n'aime pas le bourgogne. ») Cet expert en conclut que les deux vins rivaux peuvent se consommer avec un plaisir égal, mais qu'il « n'imagine pas qu'on puisse les apprécier à égalité, étant donné le caractère extrêmement typé de chacun »[12].

L'aristocratique Lafite est également à présent l'objet du marketing. Les Domaines Barons de Rothschild produisent leurs propres brochures en couleurs, ornées des cinq flèches historiques de l'emblème familial ; le château est illuminé pendant les week-ends d'été, mais représenté plus sobrement par la reproduction d'une vieille gravure sur chaque bouteille de Lafite-Rothschild. De même que les vins des branches rivales de la famille, les Domaines constituent une entreprise commerciale dûment structurée. Lafite est une société civile, répartie en six parts, appartenant respectivement à David, Édouard, Éric et sa famille, Élie et la sienne, Edmond et son fils Benjamin et à une fondation caritative (dirigée par Jacob, à Londres) héritière des actions de Jimmy, fils défunt du premier baron Edmond. Lafite à son tour contrôle les Domaines Barons de Rothschild, avec des associés minoritaires n'appartenant pas à la famille[13].

Les Domaines assurent leur propre marketing et leur distribution, fabrication et vente se faisant sous le contrôle du baron Éric, l'expert en vins de l'actuelle génération des Rothschild. Éric consacre 40 % de son temps aux affaires vinicoles, guère plus de 30 % à la banque et le reste à diverses activités philanthropiques[14]. Le groupe garde le contrôle du château Duhart-Milon à Pauillac, du superbe Pomerol du château l'Évangile, du Sauternes Rieussec. Il conserve la responsabilité de la gestion du prestigieux Lafite et dirige également le château La Cardonne, dans le Médoc, pour des propriétaires non-Rothschild ; à l'étranger, il détient à présent quelque 30 % du groupe vinicole Chalone, avec quatre vignobles en Californie et 50 % des parts de Los Vasos, un excellent vignoble chilien appartenant à la même famille depuis 1750, ainsi que le Quinta do Carmo, au Portugal[15].

Le vin est donc une affaire commerciale, mais peut-être l'a-t-il toujours été, même au temps du premier Nathaniel, le Rothschild anglo-français qui avait acheté le vignoble de Mouton, et de son oncle et concurrent James, le Grand Baron. La biographe de James, Anka Muhlstein, cite une lettre qu'avait envoyée Nathaniel à ses frères, à Londres, en octobre 1868, où il dépeignait le Grand Baron déjà occupé à spéculer sur sa première récolte, deux mois après avoir acheté Lafite : « J'ai vendu mon vin, l'autre jour, écrivait Nathaniel, au prix fameusement élevé de 5 000 francs le tonneau. Notre digne oncle [James] n'a pas encore disposé de son Lafite ; il pense que le prix va monter encore[16]. »

Les Rothschild semblent bien ne plus jouer autant qu'auparavant. Ceux qui savaient le faire ont vieilli, sont devenus plus sereins ; l'amusement paraît déplacé aujourd'hui. Marie-Hélène de Rothschild, seconde femme du baron Guy — « plus Rothschild que moi », en dit son mari —, célèbre pour ses bals costumés réunissant les têtes couronnées et les dirigeants de l'Europe républicaine, l'a déclaré carrément lors d'un entretien avec une journaliste de potins mondains, en 1992 : « Cela ne se reproduira plus jamais, les temps ont changé. » De toute façon, les gens ne savent plus « s'habiller », ils ont même perdu le goût des parfums. Quand elle organise une réception, désormais, c'est pour des œuvres de bienfaisance ; elle ne pense pas qu'il puisse se trouver quelqu'un pour prendre sa place quand elle renoncera à organiser ses galas, même si les Parisiens lui devinent un successeur en la personne de Marie-Béatrice, la femme d'Éric. (La baronne Guy précisa à la journaliste que ses propres enfants ne seraient pas du genre à donner des grandes réceptions, tout au moins « pas tant que je serai là », mais ils le feraient « après »[17].) Quoi qu'il en soit, ils assistent à toutes les mondanités de rigueur ; lorsqu'un quotidien décrivit une soirée de gala pour Rudolf Noureïev au Palais-Garnier, il releva la présence, parmi les invités, de « tous les Rothschild de Paris[18] ».

Pour voir la dynastie banquière sous son plus beau jour, peut-être est-il aujourd'hui préférable de se rendre en Normandie (ou de lire la presse locale). Et puis il y a toujours Ferrières, bien sûr, où Guy joue au golf, le week-end, quand il ne se rend pas à Meautry. Jusqu'à la maison de l'île Saint-Louis, qui est décrite comme « un lieu de retraite paisible, exempt de toute ostentation, à l'image de celui qui l'occupe ». Les Guy de Rothschild y dînent avec des amis (qui peuvent être M. et Mme Édouard Balladur) ou même en tête-à-tête dans leur cuisine ; le mercredi, Guy déjeune avec Alexandre, le fils adolescent de David[19].

La maison de David, sur la rive gauche, n'est que louée ; à ses yeux sa vraie demeure se trouve à Reux : 130 hectares comprenant une écurie d'élevage, qui ne l'intéresse guère, et une vieille maison agrandie au fil des siècles. Il prend très au sérieux son travail pour la commune. Il a été maire de Pont-l'Évêque à l'époque où sa mère était elle-même maire de la petite commune de Reux et Guy maire de Ferrières ; cela lui rappelait cette plaisanterie anglaise : « un Mexicain, un général ; deux Mexicains, deux généraux ; trois Mexicains, trois généraux... » (C'était, pour lui : « Un Rothschild, un maire... ») Il arrive que Guy et Marie-Hélène soient photographiés aux courses, David à un concours d'élevage[20]. David reconnaît qu'il n'est plus un maire aussi actif qu'auparavant, quand la banque n'était pas encore devenue une grosse affaire, mais il s'efforce d'être présent chaque semaine à la mairie, pour s'entretenir avec son adjoint, qui accomplit désormais le plus gros de la besogne. Et il regrette l'époque où il pouvait passer davantage de temps avec les habitants de sa commune[21].

Il est trop tôt pour s'étendre sur la jeune génération. Le fils d'Élie, Nathaniel, percera certainement à New York, mais il n'est pas certain que, ce jour-là, on le cite dans *Vanity Fair.* Sa sœur Nelly est artiste et restauratrice d'art. Quand la revue *L'Expansion* dit d'Édouard, fils cadet de Guy de Rothschild, qu'il est « parfois contesté sur la place », c'est surtout parce qu'il est plein d'ardeur professionnelle, trait caractéristique des jeunes énergies. « Si vous fermez la porte, explique avec un humour bienveillant son cousin et collègue Éric, il passe par la fenêtre[22]. » (On ne s'attend guère à voir Édouard et sa femme, née Arielle Malard, à une présentation de mode ou aux courses un jour de semaine : ils travaillent tous les deux dans des banques[23].)

Les maisons Rothschild dont on parle le plus aujourd'hui sont précisément celles qui sont vides. Le vieux et grand manoir du bord de la Seine, dans l'angle sud-ouest du bois de Boulogne, que se disputaient âprement Vichy et les nazis pendant l'occupation allemande, quand il appartenait à Miriam Caroline, fille du premier baron Edmond, est devenu la propriété d'un prince saoudien dans les années 1970. Celui-ci s'est tourné vers d'autres distractions, mais le domaine à demi abandonné a retrouvé la une des journaux lorsque le gouvernement chinois a envisagé d'en faire son ambassade. (Le parc de 45 hectares qui entoure le château appartient désormais à la municipalité de Boulogne-Billancourt[24].)

Ferrières n'est pas la seule demeure des Rothschild ouverte aux visiteurs. La fabuleuse villa Ephrussi, sur la presqu'île de Saint-Jean-Cap-Ferrat, léguée par Charlotte Béatrix, fille d'Alphonse de Rothschild, à l'Académie des beaux-arts de l'Institut de France, constitue une attraction touristique depuis des dizaines d'années ; ses sept jardins thématiques (consacrés à l'art et à la mer) ont été récemment restaurés. En vérité, le mobilier original de la baronne Ephrussi de Rothschild et ses inestimables collections d'art sont d'un accès plus facile que la plupart des Rothschild eux-mêmes[25].

34

# Le roi David

La banque — par quoi l'on entend la banque de la branche maîtresse de la famille, celle qu'un jeune immigré plein d'audace fonda si bravement, sous le nez de cette société fermée des banquiers négociants, et qui survécut au fil des ans avec deux uniques parenthèses, l'une pour subir les nazis, l'autre pour apaiser les grands ordonnateurs de nationalisations — possède toujours un atout que n'auront jamais ses concurrentes : son nom. Guy de Rothschild raconte cette anecdote survenue dans un salon qui se tenait au Grand Palais, et où la Banque Rothschild figurait parmi les exposants. Une femme se présenta au stand, pour expliquer : « Je ne veux pas d'une banque étrangère, je ne veux pas d'une banque nationalisée, je ne veux pas d'une banque juive, alors je viens chez vous[1]. » Si naguère Rothschild a parfois éveillé des craintes chez les populistes, le nom même semble désormais symboliser la sécurité en matière de banque.

De l'avis du dirigeant actuel, David de Rothschild, descendant direct de l'intrépide petit immigré de Francfort qui battit Napoléon à son propre jeu et dans sa propre capitale, la pérennité de la maison est l'une de ses meilleures cartes. Voyez comme le monde des affaires change constamment, et pourtant, là, assis devant vous à la table de conférence, se trouve le représentant d'une cinquième génération de conseillers financiers, la sixième se préparant à la succession. Cette continuité facilite à la banque la tâche de se vendre et les clients apprécient l'association avec une lignée si ancienne et donc si stable (ils peuvent prendre sur la table un crayon Rothschild orné des cinq flèches). Aller chez Rothschild, a-t-on dit, c'est se rendre chez un tailleur plutôt qu'acheter du prêt-à-porter. « Grâce à notre nom, nous pouvons toujours rencontrer les gens que nous avons besoin de voir », explique David de Rothschild. Puis il marque une pause, avant d'ajouter : « Mais ensuite, il faut fournir »[2].

Jacques Getten, directeur de la troisième génération Getten (dont le fils Éric travaille pour les Domaines Barons de Rothschild et le gendre Georges Babinet pour Francarep), trouve d'autres atouts que la pérennité pour expliquer l'attirance exercée par les Rothschild d'aujourd'hui.

Il est frappé, et pense que les clients potentiels le sont également, par l'extraordinaire image d'« éthique » que donne la famille, en partie justement parce qu'elle est une famille. Quand Getten, expert-conseil financier, dont la tâche consiste essentiellement à conseiller des cadres plus jeunes dans la prise de décision et le développement de nouveaux projets, reçoit un employé nouvellement engagé, son introduction à la vie de la banque inclut cette mise en garde : « Vous entrez dans un club qui s'appelle Rothschild. Quel que soit votre rang, vous devrez toujours reconnaître le “ fait Rothschild ”, c'est-à-dire la philosophie qui inspire chaque décision, ce qui signifie sans doute que vous ne serez pas toujours d'accord avec cette décision. » Getten pourrait ajouter à cette introduction (mais peut-être ne le fait-il pas) : à un moment ou un autre, tout président et directeur général d'une compagnie au sein du groupe a été obligé de partir, précisément parce qu'il ne pouvait pas comprendre une décision Rothschild, ne pouvait pas accepter le « fait Rothschild ». Cela n'a rien à voir avec les divergences politiques ou religieuses, précise Getten, lui-même catholique pratiquant[3].

L'actuelle génération Rothschild est parfaitement lucide quant à sa place dans la liste des géants financiers (une place mineure). Manifestement, si l'on compare la banque d'aujourd'hui à son ancêtre du XIXe siècle, elle a moins d'influence et moins d'actifs à faire jouer. Pourtant, si l'on considère le traumatisme et les dévastations de l'ère hitlérienne (et si l'on ne prend que cela en compte), les Rothschild ont eu « de la chance ». Dans son ensemble, incluant le cousin Edmond et toutes ses ramifications, et grâce surtout à l'alliance croissante de la banque avec N. M. Rothschild à Londres, la famille représente toujours, et de manière croissante, une force considérable[4].

A cet égard, une publicité parue dans un journal financier de Londres est éloquente : « Bénéfices de Rothschild's Global Investment Skills », annonce Rothschild Asset Management, domiciliée 5 Arrows House, St. Swithin's Lane, Londres, avec des succursales à Paris, Zurich, New York, Hong Kong, Tokyo et Sydney. « Rothschild Asset Management est une importante organisation de gestion d'investissements, dotée d'un réseau international de compagnies associées, vante ce texte publicitaire. Le Groupe Rothschild gère plus de 15 milliards de livres sterling dans le monde entier »[5].

David, Éric et leurs associés, décrivant leur « groupe », évoquent également les banques de France, de Grande-Bretagne et de Suisse, liées entre elles par des entrecroisements de propriété, ainsi que les succursales dirigées collectivement en Allemagne, en Italie, en Espagne et au Portugal. Les Rothschild opèrent maintenant dans des régions aussi éloignées que Denver, dans le Colorado, l'ouest du Canada et l'Australie (où ils ont fait une percée historique en établissant une banque indépendante), sans parler de Mexico, Rio de Janeiro, Tokyo, Hong

Kong et Singapour (« jouant la carte asiatique », selon l'expression de David de Rothschild)[6].

Pendant ce temps, à Paris, Rothschild et Cie Banque continue à se concentrer sur la gestion de fonds et le financement des sociétés, catégorie où se rangent les fusions et acquisitions, ainsi que cette activité très française et européenne, la privatisation. Leur partenaire britannique, N. M. Rothschild, a joué un rôle considérable dans les privatisations sous le régime des conservateurs, conseillant le gouvernement Thatcher, notamment pour la vente de ses parts dans British Petroleum, aidant les télécommunications britanniques et les compagnies régionales d'électricité à s'ouvrir une voie dans le secteur privé. A Zurich, Rothschild Bank AG offre ses services de gestion de dépôts et d'investissements, tandis que les bureaux de représentation des Rothschild en Espagne, en Italie, au Portugal et en Allemagne (à Francfort, le berceau de la banque Rothschild) servent les clients des trois banques associées (Paris, Londres, Zurich). Ainsi que, bien sûr, Rothschild North America. En ce qui concerne Francfort, le choix est évidemment symbolique, mais on ne saurait le réduire à cela. La capitale financière de l'Allemagne apparaît au Groupe comme une base stratégique et la filiale Rothschild y connaîtra bientôt un important développement. Mais elle est d'ores et déjà bien engagée dans des activités transnationales non négligeables sur les marchés de capitaux et de gestion d'entreprises (comme l'OPA d'une société allemande sur une société italienne).

Il est significatif que, en décrivant leurs activités, les cousins Rothschild de part et d'autre de la Manche mentionnent indifféremment ce qu'a pu faire Londres ou Paris : une fraternité réelle existe. Mais pas vraiment l'égalité car la banque de Londres demeure nettement plus importante et exerce un éventail d'activités dans des secteurs inconnus à Paris, comme celui des lingots. Le prix mondial de l'or est fixé deux fois par jour dans ses bureaux, elle a la haute main sur d'autres métaux précieux, et elle joue un rôle important dans les marchés monétaires et ceux des changes.

Les Rothschild français suivent les traces de leurs cousins britanniques ; bien que l'essentiel de leur activité soit française et européenne, ils deviennent de plus en plus actifs en Amérique, où la concurrence vient de sociétés comme Morgan Stanley, Goldman Sachs, First Boston... A Paris, leurs principaux rivaux sont Paribas, Suez, Lazard et le Crédit lyonnais, tous en compétition sur un marché plus étroit que celui de Londres[7].

L'attitude du marché, en tout cas, est aussi favorable que possible. On a ainsi pu citer les propos du financier Vincent Bolloré : « Je ne connais personne d'autre dans la finance qui puisse se vanter de n'avoir aucun ennemi[8]. »

En janvier 1992, David de Rothschild a été nommé vice-président de N. M. Rothschild and Sons à Londres, ce qui le plaçait en position de succéder à sir Evelyn à la présidence de la banque Rothschild britannique. Événement extraordinaire, d'une importance sans équivalent dans la saga Rothschild du siècle en cours. Si David devait prendre la direction de N. M. Rothschild tout en gardant celle de la banque parisienne, ce serait la première fois qu'un membre de la famille française contrôlerait toutes les activités bancaires de la branche maîtresse de la dynastie. Cela réunirait — ou tout au moins rapprocherait davantage encore — l'une des plus grandes banques d'affaires britanniques, et peut-être la plus internationale, et Rothschild et Cie Banque, agressivement internationale, dix fois plus petite mais dotée d'un véritable réservoir de talent et de bonne volonté, infiniment supérieur à son bilan. « Aujourd'hui, énonce une brochure publiée par N. M. Rothschild, le groupe Rothschild se situe parmi les plus grandes banques d'affaires indépendantes du monde. A mesure que les affaires devenaient plus internationales, le groupe s'est développé au-delà de l'Europe pour répondre aux besoins plus diversifiés de ses clients. Il a maintenant des filiales et des succursales dans 20 pays, employant plus de 2000 personnes[9]. »

La nomination de David a évidemment déclenché une explosion de rumeurs dans les milieux financiers[10]. L'interprétation de la nouvelle exigeait un peu de recul ; David n'allait pas automatiquement succéder à la présidence londonienne quand sir Evelyn prendrait sa retraite (il a atteint l'âge de soixante-trois ans en août 1994). Il y a d'autres candidats possibles à la succession britannique ; les fils d'Evelyn sont encore adolescents (âgés de seize et dix-sept ans en 1994), mais son jeune cousin Amschel (trente-sept ans), frère de Jacob, fait son chemin dans la banque. Peut-être une coprésidence est-elle à prévoir pour David.

Mais il pourrait y avoir un blanc d'une dizaine d'années dans la succession naturelle de la famille existant du fait du jeune âge des fils d'Evelyn, et la présence de David au sommet, comme Evelyn lui-même l'a mentionné dans le monde de la finance à Londres, pourrait au moins assurer une transition (ce qui n'exclurait pas la nomination d'un directeur résidant à Londres, responsable des affaires courantes à New Court). « Si quelque chose m'arrive, a confié Evelyn à un journaliste, il y a David. Si quelque chose lui arrive, il y a Amschel [...]. Le travail en famille a toujours été notre image de marque. » Il soulignait clairement le fait qu'être des Rothschild, et donc suprêmement européens, constituait un avantage dont ne jouissait aucune autre compagnie[11]. La nouvelle union entre Londres et Paris représenterait une alliance « semblable en certains points à celle qui fut créée au siècle dernier », quand les fils Rothschild constituaient une seule entité[12]. « La continuité au sommet et la stabilité de l'actionnariat permettent de travailler à plus long terme et facilitent la prise de décision », a expliqué Evelyn dans une autre interview[13].

En attendant, comme on a pu l'observer, s'est faite une « intégration progressive » des deux maisons ; appartenant conjointement à Londres et à Paris, Rothschild Europe est plus que symbolique dans ses activités de financement de sociétés dans la Communauté européenne et en Suisse[14]. Personne n'imagine que David puisse reprendre un jour le Goliath de Londres[15]. L'intrigue se complique lorsqu'on apprend le scepticisme d'Edmond de Rothschild quant au rapprochement franco-anglais : « Je doute que ce soit du goût des autres Rothschild anglais. » On lui attribue cette remarque, probable allusion à l'adversaire d'Evelyn, Jacob.

La communion d'esprit entre les maisons mères de Londres et de Paris a sans doute compromis les timides efforts de coopération entre Edmond et son fils Benjamin, d'une part, et David, Éric et Édouard, de l'autre. En effet, Edmond donne l'impression de penser que l'axe Londres-Paris est dirigé contre lui, bien qu'il se considère « aussi légitime Rothschild que les autres[16] ».

Les initiés sont convaincus que la faiblesse de la firme londonienne réside dans sa haute direction. « Peut-on réussir sur le marché compétitif des services financiers, demandait un observateur anonyme, dans une structure de propriété familiale[17] ? » (On crut un moment que le successeur de sir Evelyn serait un directeur général américain ; après l'annonce de la nomination de David, on raconte qu'il est parti avec fracas[18].)

Paradoxalement, c'est la plus petite banque, celle de David, qui s'est attaquée au problème en cooptant des gérants-associés dont l'expérience et la compétence — et bien souvent les pouvoirs discrétionnaires — égalent ceux de la famille fondatrice.

On n'a jamais entendu personne surnommer David de Rothschild « le roi David » (ni « Rothschild V », James ayant été « Rothschild Ier »). Mais la légende Rothschild persiste. Toute nouvelle étude sur l'élite au pouvoir, les « deux cents familles », doit inclure cette famille banquière par excellence. Le tour d'horizon effectué par une journaliste sur les riches et les puissants précisait même : « David de Rothschild illustre [...] la permanence des Deux Cents dans l'économie française[19]. » Il est certain que les grandes dynasties ont survécu, la plupart d'origine protestante ou juive (en France, outre Stern, Worms, Lazard et Rothschild, il faut également citer Schlumberger et Hottinguer)[20]. Mais bien que les entreprises appartenant à des Juifs n'aient qu'une place mineure dans le paysage français, les mythes chers aux antisémites n'ont pas disparu ; ils ont simplement été traduits en une terminologie politique moderne.

De nos jours, les démagogues dont le fonds de commerce est constitué des peurs et des préjugés des gens simples ont introduit la Communauté européenne dans l'équation, celle-ci devenant, dans leur démonologie embrouillée, le fruit d'un complot des francs-maçons. Dans cette version rajeunie des anciens mythes, les Rothschild travaillent pour l'Europe et contre la France. Jean-Marie Le Pen a déclaré, en 1992, qu'on avait entendu dire par une personnalité pro-européenne et antifrançaise — non identifiée : « Il ne reste qu'à faire sauter un seul verrou, celui de la nation. » Puis un magazine proche de Le Pen a ajouté, serviable, que cette remarque avait été formulée par « le baron de Rothschild » en 1970, sans préciser lequel. Mais aucun n'a évidemment rien dit de tel[21].

D'après un correspondant du *Wall Street Journal* au Japon, un magazine de très grande diffusion attribue les difficultés du marché des valeurs dans ce pays à une conspiration juive dirigée par les Rothschild[22]. Un petit éditeur de livres consacrés aux affaires et à la finance, à Tokyo, croit avoir trouvé le moyen d'attirer les lecteurs en dénonçant les groupes industriels et financiers juifs « centrés autour des Rothschild », qui, prétend-il, cherchent à nuire au Japon. Cet éditeur proclame également que le dessin du mont Fuji qui orne les billets de 5 000 yens représente en vérité le mont Sinaï, ce qui prouve à ses yeux que le ministère des Finances du Japon et la Banque du Japon sont déjà sous le contrôle des Juifs[23].

Heureusement, la plupart des légendes concernant les Rothschild sont plutôt sympathiques ; au pis, elles sont douces-amères, chargées d'une admiration mêlée d'envie de la part de ceux qui sont à l'extérieur du cercle. L'écrivain Sholom Aleichem raconta l'histoire d'un pauvre Juif d'Europe centrale qui, s'étant rendu à Paris dans l'espoir de rencontrer le baron de Rothschild, expliquait à l'huissier réticent qu'il avait une affaire intéressante à lui proposer. Le baron finit par apparaître.

« Je vous écoute, dit-il.

— Monsieur de Rothschild, j'ai trouvé le moyen d'être immortel, commença le voyageur venu de son lointain *shtetl*.

— Eh bien, racontez-moi, l'encouragea Rothschild.

— C'est simple. Pour être immortel, il faut que vous veniez chez moi, dans mon village, à Kasrilenke.

— Mais, mais… pourquoi ?

— Parce que, à Kasrilenke, on n'a jamais vu un homme riche mourir[24] ! »

# Remerciements

Celui qui désire explorer la légende Rothschild doit méditer cet avertissement de l'historien Jean Bouvier, qui découvrit qu'aucun Rothschild, tout au moins parmi ceux qui ont occupé une position prépondérante, n'avait écrit ses Mémoires (ce qui cessa d'être vrai lorsque le baron Guy publia les siens). Pour les premières années de la dynastie, on peut s'appuyer sur les études fort bien documentées du comte Egon Corti et de Bertrand Gille — Gille ayant en outre eu accès aux archives de la banque (que nous pouvons toutes examiner, maintenant qu'il les a mises en ordre). Plus récemment, Anka Muhlstein nous a livré, avec sa biographie de James, l'ouvrage le plus lisible qu'on ait jamais écrit sur l'un des chefs de cette famille.

Mais le Grand Baron est mort en 1868 et les ouvrages de Gille et de Corti concernent surtout cette époque-là. En conséquence, l'auteur du présent ouvrage a dû se colleter avec un siècle et quart d'histoire, allant et venant sans cesse entre l'ancien et le moderne, entre les documents jaunis et les bilans sur papier glacé provenant de la communauté financière contemporaine. J'ai questionné les Rothschild au travers des correspondances manuscrites datant de plus d'un siècle — face à face, chez eux, ou de part et d'autre d'une table de conférences.

Je tiens à exprimer ici ma profonde gratitude envers ceux qui m'ont reçu si volontiers, les barons Guy, David, Édouard, Élie et Éric, et la baronne (bien que je ne l'aie jamais entendu désigner ainsi) Batsheva de Rothschild ; et aussi envers certaines dames Rothschild, Mmes Nicole Stéphane et Anka Begley (née Muhlstein).

J'ai bénéficié d'une aide précieuse de la part de Mrs Simone Mace, des archives Rothschild à Londres ; et je remercie aussi Jacques Getten et Jean-Claude Meyer de Rothschild & C^ie^, ainsi que Christophe Salin et Monique Bodin, des Domaines Barons de Rothschild, Mireille Munch, du château de Ferrières, Robert Pirie et Gerald Goldsmith, de Rothschild Inc. à New York.

Je tiens à exprimer ma reconnaissance envers Chantal Tourtier-Bonazzi et Jean Pouëssel, des Archives de France ; Nicole Richard, de la

Fondation nationale des sciences politiques ; Madeleine Dangu, de l'INSEE ; les archivistes du Centre de documentation juive contemporaine ; les archives de la préfecture de police de Paris ; la bibliothèque du Louvre ; l'Instituto da Bibliotheca Nacional, à Lisbonne ; et les bibliothécaires de la Bibliothèque nationale et de l'Institut d'études politiques, qui ont facilité mon travail.

Que soient également remerciés ici Marie-Noëlle André, Judith Cooper-Weill, le professeur Eliyahu Feldman, de l'université de Tel-Aviv, Michel Hourst, Andrei Makine, Jacqueline Raoul-Duval et Nicolas Véron.

# Notes

## *1. Une fin et un début*

1. Dans le manuscrit de *Lucien Leuwen* (1835).
2. Nicole du Roy et Francine Rivaud, *Les Français les plus riches,* Paris, Calmann-Lévy, 1987, p. 31.
3. Entretien avec Guy de Rothschild.
4. *Le Monde,* 28 octobre 1981.
5. *Ibid.*, 30 octobre 1981.
6. Guy de Rothschild, *Contre bonne fortune...,* Paris, Belfond, 1983, p. 368.
7. *Le Matin,* 18 novembre 1981.
8. Entretien avec Nicole Stéphane.
9. *The Guardian,* Londres, 17 novembre 1981.
10. Guy de Rothschild, *Contre bonne fortune..., op. cit.,* p. 372.
11. Entretiens avec David et Édouard de Rothschild.
12. Guy de Rothschild, *Contre bonne fortune..., op. cit.,* p. 369.

## *2. La guerre contre Napoléon*

1. L'histoire la plus complète des premiers Rothschild, bénéficiant des archives disponibles dans l'Europe pré-hitlérienne, est assurément *La Maison Rothschild* du comte Egon Cesar Corti (Paris, Payot, 1929-1930). Corti utilise des sources précieuses et désormais disparues, dont a disposé Christian W. Berghoeffer pour écrire *Meyer Amschel Rothschild* (Francfort, Englert und Schlosser, 1922).
2. Bertrand Gille, *Histoire de la maison Rothschild,* Genève, Droz, t. I, 1965, p. 36, qui suit Corti, *op. cit.,* t. I, p. 14-16.
3. Jean Bouvier, *Les Rothschild,* Paris, Fayard, 1967, p. 19.
4. Egon Corti, *op. cit.,* t. I, p. 24-25, 31-32.
5. Henri de Rothschild, *La Lignée française de la famille de Rothschild (1792-1942),* Porto, Portugal, Costa Carregal, 1943, p. 21-22.
6. *Ibid.*, p. 26-28.
7. Bertrand Gille, *op. cit.,* p. 37-42.
8. Egon Corti, *op. cit.,* p. 30-34.
9. Jean Bouvier, *op. cit.,* p. 27.
10. Anka Muhlstein, *James de Rothschild,* Paris, Gallimard, 1981, p. 30-31.
11. Egon Corti, *op. cit.,* p. 59-60.
12. Anka Muhlstein, *op. cit.,* p. 34-37.
13. Egon Corti, *op. cit.,* p. 81-82.
14. Bertrand Gille, *op. cit.,* p. 45.
15. *Ibid.*, p. 43-44 ; Egon Corti, *op. cit.,* p. 91-92.
16. Bertrand Gille, *op. cit.,* p. 46, d'après les archives de la police française ; Anka Muhlstein, *op. cit.,* p. 42. Corti est le plus complet sur les sources allemandes et

autrichiennes, Muhlstein sur les archives conservées à Londres, tandis que Gille (par ex., *op. cit.*, p. 45-48) fait le meilleur usage des archives des Rothschild désormais conservées aux Archives nationales, à Paris, ainsi que des dossiers du gouvernement français et de la police conservés dans cette même institution. Gille écarte comme purement mythiques les allégations de Corti (*op. cit.*, p. 120-122) et d'autres, selon lesquelles les Rothschild auraient aidé l'Angleterre à transmettre des fonds au duc de Wellington, qui guerroyait en Espagne contre Napoléon, en convertissant à Paris l'or britannique en traites sur des banques espagnoles.

17. Philippe Bourdrel, *Histoire des Juifs de France,* Paris, Albin Michel, p. 144-160 ; Bernard Blumenkranz (éd.), *Histoire des Juifs en France,* Toulouse, Privat, 1972, p. 286-301 ; Michael R. Marrus, *Les Juifs de France à l'époque de l'affaire Dreyfus,* Paris, Calmann-Lévy, 1972, p. 88-89 ; Anka Muhlstein, *op. cit.*, p. 45-51.

18. Egon Corti, *op. cit.*, p. 112.

19. Bertrand Gille, *op. cit.*, p. 49-51.

20. Anka Muhlstein, *op. cit.*, p. 55-56, sur la base d'une excellente exploitation des lettres de James à Nathan, à Londres, conservées dans les archives de N. M. Rothschild.

21. Pour calculer la valeur des francs au XIX^e^ siècle et au début du XX^e^, l'auteur a utilisé les tableaux établis par Mme Madeleine Dangu, de l'INSEE.

22. Bertrand Gille, *op. cit.*, p. 52-53, 56.

23. Egon Corti, *op. cit.*, p. 162-163 ; Bertrand Gille, *op. cit.*, p. 56

## 3. *Le roi des Juifs*

1. Bertrand Gille, *La Banque et le crédit en France de 1815 à 1848,* Paris, Presses universitaires de France, 1959, p. 370-373 ; id., *Histoire de la maison Rothschild, op. cit.*, t. I, p. 57-58.

2. *Ibid.*, p. 448-451.

3. *Ibid.*, p. 62-66.

4. Egon Corti, *op. cit.*, p. 180-184, 367.

5. Anka Muhlstein, *op. cit.*, p. 62-67, 69-71, 74-76.

6. Jean Bouvier, *op. cit.*, p. 70.

7. Bertrand Gille, *Histoire de la maison Rothschild, op. cit.*, t. I, p. 61.

8. Egon Corti, *op. cit.*, p. 288-290.

9. Comte Joseph de Villèle, *Mémoires et Correspondance,* Paris, Perrin, t. III, 1889, p. 192-193.

10. Bertrand Gille, *Histoire de la maison Rothschild, op. cit.*, t. I, p. 187-188 ; Corti, *op. cit.*, p. 222-223.

11. Bertrand Gille, *Histoire de la maison Rothschild, op. cit.*, t. I, p. 82-83.

12. Egon Corti, *op. cit.*, p. 367.

13. Anka Muhlstein, *op. cit.*, p. 86-88.

14. *Ibid.*, p. 83.

15. Cité dans Constance Battersea, *Reminiscences,* Londres, MacMillan, 1923, p. 73. Lady Battersea était la nièce de Betty de Rothschild.

16. Bertrand Gille, *Histoire de la maison Rothschild, op. cit.*, t. I, p. 470.

17. Anka Muhlstein, *op. cit.*, p. 72, 79.

18. Bertrand Gille, *Histoire de la maison Rothschild,* t. I, p. 163-165. Gille donne la répartition du capital des firmes des frères en 1828, Nathan détenant encore la part du lion, avec 28 500 000 francs, Amschel et Salomon 19 693 750 chacun, Carl et James 19 393 750 chacun, et le fils de Salomon, Anselm, 2 083 332.

19. Egon Corti, *op. cit.*, p. 389.

20. *Ibid.*, p. 393-394, ainsi que le formula à Metternich l'ambassadeur d'Autriche à Paris, le comte Antal Rudolf Apponyi.

21. *Ibid.*, p. 397-399.

22. *Ibid.*, t. II, p. 42-43.

23. John Reeves, *The Rothschilds,* Londres, Sampson Low, 1887, p. 342-343.

24. Bertrand Gille, *Histoire de la maison Rothschild, op. cit.*, t. I, p. 233.
25. Honoré de Balzac, *Lettres à Mme Hanska,* Paris, Laffont, t. I, 1990, p. 80. Comme le note Roger Pierrot, éditeur de l'ouvrage, Balzac avait rencontré le baron James et la baronne Betty à Aix-les-Bains l'année précédente. En 1833, Balzac écrit à sa future femme : « Me vois-tu, mon amour, en conférence avec le prince de l'argent, moi qui ne pouvais pas trouver quatre sous? »
26. Charles Fourier, *La Fausse Industrie,* t. I (1835), dans *Œuvres complètes,* Paris, Anthropos, t. VIII, 1967, p. 224, 659-660.
27. Jean Bouvier, *op. cit.*, p. 109.
28. Egon Corti, *op. cit.*, t. II, p. 181-186.
29. Bertrand Gille, *Histoire de la maison Rothschild, op. cit.*, t. I, p. 181-186.
30. Irving Katz, *August Belmont,* New York, Columbia University Press, 1968, p. 3-6 ; Sigmund Diamond, *A Casual View of America. The Home Letters of Salomon de Rothschild,* Stanford, Californie, Stanford University Press, 1961, p. 6 ; Rudolf Glanz « The Rothschild Legend in America », *Jewish Social Studies,* New York, XIX, janvier-avril 1957, p. 19-20.
31. Bertrand Gille, *Histoire de la maison Rothschild,* t. I, p. 377-382 ; Anka Muhlstein, *op. cit.*, p. 126-127. Voir également Jean Bouvier, *op. cit.*, p. 158-161. Le saint-simonisme recommandait l'association plutôt que la concurrence du capital, et le développement des chemins de fer, dit Robert Carlisle, profita effectivement de l'idéalisme de Saint-Simon, tandis que le gouvernement réduisait les risques en créant de petits segments d'un chemin de fer national. Robert B. Carlisle, « Les chemins de fer, les Rothschild et les saint-simoniens », *Économies et Sociétés,* Genève, Droz, V, juillet 1971, p. 647-676.
32. Bertrand Gille, *Histoire de la maison Rothschild, op. cit.*, t. I, p. 261-264, 268-271, 276-277 ; Jean Bouvier, *op. cit.*, p. 121 ; Egon Corti, *op. cit.*, t. II, p. 115-116.

## *4. Le Grand Baron*

1. Egon Corti, *op. cit.*, t. II, p. 147.
2. *Ibid.*, p. 216-218.
3. Constance Battersea, *op. cit.*, p. 73-74.
4. Anka Muhlstein, *op. cit.*, p. 168-169.
5. *Ibid.*, p. 90-95, 116-117.
6. *Ibid.*, p. 163.
7. Honoré de Balzac, *op. cit.*, t. I, p. 394.
8. *Ibid.*, p. 507.
9. Bertrand Gille, *Histoire de la maison Rothschild, op. cit.*, t. I, p. 453.
10. Comte de Nesselrode, *Lettres et Papiers,* Paris, Lahure, 1908-1912, t. VIII, p. 95.
11. Amédée Boudin, *Notice sur la maison Rothschild,* Paris, chez l'auteur, 1844.
12. Egon Corti, *op. cit.*, t. II, p. 242.
13. Bertrand Gille, *Histoire de la maison Rothschild, op. cit.*, t. I, p. 283, 292-295.
14. Irving Katz, *op. cit.*, p. 19 ; Rudolf Glanz, *op. cit.*, p. 9, 15-16.
15. Bertrand Gille, *Histoire de la maison Rothschild, op. cit.*, t. I, p. 299.
16. Henri Heine, *Lutèce,* Paris, Michel Lévy, 1863, p. 64-67 (article daté du 27 mai 1840 dans la rubrique régulière de Heine dans l'*Augsburger Zeitung*).
17. Léon Poliakov, *Histoire de l'antisémitisme,* Paris, Calmann-Lévy, t. III, 1968, p. 358-363 ; cf. Anka Muhlstein, *op. cit.*, p. 136-140 ; Philippe Bourdrel, *op. cit.*, p. 164.
18. Egon Corti, *op. cit.*, t. II, p. 191-195, 202-204.
19. Henri Heine, *op. cit.*, p. 181 (article daté du 31 mars 1841).
20. Egon Corti, *op. cit.*, p. 118-163.
21. Bertrand Gille, *Histoire de la maison Rothschild, op. cit.*, t. I, p. 413-420.
22. Jean Bouvier, *op. cit.*, p. 249-250.
23. Henri Heine, *op. cit.*, p. 326-334 (article daté du 5 mai 1843).
24. Honoré de Balzac, *op. cit.*, t. II, p. 54 ; voir aussi p. 640, 783.

25. Bertrand Gille, *Histoire de la maison Rothschild, op. cit.*, t. I, p. 362-367 ; cf. Jean Bouvier, *op. cit.*, p. 132-136.

26. Robert F. Byrnes, *Antisemitism in Modern France,* New Brunswick, New Jersey, Rurgers University Press, t. I, 1950, p. 114-118, 121-124 ; Léon Poliakov, *op. cit.*, p. 382-391.

27. Alphonse Toussenel, *Les Juifs, rois de l'époque. Histoire de la féodalité financière,* Paris, Librairie de l'École sociétaire, 1845, p. 4-5. En fait, la « mise au point » de Toussenel semble répondre à ses éditeurs, qui, dans un avertissement en guise de préface, se désolidarisent de ses « agressions » contre « tout un grand peuple » (*ibid.*, p. VII).

28. *Ibid.*, p. 7-8, 22. Cf. Robert F. Byrnes, *op. cit.*, p. 119-121.

29. Anka Muhlstein (*op. cit.*, p. 151) donne le chiffre de 55 morts.

30. Satan [Robert Dairnvaell], *Histoire édifiante et curieuse de Rothschild Ier, roi des Juifs,* Paris, 1846, Archives nationales, 132 AQ 21. Cf. Egon Corti, *op. cit.*, t. II, p. 243-244. Corti reproduit une lettre d'Anselm, fils de Salomon, frère de James, indiquant que le pamphlétaire Dairnvaell avait précédemment tenté d'emprunter de l'argent à la banque Rothschild de Paris et avait été éconduit (*ibid.*, p. 245).

31. *Réponse de Rothschild Ier, roi des Juifs, à Satan dernier, roi des imposteurs,* Paris, Bellay, 1846, Archives nationales, 132 AQ 21.

32. Georges Dairnvaell, *Rothschild, ses valets et son peuple,* Bruxelles, chez l'auteur, 1846, Archives nationales, 132 AQ 22.

## 5. *Temps durs*

1. Henri Heine, *op. cit.*, p. 182-183.

2. Honoré de Balzac, *op. cit.*, t. II, p. 54, 76, 81, 92.

3. Henri de Rothschild, *op. cit.*, p. 27, 49, 53. Charlotte, épouse de Nathaniel, bonne aquarelliste et excellente collectionneuse, acheta par la suite les ruines d'une abbaye cistercienne à Vaux-de-Cerny, dans la vallée de Chevreuse (*ibid.*, p. 55-56).

4. Anka Muhlstein, *op. cit.*, p. 173.

5. Bertrand Gille, *Histoire de la maison Rothschild, op. cit.*, t. I, p. 473-474 ; Anka Muhlstein, *op. cit.*, p. 174.

6. Charles-M. Widor, « Edmond de Rothschild », *Revue des Deux Mondes,* Paris, 15 janvier 1935, p. 443. Cf. André Pascal (Henri de Rothschild), *Croisière autour de mes souvenirs,* Paris, Émile-Paul, 1932, p. 20. Sur le destin du château, dont le dernier occupant Rothschild fut la fille d'Edmond, voir chapitre 33.

7. Anka Muhlstein, *op. cit.*, p. 172.

8. Bertrand Gille, *Histoire de la maison Rothschild, op. cit.*, t. I, p. 474-475.

9. George D. Painter, *Marcel Proust,* Paris, Mercure de France, t. I, 1985.

10. Honoré de Balzac, *op. cit.*, t. II, p. 179-180.

11. Bertrand Gille, *Histoire de la maison Rothschild, op. cit.*, t. I, p. 409-410.

12. John Reeves, *op. cit.*, p. 349.

13. Bertrand Gille, *Histoire de la maison Rothschild, op. cit.*, t. II, p. 30-33, 155.

14. Constance Battersea, *op. cit.*, p. 75.

15. Egon Corti, *op. cit.*, t. II, p. 255-256.

16. Ernest Feydeau, *Mémoires d'un coulissier,* Paris, Librairie Nouvelle, 1873, p. 160-161.

17. Honoré de Balzac, *op. cit.*, t. II, p. 721, 725-726 ; Anka Muhlstein, *op. cit.*, p. 193.

18. Marc Caussidière, *Mémoires,* Paris, Michel Lévy, t. I, 1849, p. 210-212.

19. La lettre de James au président du gouvernement provisoire, par laquelle il offrait une somme de 50 000 francs, disait précisément : « Vous voudrez bien la consacrer de la manière que vous jugerez la meilleure au soulagement des blessés et des ouvriers nécessiteux » (Guy de Rothschild, *Mon ombre siamoise,* Paris, Grasset, 1993, p. 31).

20. Bertrand Gille, *Histoire de la maison Rothschild, op. cit.*, t. II, p. 35-36.

21. Anka Muhlstein *op. cit.*, p. 200.

22. Bertrand Gille, *Histoire de la maison Rothschild, op. cit.*, t. II, p. 36-41.

23. Honoré de Balzac, *op. cit.*, t. II, p. 744-791.

24. Anka Muhlstein, *op. cit.*, p. 204-205.
25. Honoré de Balzac, *op. cit.*, t. II, p. 929, 996.
26. Émile Barrault, cité dans Édouard Drumont, « Alphonse de Rothschild », *La Libre Parole*, Paris, 27 mai 1905. Le texte présenté ici diffère légèrement des versions françaises précédemment publiées, qui se fondaient sur la traduction de Corti, du français en allemand – retraduite ensuite en français.
27. Bertrand Gille, *Histoire de la maison Rothschild, op. cit.*, t. I, p. 581-585.

## *6. Un autre empereur*

1. Bertrand Gille, *Histoire de la maison Rothschild, op. cit.*, t. II, p. 52 ; Anka Muhlstein, *op. cit.*, p. 219.
2. Bertrand Gille, *Histoire de la maison Rothschild, op. cit.*, t. II, p. 52-59.
3. Egon Corti, *op. cit.*, t. II, p. 277-278.
4. Jean Bouvier, *Un siècle de banque française*, Paris, Hachette, 1973, p. 207-208.
5. Bertrand Gille, *Histoire de la maison Rothschild, op. cit.*, t. II, p. 93-99, 110-114 ; Louis Girard, *La Politique des travaux publics du second Empire*, Paris, Armand Colin, 1952, p. 108-109. Cf. Philippe Séguin, *Louis-Napoléon le Grand*, Paris, Grasset, 1990, p. 290-291.
6. David S. Landes, « Vieille banque et banque nouvelle : la révolution financière du XIXe siècle », *Revue d'histoire moderne et contemporaine*, Paris, Presses universitaires de France, III, juillet-septembre 1956, p. 213-222. A cette époque, les banques Rothschild de Paris, Francfort, Londres, Naples et Vienne continuaient d'appartenir conjointement aux frères de Nathan, qui était mort à Londres et avait transmis sa part à ses quatre fils, même si, pour se conformer aux lois des pays où ils étaient domiciliés, chacun avait ses propres actes de société. En 1853, les propriétaires de la firme parisienne étaient James, Amschel de Francfort, Salomon de Vienne, Carl de Naples, tandis que les fils de James, Alphonse et Gustave, détenaient la signature sociale.
7. Rondo E. Cameron, « The Crédit Mobilier and the Economic Development of Europe », *The Journal of Political Economy*, Chicago, University of Chicago Press, LXI, 6 décembre 1953, p. 463-464.
8. Bertrand Gille, *Histoire de la maison Rothschild, op. cit.*, t. II, p. 100-103.
9. Jean Autin, *Les Frères Pereire*, Paris, Perrin, 1984, p. 304.
10. Ernest Feydeau, *op. cit.*, p. 112-123.
11. Bertrand Gille, *Histoire de la maison Rothschild*, t. II, p. 118-119, 169, 183-194, 243, 271, 301-304.
12. Rondo E. Cameron, art. cit., p. 469-471. Jean Bouvier (dans *Les Rothschild, op. cit.*, p. 254-255) montre clairement que la possession de la majeure partie du réseau ferré espagnol et son utilisation pour exploiter les matières premières ne signifient pas nécessairement que la compagnie fît des bénéfices dans ces années pionnières d'une économie encore à peine développée.
13. Egon Corti, *op. cit.*, t. II, p. 304-306.
14. Bertrand Gille, *Histoire de la maison Rothschild*, t. II, p. 183-185, 236-237.
15. Rondo E. Cameron, art. cit., p. 468.
16. Id. et Jean Bouvier, « Une lettre inédite de Persigny à Napoléon III », *Revue historique*, Paris, CCXXX, juillet-septembre 1963, p. 91-96.
17. Edmond et Jules de Goncourt, *Journal*, Monaco, Imprimerie nationale, t. V, 1956, p. 192.
18. Egon Corti, *op. cit.*, t. II, p. 343-346.
19. Bertrand Gille, *Histoire de la maison Rothschild, op. cit.*, t. II, p. 600-601.
20. Edmond et Jules de Goncourt, *op. cit.*, t. VI, p. 50.
21. Ernest Feydeau, *op. cit.*, p. 110-148.
22. Ron Chernow, *The House of Morgan*, New York, Atlantic Monthly Press, 1990, p. 25.
23. Eugène de Mirecourt, *Rothschild*, Paris, Havard, 1855, p. 35, 41, 50-51, 90-91, 95.

## 7. La génération suivante

1. Bertrand Gille, *Histoire de la maison Rothschild,* t. I, p. 472-473 ; Guy de Rothschild, *Contre bonne fortune, op. cit.,* p. 12-13.

2. *Ibid.,* p. 15-16.

3. Edmond et Jules de Goncourt, *op. cit.,* t. III, p. 104-105. Ailleurs, les Goncourt développent leur accusation concernant le contrôle de la presse par les Juifs ; ils affirment que l'austère *Journal des débats,* qui faisait autorité, était aux mains des Rothschild (*ibid.,* p. 73). En fait, il était de notoriété publique que les Rothschild soutenaient financièrement ce quotidien, au moins en partie : (*Histoire générale de la presse française,* Paris, Presses universitaires de France, t. II, 1969, p. 256, 292).

4. Anka Muhlstein, *op. cit.,* p. 222.

5. Bertrand Gille, *Histoire de la maison Rothschild, op. cit.,* t. II, p. 598 ; Jean Bouvier, *Les Rothschild, op. cit.,* p. 279.

6. Anka Muhlstein, *op. cit.,* p. 226-230 ; Michael R. Marrus, *op. cit.,* p. 84-87.

7. Patrick Girard, *Les Juifs de France de 1789 à 1860,* Paris, Calmann-Lévy, 1976, p. 131.

8. Cité dans Anka Muhlstein, *op. cit.,* p. 229.

9. Reeves, *op. cit.,* p. 351-352.

10. Patrick Girard, *op. cit.,* p. 204.

11. Maxime Du Camp, *Paris, ses organes, ses fonctions et sa vie dans la seconde moitié du XIX^e^ siècle,* Paris, Hachette, t. IV, 1875, p. 240-242. Dans un ouvrage postérieur, Du Camp attribuera à la prospérité des chemins de fer, de l'industrie et de la haute banque la construction d'institutions charitables : « Plus Israël s'était enrichi, plus il s'était montré bienfaisant. » D'où l'achat d'un terrain et la construction d'un hôpital par le généreux James, qui l'offrit à la communauté juive à condition que la fondation soit « à perpétuité destinée à recevoir des malades et des vieillards israélites » (id., *Paris bienfaisant,* Paris, Hachette, 1888, p. 316).

12. Daniela Felisini, *Le Finanze pontificie e i Rothschild (1830-1870),* Naples, Edizioni Scientifiche Italiane, 1990, p. 202-205.

13. Egon Corti, *op. cit.,* t. II, p. 289-292 ; Bertrand Gille, *Histoire de la maison Rothschild, op. cit.,* t. II, p. 68-74.

14. *Ibid.,* p. 596-597.

15. Anka Muhlstein, *op. cit.,* p. 226.

16. Edmond et Jules de Goncourt, *op. cit.,* t. V, p. 118.

17. Sigmund Diamond, *op. cit.,* p. 5-11. Cf. Irving Katz, *op. cit.,* p. 144-146.

18. Edmond et Jules de Goncourt, *op. cit.,* t. VI, p. 208.

19. Egon Corti, *op. cit.,* t. II, p. 279.

20. Bertrand Gille, *Histoire de la maison Rothschild, op. cit.,* t. II, p. 262-265.

21. Constance Battersea, *op. cit.,* p. 76.

22. *Le Monde illustré,* cité dans Guy de Rothschild, *Contre bonne fortune…, op. cit.,* p. 18.

23. Cité dans Fritz Stern, *Gold and Iron,* New York, Knopf, 1977, note p. 173.

24. Constance Battersea, *op. cit.,* p. 72.

25. Fritz Stern, *op. cit.,* note p. 173.

26. André Pascal (Henri de Rothschild), *op. cit.,* p. 21.

27. Louis Girard, *op. cit.,* p. 273-274. Cf. Hubert Bonin, *L'Argent en France depuis 1880,* Paris, Masson, 1989, p. 252.

28. Guy de Rothschild, *Contre bonne fortune…, op. cit.,* p. 19.

29. Archives Rothschild, Londres, RFam C/21 ; lettres des 28 septembre et 24 novembre 1863 et du 16 novembre 1864.

30. Edmond et Jules de Goncourt, *op. cit.,* t. VII, p. 175.

31. *Ibid.,* t. VI, p. 12. A leur manière toute personnelle, les malheureux frères Goncourt étaient des moralistes ; pour ces écrivains-journalistes mal payés, le mal, c'était

l'argent. « Il y a une laideur d'abjection et de dégradation, de bassesse de race, qui est le stigmate des millionnaires, écrivirent-ils ailleurs. Voyez Rothschild, Pereire... » (*ibid.*, p. 50). Il est surprenant d'observer que, plus tard dans sa vie, Edmond de Goncourt admira la fille de James, Charlotte, femme de Nathaniel (*ibid.*, t. XIV, p. 8, 11). Il est vrai que les femmes Rothschild sont traitées avec plus de bienveillance qu'on ne s'y attendrait de la part d'un Goncourt. En janvier 1888, lorsque Edmond de Goncourt dîne chez la princesse Mathilde, les Alphonse de Rothschild sont là, avec leur fille Charlotte Béatrix, alors âgée de vingt-quatre ans ; Goncourt décrit « une jeune mariée qui a toutes les grâces, toutes les gentillesses, toutes les fraîcheurs d'une fillette... » (*ibid.*, t. XV, p. 71).

32. *Enquête sur les principes et les faits généraux qui régissent la circulation monétaire et fiduciaire,* Paris, Imprimerie impériale, t. I, 1867, p. 457-480. Sur la nouvelle entente Fould-Rothschild (contre les Pereire), voir Louis Girard, *op. cit.*, p. 278-280.

33. Bertrand Gille, *Histoire de la maison Rothschild, op. cit.*, t. II, p. 393-394.

34. *Ibid.*, p. 503-504, 537, 539-550.

35. Fritz Stern, *op. cit.*, p. 30-31, 40-41.

36. *Ibid.*, p. 66-67, 73-75.

37. Bertrand Gille, *Histoire de la maison Rothschild, op. cit.*, t. II, p. 451.

38. Cité dans Anka Muhlstein, *op. cit.*, p. 81.

39. Egon Corti, *op. cit.*, t. II, p. 396-397. Dans un ouvrage polémique de 1869, *L'Empire industriel,* l'auteur, Georges Duchêne, affirmait que les Pereire détenaient 44 positions d'administrateurs de société, contre 32 pour les Rothschild. Voir René Sedillot, *Les Deux Cents Familles,* Paris, Perrin, 1988.

40. Louis Girard, *op. cit.*, p. 366-369.

41. Cyril Ray, *Lafite,* Londres, Christie's Wine Publications, 1988, p. 36-43.

42. Anka Muhlstein, *op. cit.*, p. 236-238.

43. Egon Corti, *op. cit.*, t. II, p. 398-400 ; Anka Muhlstein, *op. cit.*, p. 239-240.

44. Cité dans Jean Bouvier, *Les Rothschild, op. cit.*, p. 152.

45. Cité dans Guy de Rothschild, *Contre bonne fortune..., op. cit.*, note p. 79.

46. Nestor Roqueplan, *Le Baron James de Rothschild,* Paris, Dentu, 1868, dans les papiers Rothschild, Archives nationales, 132 AQ 22.

## 8. Les barons français face à Bismarck

1. Egon Corti, *op. cit.*, t. II, p. 398.
2. Guy de Rothschild, *Contre bonne fortune..., op. cit.*, p. 75.
3. Entretien avec Élie de Rothschild.
4. Calculs établis sur la base des coefficients fournis par Mme Madeleine Dangu, de l'INSEE.
5. Bertrand Gille, *Histoire de la maison Rothschild,* t. II, p. 569-571.
6. *Ibid.*, p. 609, 615.
7. Jean Bouvier, *Les Rothschild, op. cit.*, p. 205-207.
8. Egon Corti, *op. cit.*, t. II, p. 400-405.
9. Cité dans Fritz Stern, *op. cit.*, p. 129-130.
10. *Ibid.*, p. 135 ; Egon Corti, *op. cit.*, t. II, p. 405.
11. Lucy Cohen, *Lady Louisa de Rothschild and her Daughters,* Londres, 1935, cité dans Virginia Cowles, *The Rothschilds,* New York, Knopf, 1973, p. 151.
12. *Le Temps,* 15 août 1870, p. 2.
13. Pauline de Metternich, *Souvenirs (1859-1871),* Paris, Plon, 1931, p. 192.
14. Ernest Feydeau, *op. cit.*, p. 183.
15. Egon Corti, *op. cit.*, t. II, p. 406, tiré de Hermann Salingré, *Im grossen Hauptquartier, 1870-1871,* p. 91.
16. *Lettres de Bismarck à sa femme pendant la guerre de 1870,* Paris, Tallandier, 1903, p. 89-99.
17. *Les Mémoires de Bismarck recueillis par Maurice Busch,* Paris, Charpentier et Fasquette, t. I, 1898, p. 123-129.

18. Egon Corti, *op. cit.*, t. II, p. 408.
19. *Le Soir,* 7 février 1791, archives de la préfecture de police, Paris, Ba 1256.
20. Fritz Stern, *op. cit.*, p. 137, 152-154.
21. Egon Corti, *op. cit.*, t. II, p. 408-414.
22. Jean Baumier, *La Galaxie Paribas,* Paris, Plon, 1988, p. 19 ; Fritz Stern, *op. cit.*, p. 326-327.
23. Egon Corti, *op. cit.*, t. II, p. 415.
24. John Reeves, *op. cit.*, p. 358.
25. Édouard Drumont, *La Fin d'un monde,* Paris, Savine, 1889, p. 133.
26. Constance Battersea, *op. cit.*, p. 75.
27. Jean Bouvier, *Les Rothschild, op. cit.*, p. 208-209, 215-220.
28. Assemblée générale du Chemin de fer de l'Est, rapports pour 1871, 1872 et 1873, Archives nationales, 132 AQ 77.
29. Egon Corti, *op. cit.*, t. II, p. 427.

## 9. Les frères Rothschild

1. Jean Bouvier, *Les Rothschild, op. cit.*, p. 221.
2. *Ibid.*, p. 255-256, 260-262. Bouvier (p. 228) cite également Alphonse dans la coalition des banquiers briguant le monopole mondial du cuivre, mais il en sortit rapidement.
3. *Ibid.*, p. 254, 256-259, 262-263. Peñarroya, qui débuta ses activités en Espagne avec le plomb, le zinc, l'acide sulfurique, les superphosphates, le charbon et l'électricité, étendit par la suite celles-ci à l'Italie, la Grèce, la Yougoslavie, la Tunisie et l'Argentine. Les Rothschild ne figuraient pas parmi les fondateurs de la société Le Nickel, dont le président était un ami d'Alphonse, les Rothschild étant ses banquiers ; plus tard, ils allaient devenir de gros actionnaires de cette société, dont les ouvriers, en Nouvelle-Calédonie, comptaient des bagnards. Cf. Jean-Yves Mollier, *Le Scandale de Panama,* Paris, Fayard, 1991, p. 296-299.
4. Entretien avec Guy de Rothschild.
5. Charles Lesage, *L'Achat des actions de Suez,* Paris, Plon, 1906, p. 34-76.
6. André Maurois, *Disraeli,* New York, Appleton, 1928, p. 296.
7. Lord Victor Rothschild, *You Have it, Madam,* Londres, chez l'auteur, 1980, p. 22-27. Lord Rothschild utilisa les Archives royales ainsi que celles de la banque de sa famille à Londres pour écrire ce bref historique de l'acquisition.
8. Archives Rothschild, Londres, 000/43 (n° 43, non daté). Cf. Victor Rothschild, *op. cit.*, p. 27.
9. Ron Chernow, *op. cit.*, p. 25, 40.
10. Archives de la préfecture de police, Ba 1256.
11. Michael R. Marrus, *op. cit.*, p. 86 ; Paula Hyman, *From Dreyfus to Vichy. The Remaking of French Jewry (1906-1939),* New York, Columbia University Press, 1979, p. 26. Marrus (*op. cit.*, p. 101) cite un rapport selon lequel, dès les années 1890, on faisait souvent appel aux Rothschild pour combler les déficits du budget du Consistoire destiné à l'aide communautaire.
12. Maxime Du Camp, *Paris bienfaisant, op. cit.*, p. 335, 439.
13. *Ibid.*, p. 316, 323, 329.
14. Edmond et Jules de Goncourt, *op. cit.*, t. X, p. 177. A l'occasion de son mariage, en octobre 1877 (avec Adelheid, fille d'un cousin de Francfort), Edmond donna 100 000 francs au maire du IX^e^ arrondissement, dont le revenu devait « venir en aide aux familles pauvres des enfants placés dans les écoles d'apprentissage » afin que les parents puissent laisser ceux-ci dans ces institutions « tout le temps utile à leur éducation » (*Le Temps,* 10 octobre 1877, p. 3).
15. Un certain nombre de catalogues des collections d'Edmond léguées au musée du Louvre ont été publiés ; entre autres : musée national du Louvre, *L'Œuvre gravé de François Boucher dans la collection Edmond de Rothschild,* Paris, Éd. des musées nationaux, 1978.

16. Ludovic Halévy, *Trois Dîners avec Gambetta,* Paris, Grasset, 1929, p. 47-50.
17. Jean Bouvier, *Les Rothschild, op. cit.,* p. 227.
18. Archives de la préfecture de police, Ba 1256, 30 novembre et 8 décembre 1881. Sur Gambetta supposé juif : Michael R. Marrus, *op. cit.,* p. 162.
19. Jean Bouvier, *Les Rothschild, op. cit.,* p. 241-243.
20. Archives Rothschild, Londres, XI-101-10, 11 février 1882.
21. Jean Bouvier, *Les Rothschild, op. cit.,* p. 272-273.
22. Archives Rothschild, Londres, XI-101-9, 17 septembre 1881.
23. *Ibid.,* XI-101-10. Cf. Fritz Stern, *op. cit.,* p. 346-347.
24. Archives Rothschild, Londres, XI-101-10 (lettre du 27 juin 1882).
25. *Ibid.*
26. Paul-Henry Gain, *La Question du tunnel sous la Manche,* Paris, Rousseau, 1932, p. 13-24. Cf. Archives Rothschild, Londres, XI-101-9 (1881) et 10 (1882).
27. Bernard Sasso et Lyne Cohen-Solal, *Le Tunnel sous la Manche,* Paris, La Manufacture, 1987, p. 101-109, 122.
28. Paul-Henry Gain, *op. cit.,* p. 25-32. Après la Seconde Guerre mondiale, les Rothschild furent à nouveau impliqués dans le projet du *Channel,* mais se retirèrent avant qu'il ait pris sa forme définitive (Guy de Rothschild, conférence de presse (1967), dans Maurice Druon, *Ces messieurs les Rothschild,* Paris, Tisné, 1967 ; entretien avec David de Rothschild).

## *10. « La France juive »*

1. Jean Bouvier, *Le Krach de l'Union générale (1878-1885),* Paris, Presses universitaires de France, 1960, p. 8-11 ; Jeannine Verdès-Leroux, *Scandale financier et antisémitisme catholique. Le Krach de l'Union générale,* Paris, Centurion, 1969, p. 24-25.
2. Jean Bouvier, *Le Krach..., op. cit.,* p. 140-153, 164-170, 178-186 ; Jeannine Verdès-Leroux, *op. cit.,* p. 29-30.
3. Eugène Bontoux, *L'Union générale. Sa vie, sa mort, son programme,* Paris, Savine, 1888, p. 137-140.
4. Robert F. Byrnes, *op. cit.,* p. 130-135.
5. Jean Bouvier, *Les Rothschild, op. cit.,* p. 267.
6. Archives Rothschild, Londres, XI-101-10, 7 mars 1882.
7. Léon Poliakov, *op. cit.,* t. IV, p. 46.
8. Jeannine Verdès-Leroux, *op. cit.,* p. 69-70. Pour un résumé du conflit opposant les petites gens et les « maîtres » : Pierre Birnbaum, *Le Peuple et les « Gros »,* Paris, Grasset, 1979, p. 15-26.
9. Cité dans Jean Bouvier, *Les Rothschild, op. cit.,* p. 285.
10. Auguste Chirac, *Les Rois de la République : Histoire des juiveries,* Paris, Arnould, 1883, p. 1, 5, 136-137.
11. *Ibid.,* p. 284-289 ; Léon Poliakov, *op. cit,* t. IV, p. 59-63.
12. John Reeves, *op. cit.,* p. 354-355.
13. Archives de la préfecture de police, Ba 1256, rapports datés de 1883-1884.
14. Edmond et Jules de Goncourt, *op. cit.,* t. XIII, p. 62, 182.
15. Archives nationales, 132 AQ 22.
16. Édouard Drumont, *La France juive. Essai d'histoire contemporaine,* Paris, Marpon et Flammarion, t. I, 1886, p. VI-VII. Pour en savoir plus sur Drumont, voir Robert F. Byrnes, *op. cit.,* p. 137-144.
17. Édouard Drumont, *La France juive, Essai d'histoire..., op. cit.,* t. I, p. 328.
18. *Ibid.,* t. II, p. 92-95, 104, 106, 108-118.
19. Élisabeth Parinet, *La Librairie Flammarion (1875-1914),* Paris, IMEC, 1992, p. 252-256.
20. Edmond et Jules de Goncourt, *op. cit.,* t. XIV, p. 114.

21. Robert F. Byrnes, *op. cit.*, p. 155.
22. Léon Poliakov, *op. cit.*, p. 58.
23. Élisabeth Parinet, *op. cit.*, p. 258.
24. Édouard Drumont, *La France juive devant l'opinion,* Paris, Marpon et Flammarion, 1886, p. 140-147, 160-163.
25. Archives nationales, 132 AQ 22. Dans son propre compte rendu du discours et du procès, Guesde nia avoir réclamé qu'on envoie Rothschild au « mur » ; apparemment, cette suggestion était venue de la foule. Dans un article ultérieur, il déclara qu'une condamnation à mort de Rothschild serait plutôt le fait d'autres capitalistes ruinés par Rothschild que des Socialistes. Jules Guesde, *État, politique et morale de classe,* Paris, Giard et Brière, 1901, p. 439, 444-447. Cf. Adolfe Compère-Morel, *Jules Guesde,* Paris, Quillet, 1937, p. 297-300.
26. Fritz Stern, *op. cit.*, p. 372-373, 524-525.
27. Simon Schama, *Two Rothschilds and the Land of Israel,* New York, Knopf, 1978, p. 343.
28. Henri de Rothschild, *La Lignée, op. cit.*, p. 44-45.
29. Israël Margalith, *Le Baron Edmond de Rothschild et la colonisation juive en Palestine,* Paris, Marcel Rivière, 1957, p. 5-6.
30. *Ibid.*, p. 64-65. Cf. David Druck, *L'Œuvre du baron Edmond de Rothschild,* Paris, RLJ, 1928, p. 19-29.
31. Simon Schama, *op. cit.*, p. 25-27.
32. Israël Margalith, *op. cit.*, p. 63.
33. D'après David Druck, *op. cit.*, cité dans Schama, *op. cit.*, p. 54.
34. *Ibid.*, p. 56.
35. *Ibid.*, p. 21-23.
36. Entretien avec Guy de Rothschild.

## *11. Russie et Palestine*

1. Edmond et Jules de Goncourt, *op. cit.*, t. XV, p. 60. La première rencontre eut lieu en juin 1874.
2. *Ibid.*, t. XVIII, p. 155.
3. Henri de Rothschild, *La Lignée..., op. cit.*, p. 47.
4. Simon Schama, *op. cit.*, p. 88-95, 103-104.
5. Cité *ibid.*, p. 143.
6. Jean Bouvier, *Les Rothschild, op. cit.*, p. 280.
7. Edmond et Jules de Goncourt, *op. cit.*, t. XVI, p. 24 (13 février 1889).
8. *Ibid.*, t. XVI, p. 83-84 (4 juin 1889).
9. Fritz Stern, *op. cit.*, p. 446-447.
10. Archives nationales, 132 AQ 67. Cf. Eliyahu Feldman, « The French Rothschild and the Russian Loan of April 1891 » (en hébreu), *Zion,* Jérusalem, The Historical Society of Jerusalem, LVI, 2, 1991, p. 162-164.
11. *Ibid.*, p. 12-13, 164-171 ; correspondance avec le professeur Feldman.
12. Archives Rothschild, Londres, XI-101-22, 12 mai 1891.
13. William L. Langer, « The Franco-Russian Alliance (1890-1914) », *The Slavonic Review,* Londres, III, 9 mars 1925, p. 566.
14. *Ibid.*, p. 569-570 ; Herbert Freis, *Europe : the world's banker (1870-1914),* New Haven, Connecticut, Yale University Press ; 1930, p. 217.
15. Ernest Daudet, *Histoire diplomatique de l'alliance franco-russe (1873-1893),* Paris, Ollendorff, 1894, p. 268-271.
16. *Le Temps,* 12 novembre 1891, p. 4.
17. Daniel Yergin, *The Prize. The Epic Quest for Oil, Money and Power,* Londres, Pocket Books, 1993, p. 58-61.
18. Egon Corti, *op. cit.*, t. II, p. 431.
19. Michael R. Marrus, *op. cit.*, t. II, p. 182-183.

20. « Si Dreyfus a livré des plans à l'ennemi, Rothschild et toute la grande Juiverie derrière lui ont essayé de tuer du même coup le crédit russe et l'épargne française... » Et maintenant, Rothschild avait le « toupet de prendre le deuil » (*La Libre Parole,* 13 novembre 1894).
21. Archives nationales, 132 AQ 67.
22. Archives Rothschild, Londres, XI-101-32, 14 septembre 1896.
23. *Ibid.,* XI-101-33, 8 octobre 1896.
24. Fritz Stern, *op. cit.,* p. 432-433.
25. Jean-Yves Mollier, *op. cit.,* p. 283-287.
26. *Ibid.,* p. 300-303.
27. Archives Rothschild, Londres, XI-101-21, 13 décembre 1890.
28. *L'Éclair,* 3 juin 1890.
29. Archives de la préfecture de police, Ba 1256.
30. Élisabeth de Clermont-Tonnerre, *Mémoires,* t. I. *Au temps des équipages,* Paris, Grasset, 1928, p. 210-211.
31. Henri de Rothschild, *La Lignée..., op. cit.,* p. 37-39.
32. Archives de la préfecture de police, Ba 1256.
33. *Paris qui passe,* 29 mai 1892, p. 2.
34. Archives de la préfecture de police, Ba 1256.
35. *Le Figaro,* 14 septembre 1892. Cf. Jules Huret, *Enquête sur la question sociale en Europe,* Paris, Perrin, 1897, p. 61-70.
36. *Le Temps,* 17 septembre 1892.
37. *Le Figaro,* 16 septembre 1892.
38. *La Libre Parole,* 15 septembre 1892. Drumont allait affirmer par la suite que Rothschild acheta (ou fit détruire ?) tous les exemplaires du *Figaro* du 14 septembre sur lesquels il put mettre la main ; néanmoins, un journal anarchiste publia en décembre 1893 le texte *in extenso* (*La Libre Parole,* 28 janvier 1894). En fait, cet article circulait encore en 1920, lorsqu'un groupe d'anarchistes de gauche le réédita, en ajoutant dans une note que les Rothschild avaient gagné « des milliards » durant la Première Guerre mondiale (Jules Huret, *Rothschild et la question sociale,* Paris, L'Idée libre, 1920).

## *12. Dreyfus ?*

1. *Le Temps,* 20 et 21 décembre 1892 ; *Le Figaro,* 20 décembre 1892.
2. Constance Battersea, *op. cit.,* p. 76-77.
3. *La Libre Parole,* 19 décembre 1892.
4. *Ibid.,* 27 janvier 1893.
5. *Ibid.,* 26 janvier et 10 février 1893.
6. Edmond et Jules de Goncourt, *op. cit.,* t. XVI, p. 140.
7. *Ibid.,* t. XVII, p. 40, 46.
8. *La Libre Parole,* 28 et 30 décembre 1893.
9. Édouard Drumont, *La Fin d'un monde, op. cit.,* p. IV.
10. Édouard fut accepté par le Cercle à sa seconde tentative, d'après une anecdote relatée dans id., *Le Testament d'un Antisémite,* Paris, Dentu, 1891, p. 42.
11. *Le Temps,* 20 avril 1890. Sur la cérémonie d'intronisation du grand rabbin, *ibid.,* 27 mars 1890.
12. *Ibid.,* 25 janvier 1890.
13. Archives Rothschild, Londres, XI-101-21, 24 janvier 1890.
14. Robert F. Byrnes, *op. cit.,* p. 242-243 ; Michael R. Marrus, *op. cit.,* p. 230.
15. *Burdeau-Rothschild contre Drumont. Débats complets,* Paris, *La Libre Parole,* 1892 ; *La Libre Parole,* 17 juin 1892.
16. *Ibid.,* 9 décembre 1892.
17. Archives de la préfecture de Paris, Ba 1256.
18. *Ibid.*

19. Raphaël Viau, *Vingt Ans d'antisémitisme,* Paris, Charpentier-Fasquelle, 1910, p. VII-IX, 26-27, 51-53, 79, 113-117, 274.

20. Pierre Sorlin, *La Croix et les Juifs (1880-1899),* Paris, Grasset, 1967, p. 96 ; voir tableau 8 et note 479, p. 314.

21. Élisabeth Parinet, *op. cit.*, p. 263-265. Dans son roman *Israël* (Flammarion, 1898), Gyp présente une violente caricature des Rothschild et de Ferrières.

22. Pour des exemples de l'antisémitisme de Barrès, cf. Zeev Sternhell, *Maurice Barrès et le nationalisme français,* Paris, Armand Colin, 1972, p. 234-235. Barrès sur Rothschild : Maurice Barrès, *Scènes et doctrines du nationalisme,* Paris, Trident, 1987, p. 317-319. Cf. Pascal Ory et Jean-François Sirinelli, *Les Intellectuels en France, de l'affaire Dreyfus à nos jours,* Paris, Armand Colin, 1986, p. 48-49.

23. *La Libre Parole,* 3 novembre 1894.

24. Joseph Reinach, *Histoire de l'Affaire Dreyfus,* Paris, Fasquelle, 1930, t. I, p. 230.

25. *La Libre Parole,* 6 novembre 1894.

26. Entretien avec Guy de Rothschild.

27. Archives Rothschild, Londres, XI-101-25, 24 décembre 1894.

28. Michael R. Marrus, *op. cit.*, p. 244.

29. Archives Rothschild, Londres, XI-101-25.

30. Marcel Thomas, *L'Affaire sans Dreyfus,* Genève, Idégraf, 1978, p. 49-67 ; Joseph Reinach, *op. cit.*, t. II, p. 93-95 ; Jean-Denis Bredin, *L'Affaire,* Paris, Presses-Pocket, 1988, p. 159.

31. *Ibid.*, p. 72-73.

## *13. Fin de siècle*

1. *La Presse,* 8 janvier 1894.

2. Archives de la préfecture de police, Ba 142, Ba 1256. *L'Illustration,* 31 août 1895, p. 177 (avec un dessin représentant le bureau du directeur de banque, du sang répandu et un siège renversé).

3. Louis Bernard, *L'Attentat Rothschild, sa cause,* Paris, Charles, 1895 (?), p. 7.

4. Constance Battersea, *op. cit.*, p. 77.

5. Albert Monniot, 12 mars 1896.

6. *La Libre Parole,* 13 mars 1896.

7. Archives de la préfecture de police, Ba 1256 ; *La Libre Parole illustrée,* 11 avril 1896.

8. *La Libre Parole,* 11 novembre 1896. Plus tard, dans le même journal, un long article évaluait le coût de la protection policière de la résidence rue Saint-Florentin et de la banque rue Laffitte, estimant que Rothschild payait insuffisamment ce service.

9. Jean-Denis Bredin, *op. cit.*, p. 207-225.

10. *Le Matin,* Paris, 21 novembre 1896 ; archives de la préfecture de police, Ba 1256.

11. Archives Rothschild, Londres, XI-101-39, 11 janvier 1898.

12. Jean-Denis Bredin, *op. cit.*, p. 300-306.

13. Archives Rothschild, Londres, XI-101-39, 13 janvier 1898.

14. Archives de la préfecture de police, Ba 1256, rapport du 13 janvier 1898. En février, un autre informateur relata qu'il avait entendu Alphonse dire qu'il n'avait rien donné mais qu'Henri de Rothschild, son cousin éloigné, avait offert 150 000 francs (*ibid.*). Un chercheur qui a étudié la situation des Juifs pendant les années Dreyfus a été frappé par l'inertie du Consistoire central, la relative faiblesse de ses protestations ; son président Alphonse assistait rarement aux réunions (Michael R. Marrus, *op. cit.*, p. 266-269).

15. Cité dans Jean-Denis Bredin, *op. cit.*, p. 177.

16. Archives Rothschild, Londres, XI-101-39, 14 janvier 1898.

17. *Ibid.*, 19 décembre 1898.

18. *Ibid.*, lettre du 7 février 1898.

19. *Ibid.*, lettres des 9 et 12 février 1898.

20. Jean-Denis Bredin, *op. cit.*, p. 325-341. Au lieu d'aller en prison, Zola passerait un

an en exil, en Angleterre. Cf. Émile Zola, *J'accuse... !*, Bruxelles, Complexe, 1988, p. 95-225.
21. *Le Temps,* 7 et 8 juin 1898.
22. Archives Rothschild, Londres, XI-101-40, 1er, 19, 23 septembre 1898.
23. Joseph Reinach, *op. cit.*, t. IV, p. 443.
24. *Le Matin,* 26 novembre 1898.
25. *Le Jour,* 1er juin 1899.

## *14. Édouard*

1. *Le Temps,* 1er, 2, 3, 4, 13 avril 1900.
2. P.-V. Stock, *Mémorandum d'un éditeur,* Paris, Stock, t. III, 1938, p. 169-176.
3. *La Libre Parole,* 12 juin 1901.
4. Archives de la préfecture de police, Ba 1256.
5. *La Libre Parole,* 30 janvier 1903.
6. Archives de la préfecture de police, Ba 1256.
7. Albert Monniot, *Que faire?... Réponse d'un antisémite,* Paris, Librairie antisémite, 1904, p. 27-28.
8. *L'Illustration,* 2 juillet 1904, p. 2-3.
9. Marie-Jeanne Dumont, *La Fondation Rothschild et les premières habitations à bon marché de Paris (1900-1925),* Paris, ministère de l'Urbanisme et du Logement, 1984, p. 6, 14, 36, 38, 129.
10. *Gil Blas,* 24 mai 1904.
11. *Le Temps,* 21 mai 1905 ; archives de la préfecture de police, Ba 1256. Cf. *La Libre Parole,* 20 mai 1905.
12. *Le Matin,* 27 mai 1905.
13. *L'Illustration,* 3 juin 1905, p. 364.
14. *Le Matin,* 30 mai 1905.
15. Archives de la préfecture de police, Ba 1256.
16. *Ibid.*
17. *Le Matin,* 30 mai 1905.
18. Carlo Montagnini, *Les Fiches pontificales de Monsignor Montagnini,* Paris, E. Nourry, 1908, p. 184-185.
19. *Le matin,* 30 mai 1905.
20. Henri de Rothschild, *La Lignée..., op. cit.*, p. 18. La banque de Francfort fut fermée en 1901, après la mort du dernier Rothschild encore actif dans cette ville, Wilhelm Carl.
21. Jean Bouvier, *Les Rothschild, op. cit.*, p. 296. Cf. *Les Documents politiques, diplomatiques et financiers,* Paris, février 1968, p. 13-14.
22. *Le Temps,* 6 juillet 1905.
23. *La Libre Parole,* 26 et 29 mars 1906.
24. *Journal officiel,* « Débats parlementaires : Sénat », 7 avril 1906, séance du 6 avril.
25. Élisabeth de Clermont-Tonnerre, *op. cit.*, t. I, p. 214.
26. *Le Monde,* 26 juin 1992.
27. Archives Rothschild, Londres, XI-101-71, 2 avril 1906; entretien avec Guy de Rothschild.
28. Entretien avec Guy de Rothschild.
29. *Le Crapouillot,* Paris, nouv. série, n° 16, janvier 1952, p. 17.
30. Entretien avec Guy de Rothschild.
31. Archives Rothschild, Londres, XI-101-71, 4 mai 1906.

## *15. Les cercles se resserrent*

1. Guy de Rothschild, *Contre bonne fortune, op. cit.*, p. 45-46, 49-50.
2. Paula Hyman, *op. cit.*, p. 36-37.

3. Guy de Rothschild, *Contre bonne fortune, op. cit.*, p. 345-346.
4. Archives Rothschild, Londres, XI-101-71, 1er mai 1906.
5. *Ibid.*
6. Egon Corti, *op. cit.*, t. II, p. 446-447.
7. Jean Bouvier, *Les Rothschild, op. cit.*, p. 294-295 ; Henri de Rothschild, *La Lignée..., op. cit.*, p. 19-20.
8. Matrac, *Les Rothschild,* Paris, Belleville, 1909, p. 19.
9. Egon Corti, *op. cit.*, t. II, p. 446.
10. Correspondance avec le professeur Eliyahu Feldman, Jérusalem.
11. Archives Rothschild, Londres, XI-101-70, 6 et 9 janvier 1906.
12. *Ibid.*, XI-101-71, 19 juin 1906.
13. Daniel Yergin, *op. cit.*, p. 121-123.
14. F. C. Gerretson, *History of the Royal Dutch,* Leyde, E. J. Brill, t. II, 1955, p. 238, 250, 275.
15. Daniel Yergin, *op. cit.*, p. 121-123.
16. *Ibid.*, p. 130.
17. Archives nationales, 132 AQ 262, la direction à Standard russe, 29 décembre 1905.
18. Bertrand Gille, *Inventaire des papiers Rothschild,* Archives nationales, 132 AQ ; Daniel Yergin, *op. cit.*, p. 131-133.
19. V. I. Bovykin, « Russian Oil and the Rothschilds » (« Rossiskaia Neft i Rothschildi »), *Vosprosi Istorii,* Moscou, 1978, t. 4, p. 27-41.
20. F. C. Gerretson, *op. cit.*, t. IV, 1957, p. 135-137, 297 ; Bertrand Gille, *Inventaire..., op. cit.*
21. Simon Schama, *op. cit.*, p. 119-120, 134-139, 142-144.

## *16. La famille élargie*

1. *Les Documents politiques..., op. cit.*, p. 14-16. La veuve d'Alphonse était morte quelques mois plus tôt, en 1911, deux jours avant le décès de son petit-fils âgé de quatre ans, Alphonse Édouard, premier-né d'Édouard. Elle avait porté ses soixante-treize ans « alertement », rapporta un hebdomadaire, publiant une rare photo d'elle, qui la montrait à Deauville, quelques années plus tôt, au côté du baron Alphonse serrant la main de Léopold II, roi des Belges, en s'inclinant légèrement (*L'Illustration,* 14 janvier 1911, p. 20). Gustave, le frère d'Alphonse, mourut le 28 novembre 1911.
2. Simon Schama, *op. cit.*, p. 196-197.
3. Entretien avec Élie de Rothschild.
4. *Le Temps,* 9 février 1900 ; *L'Illustration,* 10 février 1900, p. 96.
5. Élisabeth de Clermont-Tonnerre, *op. cit.*, t. I, p. 218-219.
6. *Ibid.*, p. 218-219.
7. René Gimpel, *Journal d'un collectionneur,* Paris, Calmann-Lévy, 1963, p. 216.
8. George D. Painter, *Marcel Proust,* Paris, Mercure de France, t. II, 1985, p. 217.
9. Cyril Ray, *op. cit.*, p. 26.
10. Constance Battersea, *op. cit.*, p. 79.
11. *Le Temps,* 21 février 1870.
12. Henri de Rothschild, *La Lignée...*, p. 61-63 ; André Pascal (id.), *Croisière..., op. cit.*, p. 32-39, 41-48, 61-64, 136-137, 161-173.
13. Ron Chernow, *op. cit.*, p. 114.
14. *L'Illustration,* 5 juillet 1902, p. 10.
15. *Ibid.*, 27 août 1904, p. 134-135.
16. Le propriétaire suivant fut un millionnaire américain dont le fils légua la maison à la Ville de Deauville ; on y commémore aujourd'hui Flaubert, Henri de Rothschild et les Strassburger de Pennsylvanie. (R. Deliencourt et J. Chennebenoist, *La Propriété Strassburger,* Ville de Deauville, 1981.)
17. Henri de Rothschild, *La Lignée..., op. cit.*, p. 78-99 ; André Pascal (id.), *Croisière..., op. cit.*, p. 13-16, 75-77, 125-173.

18. Élisabeth de Clermont-Tonnerre, *op. cit.*, t. I, p. 221-222.
19. *Le Temps,* 27 mars 1898.
20. *L'Illustration,* 5 avril 1913, p. 307.
21. Henri de Rothschild, *La Lignée..., op. cit.*, p. 120-124. L'un des livres d'Henri est une étude des collections de son père : *Un Bibliophile d'autrefois : le baron James Édouard de Rothschild (1844-1881),* Paris, Droz, 1934.
22. *L'Illustration,* 9 mai 1914, p. 399.

## *17. Guerre et paix*

1. Entretien avec Guy de Rothschild.
2. Eugène Kaufmann, *La Banque en France,* originellement publié en allemand en 1910, Paris, Girard et Brière, 1914, p. 166-167.
3. *Les Documents politiques..., op. cit.*, p. 15.
4. Eugène Kaufmann, *op. cit.*, p. 168-171.
5. Francis Delaisi, *La Démocratie et les Financiers,* Paris, La Guerre sociale, 1910, p. 23-27, 42.
6. Archives Rothschild, Londres, XI-101-98, lettres des 6, 17 et 23 janvier 1913.
7. *Ibid.*, 6 janvier 1913.
8. Archives nationales, 132 AQ 34.
9. Yves-Henri Nouailhat, *France et États-Unis (août 1914-avril 1917),* Paris, Publications de la Sorbonne, 1979.
10. *The Times,* Londres, 7 août 1914.
11. Par ex., Archives nationales, 132 AQ 35.
12. Yves-Henri Nouailhat, *op. cit.*, p. 268-269.
13. Archives nationales, 132 AQ 34. D'après une traduction en français des observations de Morgan (1915).
14. Entretien avec Guy de Rothschild.
15. Roger Peyrefitte, *Les Juifs,* Paris, Flammarion, 1965, p. 379. Dans ce roman polémique, un personnage fictif que l'auteur utilise pour raconter des histoires malveillantes à l'égard des Rothschild affirme que, comme Morgan paraissait tenté de ne pas renouveler les crédits français après les désastreuses batailles de l'Aisne et du chemin des Dames, en 1917, la banque new-yorkaise obtint finalement une garantie des Rothschild à un taux d'intérêt prohibitif, ce qui amena le chef du gouvernement Clemenceau, à convoquer Édouard et Edmond pour les avertir que si leur pourcentage n'était pas annulé d'ici vingt-quatre heures, il les ferait arrêter et peut-être même fusiller (*ibid.*, p. 382).
16. Archives Rothschild, Londres, XI-101-102, 21 décembre 1914.
17. *Ibid.*, XI-111-96, 15 mars 1915.
18. *Ibid.*, XI-101-104, lettres des 10, 17 et 27 janvier 1915.
19. Alain de Rothschild, *Le Juif dans la cité,* imprimé à titre privé, 1982.
20. Simon Schama, *op. cit.*, p. 188-189. Pour une vigoureuse présentation de la position antisioniste encore attribuée à Edmond en 1919 : Paula Hyman, *op. cit.*, p. 162.
21. Henri de Rothschild, *La Lignée..., op. cit.*, p. 127-130.
22. Cité dans *Le Crapouillot,* janvier 1952 : « Les gros », p. 16.
23. *Journal officiel,* « Sénat », 26 janvier 1917, séance du 25 janvier, p. 56-66.
24. Cf. *Le Crapouillot,* janvier 1952, p. 16; Peyrefitte, *op. cit.*, p. 373.
25. Archives nationales, 132 AQ 818.
26. Entretien avec Guy de Rothschild.
27. Archives nationales, 132 AQ 67. Vers le milieu des années 1920, les Rothschild contribuèrent aux comités de défense des porteurs français de valeurs russes, dans le cadre d'une campagne visant à obtenir des compensations pour les obligations sans valeur d'avant la révolution, campagne qui se poursuit encore à ce jour (*ibid.*).
28. Entretien avec Guy de Rothschild; Guy de Rothschild, *Contre bonne fortune, op. cit.*, p. 78.
29. Jean Baumier, *La Galaxie Paribas, op. cit.*, p. 26-27, 31, 61.

30. Anne Sabouret, *MM. Lazard Frères et Cie,* Paris, Orban, 1987, et « Le Livre de poche », p. 10-12, 25-35, 59-62.

31. Nadine de Rothschild, *La baronne rentre à cinq heures,* Paris, Hachette et « Le Livre de poche », 1985, p. 64-65.

32. *Journal officiel,* « Annales de la Chambre des députés », séance du 1er avril 1925, p. 1875, 1877.

33. Abbé Mugnier, *Journal,* Paris, Mercure de France, 1985, p. 359.

34. Jean Castex, « La Troisième République dans les Hautes-Pyrénées », *Revue de Comminges-Pyrénées centrales,* Saint-Gaudens, Haute-Garonne, 1982, t. 95, 4e trimestre, p. 609.

35. *L'Illustration,* 29 novembre 1919, p. 432.

## *18. Sauver le franc*

1. Pour les statistiques sur la valeur du franc depuis le XIXe siècle jusqu'à nos jours, l'auteur est redevable au précieux concours de la direction des statistiques économiques de l'INSEE, en particulier Mme Madeleine Dangu. Cf. Jean Bouvier, *Les Rothschild, op. cit.*, p. 297.

2. Egon Corti, *op. cit.,* t. II, p. 448. Cf. Jean-Jacques Becker et Serge Berstein, *Victoire et frustrations (1914-1929),* Paris, Éd. du Seuil, coll. « Points », 1990, p. 155-230. Plus tard, un perfide compte rendu de cet épisode décrivait les Rothschild de Vienne « spéculant sur la monnaie française » comme si ce fait eût constitué un préjudice, et sans en mentionner l'objectif : relever la valeur du franc (*Le Crapouillot,* nouv. série, XVI, janvier 1952, p. 16).

3. Jean-Noël Jeanneney, *Leçon d'histoire pour une gauche au pouvoir,* Paris, Éd. du Seuil, 1977, p. 86-89, 122-125.

4. Jean Bouvier, *Les Rothschild, op. cit.*, p. 284.

5. Raymond Philippe, *Le Drame financier de 1924-1928,* Paris, Gallimard, 1931, p. 95-99.

6. Émile Moreau, *Souvenirs d'un gouverneur de la Banque de France (1926-1928),* Paris, Génin, 1954, p. 10-13, 42, 57, 68-70. Cf. Jean Bouvier, *Les Rothschild, op. cit.*, p. 299.

7. *Ibid.,* Anne Sabouret, *op. cit.*, p. 81-84.

8. Émile Moreau, *op. cit.*, p. 108, 116-118.

9. *Ibid.*, p. 157.

10. *Ibid.*, p. 239-240, 295, 308-313.

11. Jean Bouvier, *Les Rothschild, op. cit.*, p. 305.

12. Émile Moreau, *op. cit.*, p. 572-574, 582, 590-594.

13. *Ibid.*, p. 602.

14. Françoise Giroud, dans *L'Express,* cité dans Jean Baumier, *Ces banquiers qui nous gouvernent,* Paris, Plon, 1983, p. 34.

15. Anne Sabouret, *op. cit.*, p. 68-72 ; Jean-Noël Jeanneney, *L'Argent caché,* Paris, Fayard, 1981, p. 48.

16. Marcus Eli Ravage, *Grandeur et décadence de la maison Rothschild,* Paris, Albin Michel, 1931, p. 343.

17. Archives nationales, 132 AQ 78.

18. *Ibid.*, 132 AQ 329.

19. Émile Moreau, *op. cit.*, p. 345, 400-402.

20. Archives nationales, 132 AQ 67.

21. Élisabeth de Clermont-Tonnerre, *op. cit.*, t. I, p. 215.

22. Entretien avec Bethsabée de Rothschild, Jérusalem.

23. Paula Hyman, *op. cit.*, trad. fr. : *De Dreyfus à Vichy*, Paris, Fayard, 1985, p. 179 (extrait du procès-verbal de l'assemblée générale, 25 mai 1913).

24. *Ibid.*, p. 145.

25. Entretien avec Jacques Getten.

26. Simon Schama, *op. cit.*, p. 230-231, 242-243.

27. *Ibid.*, p. 260-262. Texte du discours de Tel-Aviv dans David Druck, *op. cit.*, p. 216-222.
28. Denise Lévy Astruc, *Histoire officielle, officieuse et marginale de l'Institut de biologie physico-chimique,* Paris, 1970, p. 1-6 ; *L'Illustration,* 21 février 1931, p. 220-221.
29. Élisabeth de Clermont-Tonnerre, *op. cit.*, t. I, p. 216-217.
30. *Ibid.*, p. 217-218.
31. Jean Castex, art. cit., p. 609.
32. *Journal officiel,* « Annales de la Chambre des députés », séance du 1er avril 1925, p. 1869-1882.
33. *Ibid.*, séance du 2 juillet 1926, p. 360-376.
34. *Dictionnaire des parlementaires français,* Paris, Presses universitaires de France, t. VIII, 1977, p. 2900-2901.

## *19. Avant la dépression*

1. Nadine de Rothschild, *op. cit.*, p. 65.
2. *L'Illustration,* 27 janvier 1923, p. 90.
3. *Ibid.*, 28 octobre 1922, p. 418.
4. Abbé Mugnier, *op. cit.*, p. 539.
5. Colette, *Lettres à Hélène Picard,* Paris, Flammarion, 1958, p. 119-122 ; id., *Mes cahiers,* Paris, Aux armes de France, 1941, p. 137-145 ; Maurice Goudeket, *Près de Colette,* Paris, Flammarion, 1956, p. 122-129. Cf. Herbert R. Lottman, *Colette,* Paris, Fayard, 1990, p. 288-289.
6. *L'Illustration,* 14 février 1931, p. 209.
7. Henri de Rothschild, *La Lignée..., op. cit.*, p. 145-146.
8. Herbert R. Lottman, *op. cit.*, p. 307-309.
9. Raymonde Lestonnat, « La victoire de *Cupidon III* », *L'Illustration,* 16 octobre 1926, p. 424.
10. Philippe de Rothschild, *Vivre la vigne,* Paris, Presses de la Cité, 1981, frontispice.
11. Henri de Rothschild, *La Lignée..., op. cit.*, p. 144.
12. Cyril Ray, *op. cit.*, p. 29.
13. Colin Parnell, « The Rothschilds and Wine », *Decanter,* Londres, décembre 1991, p. 38-39.
14. Henri de Rothschild, *La Lignée... op. cit.*, p. 142-143.
15. Archives nationales, 132 AQ 4.
16. Henri de Rothschild, *La Lignée..., op. cit.*, p. 35.
17. Élisabeth de Clermont-Tonnerre, *op. cit.*, t. I, p. 208-209.
18. Guy de Rothschild, *Mon ombre siamoise, op. cit.*, p. 18.
19. Id., *Contre bonne fortune, op. cit.*, p. 24-34, 43, 52-60, 63-66

## *20. L'apprentissage de Guy*

1. Guy de Rothschild, *Contre bonne fortune, op. cit.*, p. 71, 78-79.
2. Egon Corti, *op. cit.*, t. II, p. 449.
3. Guy de Rothschild, *Contre bonne fortune, op. cit.*, p. 79-82.
4. Archives nationales, 131 AQ 5 ; entretien avec Guy de Rothschild.
5. Henri Dubief, *Le Déclin de la IIIe République (1929-1938),* Paris, Éd. du Seuil, coll. « Points », 1976, p. 11-13, 19-22.
6. Frédéric Morton, *Les Rothschild,* Paris, Gallimard, 1962, p. 225.
7. Archives nationales, 132 AQ 5.
8. *Ibid.*, 132 AQ 12 ; entretien avec Guy de Rothschild. Cf. Ron Chernow, *op. cit.*, p. 328.
9. Guy de Rothschild, *Contre bonne fortune..., op. cit.*, p. 83-84. Les Rothschild de Paris avancèrent des fonds sous la forme d'un prêt de six ans, à 4 % d'intérêt jusqu'au 31 décembre 1933 et 5 % au-delà ; les prêteurs étaient Edmond (70 millions de francs),

Édouard (35), Robert (15), Henri (10), James Henri (3), Philippe (3) (Archives nationales, 132 AQ 7).

10. Archives nationales, 132 AQ 7.

11. Entretien avec Guy de Rothschild.

12. Daniel Yergin, *op. cit.*, p. 266.

13. Guy de Rothschild, *Contre bonne fortune…, op. cit.*, p. 83-90 ; Jean Bouvier, *Les Rothschild, op. cit.*, p. 313-314.

14. Kenneth Mouré, *Managing the Franc Poincaré,* New York, Cambridge University Press, 1991, p. 1-6, 66, 74-75.

15. Entretien avec Guy de Rothschild. Information cinématographique fournie par Evan A. Lottman.

16. Janet Flanner, *Paris Was Yesterday (1925-1939),* Londres, Angus and Robertson, 1973, p. 97.

17. Guy de Rothschild, *Contre bonne fortune…, op. cit.*, p. 98-99, 267.

18. *Ibid.*, p. 99-104.

19. Cf. par exemple Henry Coston, *Dictionnaire des dynasties bourgeoises et du monde des affaires,* Paris, Alain Moreau, 1975, p. 475.

20. Charles-M. Widor, art. cit., p. 450 ; Simon Schama, *op. cit.*, p. 264.

21. Entretien avec Élie de Rothschild. A la mort de Maurice, son sixième allait être transmis à son fils Edmond, et celui de Jimmy à une fondation philanthropique actuellement supervisée par Jacob de Rothschild.

22. Entretien avec Guy de Rothschild.

23. *Juvénal,* Paris, 2 juillet 1938.

24. Archives nationale, 132 AQ 350.

## *21. Les deux cents familles*

1. Guy de Rothschild, *Contre bonne fortune…, op. cit.*, p. 107-108.

2. Georges Lefranc, *Histoire du Front populaire,* Paris, Payot, 1974, p. 20.

3. Herbert R. Lottman, *Pétain,* Paris. Éd. du Seuil, 1984, p. 204-206.

4. Hyman, *From Dreyfus…, op. cit.*, p. 226-227.

5. *L'Humanité,* 23 et 27 juillet 1935.

6. David H. Weinberg, *A Community on Trial. The Jews of Paris in the 1930's,* Chicago, University of Chicago Press, 1977, p. 80-81 ; Pierre Birnbaum, *Un mythe politique : « la République juive »*, Paris, Fayard, 1988, p. 94.

7. René Sédillot, *op. cit.*, p. 13.

8. Gabriel Milési, *Les Nouvelles 200 familles,* Paris, Belfond, 1990, p. 10-11. Cf. Guy de Rothschild, *Contre bonne fortune…, op. cit.*, p. 109.

9. René Sédillot, *op. cit.*, p. 19.

10. Paris, Grasset, 1931, 192-193.

11. Augustin Hamon et X. Y. Z., *Les Maîtres de la France,* Paris, Éditions sociales internationales, 1936, p. 272-273, 278-279, 287.

12. René Sédillot, *op. cit.*, p. 110.

13. Francis Delaisi, *La Banque de France aux mains des deux cents familles,* Paris, Comité de vigilance des intellectuels antifascistes, 1936, p. 3-5, 18, 94

14. Archives nationales, 132 AQ 721.

15. Georges Lefranc, *op. cit.*, p. 369-371. La nationalisation complète de la Banque de France eut lieu en 1945. Le cercle fut bouclé en 1993, quand le gouvernement conservateur d'Édouard Balladur s'engagea à réformer les statuts de la banque et qu'un socialiste de gauche, Jean-Pierre Chevènement, dénonça la « dénationalisation du pouvoir monétaire », en s'attaquant à un « gouvernement invisible de l'argent » (*Le Monde,* 18 mai 1993).

16. René Sédillot, *op. cit.*, p. 116-117.

17. *Le Temps,* 1er juillet 1937.

18. Kimon A. Doukas, *The French Railroads and the State,* New York, Columbia

University Press, 1945, p. 234-243 ; C. Aubry, *Législation des chemins de fer,* Paris, Eyrolles, 1949, p. 14-19.

19. Jean Bouvier, *Les Rothschild, op. cit.,* p. 311-313. Écrit *avant* la nationalisation de la banque Rothschild, en 1981.

20. *Le Populaire,* 1er septembre 1937.

21. Archives nationales, 132 AQ 12 ; Guy de Rothschild, *Contre bonne fortune..., op. cit.,* p. 110.

## *22. Les Rothschild en guerre*

1. Jacques Adler, *The Jews of Paris and the Final Solution,* New York, Oxford University Press, 1987, p. 55.

2. Paula Hyman, *De Dreyfus... op. cit.,* p. 305-306. David H. Weinberg (dans *Les Juifs à Paris de 1933 à 1939,* Paris, Calmann-Lévy, 1974, p. 101-102) affirme que la déclaration de Robert, telle qu'elle figurait dans son brouillon, était la suivante : « S'ils ne sont pas contents, qu'ils s'en aillent. Ils sont des invités qu'on reçoit avec plaisir mais il ne faut pas qu'ils cassent la vaisselle » (d'après les archives de l'ACIP, B 132, 1935).

3. David H. Weinberg, *A Community, op. cit.,* p. 95, note 15 ; Maurice Rajfus, *Sois juif et tais-toi,* Paris, Études et Documentation internationales, 1981, p. 30-31.

4. David H. Weinberg, *A Community, op. cit.,* p. 97, note 36.

5. Simon Epstein, *Robert de Rothschild : un dirigeant juif des temps difficiles (1933-1939),* manuscrit inédit, courtoisement communiqué par Éric de Rothschild.

6. Archives nationales, 132 AQ 721.

7. Projet *Les Enfants de La Guette* (Werner Matzdorff), ainsi que divers autres documents, aimablement communiqués par Guy de Rothschild.

8. Janet Flanner, *op. cit.,* p. 221.

9. *L'Action française,* 23, 24, 25, 26 janvier 1939.

10. Guy de Rothschild, *Contre bonne fortune... op. cit.,* p. 113-114.

11. Archives nationales, 132 AQ 721.

12. Alain de Rothschild, *op. cit.,* p. 285-286.

13. *Ibid.,* p. 286.

14. Entretien avec Nicole Stéphane (née Rothschild) ; cf. Henri de Rothschild, *La Lignée..., op. cit.,* p. 132-133.

15. Philippe de Rothschild, *op. cit.,* p. 64-65.

16. Guy de Rothschild, *Contre bonne fortune..., op. cit.,* p. 113-127.

17. Archives nationales, 132 AQ 719-21, 4677.

18. Entretien avec Guy de Rothschild.

19. « Les Rothschild », *Réalités,* mars 1952, p. 110. Les actions Royal Dutch valaient 1 534 000 florins hollandais en 1940.

20. *New York Times,* 11 juillet 1940, p. 6.

## *23. Vichy*

1. Herbert K. Lottman, *Pétain, op. cit.,* p. 271.

2. Texte tiré du *Pillage par les Allemands des œuvres d'art et des bibliothèques appartenant à des Juifs en France,* Paris, Éd. du Centre, 1947, p. 259-260. Cf. Joseph Billig, *Le Commissariat général aux Questions juives (1941-1944),* Paris, Éd. du Centre, t. I, 1960, p. 206-207.

3. *Le Matin,* 25 juillet 1940.

4. *Ibid.,* 2 août 1940. Cf. *New York Times,* 1er août 1940, p. 1 ; Nadine de Rothschild, *op. cit.,* p. 63.

5. *Le Matin,* 26 septembre 1940 ; *New York Times,* 26 septembre 1940, p. 4. Le compte rendu du *Times* ajoute que les journaux de Toulouse avaient fait état de la découverte,

dans le sud de la France, de titres et certificats divers appartenant aux Rothschild ; l'un de ces journaux estimait leur valeur à 350 millions de francs-or.

6. *Le Matin,* 10 septembre 1940 ; *New York Times,* 14 septembre 1940, p. 4.
7. Centre de documentation juive contemporaine, Paris, désormais désigné sous ses initiales CDJC, CLIV-54.
8. Entretien avec Guy de Rothschild.
9. Id., *Contre bonne fortune..., op. cit.,* p. 133.
10. Henri de Rothschild, *La Lignée..., op. cit.,* p. 142-143.
11. Entretien avec Nicole Stéphane.
12. Guy de Rothschild, *Contre bonne fortune..., op. cit.,* p. 133.
13. *New York Times,* 9 octobre 1940, p. 27.
14. Entretien avec Guy de Rothschild.
15. Id., *Contre bonne fortune..., op. cit.,* p. 134 ; entretien avec lui.
16. Claire Andrieu, *La Banque sous l'Occupation,* Paris, Presses de la Fondation nationale des sciences politiques, p. 269-279. Pour une évaluation critique du rôle des banques françaises sous l'Occupation, voir Hubert Bonin, *op. cit.,* p. 276-277 ; Jean Baumier, *op. cit.,* p. 54-56.
17. 11 septembre 1940.
18. *Au pilori,* 13 septembre 1940.
19. *Ibid.,* 18 octobre 1940.
20. 8 novembre 1940.
21. 14 mars 1941, cité dans Pierre Birnbaum, *Le Peuple et les « Gros », op. cit.,* p. 61.
22. Guy de Rothschild, *Contre bonne fortune..., op. cit.,* p. 140-145 ; entretien avec lui.
23. *New York Times,* 29 septembre 1940, p. 16.
24. Cyril Ray, *op. cit.,* p. 61-63.
25. Christine Clerc, *Fondation Rothschild. 130 ans de solidarité,* Paris, Beba, 1982, p. 33.
26. Publié dans Rose Valland, *Le Front de l'art. Défense des collections françaises (1939-1945),* Paris, Plon, 1961, 237. Cf. *Le Pillage..., op. cit.,* p. 84 ; Joseph Billig, *op. cit.,* G.I., p. 206.
27. Texte cité *ibid.,* p. 261-262.
28. CDJC, LXXIX-9.
29. Entretien avec Élie de Rothschild.
30. *Annuaire général des finances, 1942,* Paris, Berger-Levrault, 1942, p. 276 ; *ibid., 1954,* Paris, Imprimerie nationale, 1954, p. 687, 1000 ; entretien avec Guy de Rothschild.

## *24. Goering*

1. Entretien avec Guy de Rothschild.
2. Documents dans Rose Valland, *op. cit.,* p. 235-237.
3. *Ibid.,* p. 49.
4. *Le Figaro,* Clermond-Ferrand, 27 septembre 1940.
5. Rose Valland, *op. cit.,* p. 51-53.
6. *Le Pillage..., op. cit.,* p. 40-43.
7. CDJC, CXLV-574.
8. *Le Pillage..., op. cit.,* p. 84 ; cf. chap. 23.
9. *Ibid.,* p. 49-50.
10. CDJC, XXI-45.
11. Reproductions photographiques dans *Le Pillage..., op. cit.*
12. Rose Valland, *op. cit.,* p. 57-60.
13. *Le Pillage..., op. cit.,* p. 86.
14. *Ibid.,* p. 85.
15. Entretien avec Guy de Rothschild.
16. *Le Pillage..., op. cit.,* p. 106-107.
17. Entretien avec Guy de Rothschild ; cf. id., *Contre bonne fortune..., op. cit.,* p. 150-151.

18. Entretien avec Bethsabée (Batsheva) de Rothschild.
19. *New York Times,* 21 juin 1940, p. 1 ; Georges Bernstein Gruber et Gilbert Maurin, *Bernstein le Magnifique,* Paris, Lattès, 1988, p. 381.
20. *New York Times,* 9 juillet 1940, p. 23.
21. *Ibid.*, 2 août 1940, p. 8.
22. Nadine de Rothschild, *op. cit.*, p. 63-64.
23. Alain de Rothschild, *op. cit.*, Cyril Ray, *op. cit.*, p. 66.
24. Entretien avec Élie de Rothschild.
25. Entretien avec Nicole Stéphane (née Rothschild) ; Henri de Rothschild, *La Lignée..., op. cit.*, p. 42-43.
26. Philippe de Rothschild, *op. cit.*, p. 61-65 ; id., *Le Pressoir perdu,* Paris, Mercure de France, 1978, p. 41-57 ; Henri de Rothschild, *La Lignée, op. cit.*, p. 147 ; *New York Times,* 12 septembre 1940, p. 5, 23 septembre 1940, p. 5, 28 mars 1941, p. 10, 21 avril 1941, p. 8, 7 juin 1941, p. 4. Écrivant de son exil à Lisbonne, Henri prit garde de ne pas révéler où était parti son fils ; il le présente comme « consacré à la littérature »... Si aucun des Rothschild français ne mourut dans les camps, tel fut par contre le sort tragique d'une grande partie de la famille maternelle (Halphen) de Guy (Guy de Rothschild, *Contre bonne fortune..., op. cit.*, p. 134).

## *25. La France sans les Rothschild*

1. Archives nationales, AJ 38 601.
2. *Au pilori,* 27 mars et 24 avril 1941.
3. Centre d'action et de documentation, Paris, 1941.
4. *Au pilori,* 6 novembre 1941.
5. *Ibid.*, 2 octobre 1941.
6. *Ibid.*, 30 octobre 1941.
7. Henri-Robert Petit, *Rothschild : roi d'Israël et les Américains,* Paris, Nouvelles Études françaises, 1941, p. 46.
8. Rose Valland, *op. cit.*, p. 68-75.
9. *Le Pillage..., op. cit.*, p. 108-109.
10. Archives nationales, AJ 38 2448.
11. *Ibid.*
12. *Ibid.*, AJ 38 2432.
13. *Ibid.*, AJ 38 2461.
14. *Le Pillage..., op. cit.*, p. 196-197.
15. CDJC, XIXa-35, LXXVI-7.
16. *Le Pillage..., op. cit.*, p. 94-98, note du 3 novembre 1941.
17. Archives nationales, AJ 38 187.
18. CDJC, CXVI-9, CXIV-79 ; Archives nationales, AJ 38 2727.
19. *Ibid.*, AJ 38 187.
20. Guy de Rothschild, *Contre bonne fortune..., op. cit.*, 140-145 ; entretien avec lui. Pucheu fut le premier membre du gouvernement de Vichy à être jugé pour trahison, dans l'Algérie contrôlée par les Français libres, avant la libération de la France métropolitaine. Il fut condamné et fusillé en mars 1944.
21. *New York Times,* 28 octobre 1941, p. 12 ; Guy de Rothschild, *Contre bonne fortune..., op. cit.*, p. 149.
22. Jean Péron, *Les Rothschild,* Paris, Éd. nouvelles, 1942, p. 125.
23. Gérard, *Les Juifs et la Guerre,* Paris, CEA, 1943 (?), p. 10.
24. Par exemple : CDJC, CXVI-9.
25. Archives nationales, AJ 38 2764.
26. CDJC, CXVI-9.
27. Archives nationales, AJ 38 187, 601.
28. Alexis Carrel, *L'Homme, cet inconnu,* Paris, Grasset, 1935, p. 359-367.

29. *Cahiers de la Fondation française pour l'étude des problèmes humains,* Paris, Presses universitaires de France, t. I, 1943, p. 21.

30. Sur Carrel et les Allemands, cf. docteur Robert Soupault, *Alexis Carrel,* Paris, Plon, 1951, p. 228-230.

31. Archives nationales, AJ 38 2764.

32. *Ibid.,* Denise Lévy Astruc, *op. cit.,* p. 69-87.

33. G. Arnulf, « Documents inédits sur le comportement du docteur Alexis Carrel en France pendant la guerre 1939-1945 », communication présentée à la séance du 27 avril 1985 de la Société française d'histoire de la médecine, aimablement communiquée par David Hamilton, de l'université de Glasgow.

## *26. La liquidation des liquidateurs*

1. Guy de Rothschild, *Contre bonne fortune..., op. cit.,* p. 151-190 ; id., *Mon ombre siamoise, op. cit.,* p. 26.

2. *New York Times,* 19 et 28 mars, 4 avril 1943.

3. Philippe Bourdrel, *op. cit.,* p. 482-484.

4. *New York Times,* 10 novembre 1944, p. 5.

5. Claire Andrieu, *op. cit.,* p. 268.

6. Guy de Rothschild, *Contre bonne fortune..., op. cit.,* p. 191-192.

7. *New York Times,* 11 décembre 1944, p. 12.

8. Philippe de Rothschild, *op. cit.,* p. 66-71 ; Cyril Ray, *op. cit.,* p. 56.

9. Entretien avec Guy de Rothschild. Ultime ironie du sort pour la branche viennoise de la famille, les autorités soviétiques d'occupation de l'Autriche entreprirent de confisquer les dernières possessions des Rothschild, les estimant nazies ; il devint nécessaire de prouver qu'elles avaient appartenu à la famille avant l'annexion du pays par Hitler. Louis de Rothschild était alors réduit au statut d'apatride, et Eugène, son frère, dépouillé par Vichy de sa nationalité française, était devenu citoyen américain ; Alphonse était mort (Archives nationales, 132 AQ 12).

10. Rose Valland, *op. cit.,* p. 212-217 ; James J. Rorimer et Gilbert Rabin, *Survival. The Salvage and Protection of Art in War,* New York, Abelard, 1950, p. IX-XI.

11. *Ibid.,* p. 185-268 ; Rose Valland, *op. cit.,* p. 220-229 ; *Le Monde,* 1er novembre 1945.

12. Entretien avec Guy de Rothschild. En 1947, l'armée française en Allemagne occupée publia une série de catalogues d'objets d'art, de livres et d'archives volés qui n'avaient pas encore été récupérés. A lui seul, le volume concernant les peintures, les tapisseries et les sculptures couvrait 491 pages, sans compter les illustrations des œuvres les plus importantes. Ces catalogues étaient établis par le Bureau central des restitutions, notamment par Rose Valland, alors directrice de la section des beaux-arts, en poste à Berlin. Les œuvres manquantes sont énumérées avec les noms de leurs propriétaires : les Rothschild sont représentés par Édouard, Maurice, Alexandrine, Henri et Robert (commandement en chef français en Allemagne, *Répertoire des biens spoliés en France durant la guerre (1939-1945),* Berlin, t. II, 1947).

13. Entretien avec Marie-Noëlle André.

14. Ministère de l'Éducation nationale, *Les Chefs-d'œuvre des collections privées françaises retrouvés en Allemagne par la Commission de récupération artistique et les services alliés,* Orangerie des Tuileries, juin-août 1946, gracieusement communiqué par Marie-Noëlle André.

## *27. La reprise*

1. Entretien avec Nicole Stéphane (née Rothschild).

2. Entretien avec Marie-Noëlle André.

3. Jean Bouvier, *Les Rothschild, op. cit.,* p. 314-315 ; *Les Documents politiques..., op. cit.,* p. 19-21.

4. Guy de Rothschild, conférence de presse, 1967, citée dans Maurice Druon, *op. cit.,* p. 50-52.
5. Entretien avec Guy de Rothschild.
6. Jean Bouvier, *Les Rothschild, op. cit.,* p. 315.
7. Guy de Rothschild, *Contre bonne fortune..., op. cit.,* p. 195-197.
8. Entretien avec id. ; Jean Bouvier, *Les Rothschild, op. cit.,* p. 315. La part de Guy s'élevait à la moitié de l'héritage total, l'autre moitié revenant à ses sœurs Jacqueline (mariée et résidant aux États-Unis) et Bethsabée (alors mariée à Donald Bloomingdale et résidant également en Amérique). Guy reçut la totalité de la part d'Édouard dans la banque en héritage (*Les Documents politiques..., op. cit.,* p. 22-23).
9. Entretien avec Nicole Stéphane.
10. *Le Monde,* 21 décembre 1949.
11. *Ibid.,* 24-25 juillet 1949.
12. Guy de Rothschild, *Contre bonne fortune..., op. cit.,* p. 347-352. Cf. Georges Levitte, « A Changing Community », *Aspects of French Jewry,* Londres, Vallentine et Mitchell, 1969, p. 14-16.
13. Guy de Rothschild, *Contre bonne fortune..., op. cit.,* p. 105-106, 269-274.
14. « Les Gros », *Le Crapouillot, op. cit.,* p. 19.
15. Par exemple *Le Monde,* 22 juin 1951.
16. Guy de Rothschild, *Contre bonne fortune..., op. cit.,* p. 276-277.
17. Alain de Rothschild, *op. cit.,* p. 285-286 ; entretien avec Élie de Rothschild.
18. Entretien avec Élie de Rothschild ; Cyril Ray, *op. cit.,* p. 45-46.
19. Philippe de Rothschild, *op. cit.,* p. 72.
20. Entretien avec Jacques Getten.
21. Guy de Rothschild, *Contre bonne fortune..., op. cit.,* p. 198-205.
22. Cité dans Jean Bouvier, *Les Rothschild, op. cit.,* p. 320.
23. *Ibid.,* p. 322-324.
24. Guy de Rothschild, *Contre bonne fortune..., op. cit.,* p. 203-207.
25. Nadine de Rothschild, *op. cit.,* p. 73-74.
26. Pierre Viansson-Ponté, *Les Gaullistes,* Paris, Éd. du Seuil, 1963, p. 166-170.
27. « Le petit Pompidou illustré », *Le Crapouillot,* nouv. série, octobre-novembre 1969, nº 9, p. 42-43.
28. Guy de Rothschild, *Contre bonne fortune..., op. cit.,* p. 310.
29. Id., *Mon ombre siamoise, op. cit.,* p. 178, 182, 184.
30. Id., *Contre bonne fortune..., op. cit.,* p. 313.

## *28. Les banques Rothschild*

1. « Les gros », *Le Crapouillot,* janvier 1952, p. 8-18.
2. Henry Coston, *Les Financiers qui mènent le monde,* Paris, La Librairie française, 1955, p. 218.
3. Id., *La Haute Banque et les trusts,* Paris, La Librairie française, 1958, p. 10, 12.
4. Entretien avec Jacques Getten.
5. Guy de Rothschild, *Contre bonne fortune..., op. cit.,* p. 231-232.
6. Jean-Jacques Laurendon, dans Jean Bouvier, *Les Rothschild, op. cit.,* p. 328-329.
7. Jacques Amalric dans *Le Monde,* 12 novembre 1965, cité dans Jean Bouvier, *Les Rothschild, op. cit.,* p. 330-331.
8. Simon Schama, *op. cit.,* p. 322.
9. Nadine de Rothschild, *op. cit.,* p. 70.
10. Entretien avec Guy de Rothschild ; Nadine de Rothschild, *op. cit.,* p. 74.
11. *Ibid.,* p. 75, 77.
12. Jean Baumier, *Ces banquiers qui nous gouvernent,* Paris, Plon, 1983, p. 30-31 ; id., *Les Grandes Affaires françaises,* Paris, Julliard, 1967, p. 57.
13. Nadine de Rothschild, *op. cit.,* p. 144-145, 187.
14. *Ibid.,* p. 7, 9-12, 17-32, 49-52, 55-61, 80-88, 107-118.

15. *Le Monde,* 9-10 juillet, 22 et 27 septembre 1967. Cf. Nadine de Rothschild, *op. cit.,* p. 144-145, 187.
16. Guy de Rothschild, *Contre bonne fortune..., op. cit.,* p. 233.
17. *Ibid.,* p. 233-234.
18. Cité dans Pierre Birnbaum, *Le Peuple et les « Gros », op. cit.,* p. 87-88.
19. René Andrieu dans *L'Humanité,* 18 juin 1969.
20. Guy de Rothschild, *Contre bonne fortune..., op. cit.,* p. 233-236, 245, 349.
21. Entretien avec id. ; id., *Contre bonne fortune..., op. cit.,* p. 251-265.
22. Entretien avec id.
23. Jean-Jacques Laurendon dans Jean Bouvier, *Les Rothschild, op. cit.,* p. 317-320.
24. Paris, La Librairie française, 1960, p. 163-169.
25. Roger Peyrefitte, *op. cit.* La famille Rothschild — Edmond se joignant à Guy et à sa sœur Bethsabée — poursuivit l'auteur en justice pour faire saisir le livre ; l'auteur finit par consentir à supprimer certains passages et la plainte fut retirée (*Le Monde,* 6, 8, 9 juillet, 10 septembre, 25 décembre 1965). Cf. Pierre Viansson-Ponté, « Pour la plus grande joie des antisémites : *Les Juifs* de Roger Peyrefitte », *Le Monde,* 16 juillet 1965.

## *29. Le grand changement*

1. *Le Monde,* 27 avril 1967 ; extraits de la conférence de presse dans Maurice Druon, *op. cit.,* p. 39-59 ; Guy de Rothschild, *Contre bonne fortune..., op. cit.,* p. 212.
2. Entretien avec Guy de Rothschild.
3. Entretien avec Guy de Rothschild.
4. Compagnie du Nord, *Assemblées générales,* exercice 1968, Paris, 1969.
5. *Ibid.,* exercice 1967, 1968.
6. « La leçon de la crise de Mai », interview de Guy de Rothschild par Jacques Baron, *Entreprise,* 12 octobre 1968, p. 4-15.
7. Banque Rothschild, *Assemblées générales ordinaires,* 21 avril 1970, exercice 1969, Paris, 1970.
8. Rothschild-Expansion, *Assemblées générales ordinaires,* 27 mai 1971, 23 mars 1972.
9. Banque Rothschild, *Assemblées générales ordinaires,* 25 avril 1972.
10. Extrait de *Lui,* cité dans Jean Baumier, *op. cit.,* p. 27.
11. Guy de Rothschild, *Contre bonne fortune..., op. cit.,* p. 258-265.
12. Jean Baumier, *op. cit.,* p. 28.
13. *Le Nouveau Journal,* 23 mai 1973.
14. *L'Aurore,* 3 mai 1974 ; *Les Échos,* 31 janvier 1975.
15. *Ibid.,* 7 février, 15 mars 1978.
16. *Le Journal des finances,* 11 mai 1978 ; *La Vie française,* 13 mai 1978.
17. Paul Lewis, dans *New York Times,* repris dans *The Herald Tribune,* Paris, 15 novembre 1978.
18. Guy de Rothschild, *Contre bonne fortune..., op. cit.,* p. 215-216.
19. Jean Baumier, *op. cit.,* p. 29.
20. Entretiens avec Guy de Rothschild, Mireille Much, conservateur de Ferrières ; Guy de Rothschild, *Contre bonne fortune..., op. cit.,* p. 315-316, 330-331.
21. *Ibid.,* p. 314.
22. *Ibid.,* p. 327-328.
23. Nadine de Rothschild, *op. cit.,* p. 135-136, 140.
24. Guy de Rothschild, *Mon ombre siamoise, op. cit.,* p. 33.
25. Alain de Rothschild, *op. cit.,* p. 291-293.
26. Martine Leventer, « Les vignes des seigneurs », *Le Point,* 22 décembre 1986, p. 70-71 ; Nadine de Rothschild, *op. cit.,* p. 127-128.
27. Cyril Ray, *op. cit.,* p. 107-108.
28. Affichettes publicitaires, *Opus One, 1988 Opus One;* James Conaway, *Napa,* Boston, Houghton and Mifflin, 1990, p. 230-235, 247-249

## *30. La folie Mitterrand*

1. *Le Monde,* 29 juin 1972.
2. Extrait d'*Ici et Maintenant,* cité dans René Sédillot, *op. cit.,* p. 132.
3. Didier Linotte, « Les nationalisations de 1982 », *Revue du droit public et de la science politique en France et à l'étranger,* Paris, 2, 1982, 435.
4. Guy de Rothschild, *Mon ombre siamoise, op. cit.,* p. 30.
5. Id, *Contre bonne fortune..., op. cit.,* p. 213.
6. Banque Rothschild, *Assemblées générales ordinaires,* 27 mai 1981. David était président du directoire de la banque et Nathaniel vice-président ; Élie était président et Alain vice-président du conseil de surveillance, dont les membres comprenaient Guy, Éric et Evelyn de Londres. En plus de ses succursales en France, la banque avait des bureaux de représentation en Espagne, en Grèce, au Japon, au Mexique et au Venezuela, ainsi que plusieurs filiales, notamment Rothschild AG, à Zurich, et New Court Securities, à New York.
7. *Le Monde,* 21 juin 1981.
8. *Les Échos,* 21 juillet 1981.
9. *L'Humanité,* 10 juillet 1981.
10. *Ibid.,* 10 et 11 juillet 1981.
11. Sur les manœuvres en coulisses, cf. Gabriel Milési, *op. cit,* p. 201-202. Milési désigne Jacques Attali, conseiller spécial du président Mitterrand, comme l'homme qui sauva Lazard, en partie au moins parce que c'était une société de services qui avait une « dimension internationale » (cf. Anne Sabouret, *op. cit.,* p. 233-239). Attali avait déjà informé David de Rothschild que le gouvernement ne pourrait rien faire pour sauver sa banque (entretien avec Guy de Rothschild). Le président de Paribas fut par la suite accusé d'avoir vendu des filiales étrangères pour les sauver de la nationalisation (Jean Baumier, *La Galaxie..., op. cit.,* p. 86-88).
12. *L'Express,* 16 octobre 1981, p. 89-90 ; Didier Linotte, art. cit., p. 443.
13. *Le Monde,* 14 octobre 1981.
14. *Ibid.,* 15 octobre 1981.
15. *L'Humanité,* 20 octobre 1981.
16. *The Times,* 21 octobre 1981.
17. Didier Linotte, *op. cit.,* p. 439-440, 449-450.
18. Voir chapitre premier.
19. Entretien avec Jacques Getten. Boissieu avait proposé à Getten de rester en qualité de directeur général de la banque, mais Getten ne pouvait envisager d'abandonner la famille.
20. Guy de Rothschild, *Mon ombre siamoise, op. cit.,* p. 31-32.
21. Entretien avec David de Rothschild.
22. *Financial Times,* 18 décembre 1985.
23. Cité dans Gabriel Milési, *op. cit.,* p. 46.
24. Entretien avec Guy de Rothschild.
25. Entretiens avec Guy et David de Rothschild ; Guy de Rothschild, *Contre bonne fortune..., op. cit.,* p. 213. Celui-ci précisa (lors d'un entretien avec l'auteur) que, si le gouvernement avait refusé d'ôter le nom « Rothschild » du logo de la banque, la famille aurait porté l'affaire devant la Cour internationale de justice de La Haye. En 1983, l'Européenne de banque, comme on la désignait, s'associa au Crédit commercial de France (CCF), également nationalisé en 1981, au sein d'un holding contrôlé part l'État. Puis, en 1987, sous un gouvernement conservateur, le CCF fut dénationalisé — restituant au secteur privé le fantôme de l'ancienne Banque Rothschild (*Le Monde,* 28 avril, 20 mai 1987). Guy de Rothschild souligna (lors d'un entretien avec l'auteur) que les sommes versées aux Rothschild dépossédés, ainsi que les nouveaux investissements nécessités par l'Européenne de banque, avaient dû être amplement récupérées par le gouvernement lorsque le CCF revendit par la suite l'Européenne à Barclay's, le plus grand groupe bancaire du Royaume-Uni — un propriétaire parfait pour le site historique de la rue Laffitte. Barclay's

paya 1,5 milliard de francs pour l'« ex-Banque Rothschild » et ses seize succursales en France, plus un réseau de vente pour Laffitte Investissement (*Le Monde,* 13, 30-31 décembre 1990).

26. Entretien avec Guy de Rothschild.
27. Entretien avec David de Rothschild.
28. Entretien avec Guy de Rothschild.
29. Guy de Rothschild, *Contre bonne fortune..., op. cit.,* p. 215-216.
30. Entretien avec David de Rothschild.
31. Entretien avec Éric de Rothschild.
32. Entretien avec Jacques Getten.
33. *Le Matin,* 12 avril 1983.
34. Guy de Rothschild, *Mon ombre siamoise, op. cit.,* p. 20, 34.
35. Williams H. Meyers, « Megadealer for the Rothschilds », *New York Times,* « Business World », 4 décembre 1988, IV, p. 22-23, 77.
36. Erik Ipsen, « The High Roller at Rothschild Inc. », *Institutional Investor,* New York, mars 1986, p. 133.
37. *Paris-Match,* 4 février 1983, p. 34-35.
38. Gabriel Milési, *op. cit.,* p. 45-46 ; entretien avec David de Rothschild.
39. Entretien avec Éric de Rothschild ; Guy de Rothschild, *Contre bonne fortune..., op. cit.,* p. 214.
40. *New York Times,* 14 novembre 1984, D2.
41. Entretien avec Élie de Rothschild. Le baron Élie réside désormais en Grande-Bretagne ; sa maison de Paris appartient désormais à Nathaniel (dont le propre fils, Raphaël, est né en 1976).

## *31. Edmond et les autres*

1. Jean Boissonnat, « Un Rothschild dans la France socialiste », *L'Expansion,* 4 juin 1982, p. 91-95. Sur Armainvilliers, Nicole du Roy et Francine Rivaud, *op. cit.,* p. 34-35.
2. Entretien avec Marie-Noëlle André.
3. Jean Baumier, *op. cit.,* p. 32.
4. Extrait de Michel Bauer et Bénédicte Bertin-Mourot, *Les Deux Cents. Comment devient-on un grand patron ?,* Paris, Éd. du Seuil, 1987, p. 99.
5. Jean Boissonnat, art. cit., p. 92.
6. *Magazine-Hebdo,* 21 décembre 1984.
7. Milési, *op. cit.,* p. 48.
8. Annuaire des sociétés et des administrateurs, Paris, Dafsa, t. II, 1989, p. 888-889.
9. Cf. le catalogue France-Loisirs, Paris, juillet-septembre 1992, présentant Nadine de Rothschild, *Le Bonheur de séduire, l'art de réussir.*
10. Id. *La Baronne..., op. cit.,* p. 218-219.
11. Entretien avec David de Rothschild.
12. *Paris-Match,* 4 février 1983, p. 34-35.
13. *Le Matin,* 12 avril 1983.
14. Paul Lewis dans le *New York Times,* repris dans *International Herald Tribune,* Paris, 6 mars 1986.
15. *Le Monde,* 24-25 juin 1984.
16. Gabriel Milési, *op. cit.,* p. 47.
17. *L'Humanité,* 23 juin 1984.
18. Illustré par exemple dans *Le Quotidien de Paris,* 22 octobre 1986.
19. Paul Lewis dans *New York Times,* repris dans *International Herald Tribune,* 6 mars 1986. Cf. *Financial Times,* 18 décembre 1985.
20. *Le Figaro-Magazine,* 10 mai 1986, p. 126-127.
21. *Le Quotidien de Paris,* 22 octobre 1986 ; Jean Baumier, *op. cit.,* p. 120-124 ; entretien avec David de Rothschild ; Les Rothschild furent également nommés conseillers

pour la privatisation du groupe industriel Matra, représentant quelque 2,2 milliards de francs. D'après Jean-Claude Meyer.

22. Christine Baudelaire et Yves Guilhannec, « Le retour des Rothschild », *Le Point,* 22 décembre 1986, p. 68.

23. Cyril Ray, *op. cit.*, p. 67.

24. Jean-Michel Gourévitch, « Sous le signe de la Torah », *Le Point,* 22 décembre 1986, p. 69-70.

25. Entretien avec Éric de Rothschild.

26. *Ibid.*

27. Cyril Ray, *op. cit.*, p. 101-103.

28. *New York Times,* 10 février 1989, C4 ; 22 février, C10. Cf. Norman S. Roby et Charles E. Olken, *The New Connoisseur's Handbook of California Wines,* New York, Knopf, 1991, p. 143.

29. Brochures publicitaires aimablement communiquées par le baron Philippe de Rothschild SA, New York.

30. Entretien avec Guy de Rothschild.

31. *Connaissance des arts,* septembre 1983, p. 74-79.

32. Christine Clerc, *op. cit.*, p. 39.

33. Jean-Michel Gourévitch, art. cit., p. 69 ; Christine Clerc, *op. cit.*, p. 40 ; entretien avec David de Rothschild.

34. Christine Clerc, *op. cit.*, p. 35-38.

35. Résumé biographique aimablement communiqué par Batsheva de Rothschild ; entretien avec elle, en Israël.

## *32. Les temps modernes*

1. Anne Sabouret, *op. cit.*, p. 134-135 ; *Le Monde,* 22 juin 1993. Cf. Gabriel Milési, *op. cit.*, p. 195-199.

2. Anne Sabouret, *op. cit.*, p. 6-7.

3. Entretien avec David de Rothschild.

4. William H. Meyers, art. cit., p. 78 ; *New York Times,* 3 et 4 novembre 1988.

5. Anne Sabouret, *op. cit.*, p. 134.

6. Entretiens avec Guy, David et Édouard de Rothschild, et avec Jean-Claude Meyer.

7. *La Vie française,* 20 avril 1987 ; *L'Événement du jeudi,* 19 décembre 1991 ; *Le Figaro,* 29 avril 1991. Dans une interview datant de la fin de 1992, Naouri décrivit Euris comme une compagnie d'investissements disposant de 5 milliards de francs et d'un réseau international d'actionnaires et d'associés. L'occasion en était la fusion de deux groupes de supermarchés, Casino et Rallye, Euris devenant l'actionnaire principal. Naouri expliqua au *Figaro* (4 novembre 1992) qu'il limiterait son rôle dans Casino à la stratégie prévisionnelle, en collaboration avec David de Rothschild et Marc Ladreit de Lacharrière. En 1993, la SHM de David (dans laquelle la Compagnie financière de son cousin Edmond continue à détenir une part minoritaire) a pris une part de 23,62 % dans une nouvelle entreprise réellement audacieuse, une chaîne de vente au détail nommée Estrapole, créée de toutes pièces par un ex-directeur du groupe FNAC en plein apogée, pour concurrencer les magasins de la FNAC et Virgin Megastore (*Le Figaro,* 11 septembre 1993 ; *Livres-Hebdo,* 24 septembre 1993).

8. Entretiens avec Jean-Claude Meyer et Édouard de Rothschild ; *Agefi,* 27 janvier 1994.

9. *Le Monde,* 1er juillet 1994.

10. Entretien avec Édouard de Rothschild.

11. Rothschild et Cie Banque, *Exercice 1991* ; entretien avec David de Rothschild. La famille détient juste un peu plus de 50 % des voix dans PO.

12. Entretien avec Éric de Rothschild ; Paris-Orléans, *Assemblée générale mixte du 22 juin 1992* ; SHM, *Assemblée générale ordinaire du 17 juin 1992* ; Francarep, *Assemblée générale ordinaire du 15 juin 1992.*

13. *Annuaire des sociétés et des administrateurs, op. cit., 1990,* p. 934-935.

14. *New York Times,* 23 juin 1991, p. 31, 35, 26 juin, D4, 17 août, D3 ; *Le Figaro,* 29 avril 1991 ; Gabriel Milési, *op. cit.,* p. 49. L'affaire suscita par la suite une nouvelle série d'articles de presse, lorsqu'un ancien directeur de Rothschild Bank AG à Zurich, associé aux Rothschild de Paris pour l'OPA sur Suchard, reconnut avoir été impliqué dans l'achat d'actions Suchard avant l'annonce de l'OPA (*Wall Street Journal,* New York, 4 janvier 1991, A4). La banque Rothschild Suisse, fondée conjointement par les familles de Paris et de Londres, a subi de fréquentes difficultés de gestion. L'un de ses hauts directeurs, licencié par Rothschild pour avoir prétendument reçu des pots-de-vin de clients à qui il consentait des prêts malavisés, contre-attaqua en accusant les Rothschild d'aider des clients italiens à frauder le fisc et les réglementations sur l'exportation de capitaux. Sir Evelyn, de Rothschild N. M., qualifia les accusations de l'ancien directeur de « chantage » et entreprit de procéder à un grand nettoyage parmi la direction de la banque. « Le laisser-aller bancaire n'est pas une notion habituellement associée au nom de Rothschild », releva un journaliste (*Wall Street Journal,* 2 janvier 1991, A4, 3 novembre 1992, A12, 11 décembre 1992, A1, 19 janvier 1993, A11).

15. Communiqué par Jean-Claude Meyer.

16. Rothschild et Cie Banque, *Exercice 1991.*

17. *Wall Street Journal,* 1^er^ décembre 1992, A13.

18. *Ibid.,* 22 mai 1992 ; *Le Monde,* 4 et 7-8 août 1994.

19. Entretien avec David de Rothschild.

20. Matthew Schiffrin, « Dr. Feelgood », *Forbes,* New York, 4 mars 1991, p. 78, 83.

21. *Investment Dealers Digest,* New York, 7 septembre 1992, p. 14-18.

22. *Wall Street Journal,* 22 novembre 1991, B4.

23. Pirie devint coprésident de Rothschild North America, situation prestigieuse mais honorifique, partageant ce titre avec David de Rothschild, tout en restant président-directeur général de Rothschild North America et président de Rothschild Inc. Sir Evelyn de Rothschild, jusqu'alors coprésident de Rothschild North America, devint président du comité exécutif (*New York Times,* 9 juin 1992, D27 ; *Wall Street Journal,* 9 juin 1992, B7).

24. Entretiens avec David et Édouard de Rothschild.

25. Communiqué de presse, Rothschild Inc., 24 mai 1993.

26. Entretien avec Gerald Goldsmith.

27. *New York Times,* 13 janvier 1993, D18.

28. *Wall Street Journal,* 9 septembre 1992, B3.

29. *Ibid.,* 2 février 1993.

30. *New York Times,* 7 avril 1993, D4.

## 33. *Les légendes Rothschild*

1. Stephanie Losee, « The Billionaires », *Fortune International,* 7 septembre 1992, p. 102.

2. Gabriel Milési, *op. cit.,* p. 324.

3. François Renard, « Le baron Edmond : un monument », *Le Monde,* 2 juin 1992.

4. Compagnie financière Edmond de Rothschild Banque, *Rapport annuel 1990,* Paris, p. 4, 14. En avril 1993, Esambert quitta la Compagnie financière, dont il avait été le président-directeur général, et, en juillet de la même année, devint président du comité stratégique d'Albatros Investissement, le holding qui contrôle le groupe Vincent Bolloré. Les autres propriétaires d'Albatros sont notamment Kohlberg Kravis et Roberts à New York, Rothmans en Grande-Bretagne et... Edmond de Rothschild (*Le Figaro,* 10 juillet 1933).

5. Les 3,9 millions représentaient une forte baisse par rapport aux 41 millions de l'année précédente, baisse attribuée aux difficultés de certains investissements dans une économie en récession et un marché des changes très instable (Compagnie financière Edmond de Rothschild Banque, *Rapport annuel 1992*).

6. *Ibid.*, 1991 et 1992. La Compagnie financière est associée à Maroc Privatisation et au Casablanca Finance Group, ce dernier étant conçu pour le financement des sociétés, au titre de ballon d'essai pour la première banque d'investissement du Maroc (*Financial Times,* 16 juillet 1993).

7. Entretiens avec David, Éric, Édouard de Rothschild.

8. Isabelle Gounin, dans *La Tribune Desfossés,* 20 juillet 1993. Sur Benjamin, Nadine de Rothschild, *La Baronne..., op. cit.*, p. 215-216, 219.

9. Colin Parnell, « The Rothschilds and Wine », *Decanter,* Londres, décembre 1991, p. 40-42 ; cf. Yves Le Cannellier, « Château-Clarke, ou la passion du vin », *Savour Club* (catalogue), n° 185, octobre 1992, n° 192, septembre 1993.

10. *Times Literary Supplement,* Londres, 15 novembre 1991.

11. Voir par exemple « Les bordeaux les plus chers du monde », *Le Figaro-Magazine,* 10 octobre 1992.

12. Cyril Ray, *op. cit.,* p. 92.

13. Entretien avec Élie de Rothschild ; Guy de Rothschild, *Mon ombre siamoise, op. cit.*, p. 40.

14. Entretien avec Éric de Rothschild. Ses responsabilités comprennent la supervision du mémorial du Martyre juif dans l'ancien quartier juif de Paris et la direction du Centre de documentation juive contemporaine, contigu.

15. Entretien avec Christophe Salin, directeur général des Domaines Barons de Rothschild.

16. Anka Muhlstein *op. cit.*, p. 238.

17. Suzy Menkes, « Marie-Hélène de Rothschild : Society's Star Choregrapher », *International Herald Tribune,* Paris, 16 juin 1992.

18. *Le Figaro,* 10 octobre 1992.

19. Hélène de Turckheim, « Guy de Rothschild », *Madame Figaro,* Paris, 15 mai 1993.

20. *Le Pays d'Auge,* 25 et 28 août 1992.

21. Entretien avec David de Rothschild.

22. Entretien avec Éric de Rothschild.

23. Entretien avec Édouard de Rothschild.

24. *Le Figaro,* 10 août 1992.

25. *Ibid.,* 10 août, 12 septembre 1992.

## *34. Le roi David*

1. Guy de Rothschild, *Mon ombre siamoise, op. cit.,* p. 161-162.
2. Entretien avec David de Rothschild.
3. Entretien avec Jacques Getten.
4. Entretien avec David de Rothschild.
5. *Financial Times,* 30 juillet 1993.
6. Entretien avec David de Rothschild.
7. Entretien avec Jean-Claude Meyer.
8. Gilles Le Gendre, « De Paris à Londres », *L'Expansion,* 2 avril 1992, p. 46-49.
9. *Rothschilds,* publié par N. M. Rothschild, 1992 (?).
10. Gilles Le Gendre, art. cit.
11. Marc Roche, dans *Le Monde,* 2 juin 1992.
12. Nicholas Bray, « Britain's Rothschild Seeks to Rebuild Banking Links with French Family », *Wall Street Journal,* 10 août 1992, B4.
13. Marc Roche, art. cit.
14. Entretiens avec David et Éric de Rothschild.
15. Marc Roche, art. cit. Le journaliste rappelle l'intense rivalité qui existe entre sir Evelyn et son cousin Jacob, l'actuel lord Rothschild, qui dirige avec succès son propre groupe de services financiers. En 1980, Evelyn a pris la place réservée à Jacob à la présidence de NMR – avec l'aide du propre père de Jacob, Victor (lord Rothschild), un

homme qui préférait la recherche scientifique à la banque. Amschel est le second fils de Victor et le demi-frère de Jacob.

16. François Renard, art. cit.

17. Nicholas Bray, art. cit.

18. Marc Roche, art. cit.

19. Jeanne Villeneuve, « Les nouvelles deux cents familles », *L'Événement du jeudi*, 19 décembre 1991, p. 66.

20. Gabriel Milési, *op. cit.*, p. 23. En 1988, près d'un tiers des 200 grandes compagnies françaises étaient encore entre les mains de la famille fondatrice (*ibid.*, p. 57).

21. *Le Monde,* 25 août 1992 ; entretien avec Guy de Rothschild.

22. Quentin Hardy, « Financial Markets Turmoil in Japan Leads to " Jewish Conspiracy " Article », *Wall Street Journal,* 3 juillet 1992, A4.

23. *Manhattan Jewish Sentinel,* New York, 11 août 1993.

24. Raconté par Dominique Le Guilledoux, dans *Le Monde,* 29-30 août 1993.

# *Index*

# Table

IMPRIMERIE B.C.I. À SAINT-AMAND (1-95)
DÉPÔT LÉGAL JANVIER 1995. Nº 20521-2 (1/095)